广州律师业务研究丛书

# 岭南知识产权律师知行集

知识产权·互联网·高新技术

广州市律师协会 编

中国法制出版社
CHINA LEGAL PUBLISHING HOUSE

# 本书编委会

**主 编**

刘孟斌　詹朝霞　刘延喜　董宜东　田子军

**副主编**

杨家睦　曾旻辉　黄 璇　吴 凯　周清华　温 旭

**成 员**

（排名不分先后）

蒋剑明　黄龙昌　吴秀荣　伍嘉陵　陈业胜　周山清
胡子骐　谢小海　李伟斌　吴伟波　朱青山　陈均艺
朱笑玲　葛小妹　冯 曦　魏 国　何倩丽　余庆浪
覃兆江　王 燕　杜满清　王章立　刘培新　李 华
霍小媚

**编 辑**

邱佳成　卢舒婷　蒋题航　孙 羽

# 《广州律师业务研究丛书》编印说明

广州市律师协会（以下简称广州律协）创立于1988年，是依照《中华人民共和国律师法》成立的社会团体。广州律协依法实施自律管理，作为行业的自律性组织，规划发展战略，提供会员服务，促进行业发展。在广州改革开放和现代化建设的大潮中，广州律协坚持不断完善广州律师行业各项自律机制，做好内部建设，目前已形成专门工作委员会和专业（事务）委员会并驾齐驱，服务行业的局面。

广州律协一直致力于提升广州律师行业的专业化、品牌化、规模化发展。自1979年恢复律师制度以来，广州律师行业从无到有，形成了一支专业领域多元化、业务能力过硬、后备力量充沛的律师队伍。截至2020年5月，广州有近750家律师事务所，超过16000名执业律师，行业规模在全国省会城市中居首。律师业务领域越趋宽广，已逐步由刑事、民事领域的传统业务向知识产权、金融证券、电子商务、企业并购重组、高新科技、基础能源建设等新兴业务延伸。广州律师在维护社会公平正义、推进广州新型城市化发展等方面发挥着重要作用，业务能力和专业优势日益凸显。

党的十八大、十九大以来，随着全面深化改革、推进依法治国各项重大举措的实施，广州律师迎来了全新的机遇与挑战。在全面推进依法治国的时代背景下，政治、经济、社会、文化等各领域的改革发展都为律师创造了转型的契机。这也对广大律师发挥职能、履行使命提出了更高更艰巨的要求。站立在改革潮头的广州律师，迅速抓住发展机遇，广泛探索，深入钻研，将律师业务整体水平提升到更高的位置，做时代的弄潮儿。

《广州律师业务研究丛书》正是广州律协为提升广州律师理论及实务研究水平、促进多元化的交流、鼓励律师业务向更高层次发展而组织编著的。该丛书自2014年起组织撰写，旨在充分发挥广州律协各专业（事务）委员会的科研水平，总结广州律师业近年来在各领域的实务经验，展示业务成果和理论水平。

《广州律师业务研究丛书》作为为广州律师业提供专业、深度的案例分析和理论参考的书籍，具有以下特点：

其一，编审专业权威。丛书由广州律协有关领导组成的总编辑委员会审定选题，由资深律师、知名专家撰写研究性案例或论文，由相关专业（事务）委员会甄选及编辑，强调专业性，保持高水准。

其二，内容丰富多样。丛书内容覆盖面广，针对性强，有的是涉及新类型案件的，有的是分析疑难问题的，有的是源于现行法律尚未明确规定的或者在实践中存在分歧的。

其三，评析客观全面。丛书坚持以事实和法理为依据，对选取的案例进行客观全面的剖析和点评，务求使读者在全面了解案情、厘清法律应用逻辑之基础上，亦可作出自己的深入思考和客观判断。

其四，经验可供借鉴。基于广州律师业务拓展较快、专业化服务领域对实务水平要求较高的形势，丛书注重总结成功的业务经验，在实用性内容上加以延伸，为法律实务工作者提供业务策略和操作技巧上的参考。

《广州律师业务研究丛书》汇集了广州律师的业务成果，总结了广州律师的执业经验，反映了广州律师的理论水平、实务能力和职业风采。这是广州律协业务研究工作的最新尝试，必将推动律师业务总结和经验交流，推进法制进步和社会文明。

广州市律师协会

2020 年 6 月 15 日

# 目　　录

## 第一篇　专　利



## 第二篇　版　权

## 第三篇 商 标

## 第四篇　公平贸易



## 第五篇　互 联 网

## 第六篇 其 他

# 第一篇
# 专　利

# 浅谈选择专利申请方案时的考量因素

胡子骐* 漆晓俊**

**摘要：**专利申请人在选择专利申请方案时，通常会遇到是申请发明专利或者申请实用新型专利其中的一个，还是同时申请发明专利和实用新型专利的方案困惑。本文试图根据发明和实用新型专利各自的法律规定及实际运用，分析各种方案的潜在法律风险，抛砖引玉，为申请人确定何种形式的申请方案提供参考。

**关键词：**发明创造 发明 实用新型 专利 单申 双申

众所周知，我国的专利类型分为三种：发明、实用新型和外观设计。根据我国《专利法》第二条的规定，发明是指对产品、方法或者其改进所提出的新的技术方案；实用新型是指对产品的形状、构造或者其结合所提出的适于实用的新的技术方案；外观设计是指对产品的形状、图案或者其结合以及色彩与形状、图案的结合所作出的富有美感并适于工业应用的新设计。根据该规定，就发明和实用新型专利的保护客体而言，发明专利的保护范围比实用新型更广，其既保护产品又保护方法，而实用新型专利不保护方法，且只保护有形状构造改进的产品。鉴于此，当一项发明创造仅涉及产品的形状、构造或者其结合的改进时，申请人就可以自由选择申请发明专利或实用新型专利来获得保护。

对于这类发明创造，申请人出于各种考虑，时常会纠结于仅选择申请发明专利或实用新型，还是既申请发明专利又申请实用新型专利。两者择其一，即为“单申”，而两者同时选择，即为“双申”。之所以有如此的选择考虑，大概是因为这几种选择在对于该技术的授权可能、申请成本、保护力度、授权后维权方式等各方面都有较大的差异。也正因如此，笔者根据发明和实用新型专利各自的法律规定，结合自身实务经验，粗略总结了一下各种考量因素，抛砖引玉，为申请人选择何种形式的申请方案提供参考。

---

* 胡子骐，广东三环汇华律师事务所律师。

** 漆晓俊，广东三环汇华律师事务所律师。

## 一、发明创造自身授权前景

当申请人面临选择哪种专利种类对发明创造进行保护时，其首要目的应当是尽可能地获得专利授权。因此，申请人应当首先考量发明创造自身的授权前景。

根据专利法和审查指南的规定，审查员对实用新型专利申请仅做初步审查和明显不符合新颖性的审查（在不进行前案检索的情况下即可判断该发明创造不具备新颖性），而对发明专利申请，则要进行包括审查专利三性在内的实质审查，一旦发明专利申请的全部权利要求不具备新颖性或者创造性，则将驳回该发明专利申请。

因此，申请人应当充分考量该发明创造获得发明专利授权的前景。例如，应当核实拟申请专利的发明创造是否为发明人自主研发获得还是借鉴吸收了相关技术领域内的类似技术后加以改进所得。若是自主研发所得，则可考虑申请发明专利；若是借鉴相关技术所得，则可考虑申请实用新型专利。

此外，若条件允许，申请人应进行适当的前案检索和新颖性、创造性的比对分析，以此进一步判断该发明创造是否存在新颖性或创造性的问题。对于初步判断新颖性或创造性较佳的发明创造，可考虑申请发明专利，反之则考虑申请实用新型专利。

## 二、产品是否容易被抄袭和市场效益

对于发明和实用新型这两种发明创造，其保护期限和审查授权的耗时是不同的。根据专利法的规定，在保护期限上，发明专利权的保护期限为自申请日起 20 年，实用新型专利权为自申请日起 10 年。在审查授权的耗时上，由于发明专利申请在经过初步审查后还要进行实质审查，因此通常要一年甚至更长的时间才能获得授权，而实用新型专利申请仅进行初步审查和明显不符新颖性的审查，因此能较早得到专利授权（如现阶段从申请到授权公告时间一般为 4 -6 个月）。

因此，对于一些近期就能上市且产品容易被仿制的发明创造，如果其更新换代较快（即其市场寿命较短），则可以仅提出实用新型专利申请；相反，如果一些产品短期内不会上市或者上市后不易被仿制，而其有较长时间（如 10 年以上）的市场效益（即其市场寿命较长），则可以仅提出发明专利申请。但是，对于一些既有短期市场效益而又有长期市场效益的发明创造，就可以考虑采取双申的策略：利用实用新型专利申请能较早获得授权进行早期保护，待获得发明专利授权后延续实用新型的保护，从而获得较长的保护时间。

## 三、发明创造的重要性

根据专利法的规定，发明专利的创造性的标准为“具有突出的实质性特点和显著的进步”，而实用新型专利的标准为“具有实质性特点和进步”。因此，发明专利的创造性的高度明显高于实用新型专利。根据审查指南的规定，在评价发明创造的创造性时，该发明创造是否是该技术领域内的开拓性发明，是衡量该发明创造的创造性高度的重要标准之一。因此，若拟申请的发明创造是相关技术领域内的开拓性发明，或虽然不是开拓性发明但是申请人自身产品中重大、核心的技术，可考虑申请发明专利或双申，反之可申请实用新型专利。

## 四、专利授权后维权便捷性

根据专利法和有关司法解释，发明专利和实用新型专利在进行专利维权时，某些具体操作不尽相同。例如，由于发明专利在授权过程中已经历过较为严格的审查，因此，在专利侵权诉讼或专利行政调处程序中，司法机关或行政机关通常都认为发明专利具有较高的专利稳定性；而实用新型则通常被认为专利稳定性较差。因此，实用新型专利在专利侵权诉讼或专利行政调处程序中，通常会被要求提供《实用新型专利权评价报告》以进一步证明该专利的稳定性。而在此过程中，涉案专利一旦被认定为无效，发明专利所涉侵权案件通常不会被中止审理，而实用新型专利所涉侵权案件多数会被中止审理，待专利无效决定作出后才继续进行后续程序。因此，从维权的便捷性考虑，发明专利明显优于实用新型专利。因此，申请人如果想在该发明创造被授权后用于专利维权，则可考虑申请发明专利或双申。

## 五、申请成本和维护成本

根据国家知识产权局有关专利收费的规定，发明专利的申请至授权时的费用较实用新型专利要高，若不涉及费用减缓，二者的总体费用差距约为 3000 多元。而申请人选择委托专利代理机构代为申请的，发明专利申请的代理费也明显高于实用新型专利。授权后每年的年费，发明专利也均高于实用新型专利。

此外，为了鼓励科技创新，目前许多地方政府部门对于专利申请和维权均有一定的资助政策，不同专利类型的资助金额各有不同。

因此，对于资金较为紧张的单位或经济能力有限的个人，在选择申请方案时也应将上述因素考虑在内。

## 六、其他特殊因素

某些时候，申请人将发明创造进行专利申请并非（或不仅是）为了将发明创造市场化，而是为了其他一些项目需要，如有些企业为了申报高新技术企业而申请专利，有人为了积分入户而申请专利，还有人为了评定职称而申请专利等。在这种情况下，申请人应着重考量有关政策或规定关于不同专利类型在加分项上的要求。

综上所述，对于某项发明创造应选择何种类型的专利申请方案，是一个较为复杂的问题。每种方案各有利弊，该选择哪种方案并不能一概而论，申请人不宜生搬硬套、照本宣科，建议申请人结合自身实际情况、综合各种因素斟酌选择。

# 浅谈专利侵权赔偿数额的确定

贺文华*

**摘要：**《专利法》第六十五条规定了实际损失确定方式、侵权获利确定方式、许可使用费确定方式、酌情确定方式四种赔偿数额确定的方法，但在司法实践中，每种赔偿数额的确定方法均或多或少存在一些问题。本文结合司法实践提出了适当地降低权利人在实际损失确定方式和侵权获利确定方式中的证明责任、细化专利许可使用费确定方式、酌情确定方式存在的问题等建议，使专利侵权赔偿数额确定得更加公平合理。

**关键词：**专利侵权赔偿　实际损失　侵权获利　许可使用费　酌定赔偿

专利侵权诉讼中，被认定侵权的被告需要承担相应的民事责任，其中损害赔偿是该民事责任形式中的重要内容之一，专利侵权赔偿数额也就成了双方的争议焦点之一。尽管我国《专利法》第六十五条规定了四种赔偿数额确定的方法，由于当事人的举证存在难度以及法条没有细化等原因，在司法实践中，专利侵权赔偿数额的确定还存在许多问题。

## 一、确定专利侵权赔偿数额的四种方法

专利侵权诉讼中，赔偿数额不能过低，否则就会背离设立专利法制度的初衷——促进科技创新；赔偿数额也不能过高，否则会引发诉权的滥用，最终损害正常运行的市场经济。对此，《专利法》第六十五条规定：“侵犯专利权的赔偿数额按照权利人因被侵权所受到的实际损失确定；实际损失难以确定的，可以按照侵权人因侵权所获得的利益确定。权利人的损失或者侵权人获得的利益难以确定的，参照该专利许可使用费的倍数合理确定。赔偿数额还应当包括权利人为制止侵权行为所支

---

* 贺文华，广东金桥百信律师事务所律师、专利代理人。

付的合理开支。权利人的损失、侵权人获得的利益和专利许可使用费均难以确定的，人民法院可以根据专利权的类型、侵权行为的性质和情节等因素，确定给予一万元以上一百万元以下的赔偿。”

该条确定了赔偿数额的确定方式及计算方法，结合《最高人民法院关于审理专利纠纷案件适用法律问题的若干规定》（以下简称《专利纠纷规定》）第二十条、第二十一条的规定，可以概括为以下四种：

第一种，实际损失确定方式：根据因侵权人的侵权产品所造成销售量减少的总数乘以每件专利产品的合理利润所得之积进行计算，得出的是销售利润，能反映权利人最直接、最准确的损失，因此，利用这种方法确定的赔偿数额能达到民法上填平的目的。

第二种，侵权获利确定方式：根据侵权产品在市场上的销售总数乘以每件侵权产品的合理利润所得之积进行计算，得出的是侵权的销售利润，相当于计算实际损失的一种变通，也能达到填平的目的。

第三种，许可使用费确定方式：按照专利的许可使用费的倍数合理确定。

第四种，酌情确定方式：若实际损失、侵权获利、许可使用费均难以确定，则根据专利类型、侵权行为性质和情节确定赔偿数额，上限为100万元，下限为1万元。

以上四种确定方法的适用顺序是法定的，只有在无法适用前一种方法的情况下才会适用后一种方法。

## 二、司法实践中存在的问题

### （一）实际损失确定方式存在的问题

在适用实际损失确定的方式计算赔偿数额时，原告需要证明其专利产品销量的下降是因为侵权行为所致，但是在实践中，专利产品销量下降的原因是多方面的。例如，产品的质量、季节性因素等，如果市场上还存在非侵权的其他可替代产品，情况则会更加复杂。基于填平原则，实际损失确定方式作为最能实现实质正义的方式，却由于上述原因，在司法实践中难以操作，因此，在专利侵权诉讼中权利人选择使用该方法来证明自身损失的很少，最终能够得到法院支持的更少，只有在极少数的特定案情中，才会获得支持。例如，在（2012）辽民三终字第688号案中，原、被告正好为同一公司提供相同的产品，由此，被告提供的产品数量被认定为专利产品销售下降的数量，再结合会计师事务所出具的能证明产品利润的审计报告，成功证明了原告的实际损失。综上，由于司法解释缺乏明确的操作指引以及对原告的举证能力要求过高，在司法实践中难以采用确定实际损失的方式计算赔偿数额。

### （二）侵权获利确定方式存在的问题

适用侵权获利确定方式时，根据“谁主张，谁举证”的原则，原告需要举证证明被控侵权产品的销售数量以及合理的利润，而这些证据均处于被告的实际掌控之下，尽管原告可以向法院申请证据保全，但是当被告通过做假账向法院提供不真实的营销资料和财务账册时，或者法院保全的财务账目不完整时，很难取得预想的效果。此外，申请法院证据保全需要提供担保以及聘请专业机构进行审计，会产生额外的成本。由于上述原因，在司法实践中采用侵权获利确定方式来主张权利的人并不多，在笔者了解过的案件中，大约有10%的权利人选择侵权获利确定方式，然而最终几乎都没有得到法院的认可。

### （三）许可使用费确定方式存在的问题

适用许可使用费确定方式对于原告来说，举证负担是最轻的，相关的资料也基本上处于原告的支配之下，只要存在真实的许可合同且实际履行，再结合许可费的支付凭证，法院一般会支持原告的许可费倍数确定赔偿数额的请求。根据最高人民法院的司法解释，法院可根据许可使用费的一倍至三倍确定赔偿数额，但是在实践中，专利许可存在独占许可、排他许可和普通许可之分，不同的许可方式的许可使用费是不同的，且差异很大。此外，专利的类型、许可使用时间的长短、许可使用的范围均是决定许可使用费多少的重要因素。因此，笼统地仅以许可使用费的一倍至三倍确定赔偿数额，会导致有些判决赔偿数额过低，不能起到填平的目的，对权利人不公平；有些判决赔偿数额过高，突破了填平原则，带有惩罚性质，对侵权者不公平。

### （四）酌情确定方式存在的问题

酌情确定方式是一种兜底的方法，当实际损失确定方式、侵权获利确定方式以及许可使用费确定方式均无法确定赔偿数额时，则适用酌情确定方式。在司法实践中，绝大多数案件都采用酌情确定方式来计算赔偿数额。但是《专利法》第六十五条第二款仅仅是简略地规定人民法院可以根据专利权的类型、侵权行为的性质和情节等因素，确定给予一万元以上一百万元以下的赔偿。首先，这一范围太宽且没有根据专利权类型进行细化，从某种程度上就给了法官较大的自由裁量权，容易出现专利侵权损害赔偿不是取决于案件的客观事实和依据，而是取决于法官对于案件的总体印象的现象，这就导致不同法院之间以及同一法院不同法官之间针对同样的侵权事实作出的判决却千差万别，司法实践在横向上难以统一，笔者办理过的有关电动伸缩门的实用新型专利系列侵权案，在广东地区赔偿数额达到十几万元，而在广西地区赔偿数额在五万元以下，相差很大；其次，专利技术开发成本、专利获得的难易程度、专利本身的价值以及专利技术对产品产生的价值提升等方面都是法官在酌情确定赔偿数额时应当考虑的因素，而在专利法及司法解释中均未提及，如果法官在酌情时不考虑这些因素，势必导致酌情赔偿数额过低，不能真正有效地保护权利人的正当利益，从而对专利的发明创造者造成某种程度的打击，影响其发明创造的积极性，这与专利法促进科技创新的立法宗旨相违背。

## 三、对司法实践的一些建议

### （一）适当地降低权利人的证明责任

由于《专利法》第六十五条以及司法解释对于实际损失确定方式和侵权获利确定方式所设立的适用条件过于苛刻，导致权利人即使竭尽全力仍无法得到法院的支持。而通过这两种方式确定的赔偿数额最能实现实质正义，因此，有必要通过司法解释来作出一些指引，以适当降低权利人的证明责任。具体而言，在实际损失确定方式中，权利人只要能够证明专利产品销售量的减少从时间和数量上与侵权产品的出现时间和销售数量大致吻合，就应当认定专利销售数量的减少是由侵权行为导致的，若侵权人对此有异议，就应当提供证据予以证明，这样相对降低了权利人的举证难度。因为有关专利产品的销售报表和财务账册均在权利人的支配之下，在侵权获利确定方式中，只要权利人证明了侵权产品的数量，侵权时间、侵权范围以及利润情况等，其他事实的举证责任就应当转移，如果侵权人不提交相关的证据，则可适用《最高人民法院关于民事诉讼证据的若干规定》的第九十五条“一方当事人控制证据无正当理由拒不提交，对待证事实负有举证责任的当事人主张该证据的内容不利于控制人的，人民法院可以认定该主张成立”的规定认定权利人主张侵权产品的数量成立，再根据专利产品的合理利润来计算权利人的损失，这样操作也符合《专利纠纷规定》第二十条第二款的规定。可喜的是，在《最高人民法院关于审理侵犯专利权纠纷案件应用法律若干问题的解释（二）》的第二十七条对此也有所体现，减轻了权利人的举证责任。

### （二）细化专利许可使用费确定方式

首先，根据专利的类型，通过司法解释细化合理倍数的范围，以体现不同类型的专利适用的赔偿数额倍数的范围不同；其次，将专利许可使用费转化为以年计的许可使用费，以年化的专利许可使用费为基准，再结合侵权时间的长短和合理的倍数来确定赔偿数额。

### （三）细化酌情确定方式

不同类型的专利含金量存在区别，一般地，发明专利的含金量要比实用新型专利和外观设计专利的含金量高。因此，首先可以根据专利的类型通过司法解释细化各种类型专利的酌情赔偿数额的范围，以防止法官对自由裁量权的滥用；其次通过司法解释将法定赔偿应当参考因素的各种具体情形通过列举或者划分范围的方式进行明确，如参考专利自身价值的因素时，可将酌情赔偿数额的范围确定为不得低于专利价值的百分之几，这样能有效防止法官对自由裁量权的滥用。

## 四、结语

本文分析了《专利法》第六十五条所规定的四种赔偿数额确定方式在司法实践中的应用及存在的问题，并提出了一些建议。因作者水平有限，文中难免存在错误，恳请大家批评指正。

# 关于确认不侵犯专利权诉讼案件的几点思考

杨家睦*

**摘要：** 确认不侵权之诉是一种新出现的知识产权诉讼类型，本文首先探讨了确认不侵权之诉的由来和立案条件。在此基础上探讨了确认不侵犯专利权案件实践中经常遇到的几个问题。例如，在确认不侵犯专利权之诉中，如果涉案专利被专利复审委员会宣告全部无效，案件应当如何处理？在专利侵权程序中所经常使用的抗辩手段（先用权抗辩、现有技术或者现有设计抗辩等）是否可以采用？原告被警告人或者利害关系人认为被告专利权人发出警告函的这种行为侵害了自身权利，并提出了相关的索赔，应该如何处理？笔者给出了自己的解答。

**关键词：** 确认不侵权　诉讼　立案条件

笔者近期代理了两起确认不侵犯专利权诉讼案件，在案件代理过程中对于确认不侵权之诉这种案件类型进行了初步研究，现浅要谈谈自己对于确认不侵权之诉的认识。

## 一、确认不侵权之诉的由来

最早出现的确认不侵权之诉案件是苏州龙宝生物工程实业公司与苏州朗力福保健品有限公司请求确认不侵犯专利权纠纷案①，对此案件是否受理，江苏省高院专门向最高人民法院进行了请示。

在2012年7月12日批复当中，最高人民法院认为，“依据《中华人民共和国民事诉讼法》第一百零八条和第一百一十一条的规定，对于符合条件的起诉人民法院应当受理。本案中，由于被告朗力福公司向销售原告龙宝公司产品的商家发函称

---

* 杨家睦，北京大成（广州）律师事务所律师。

① （2001）苏他字第1号。

原告的产品涉嫌侵权，经销商因此停止销售原告的产品，使得原告的利益受到了损害，原告与本案有直接的利害关系；原告在起诉中，有明确的被告；有具体的诉讼请求和事实、理由；属于人民法院受理民事诉讼的范围和受诉人民法院管辖，因此，人民法院对本案应当予以受理。本案中，原告向人民法院提起诉讼的目的，只是针对被告发函指控其侵权的行为而请求法院确认自己不侵权，并不主张被告的行为侵权并追究其侵权责任。以‘请求确认不侵犯专利权纠纷’作为案由，更能直接地反映当事人争议的本质，体现当事人的请求与法院裁判事项的核心内容”。①

2004 年 11 月 11 日，最高人民法院召开了全国法院知识产权审判工作座谈会。最高人民法院副院长曹建明在会上作了题为《加大知识产权司法保护力度，依法规范市场竞争秩序》的讲话，在讲话中两个地方提到确认不侵权之诉。其一是关于确认不侵权之诉的管辖："对于法院间因管辖发生的争议，包括因同一法律事实或者同一法律关系产生的确认不侵权诉讼、侵权诉讼和诉前临时措施案件，有关法院要及时依法协商或者报请共同上级法院指定，按照受理在先的原则确定管辖，并将在后受理案件依法移送合并审理。"其二是关于确认不侵权之诉的受理："对当事人提出的确认不侵权诉讼请求，要以利害关系人受到侵权警告而权利人又未在合理期限内依法启动纠纷解决程序为基本条件；确认不侵权诉讼在性质上属于侵权类纠纷，但系独立的诉讼，不因对方当事人另行提起侵权诉讼而被吸收。"

2008 年 4 月 1 日，最高人民法院制定的《民事案件案由规定》生效，其中第一百五十二项为确认不侵权纠纷：（1）确认不侵犯专利权纠纷、（2）确认不侵犯注册商标专用权纠纷、（3）确认不侵犯著作权纠纷。这个规定出台以后，确认不侵权诉讼的受理即开始有了明确的立法上的依据。

最高人民法院于 2009 年 12 月 21 日出台了《最高人民法院关于审理侵犯专利权纠纷案件应用法律若干问题的解释》，其中第十八条规定，权利人向他人发出侵犯专利权的警告，被警告人或者利害关系人经书面催告权利人行使诉权，自权利人收到该书面催告之日起一个月内或者自书面催告发出之日起两个月内，权利人不撤回警告也不提起诉讼，被警告人或者利害关系人向人民法院提起请求确认其行为不侵犯专利权的诉讼的，人民法院应当受理。

上述司法解释明确了确认不侵犯专利权案件的受理立案条件。

---

① （2001）民三他字第 4 号。

## 二、确认不侵犯专利权诉讼的立案条件

### （一）权利人向他人发出侵犯专利权的警告

实践中，权利人向他人发出侵犯专利权的警告最常见的就是警告函或者律师函；但是发出警告的方式有很多。

1. 权利人向有关国家管理部门投诉被警告人。典型案例之一为湖南省长沙市中级人民法院审理的山东某健康制药有限公司诉怀化某制药有限公司确认不侵犯专利权一案①，该案中权利人怀化某制药有限公司的警告行为是向国家食品药品监督管理局药品评审中心发函反映原告申报的药品品种侵犯其“一种药物金刚藤微丸及其制备方法”的专利权（专利号为200510080293. X）。由于被告的行为，原告的药品申报工作被中止。

典型案例之二是四川省成都市中级人民法院审理的成都某网格信息技术有限公司诉深圳市某科技有限公司确认不侵犯专利权一案②。案件中被告深圳市某科技公司向中国证券监督管理委员会、深圳证券交易所进行投诉举报原告成都某网格信息技术有限公司侵犯其专利权。

2. 权利人向有关第三方投诉被警告人，第三方经常是电商网络平台。典型案例为浙江省宁波市中级人民法院审理的宁海某塑业有限公司诉王某某确认不侵犯专利权一案③。该案中原告诉称：2015 年 4 月被告向阿里巴巴网站投诉，称原告在阿里巴巴网站上展示的搅拌杯产品侵害了被告享有的专利号为 ZL201120163629. X、名称为“一种电动搅拌杯的密封装置”的实用新型专利权。原告向阿里巴巴网站申辩未果，相应产品的链接被阿里巴巴网站删除。

3. 权利人通过公开的媒介（报纸、电视等）发布不特指对象的声明或者警告。典型案例是浙江省金华市中级人民法院审理的王某某诉广州市某五金有限公司确认不侵犯专利权纠纷一案④。该案中权利人广州某五金有限公司于 2007 年 4 月连续在《义乌商报》上发表《严正声明》，声称将追究相关侵权人的法律责任。虽然从形式上看，该《严正声明》指向的对象和范围是不特定的，但该《严正声明》是针对义乌市范围内生产、销售水烟筒产品的企业。权利人发表的《严正声明》并没有

---

① （2014）长中民五初字第 01676 号。
② （2015）成知民初字第 369 号。
③ （2015）浙甬知初字第 810 号。
④ （2008）金中民三初字第 165 号。

指出谁是侵权者，“有关方”是不是可以提起确认不侵权的诉讼？这主要是关于民事诉讼法上“存在直接利害关系”的理解。对此，《最高人民法院关于当前经济形势下知识产权审判服务大局若干问题的意见》的看法是：“除知识产权权利人针对特定主体发出侵权警告且未在合理期限内依法提起诉讼，被警告人可以提起确认不侵权诉讼以外，正在实施或者准备实施投资建厂等经营活动的当事人，受到知识产权权利人以其他方式实施的有关侵犯专利权等的警告或威胁，主动请求该权利人确认其行为不构成侵权，且以合理的方式提供了确认所需的资料和信息，该权利人在合理期限内未作答复或者拒绝确认的，也可以提起确认不侵权诉讼。”因此，本案原告王某某提起确认不侵权之诉。

从最高人民法院的以上表述可以看出，法院对“权利人向他人发出侵犯专利权的警告”的条件要求较为宽松，尤其对于利害关系人，只要符合“正在实施或者准备实施投资建厂等经营活动的当事人，受到知识产权权利人以其他方式实施的有关侵犯专利权等的警告或威胁”的条件，即予以立案受理。

**（二）被警告人或者利害关系人经书面催告权利人行使诉权**

法院对于书面催告权利人行使诉权的条件，在目前已有案例中均要求较为严格，无论是被警告人还是利害关系人提起确认不侵权之诉，均要求向权利人发出书面催告函，而且利害关系人还应当在书面催告函中以合理的方式提供确认所需的资料和信息，才符合书面催告函的要求。

**（三）自权利人收到该书面催告之日起一个月内或者自书面催告发出之日起两个月内，权利人不撤回警告也不提起诉讼**

1. 如果权利人收到书面催告后，在一个月内或者自书面催告发出之日起两个月内向有管辖权的法院针对被警告人或者利害关系人提起了侵权诉讼。

如果有管辖权的法院已经受理侵权诉讼，则不符合确认不侵权之诉的立案条件，权利人与被警告人或者利害关系人的专利权纠纷可以在侵权诉讼程序中解决。如果权利人收到书面催告后，在一个月后或者自书面催告发出之日起两个月后向有管辖权的法院针对被警告人或者利害关系人提起了侵权诉讼，而被警告人或者利害关系人也针对权利人提起了确认不侵权之诉，则按照最高人民法院规定的“对于法院间因管辖发生的争议，包括因同一法律事实或者同一法律关系产生的确认不侵权诉讼、侵权诉讼和诉前临时措施案件，有关法院要及时依法协商或者报请共同上级法院指定，按照受理在先的原则确定管辖，并将在后受理案件依法移送合并审理”原则进行处理。

2. 如果权利人收到书面催告后，在一个月内或者自书面催告发出之日起两个月内向主管专利的行政机关针对被警告人或者利害关系人提起了行政处理请求。

根据《专利法》第六十条的规定，未经专利权人许可，实施其专利，即侵犯其专利权，引起纠纷的，由当事人协商解决；不愿协商或者协商不成的，专利权人或者利害关系人可以向人民法院起诉，也可以请求管理专利工作的部门处理。

从上述法律规定可以看出，管理专利工作的部门有权处理专利纠纷案件，权利人与被警告人或者利害关系人的专利权纠纷可以在管理专利工作部门的行政程序中解决，如果对于行政处理决定不服的，权利人与被警告人或者利害关系人均可以提起行政诉讼。但是如果权利人向主管专利的行政机关针对被警告人或者利害关系人提起了行政处理请求，而被警告人或者利害关系人也针对权利人提起了确认不侵权之诉，处理侵权的行政程序和确认不侵权之诉同时存在如何处理？

笔者个人意见是，两个程序审理的内容虽然有重叠，但是仍然不同，各自独立进行。例如，专利权权利人 A 向被警告人（涉嫌侵权产品生产商）B 和利害关系人 C（涉嫌侵权产品销售商）发出警告函，被警告人 B 和利害关系人 C 回函催告权利人 A 行使诉权，权利人 A 收到催告函件后，由于无法掌握被警告人 B 和利害关系人 C 的生产数量和销售数量，而难以知晓两者的获利情况，权利人 A 向管理专利的行政机关申请行政调处并且同时要求行政机关对于被警告人 B 和利害关系人 C 现场进行勘验。权利人 A 的目的是希望通过行政调处程序可以获得被警告人 B 和利害关系人 C 涉嫌侵权及获利的证据。管理专利的行政机关受理案件后，主要审查的内容是涉嫌侵权的产品是否落入权利人的专利保护范围，如果落入则构成侵权，如果不落入则不构成侵权。

被警告人 B 和利害关系人 C 由于收到权利人 A 的警告函后，正常经营受到严重影响，生产销售数量日益减少，为此两者认为权利人滥发警告函的行为侵害自身合法权益，向法院提出确认不侵权之诉并且要求权利人 A 进行赔礼道歉和赔偿。法院在审理确认不侵权之诉案件中，首先审理涉嫌侵权产品是否落入权利人的专利保护范围，如果落入则构成侵权，如果不落入则确认不构成侵权；其次审理权利人 A 的发函行为是否侵害被警告人 B 和利害关系人 C 的权利，是否需要赔偿。

由此可见，虽然两个程序审理的内容有部分重叠，但是仍然有不同，各自独立进行。

3. 如果权利人 A 向被警告人 B 发函警告，而利害关系人 C 发函催告权利人 A，权利人 A 逾期不撤回警告也不行使诉权，被警告人 B 和利害关系人 C 可以分别提起确认不侵权之诉，还是必须一起提起？

实践中，权利人发送侵权警告的对象除涉嫌侵权产品生产商外还可能包括产品的销售商、进口商，或者发明或实用新型产品的使用者等，这些人作为制造者的交易相对方，往往也是权利人争夺的目标客户群。如果被警告人 B 是产品的销售商、进口商，发出催告的利害关系人 C 是涉嫌侵权产品生产商。则被警告人（涉嫌侵权产品销售商）由于没有履行催告程序，也就是不符合立案条件 2，因此不能单独提出确认不侵权之诉；发出催告的利害关系人 C 如果在催告中以合理的方式提供了确认所需的资料和信息，则符合立案条件可以单独提出确认不侵权之诉；被警告人 B 和利害关系人 C 可以共同提出确认不侵权之诉。

总结上述观点，提起确认不侵权之诉必须符合《最高人民法院关于审理侵犯专利权纠纷案件应用法律若干问题的解释》第十八条规定的三个条件。

## 三、确认不侵犯专利权案件实践中经常遇到的几个问题

### （一）在确认不侵犯专利权之诉中，如果涉案专利被专利复审委员会宣告全部无效，那么案件应当怎样处理？

实践中在专利侵权程序中，被告常用的抗辩手段是向国家知识产权局专利复审委员会申请宣告涉案专利无效。如果在确认不侵权之诉中，被警告人或者利害关系人提起确认不侵权之诉的同时也向国家知识产权局专利复审委员会申请提出宣告涉案专利无效。专利复审委员会如果宣告涉案专利有效或者部分有效，则确认不侵犯专利权诉讼均可以正常进行。但是如果专利复审委员会宣告涉案专利无效，将会对确认不侵权之诉带来重大影响，因为专利被宣告无效，涉案专利视为自始无效，确认不侵权之诉的专利权权利自始即不存在，权利既然不存在，当然就没有必要确认不侵犯权利，人民法院也就没有必要继续审理本案，则将从程序上裁定驳回被警告人或者利害关系人的起诉。

上述处理的法律依据是《最高人民法院关于审理侵犯专利权纠纷案件应用法律若干问题的解释（二）》第二条的规定：权利人在专利侵权诉讼中主张的权利要求被专利复审委员会宣告无效的，审理侵犯专利权纠纷案件的人民法院可以裁定驳回权利人基于该无效权利要求的起诉。有证据证明宣告上述权利要求无效的决定被生效的行政判决撤销的，权利人可以另行起诉。专利权人另行起诉的，诉讼时效期间从本条第二款所称行政判决书送达之日起计算。

如果国家知识产权局专利复审委员会宣告涉案专利无效后，专利权人提起行政诉讼，要求撤销专利复审委员会的无效宣告决定，那么确认不侵权之诉又如何处理呢？基本上有两种常见的处理方式：其一是中止案件审理，等待专利行政诉讼的最

终结果；其二参照《最高人民法院关于审理侵犯专利权纠纷案件应用法律若干问题的解释（二）》第二条的规定，先行裁定驳回原告起诉，此种方式无法解决原告再次起诉的问题。如果法院裁定驳回原告的确认不侵权之诉，而专利行政诉讼最后维持专利权有效，则被警告人或利害关系人再次提出确认不侵权之诉将面临困难，因为再次起诉时仍然需要符合确认不侵权之诉的起诉条件，并且还要符合诉讼时效的要求，专利行政诉讼一审、二审加上有可能再审，时间将会长达数年之久，被警告人或利害关系人再次提出确认不侵权之诉有可能已经过了诉讼时效。最高院上述司法解释是针对侵权诉讼，第二款还赋予侵权程序的原告新的诉讼时效期间，但没有明确本条规定适用确认不侵权之诉。

**（二）在确认不侵权之诉中，是否可以采用在专利侵权程序中经常使用的抗辩手段（先用权抗辩、现有技术或者现有设计抗辩等）？**

在确认不侵权之诉中，被警告人或者利害关系人可以用自己拥有先用权为由，要求确认不侵犯被告专利权，也可以以涉嫌侵权产品使用的是现有技术为由要求确认不侵权。

**（三）在确认不侵权之诉中，被警告人或者利害关系人认为专利权人发出警告函的这种行为侵害了自身权利，并提出了相关的索赔，应该如何处理？**

最高人民法院在石家庄某汽车股份有限公司与本田某工业株式会社确认不侵害专利权、损害赔偿纠纷一案①的判决书中，对于权利人发出警告函的行为进行了详细论述，很好地回答了上述问题。

1. 合理范围内发警告函是权利人的合法行为

《专利法》第六十条规定："未经专利权人许可，实施其专利，即侵犯其专利权，引起纠纷的，由当事人协商解决……"专利权人针对已经法院判决认定的侵权行为可以向被诉侵权行为人发送侵权警告，也可以在提起专利侵权诉讼之前或者起诉期间发送侵权警告以维护权益。专利权人发送侵权警告是其自行维护权益的途径和协商解决纠纷的环节，法律对于在法院侵权判决之前专利权人自行维护其权益的行为，并无禁止性规定，以此种方式解决争议有利于降低维权成本、提高纠纷解决效率和节约司法资源，符合经济效益。

2. 超过合理范围之外的发警告函的行为是侵权行为

权利人发送侵权警告以维护自身合法权益是其行使民事权利的应有之义，但应当在合理的范围内行使权利。在采取维护权利行为的同时，也要注重对公平竞争秩

---

① （2014）民三终字第7号。

序的维护，避免滥用侵权警告，侵犯竞争对手的合法权益。判断侵权警告是正当的维权行为，还是打压竞争对手的不正当竞争行为，应当根据发送侵权警告的具体情况来认定，以警告内容的充分性、确定侵权的明确性为重点。权利人发送侵权警告必须以确定的具体侵权事实为依据，在发送侵权警告时应当对所警告的行为构成侵权善尽审慎注意义务，在对所涉侵权的具体事实进行充分考量和论证后进行。侵权警告的内容不应空泛和笼统，对于权利人的身份、所主张的权利的有效性、权利的保护范围以及其他据以判断被警告行为涉嫌构成侵权的必要信息应当予以披露。权利人发送侵权警告的目的，在于让被警告者知悉存在可能侵害他人权利的事实，自行停止侵权或与权利人积极沟通、协商解决纠纷，权利人无须再提起侵权之诉寻求公力救济。从侵权警告信的发送对象看，权利人所履行的审慎注意义务也并不相同。

制造者作为侵权的源头，通常是权利人进行侵权警告的主要对象，权利人希望被警告的制造者停止侵权行为或与其进行协商以获得授权，制造者往往会选择与权利人正面协商、沟通的方式解决纠纷。权利人发送侵权警告的对象还可能包括产品的销售商、进口商，以及发明或实用新型产品的使用者等，这些人作为制造者的交易相对方，往往也是权利人争夺的目标客户群。由于他们通常对是否侵权的判断认知能力相对较弱，对所涉侵权的具体情况知之较少，与制造者不同，他们的避险意识较强，更易受到侵权警告的影响，可能会选择将所涉产品下架、退货等停止被警告行为，拒绝对制造者的商品进行交易。因此，向这些主体进行警告的行为容易直接导致制造商无法进行销售，影响所涉产品的竞争交易秩序。

侵权警告不同于法院对诉前行为保全的裁定，所涉侵权行为并不会因侵权警告行为而当然停止，被警告者是否停止所涉侵权行为由其自行决定，尤其是对销售商而言，侵权警告的内容对其能否作出合理判断、自行承担由此导致的商业风险更为关键。因此，向这些主体发送侵权警告时，对确定被警告行为构成侵权而产生的注意义务要高于向制造者发送侵权警告的情形，其警告所涉信息应当详细、充分，如披露请求保护的权利的范围、涉嫌侵权的具体信息以及其他与认定侵权和停止侵权相关的必要信息。否则，易导致交易方面对内容不明确的警告内容，为避免自身涉及警告信所称的后果而停止进行交易，进而影响公平竞争的交易秩序。

权利人可通过侵权警告达到制止侵权的目的，甚至达到在市场上先发制人而不需要提起侵权之诉的效果。侵权警告中的侵权事实是权利人的单方认识，所涉侵权行为是否构成侵权需要法院审理确定。权利人维权的方式是否适当并非以被警告行为是否侵权的结论为判断依据，而是以权利人维权的方式是否正当、是否有违公平的竞争秩序、是否存在打击竞争对手作为衡量的标准。由于侵权认定的专业性和复杂性，不能过高要求权利人对其警告行为构成侵权的确定性程度，否则会妨碍侵权警告制度的正常效用和有悖此类制度的初衷。在权利人发送侵权警告行为得当、不存在过错时，即使最终被警告的行为不构成侵权，也可能不属于滥用权利，无须对竞争者的损失进行赔偿。

因此，如果在确认不侵权之诉中，原告针对被告发警告函的行为提出赔偿的诉讼请求，则法院将会针对被告具体发出警告函的行为是否侵犯了原告的合法权益进行认定，并且根据反不正当竞争法的相关规定进行审理。

随着我国经济水平的不断发展以及知识产权保护水平的不断提升，确认不侵权之诉类型的诉讼在实践中将会越来越多。本文中的观点是笔者在案件代理过程中对于确认不侵权之诉的浅要思考，敬请广大读者不吝指教。

# 使用侵犯他人专利的侵权产品，一定要停止使用吗？

杨家睦*

**摘要**：在专利侵权诉讼中，法院如果认定被告构成侵犯原告的专利权，要求其停止侵权行为是否意味着已有的侵犯专利的产品一定要销毁呢？对于侵犯外观设计专利的产品，由于单纯地使用行为不构成侵权，从而也无须停止使用，无须销毁侵权产品，可以继续发挥产品功效。对于侵犯发明或者实用新型专利的产品，如果使用方式是直接使用专利产品，以获得专利产品的使用功效的，侵权产品的使用者如果有支付合理的对价，则可以不停止使用，继续发挥产品功效，如果没有支付合理对价则应当停止"使用"；如果使用方式是利用专利产品来作为工具制造另一种产品，则要视另一产品是否侵权而定；如果使用方式是利用专利产品作为零部件来生产其他产品，则构成侵权，应当停止"使用"行为。

**关键词**：专利侵权　停止使用

在专利侵权诉讼中，法院如果认定被告构成侵犯原告的专利权，一般都会在判决书中写明：责令被告停止侵犯原告专利权的行为；被告赔偿原告经济损失若干。停止侵权行为是否意味着一定要销毁已有的侵犯专利的产品呢？侵权产品能否继续发挥功效呢？这需要结合案件的具体情况具体分析。

## 一、侵权产品是侵犯外观设计专利的情况

《中华人民共和国专利法》（以下简称《专利法》）第十一条规定，发明和实用新型专利权被授予后，除本法另有规定的以外，任何单位或者个人未经专利权人许

* 杨家睦，北京大成（广州）律师事务所律师。

可，都不得实施其专利，即不得为生产经营目的制造、使用、许诺销售、销售、进口其专利产品，或者使用其专利方法以及使用、许诺销售、销售、进口依照该专利方法直接获得的产品。外观设计专利权被授予后，任何单位或者个人未经专利权人许可，都不得实施其专利，即不得为生产经营目的制造、许诺销售、销售、进口其外观设计专利产品。

根据上述规定，发明和实用新型专利的侵权行为是指制造、使用、销售、许诺销售和进口五种行为；外观设计专利侵权的行为是指制造、销售、许诺销售和进口四种行为，不包括“使用”行为。由此可推断，单纯“使用”侵犯外观设计专利权的产品的行为是不构成侵权的，也无须停止使用。

因此，对于侵犯外观设计专利权的产品，生产者要停止生产、销售者要停止销售，而由于单纯的“使用”行为不构成侵权，使用者无须停止使用，无须销毁侵权产品，可以继续让产品发挥功效。

## 二、侵权产品是侵犯发明或者实用新型专利的情况

未经许可“使用”他人发明或者实用新型专利的行为如果构成侵权，是否一定要停止发挥产品功效、销毁侵权产品呢？答案要根据具体使用行为来确定。

尹新天在《中国专利法详解》一书中对于“使用”作出了如下定义：“使用”专利产品或者“使用”专利方法及“使用”依照该专利方法直接获得的产品有多种使用方式：1. 直接使用专利产品，以获得专利产品的使用功效；2. 利用专利产品来作为手段或者工具制造另一种产品；3. 利用专利产品作为零部件来生产其他产品。①

### （一）直接获得专利产品的使用功效

我国对于“直接获得专利产品的使用功效”的使用方式已经有相关的规定。《最高人民法院关于审理侵犯专利权纠纷案件应用法律若干问题的解释（二）》（以下简称《专利权纠纷解释（二）》）第二十五条规定，为生产经营目的使用、许诺销售或者销售不知道是未经专利权人许可而制造并售出的专利侵权产品，且举证证明该产品合法来源的，对于权利人请求停止上述使用、许诺销售、销售行为的主张，人民法院应予支持，但被诉侵权产品的使用者举证证明其已支付该产品的合理对价的除外。本条第一款所称不知道，是指实际不知道且不应当知道。本条第一款所称合法

---

① 尹新天：《中国专利法详解》，知识产权出版社 2011 年版，第 152 页。

来源，是指通过合法的销售渠道、通常的买卖合同等正常商业方式取得产品。对于合法来源，使用者、许诺销售者或者销售者应当提供符合交易习惯的相关证据。

根据上述规定，侵权产品的销售者的许诺销售或者销售行为属于侵权行为，必须停止。但是侵权产品的使用者如果有证据证明其已支付合理对价的，可以不停止使用，如果没有支付合理对价或者虽然支付对价但是没有证据证明的则应当停止“使用”。

在北京市高级人民法院审理的“张某某诉某房地产开发有限公司侵害发明专利权纠纷”一案①中，原告张某某要求被告某房地产公司停止侵权行为，包括停止使用并拆除侵犯专利权的产品。对此，北京市高级人民法院认为，《专利法》第十一条所规定的未经许可而为生产经营目的使用专利产品是指购进未经专利权人许可而制造并售出的专利产品，并投入商业性使用的行为，针对的是投入使用的行为本身，而非专利产品发挥功效的整个过程，故不能要求已经投入使用的专利产品停止发挥功效。在本案中，某房地产公司应停止再次将被控专利产品投入商业性使用，但已经安装在楼房中的侵权产品不应予以拆除。由于本案中无证据证明某房地产公司仍持续将被控侵权产品投入商业性使用，故一审法院对于张某某要求某房地产公司停止侵权的请求未予支持，并无不妥。

由于上述案件中某房地产公司只是侵权产品的使用者，而不是生产者和销售者，其在获得侵权产品时也支付了合理的对价，因此法院在判定是否需要拆除已经安装的侵权产品时，没有支持原告的诉讼请求。

在浙江省金华市中级人民法院审理的“梅某某诉浙江某大学、浙江某建工集团有限公司、浙江某建设工程咨询监理有限公司侵权纠纷”一案②中，原告梅某某起诉要求三被告停止侵犯 ZL00128214. X 号发明专利权的行为，要求被告二浙江某大学立即拆除侵权产品，三被告赔偿原告经济损失 50 万元以及维权合理费用 21350 元。对此，浙江省金华中院在判决书有如下表述：本案中三被告之间的关系明确，即被告浙江某大学是其研究生公寓工程的发包方，被告浙江某建工集团有限公司则是该工程的施工方，被告浙江某建设工程咨询监理有限公司则是该工程的监理方。对被控侵权产品使用于浙江某大学研究生公寓的事实，原、被告双方均无异议，本院亦予以确认。经现场比对，本院认定被控侵权产品烟道的技术特征落入了涉案专利必要技术特征的保护范围。发包方浙江某大学与施工方浙江某建工集团有限公司

① （2010）高民终字第 135 号。

② （2008）金中民三初字第 155 号。

本应立即停止使用侵权产品，但考虑到本案中被控侵权产品已实际安装使用，停止使用不符合公共利益，本院对该诉请不予支持，但原告诉请停止侵权并不限于在本案中所涉的浙江某大学研究生院工程中的侵权行为，故浙江某大学及浙江某建工集团有限公司应停止今后在其他工程中使用被控侵权产品的行为，即停止继续侵犯原告涉案专利权的行为。但对原告诉请的赔偿损失及维权费用，因被告浙江某建工集团有限公司已举证证明该侵权产品来源于案外人金某某的中烟道厂，原告也未举证证明被告浙江某建工集团有限公司知道或应当知道其购进的产品涉嫌侵权及被告浙江某大学对于在其研究生公寓项目工程中使用了侵权产品系明知或应知，故本院对原告要求被告浙江某大学、浙江某建工集团有限公司赔偿损失及支付维权费用的诉请不予支持。被告浙江某建设工程咨询监理有限公司作为监理单位，其主要进行依据其与被告浙江某大学签订的监理合同中约定的监理业务，而并无约定义务或法定的义务监督工程中使用的材料或设备等是否侵犯他人的专利权，原告也未举证被告浙江某建设工程咨询监理有限公司明知或应知经其检验入场的产品涉嫌侵权。故原告对被告浙江某建设工程咨询监理有限公司的诉讼请求，依据不足，本院不予支持。对原告要求被告浙江某大学立即拆除侵权产品，因烟道已实际安装，再予拆除不利于对公共利益的保护，对此，本院已予释明，据此，原告要求被告浙江某大学支付 15 万元的补偿费，但原告未提供相应的证据予以证明，本院基于公平原则，考虑涉案专利的性质、涉案被控侵权产品的数量等，酌定补偿费用为 3 万元，但要求其余被告支付补偿费依据不足，本院不予支持。

金华中院的上述观点体现了《专利权纠纷解释（二）》第二十六条中“人民法院可以不判令被告停止被诉行为，而判令其支付相应的合理费用”的规定，最终并没有要求浙江某大学拆除已经安装的烟道，而是责令其支付合理费用。

**（二）利用专利产品作为手段或者工具制造另一种产品**

对于“利用专利产品来作为工具制造另一种产品”的使用方式，如果利用侵犯发明或者实用新型专利权的产品作为手段或者工具生产的另一产品是非侵权产品，如利用侵犯发明或者实用新型专利权的机床生产加工汽车零部件，则属于“直接获得专利产品的使用功效”的使用方式，应当根据《专利权纠纷解释（二）》第二十五条和第二十六条的有关规定进行处理。

如果利用侵犯发明或者实用新型专利权产品作为工具生产的另一产品仍然是侵权产品，如专利是某种产品、生产某种产品的方法和专用设备、利用侵犯专利权的专用设备生产侵权产品，则该种方式属于“生产”行为而非“使用”行为，根据《专利法》第十一条的规定，这属于侵权行为，应当立即停止生产。

### （三）利用专利产品作为零部件来生产其他产品

对于“利用专利产品作为零部件来生产其他产品”的使用方式，《最高人民法院关于审理侵犯专利权纠纷案件应用法律若干问题的解释》第十二条规定，将侵犯发明或者实用新型专利权的产品作为零部件，制造另一产品的，人民法院应当认定属于专利法第十一条规定的使用行为；销售该另一产品的，人民法院应当认定属于专利法第十一条规定的销售行为。将侵犯外观设计专利权的产品作为零部件，制造另一产品并销售的，人民法院应当认定属于专利法第十一条规定的销售行为，但侵犯外观设计专利权的产品在该另一产品中仅具有技术功能的除外。对于前两款规定的情形，被诉侵权人之间存在分工合作的，人民法院应当认定为共同侵权。第十三条规定，对于使用专利方法获得的原始产品，人民法院应当认定为专利法第十一条规定的依照专利方法直接获得的产品。对于将上述原始产品进一步加工、处理而获得后续产品的行为，人民法院应当认定属于专利法第十一条规定的使用依照该专利方法直接获得的产品。

根据上述规定，如果将侵犯发明或者实用新型的产品作为零件，制造另一个产品，则属于“使用”行为，构成侵权，应当停止“使用”行为；如果将依照专利方法获得的原始产品进一步加工、处理而获得后续产品的行为也属于“使用”行为，构成侵权，应当停止“使用”行为。

综上所述，对于侵犯外观设计专利的产品，由于单纯地使用行为不构成侵权，从而无须停止使用，也无须销毁侵权产品，可以继续发挥产品功效。对于侵犯发明或者实用新型专利的产品，如果使用方式是直接使用专利产品，以获得专利产品的使用功效的，侵权产品的使用者如果有支付合理的对价，则可以不停止使用，继续发挥产品功效，如果没有支付合理对价的则应当停止“使用”；如果使用方式是利用专利产品来作为工具制造另一种产品，则要视另一产品是否侵权而定；如果使用方式是利用专利产品作为零部件来生产其他产品，则构成侵权，应当停止“使用”行为。

# 专利恶意诉讼不宜科以刑事责任规制的几点思考

黄龙昌*

**摘要**：2018年，国内媒体首次报道了因专利诉讼被指控敲诈勒索罪的刑事案例。对专利维权诉讼科以刑事责任，将导致专利权人与被控侵权人在诉讼法律风险上的不对等；专利法对被诉侵权方提供了足够的救济措施；为培育更多的专利运营实体，鼓励创新，主张对于专利诉讼的动机在所不问，不应当对专利权人科以刑责。

**关键词**：恶意诉讼　专利诉讼　刑事责任

2018年，澎湃新闻报道了一起以知识产权诉讼为手段敲诈勒索拟上市公司的案件。据笔者检索，该案为国内首例因专利诉讼被指控敲诈勒索罪的刑事案例。

## 一、案情简介

据上海警方介绍，2017年3月至7月，犯罪嫌疑人李某、孙某二人获悉A公司正筹划股票首次发行的消息后，合谋利用李、孙二人控制的甲公司，以A公司侵犯甲公司专利权为名，多次恶意提起诉讼、向证监会举报。与此同时，李某和孙某又以延迟、拖延和影响上市要挟，逼迫A公司与其签订所谓“专利实施许可”协议，以授权使用专利为名勒索A公司。A公司为确保上市，接受了李某、孙某的要挟，以人民币80万元取得了甲公司所持有或控制的所有专利权和专利申请权的授权许可使用。2017年7月底，李某为达到进一步勒索的目的，又虚构了其此前已将甲公司名下另一专利独家许可给乙公司（法定代表人系高某，但实际控制人仍是李某）

---

* 黄龙昌，广东格林律师事务所律师。

使用的事实，再次伙同孙某、高某隐瞒上述真相，恶意向北京知识产权法院对A公司提起专利侵权诉讼，并指使高某向中国证券监督管理委员会实名举报，披露乙公司已经向A公司提起专利侵权诉讼一事，同时由李某与A公司面谈。A公司又被迫与乙公司达成和解并支付80万元。

根据警方调查，李某等人手中储备了六七百项专利，待合适的拟上市企业出现后，再借专利诉讼之名敲诈勒索。警方称，其公司没有任何实体业务，营收大部分来自诉讼和“和解费”，而其专利大都是模仿其他品牌，技术含量低。

“犯罪分子虽然以专利侵权为名起诉，但在法院终审中从来没有胜诉过。”承办此案的民警向记者解释，该犯罪团伙诉讼目的不在胜诉，只为在目标企业融资或首次公开发行股票并上市等关键环节，以专利侵权诉讼的手段对该企业进行敲诈。

据笔者进一步检索，目前本案正在一审诉讼程序中，已经开庭审理两次，尚未作出一审判决。

## 二、专利恶意诉讼应当避免适用刑事责任予以规制

笔者暂且以媒体披露的事实为基础，将本案例的被指控行为假定为专利恶意诉讼。笔者认为，对于专利恶意诉讼，应当避免适用刑事法律予以规制，主要有以下几个层面的原因：

### （一）从立法层面考量

我国专利法对单纯侵犯专利权行为仅仅科以民事责任予以规制，根据举重以明轻的原则，对专利维权诉讼（包括恶意和非恶意）科以刑事责任，将导致专利权人与被控侵权人在诉讼法律风险上的不对等，与专利法的立法宗旨背道而驰。

美国前总统林肯对专利制度的概况非常贴切和生动，即“专利制度是给天才之火添加利益之油”。我国《专利法》第一条就开宗明义，明确规定了专利法的立法宗旨：为了保护专利权人的合法权益，鼓励发明创造，推动发明创造的应用，提高创新能力，促进科学技术进步和经济社会发展。其中，“保护专利权人的合法权益”是专利法的核心，是实现其他四项宗旨的基础。

《专利法》第十一条规定了专利权的效力，即发明和实用新型专利权被授予后，除本法另有规定的以外，任何单位或者个人未经专利权人许可，都不得实施其专利。第十二条规定了专利权的许可实施，即任何单位或者个人实施他人专利的，应当与专利权人订立实施许可合同，向专利权人支付专利使用费。被许可人无权允许合同规定以外的任何单位或者个人实施该专利。可见，我国专利法通过授予专利权

来鼓励发明创造，使得专利权人在一定期限内获得实施其发明创造的独占权，任何他人实施该发明创造均须事先获得专利权人的许可，有利于专利权人在市场竞争中占据优势地位，获得相应的回报，既填补研发发明创造的成本，又积累了进一步发明创造的资金，实现创新受益的良性循环。

《专利法》第六十条赋予了专利权人维护专利权的程序性权利，即未经专利权人许可，实施其专利，即侵犯其专利权，引起纠纷的，由当事人协商解决；不愿协商或者协商不成的，专利权人或者利害关系人可以向人民法院起诉，也可以请求管理专利工作的部门处理。管理专利工作的部门处理时，认定侵权行为成立的，可以责令侵权人立即停止侵权行为，进行处理的管理专利工作的部门应当事人的请求，可以就侵犯专利权的赔偿数额进行调解；调解不成的，当事人可以依照《民事诉讼法》向人民法院起诉。本条规定了专利权的救济途径只有两种：行政途径和司法民事途径；承担侵犯专利权的民事责任的方式也只有两种，即责令侵权人立即停止侵权行为和责令侵权人赔偿专利权人受到的损失，前者旨在杜绝今后可能发生的侵权行为；后者旨在清算过去已经发生的侵权行为的后果。除此之外，专利法和其他法律法规并未对单纯的专利侵权行为科以刑事法律责任和行政法律责任。

根据我国现行刑法的规定，与专利直接相关的刑法规制，仅体现在《刑法》第二百一十六条规定的假冒（他人）专利罪。《最高人民法院、最高人民检察院关于办理侵犯知识产权刑事案件具体应用法律若干问题的解释》第十条对“假冒他人专利”行为列举了四种情况。对于一般的专利侵权行为和假冒专利行为，现行刑事法律均没有科以刑事责任，根据罪行法定的原则，专利侵权行为和假冒专利行为完全被排除在刑罚处罚之外已是司法实践和法学专家们的共识。

根据举重以明轻的原则，专利侵权行为（包括恶意侵权）和假冒（非他人）专利行为（显然是恶意为之）尚没有被刑事法律所规制，专利权人提起民事诉讼积极进行专利维权，当然也要排除在被刑事指控的风险之外；至于专利权人动机是否纯洁、授权专利技术方案技术含量大小、被诉侵权方是否准备上市，均应在所不问，法律的天平才不至于倾斜。

**（二）从专利维权难的现实语境下考量**

对专利维权诉讼科以刑事责任，必将使得专利维权的司法实践雪上加霜。

一方面，专利侵权相对容易实施。由于专利是以充分公开来换取法律保护的，使得专利技术方案自授权公告之日起就可以被公众所获取，本领域的一般技术人员得以根据专利文件实施被授权的技术方案。加之市场的利益诱惑大，违法成本低，专利侵权行为常有发生。

另一方面，专利保护的实际效果与专利权人的期待、时代的要求仍有很大差距，存在专利维权“行政执法敷衍了事、司法审判周期长、实施行为举证难、索赔损失举证难、维权投入成本高、法院判决赔偿低、生效判决执行难”和“赢了官司、丢了市场”以及“赢了官司输了钱”等问题。如同一个硬币的两面，专利权人的困境，反过来就是侵权人的“红利”。

故在现实语境下，从立法、执法、司法层面上营造良好的维权环境，才能积极破解维权难题，增强专利权人维权自信。对拟上市公司发起专利侵权诉讼，本身也是一个破解审判周期长、判决执行难的时机选择策略，不予以鼓励，亦不应当对专利权人予以苛责。

**（三）从刑法的谦抑性考量**

专利法对被诉侵权方提供了足够的应对措施，对专利权人提起的维权诉讼应当避免科以刑事责任。

英国哲学家边沁有一句名言，即“温和的法律能使一个民族的生活方式具有人性；政府的精神会在公民中间得到尊重”。这句话可谓刑法之所以要奉行“谦抑性”原则的法哲学依据。谦抑性原则，又称必要性原则，指立法机关只有在该规范确属必不可少——没有可以代替刑罚的其他适当方法存在的条件下，才能将某种违反法律秩序的行为设定成犯罪行为。一般而言，下列情况没有设置刑事立法的必要：其一，刑罚无效果；其二，可以他法替代，如果某项刑法规范的禁止性内容，可以用民事、商事、经济或其他行政处分手段来有效控制和防范，则该项刑事立法可谓无必要性；其三，无效益，是指立法、司法与执法的耗出要大于其所得收益。刑法的谦抑性，主要发生在立法环节，也可适用于刑事司法过程。

专利法及其实施细则等为被诉侵权方提供了多渠道的救济措施，侵权人享有更多的法律“红利”，公权力无介入的必要。比如：

《专利法》第四十五条规定的专利权效力抗辩，即自国务院专利行政部门公告授予专利权之日起，任何单位或者个人认为该专利权的授予不符合本法有关规定的，可以请求专利复审委员会宣告该专利权无效；第六十二条规定的现有技术和现有设计抗辩，即在专利侵权纠纷中，被控侵权人有证据证明其实施的技术或者设计属于现有技术或者现有设计的，不构成侵犯专利权；第六十九条规定的不视为侵犯专利权的情形；第七十条规定的合法来源不承担赔偿责任抗辩，即为生产经营目的使用、许诺销售或者销售不知道是未经专利权人许可而制造并售出的专利侵权产品，能证明该产品合法来源的，不承担赔偿责任；此外还有未落入专利保护范围抗辩，禁止反悔抗辩等。《最高人民法院关于审理侵犯专利权纠纷案件应用法律若干问题的解释》第十八条规定，专利利害关系人还可以主动提起确认不侵权之诉讼。

从已有的专利维权实践判断，通常情况下，都是被诉侵权方通过管辖权异议程序、专利无效宣告程序，尽可能地延缓专利诉讼的进程，导致久拖不决。被诉侵权人主动追求案件快审快结的情形，也都是出于自身巨大商业利益的考量，如案例中拟上市公司为了尽快通过上市审核，主动选择和解或者调解。实践中，后者实属少之又少。公权力如果需要介入，也应当是与专利权人同气连枝，而非对专利权人科以刑责。

**（四）从专利运营的模式和实践层面考量**

对专利权人提起的恶意维权诉讼应当避免科以刑事责任。本案案例披露的情况，可以等同于发达国家非专利实体（NPE）的行为。NPE 自身并不生产相关产品，而利用拥有的专利起诉他人，获取许可费和赔偿。有的 NPE 是自己研发技术并申请专利，一般主要是高校和科研院所，2017 年美国 195 所大学获得的专利许可费约为 30 亿美元，斯坦福大学、威斯康辛大学麦迪逊分校每年收取的许可费都近亿美元，这其中大部分都是专利许可费；有的 NPE 则无研发机构，而是收购其他个人或公司的专利，以起诉侵权为要挟收取许可费，或者通过起诉侵权获得赔偿金。因此也被蔑称为“专利流氓”或“专利蟑螂”。但在美国并不存在利用专利进行“敲诈勒索”的刑事指控，专利纠纷归属于民事纠纷范围。尽管 NPE 的行为饱受争议，但客观上实现了“给天才之火添加利益之油”的专利制度宗旨，很多原创性的科研成果都是来自并不生产产品的科研机构和个人，但是这些群体缺乏专利运作经验。NPE 能够收集这些人的专利并最大程度地获取收益，专利权人能够从中分成，进而提高了科技创新的积极性。

比较而言，我国在专利运营上还处于初级阶段，尚没有成熟的运营模式，在保护创新、驱动创新的层面上还有很多努力的空间，需要给专利运营创造更好的法治营商环境，鼓励培育包括更多的专利运营实体，包括非专利实体 NPE。

综上，笔者认为，对于专利诉讼，对于动机是否善意，在所不问，即使构成专利恶意诉讼，也不应当归属于刑法的调整范围，不应当对专利权人科以刑责。

# 关于功能性技术特征比对中几个问题的探讨

罗晓云*

**摘要：** 笔者通过笔者团队代理的一起具体的专利维权诉讼展开分析，从案件一审的庭审情况和判决情况入手，围绕关于功能技术特征比对、比对应当细化到什么程度、原告举证责任应当达到什么程度、被告是否对其产品技术方案有进行说明的责任、针对专业性极强的知识产权案件，法官自身专业知识在侵权认定上的作用以及司法鉴定启动的必要性问题上进行分析探讨。

**关键词：** 功能性技术特征　比对　举证责任　司法鉴定

肇庆市某公司是某发明专利的权利人，2013 年该公司委托律师就该专利在全国范围内展开维权诉讼。笔者团队接受委托后，代理其在广州、深圳、北京、福州、昆明、武汉、杭州等地陆续提起了三个批次的诉讼约三十个案件。至 2017 年 3 月，仅有一案未结，其余案件均以被告自认侵权后和解赔偿或法院认定侵权判决赔偿结案。

杭州中院的两个案件，是仅有的一审判决原告败诉的案件，其中一案已被浙江高院改判，另外一案在浙江高院开庭三月有余尚未宣判。在这两个案件中，一审法院均认为原告在对案涉专利中的一个功能性技术特征的比对上未尽到举证责任且不愿意进行司法鉴定，因此应当承担举证不能的不利后果。而代理人认为，原告方的举证责任应当有度，原告的举证已经足以认定被控侵权产品在该技术特征上构成相同，在此情况下要求原告承担高额司法鉴定费用不仅加重了权利人维权成本，也是在浪费司法资源。在本文中，笔者通过分析具体案件来探讨在功能性技术特征的比对上，比对应当细化到什么程度、原告举证责任应当达到什么程度、被告是否对其产品的技术方案有进行说明的责任以及司法鉴定启动的必要性问题。

* 罗晓云，广东协言律师事务所律师。

## 一、案涉专利中功能性技术特征

在原告主张的专利保护范围中，包含一功能性技术特征：“悬浮体水平运动控制装置，设置在所述底座内，当所述底座上方悬浮的所述磁性悬浮体在水平方向上偏离所述基准位置时，控制所述磁性悬浮体返回所述基准位置。”

在专利说明书的具体实施方式里，列举了一种悬浮体水平运动控制装置，其构成包括：1. 平面底座内设有由带铁芯的四个线圈组成的电磁铁组。线圈沿底座内的环形永磁铁内圆周表面均匀分布，并且分别串联成相互独立的两组线圈，两组线圈分别沿 Y、X 方向排列。通电后各组线圈邻近悬浮体或邻近柱形永磁铁的一端的磁性相反。2. 在底座内靠近各线圈顶端的位置还分别安装有四个霍尔传感器（磁性传感器）。四个传感器分成两组，分别控制两组线圈的励磁电流，进而控制悬浮体在 Y 和 X 方向上的自由移动。3. 在底座内还安装有控制电路板，其上的控制电路由两套完全相同且相对独立的控制电路组成。控制电路分别控制线圈组的励磁电流。每个控制电路包括四个电路部分，信号检测电路、前级放大电路、减法电路、功放电路。

同时，案涉专利在专利说明书中也就线圈组的个数、传感器的位置及个数、控制电路的多样性进行了延展公开。

## 二、案件一审庭审情况

一审中，对被控侵权产品先通电演示技术效果，显示其通电后可悬浮并水平旋转，轻微外力触碰，可自行返回基准位置，保持悬浮并水平旋转状态，与案涉专利所达到的功能和效果一致。随后进行拆解并对技术特征一一比对，直至比对到上述功能性技术特征所述的水平运动控制装置，均完全相同。原告随即对被控侵权产品的水平运动控制装置进行比对，肉眼可见内容为：1. 平面底座内设有由带铁芯的四个线圈组成的电磁铁组。线圈沿底座内的环形永磁铁内圆周表面均匀分布，并且分别串联成相互独立的两组线圈，两组线圈分别沿 Y、X 方向排列。2. 在底座内设置一支架，靠近线圈顶端位置安装有两个霍尔传感器。两个传感器分成两组，分别连接两组线圈。3. 在底座内还安装有控制电路板，其上的控制电路由两套完全相同且相对独立的控制电路组成，在线路板上对称分布。控制电路分别与线圈组连接。原告随后用物理实验方式当庭测试证明支架上的元器件为霍尔传感器，并指认出每个控制电路包括的四个电路部分，即信号检测电路、前级放大电路、减法电路、功放电路。原告同时表示，根据说明书中的延展说明，已经对采用偶数组线圈、任意个数（偶数组）霍尔传感器、通过各种电路组合达到检测信号后控制电流功能的无数种控制电路构成的水平运动控制装置的技术方案进行了公开。因此，对于该领域的专业技术人员来说，不需要通过创造性劳动，即可设计出与实施例等同的技术方案来，所以，原告主张只要是采用“线圈组+磁性传感器+控制电路”方式构成的水平运动控制装置，均与案涉专利的上述功能性技术特征构成相同或等同。

被告认为，对于肉眼可见部分无异议。但是，原告需要证明线圈组内的金属芯为铁芯、线圈中通电时存在励磁电流、霍尔传感器可控制励磁电流、两个对称分布的电路可完全分割且独立运作、每个控制电路的四个部分如何工作且分别实现检测、放大、减法、功放功能等。也就是说，被告认为原告需要按照实施例中的每一句话去比对，一一证明相同或等同，否则属于未尽举证责任。对此，法官表示，认同关于构成侵权的举证责任全部在于原告，若无法就被告的举证要求一一回应，建议进行司法鉴定。原告表示不同意司法鉴定，因为本案关于功能性技术特征的内容限定无须细化到控制电路的具体构成。

在庭审中，被告为了证明被控侵权产品不侵权，明确其产品采用的是一种以其法定代表人为权利人的实用新型专利的技术方案。而要证明该实用新型技术方案与案涉发明专利的等同就变得极为简单，因此原告认为既然被告明确被控侵权产品的技术方案为实用新型专利方案，原告证明该实用新型专利方案与案涉发明专利方案等同即可。被告随即表示异议，合议庭亦不认可。

## 三、一审判决情况

一审法院认为，在被控侵权产品的控制电路是否由四个部分或与四个部分等同的电路构成这一点上，原告未尽到举证责任，且拒绝司法鉴定，因此承担举证不能的责任，故被控侵权产品不落入专利保护范围，判决驳回原告的诉讼请求。

## 四、二审庭审情况

原告收到一审判决后随即向浙江高院提起上诉，并请成都电子科技大学的两位教授对案涉专利所附电路图与实用新型专利所附电路图是否等同出具了肯定的专家意见。原告认为，首先，对于案涉专利的该功能性技术特征的内容，应当是结合说明书和附图而不是依照说明书和附图，应适用司法解释中关于“等同”认定的“三基本一普通”原则来限定。对于电路设计领域的专业技术人员来说，针对控制电路需实现的技术效果，可以通过分解、组合等方式，设计出无数种具体电路来，如果严格依照实施例细化比对到控制电路的构成，则极大缩小了案涉专利的保护范围。其次，在被告明确承认其是被控侵权产品的生产者的情况下，被告在原告已经初步举证时，应对其产品所采用的具体技术方案承担举证责任，而且原告已经尽到举证责任，在现有证据和查明事实上已经可以认定侵权，无须鉴定。

被告则认为，其不应承担任何举证责任，且其只是产品名义上的生产商，并不掌握产品的技术方案，真正的生产厂商以技术秘密为由也不愿意提供技术方案。至于实用新型专利，被告辩称虽然在其法定代表人名下，但也只是名义上的。

二审合议庭在庭审中对于举证责任分配进行了释明，认为在权利人已经初步举证之后，被告作为生产商应就产品所采用的技术方案进行明确。二审合议庭对于司法鉴定的必要性及在本案中是否可以用发明专利比对实用新型专利未发表意见。

## 五、关于本案几个问题的探讨

**（一）确定功能性技术特征的内容，应按照实施例细化为子特征、孙特征——比对是否构成相同或等同，还是应当从“机构、功能、效果”上整体判断**

综合广东高院、北京高院、福建高院、浙江高院、深圳中院、北京知识产权法院、福州中院、杭州中院、昆明中院、武汉中院的判决，笔者认为在功能性技术特征内容限定上，唯有杭州中院是按照实施例细化为子特征、孙特征——比对是否构成相同或等同的，当然笔者认为这是错误的比对方法，是对司法解释的机械应用。其他法院对于案涉专利水平运动控制装置，均在原告指出线圈组、磁性传感器、对称分布的两个控制电路，并结合被控侵权产品在通电演示时产生的悬浮、旋转、偏移后自动回归的效果，认定被控侵权产品在本技术特征上构成相同或等同。

**（二）在专利侵权诉讼中，制造商在某些情形下是否也应当负有举证责任**

在原告提起的关于案涉发明专利的一系列诉讼中，有五个案件的被告承认自己是产品制造商，其中三个案件的被告主张采用的是现有技术，并竭尽所能将被控侵权产品与其主张的现有技术方案一一对应，笔者认为这是一种就其产品技术方案的举证。另外两案的被告主张其技术方案存在差异，但无法明确差异点，笔者认为这样的举证不成功，但至少被告认为自己还有一定的举证责任。唯有在本案中，被告以及一审法院均认为产品制造商不负有任何举证责任。虽然二审合议庭对举证责任分配进行了释明，也要求被上诉人提供其产品技术方案，但由于二审尚未判决，也无法知道二审法院是否会让被上诉人承担举证不能的不利后果。笔者认为，在权利人已经进行了初步举证的情况下，制造商主张产品不侵权，应当明确其产品技术方案与专利技术方案存在的差异点，也应当就其产品整体技术方案进行说明。

**（三）法官自身专业知识以及借助法院专家组力量在侵权认定上的作用**

原告收到一审判决后，将案涉专利电路图与侵权产品电路板照片交给电子类专业人员比对，专业人员均表示，仅从肉眼上看就可以判断这两个电路在结构和功能上都是一样的。当然，原告当庭也已经表明了相同的观点并进行了指认，但是法官以“看不懂”为由就认定原告没有尽到举证责任，这让原告及代理人非常困惑。众所周知，由于知识产权案件的专业性很强，审理知识产权案件的法官均需具有工科背景，并且法院一般都设有专家委员会。对于一些常识性的问题，法官应当通过自身的专业知识进行判断，如果判断不了，还可以借助专家委员会的力量。该系列案中其中一个案件在广东高院开庭时，主审法官邀请了法院专家委员会的一位技术专家协助审理。该案的二审判决书，笔者认为是本系列案件中说理最清晰、用词最专业的一份判决书，可见技术专家在案件判决中起到了极大的帮助作用。而在本案中，法官本可以根据自己的专业知识或者通过专家委员会的帮助来对原告的指认作出判断，但是最终却绕开判定结论，以原告未尽举证责任为由判决原告败诉，不能不说是一种遗憾。

**（四）启动司法鉴定的必要性**

原告在本案中一直不同意司法鉴定，主要有3个原因，其中最主要原因在于原告认为产品所涉电路非常简单，具有一定专业知识的人通过肉眼即可判断，不需要进行司法鉴定，而且原告在比对说明中已经尽到了举证责任，司法鉴定是多余的，加重了原告的举证责任，是不公平的。另一个原因在于目前司法鉴定机构本身的公信力欠佳，收费昂贵且混乱。仅本案如此简单的电路鉴定，鉴定机构开价就在12万～20万元，加之现在执行难的普遍现象，权利人很可能要为这不必要鉴定的高额鉴定费埋单。第三个原因在于，若本案通过鉴定才胜诉，那么今后案件的被告以此为据，迫使原告每案都进行鉴定，而权利人根本无法承受如此高昂的维权成本。基于以上种种考量，原告坚持不启动司法鉴定，杭州中院因此判决原告承担举证不能的不利后果。笔者认为，司法鉴定应当是最后的手段，不可滥用，法院应当在穷尽所能仍不能作出认定时，才要求启动司法鉴定程序，而本案远远没有达到穷尽所能的程度。

# 泓利商业秘密及专利权属纠纷案简析

曾旻辉[*] 贺 维[**]

**摘要：** 司法实践中，技术人员跳槽后带走技术信息，并以新公司名义申请专利权，会同时引发侵害商业秘密及专利权权属纠纷。本文以泓利商业秘密及专利权纠纷一案为基础，分析两大焦点问题：一是对于职务发明的认定；二是对于侵害商业秘密的认定。

**关键词：** 职务发明 商业秘密 专利权

司法实践中，技术人员跳槽后带走技术信息，并以新公司名义申请专利权，会同时引发侵害商业秘密及专利权权属纠纷。

在泓利商业秘密及专利权属纠纷案中，涉及两大焦点问题：一是对于职务发明的认定；二是对于侵害商业秘密的认定。

## 一、案情简介

广东泓利机器有限公司（以下简称泓利公司）是一家位于佛山市顺德的注塑机研发、制造企业，主要从事医疗、PET、精密注塑成型装备技术的研发与制造。熊某某、马某某、付某某原系泓利公司的员工，分别任总经理助理兼营运总监、公司研发中心经理、技术人员，其中，熊某某于 2012 年 3 月 7 日（在职期间）与他人注册成立了广东顺德立信精密机械有限公司（以下简称立信公司），该三人于 2012 年 4 月 15 日与泓利公司解除劳动合同关系。

立信公司于 2012 年 4 月 26 日将注塑机锁模机构专有技术申请了实用新型专利（专利号为 20120182812，名称为“注塑机锁模机构”，发明人为熊某某、马某某、付某某），该项专利权至今合法有效。

---

* 曾旻辉，广东华进律师事务所律师。

** 贺维，广东华进律师事务所律师。

2013 年 3 月 26 日，立信公司对泓利公司提起专利侵权诉讼，主张泓利公司生产、销售的产品侵犯其“注塑机锁模机构”实用新型专利权；2013 年 6 月 17 日，立信公司向佛山市中级人民法院撤回诉讼请求。

广东华进律师事务所受泓利公司委托，于 2013 年 5 月 21 日以立信公司、熊某某、马某某、付某某为被告，向法院提出侵犯商业秘密及专利权属纠纷诉讼。

在诉讼中，泓利公司主张“注塑机锁模机构”技术应属于职务发明，该技术的专利权应归泓利公司所有，并向法院提交了包括熊、马、付三人的人事调动薪酬通知、缴纳社保记录、在先劳动纠纷判决书等证据，以证明熊、马、付三人与泓利公司的劳动合同关系情况，以及涉案技术专利申请日仅在三人离职日期的十几天后。

其间，法院依泓利公司申请进行了证据保全，查封了立信公司的一台“四缸直压式注塑机”，并复印了 12 张立信公司相关技术图纸，同时，委托广东省知识产权研究与发展中心司法鉴定所进行了司法鉴定。广东省知识产权研究与发展中心司法鉴定所于 2015 年 3 月 18 日出具《鉴定意见书》，鉴定意见为：1. 泓利公司提交鉴定的图纸中所含的技术信息及其表达的技术方案具有“不为公众所知悉”的性质；2. 法院保全的立信公司的 12 张图纸中所含的技术信息和技术方案与泓利公司的 18 张图纸中的技术信息和技术方案相同或实质相同；3. 实用新型专利 ZL201220182812.9 未公开泓利公司的 18 张图纸中不为公众所知悉的技术信息或技术方案。

经多次开庭后，佛山中院于 2015 年 9 月 10 日作出一审判决，判决涉案“注塑机锁模机构”实用新型专利权归泓利公司所有，立信公司及熊某某、马某某、付某某三人侵害泓利公司的商业秘密并赔偿损失 150 万元。

立信公司及熊某某、马某某、付某某不服一审判决，提起上诉，广东省高级人民法院于 2016 年 7 月 1 日作出判决，驳回上诉，维持原判。

## 二、本案焦点

1. “注塑机锁模机构”专利是否构成职务发明以及职务发明的归属问题。

2. 立信公司及熊、马、付三人是否侵害了泓利公司的商业秘密，其中包括：泓利公司所主张的技术信息或技术方案是否构成商业秘密；立信公司及熊、马、付三人是否实施了侵害泓利公司商业秘密的行为；在构成侵权的情况下，如何认定立信公司应承担的民事责任。

## 三、本案分析

### （一）关于职务发明创造的认定

对于职务发明创造的权利归属问题，我国相关法律有明确的规定。《专利法》第六条规定，职务发明创造是指执行本单位的任务或者主要是利用本单位的物质技术条件所完成的发明创造。职务发明创造申请专利的权利属于该单位；申请被批准后，该单位为专利权人。《专利法实施细则》第十二条规定，执行本单位的任务所完成的职务发明创造，是指：……（三）退休、调离原单位后或者劳动、人事关系终止后1年内作出的，与其在原单位承担的本职工作或者原单位分配的任务有关的发明创造。

在专利权权属纠纷案中，法院主要围绕熊某某、马某某、付某某三人入职泓利公司和离职的情况、在职时接触和负责科研的情况，是否与泓利公司约定知识产权归属，以及涉案专利的申请日是否在三人与泓利公司劳动、人事关系终止一年内的几大问题组织双方当事人进行质证，结合《专利法》和《专利法实施细则》中的有关职务发明创造的定义以及职务发明创造专利权归属的规定，认定本案发明创造为熊、马、付在与泓利公司的劳动、人事关系终止后一年内执行本单位任务所作出的发明创造属于职务发明，该发明创造应归属于泓利公司。

### （二）关于侵害商业秘密的认定

1. 泓利公司所主张的技术信息或技术方案是否构成商业秘密

《反不正当竞争法》中规定，商业秘密的三个构成要件为：（1）不为公众所知悉；（2）具有商业价值；（3）权利人采取了保密措施。

在本案中，广东省知识产权研究与发展中心司法鉴定所出具的《司法鉴定书》中明确指出：泓利公司提交的18张技术图纸中所含的整体技术信息及其表达的技术方案具有“不为公众所知悉”的性质。泓利公司图纸中技术信息涉及了机械零件的尺寸精度、形位公差及配合精度等秘密点，与国家标准完全不同，无法从公开信息中获取，且图纸中的多处修改记录也体现了较为鲜明的技术特征。而且泓利公司也采取了有效的保密措施，颁布实施了《公司技术图纸资料管理制度》《复印管理规定》等规章制度。因而泓利公司的18张图纸中所载的技术信息或技术方案属于商业秘密。

2. 立信公司及熊、马、付三人是否实施了侵害泓利公司商业秘密的行为

由于商业秘密本身具有秘密属性，侵权行为一般不可能大张旗鼓地进行，要求

原告提供直接证据证明被告实施了侵权行为非常困难，在司法实践中，对原告的证明要求往往采取“实质性相同加接触”原则。本案中，经司法鉴定结论指出，佛山中院保全的立信公司的12张图纸中所含的技术信息和技术方案与泓利公司的18张图纸中的技术信息和技术方案相同或实质相同，且熊、马、付三人曾在泓利公司任职并能接触相关技术信息，足以证明立信公司及熊、马、付三人实施了侵害泓利公司商业秘密的行为。

在庭审过程中，立信公司主张，熊、马、付三人是在现有公知技术的基础上作出的发明创造，涉案专利中的技术方案属于公知领域，但国家知识产权局于2013年2月4日依立信公司申请作出的专利权评价报告认定该专利具备新颖性和创造性，说明立信公司的上述主张无法成立。

**（三）立信公司应承担的民事责任**

侵犯商业秘密纠纷案件的民事责任主要包括停止侵权和赔偿损失。关于赔偿数额的确定，我国《反不正当竞争法》第十七条第三款规定，因不正当竞争行为受到损害的经营者的赔偿数额，按照其因被侵权所受到的实际损失确定；实际损失难以计算的，按照侵权人因侵权所获得的利益确定。经营者恶意实施侵犯商业秘密行为，情节严重的，可以在按照上述方法确定数额的一倍以上五倍以下确定赔偿数额。赔偿数额还应当包括经营者为制止侵权行为所支付的合理开支。同时，《最高人民法院关于审理不正当竞争民事案件应用法律若干问题的解释》第十七条明确规定：确定反不正当竞争法第十条规定的侵犯商业秘密行为的损害赔偿额，可以参照确定侵犯专利权的损害赔偿额的方法进行。

在本案中，佛山中院根据四被告侵害泓利公司商业秘密的时间、手段、规模、情节、后果和泓利公司的维权费用等因素以及当事人提供的相关证据，酌定四被告赔偿泓利公司经济损失150万元。

## 四、代理经验

对涉案专利提起无效宣告请求是在专利侵权纠纷及专利权属纠纷中当事人常用的策略，在本案中，立信公司撤回对泓利公司的专利侵权诉讼后，对涉案专利提出无效宣告请求，原告代理人针对这一情况向国家知识产权局提出中止该专利程序并获得批准，使得专利无效程序中止了一年。此外，为了防止立信公司通过不缴纳年费使涉案专利归于失效，泓利公司在代理人的建议下，缴纳涉案专利年费，维持该专利的有效性，最终维护了泓利公司的权益。

# 外观设计专利侵权诉讼中现有设计的转用的“运用”

周山清*

**摘要**：在外观设计专利侵权诉讼中，被告抗辩不构成侵犯外观设计专利权的理由中有现有设计抗辩、合法来源抗辩、不相同不近似抗辩、在先使用抗辩等。其中现有设计抗辩是常见的抗辩理由之一，其规定在《专利法》及《最高人民法院关于审理侵犯专利权纠纷案件应用法律若干问题的解释》中，但在审判实践中，部分法院经常引用“是对现有设计的转用”来判断涉案侵权产品不构成侵犯涉案专利权。本文试根据外观设计中现有设计的相关法律规定来探讨外观设计专利侵权诉讼中现有设计的转用的判断标准。

**关键词**：外观设计专利　现有设计　转用

## 一、相关法律概念及法律依据

### （一）现有设计

现有设计，顾名思义就是在专利申请之前已为公众所知的设计。《专利法》第二十三条第四款规定：本法所称现有设计，是指申请日以前在国内外为公众所知的设计。《专利审查指南》规定，现有设计包括申请日以前在国内外出版物公开发表过、公开使用过或者以其他方式为公众所知的设计。现有设计中一般消费者所熟知的、只要提到产品名称就能想到相应设计，成为惯常设计。例如，提到包装盒就能想到其有长方体、正方体形状的设计。

### （二）转用

在相关立法及立法解释、司法解释都没有对“转用”作出规定，但是在作为部

* 周山清，广东南方福瑞德律师事务所合伙人律师，广州律师协会专利业务委员会委员，广东省法学会知识产权法学研究会理事。

门规章的《专利审查指南》却有明确规定：转用，是指将产品的外观设计应用于其他种类的产品。模仿自然物、自然景象以及将无产品载体的单纯形状、图案、色彩或者其结合应用到产品的外观设计中，也属于转用。

**（三）现有设计不构成侵权的法律依据**

《专利法》第二十三条规定：授予专利权的外观设计，应当不属于现有设计；也没有任何单位或者个人就同样的外观设计在申请日以前向国务院专利行政部门提出过申请，并记载在申请日以后公告的专利文件中。授予专利的外观设计与现有设计或者现有设计特征的组合相比，应当具有明显区别。

《专利法》第六十二条规定：在专利侵权纠纷中，被控侵权人有证据证明其实施的技术或者设计属于现有技术或者现有设计的，不构成侵犯专利权。

《最高人民法院关于审理侵犯专利权纠纷案件应用法律若干问题的解释》第十四条第二款规定：被诉侵权设计与一个现有设计相同或者无实质性差异的，人民法院应当认定被诉侵权人实施的设计属于专利法第六十二条规定的现有设计。

**（四）无效宣告程序中现有设计的转用否定专利权的规章依据**

《专利审查指南》规定，根据专利法第二十三条第二款的审查，涉案专利与现有设计或者现有设计特征的组合相比不具有明显区别是指如下几种情形：……涉案专利是由现有设计转用得到的，二者的设计特征相同或者仅有细微差别，且该具体的转用手法在相同或者相近种类产品的现有设计中存在启示。以下几种类型的转用属于明显存在转用手法的启示的情形，由此得到的外观设计与现有设计相比不具有明显的区别：

1. 单纯采用基本几何形状或者对其仅作细微变化得到的外观设计；

2. 单纯模仿自然物、自然景象的原有形态得到的外观设计；

3. 单纯模仿著名建筑物、著名作品的全部或者部分形态、图案、色彩得到的外观设计；

4. 由其他种类产品的外观设计转用得到的玩具、装饰品、食品类产品的外观设计。

从《专利审查指南》上述的相关规定可知，现有设计的转用将导致在外观设计专利的复审与无效宣告程序中直接否定涉案专利的新颖性，该外观设计不具有明显区别，专利复审委员会将作出宣告该专利为无效专利的决定。而对于作为行政部门的无效宣告程序中外观设计转用规则可否适用于司法实践中，法院早已对此作出自己的解释。

## 二、案情简介

2012年8月22日，卢某获得名为“音响”的外观设计专利权，后签订独占实施许可合同许可广州某电子有限公司实施该专利。涉案专利以主视图、后视图、左视图、右视图和立体图体现其外观，音响外观由音响实体和底座两部分组成。音响实体整体呈琵琶外形，其中上1/3呈马头形、下2/3呈倒立的葫芦形，高音扬声器位于头部顶端，低音扬声器位于腹部，音响实体头部呈“一”字形。底座呈四方形，中部有凹槽设计，外围较高。2012年12月27日，卢某及广州某电子公司向东莞市中级人民法院提起诉讼，诉称东莞某电子实业有限公司侵犯其涉案专利权。涉案东莞某电子实业有限公司生产、销售的侵权产品为音响，该音响外观亦由音响实体和底座两部分组成。音响实体整体呈琵琶外形，其中上1/3呈马头形，下2/3呈倒立的葫芦形。高低音扬声器均位于音响实体腹部，音响实体头部呈“山”字形，面部有LED灯和琴弦等图案设计，背部中间部位设计有两个椭圆形通孔。底座呈扁平矩形，边角圆滑，从侧面看，与音响实体呈垂直接合角度。

原告经对比，认为被诉侵权产品与涉案专利相同，具体对比意见如下：1. 两者均分为两部分，音响实体和底座；2. 两者均为音响实体整体投影轮廓呈“琵琶”形状，且音响实体上1/3投影轮廓呈“马头形”，下2/3投影轮廓呈“倒立的葫芦形”；3. 两者底座均呈边角圆滑过渡的“正方形”。

被告答辩称，被诉侵权产品外观与涉案专利外观不相同也不近似。对比意见如下：1. 高音扬声器（小喇叭）和低音扬声器（大喇叭）设置的位置不同。2. 音响底底座形状不同。3. 音响箱体头部形状不同。4. 音响箱体背部通孔的设计不同。5. 音响箱体与底座的接合角度不同。6. 音响箱体颈部的粗细比例不同。7. 被诉侵权产品的上部有LED灯，而本专利没有该设计。8. 图案和颜色的设计不同。

另外，被告认为，以上传到昵图网的电脑音响图片为现有设计比对文件，该图片显示的音响外观整体呈琵琶状，其中1/3呈马头形、下2/3呈倒立的葫芦形。扬声器位于音响实体背部，从侧面看，音响实体背部圆鼓。

## 三、法院裁判

一审法院认为，被诉侵权产品与本案专利在整体视觉效果上并无实质性差异，构成近似，被诉侵权产品落入本专利的保护范围。关于现有设计抗辩的问题，法院认为昵图网上电脑音响的外观设计与被诉侵权产品进行对比，除喇叭位置和音响实体厚度等局部设计不同外，两者音响实体整体均呈琵琶外形，整体形状无实质差异。现有设计抗辩成立，不构成侵犯专利权。

二审中，东莞某电子实业有限公司补充提交了“吉他音响”外观设计专利和“琵琶（823）”外观设计专利。“吉他音响”专利为吉他造型音响，用途为播放声音，其主体部分为吉他造型，下部放置一底座。与被诉侵权产品同为音响，属同类产品，被诉侵权产品系在该专利的基础上将吉他造型的设计要素整体置换为琵琶造型，置换前后产品的主体造型均为乐器。“琵琶（823）”专利为乐器琵琶，将其与被诉侵权产品相比，两者不属于同类产品，但从外观上看，同为琵琶造型，产品顶部均采用类似马头琴设计，两者外观基本相同。法院认为，东莞某电子实业有限公司提交的“吉他音响”专利已经给出了将乐器造型用于音响外观设计的启示。因此，被诉侵权产品的外观设计系通过转用这一常见设计手法，将现有设计“琵琶（823）”转用到音响领域，由此得到被诉侵权产品的外观设计，因此，本案被诉侵权产品的外观设计是对现有设计的转用，不构成对专利权的侵害。①

## 四、案件评析

外观设计的转用的规则规定在《专利审查指南》中的第四部分复审与无效宣告的审查中的第五章——无效宣告程序中外观设计专利的审查中。《专利审查指南》的前言指出：“国家知识产权局依据专利法实施细则第一百二十二条制定本专利审查指南。是专利局和专利复审委员会依法行政的依据和标准。”因此，专利审查指南中规定的现有设计的转用是属于行政行为，而法院审判是司法行为，众所周知，行政行为不具有终局性，司法行为具有终局性。法院仅适用现有设计的转用规则将直接剥夺当事人的相关权利。例如，（2013）汕中法知民初字第 17 号民事判决书阐明：转用是在专利审查授权阶段判断外观设计专利是否具有新颖性的标准，并非专利侵权纠纷中现有设计的抗辩标准，现有设计抗辩必须在相同或相近似种类产品上进行对比。本文作者同意此观点。

---

① （2013）粤高法民三终字第 530 号。

# 从司法案例浅论专利侵权的抗辩事由

周清华*

**摘要**：在专利侵权纠纷中，被控侵权方可以根据不同案情采用不同的策略行使其抗辩权，其中常见抗辩事由有：专利权无效抗辩；未落入涉案专利保护范围情况下的不侵权抗辩；落入涉案专利保护范围情况下的现有技术/设计、抵触申请、先用权抗辩等。本文结合相关司法案例，重点讨论几种常见专利侵权抗辩事由的特点以及相关应用策略。

**关键字**：专利侵权抗辩　专利权无效　现有技术　现有设计　抵触申请　先用权

专利侵权，顾名思义就是行为人的民事行为损害了权利人对专利所享有的合法权益。在实践中，被控侵权的一方是可以针对其某些行为行使抗辩权的。其中，常见的抗辩事由有专利权无效抗辩、不侵权抗辩等，以及针对是否落入原告涉案专利的保护范围的其他不同抗辩事由。本文将基于有关司法案例，讨论几种常见专利侵权抗辩事由的特点以及在应用过程中需要注意的各种细节。

## 一、专利权无效抗辩

权利存在是侵权诉讼的前提。由于实用新型与外观设计专利授权均不作实质审查，发明专利授予中的实质审查基于检索资料和审查员自身知识的局限性也难以保证没有错漏，因此如果被告以原告的专利权无效为由抗辩成功，不仅原告所提起的侵犯专利权诉讼不可能获得胜诉，甚至其专利权的效力也可能被彻底否定。这种釜底抽薪式的抗辩，使得专利无效成为专利侵权诉讼中最常用的抗辩事由。

实际上，在很多案件，包括发明专利侵权案件中，如果被告方主张原告方专利

* 周清华，广东华进律师事务所律师。

权无效的理由和证据可能成立，受理案件的法院一般会裁定终止审理，等待专利无效案件的结果。而专利无效抗辩最关键的因素就是证据，被告方需要证明该专利技术方案或者外观在申请日前公开发表过或者公开使用过，并且一般以公开发表的证据为主。公开发表可以是正规的公开出版物，如图书、期刊、报纸等，也可以是非正规的公开出版物，如技术手册、数据手册等，但是无论何种出版物都必须具有明确的出版时间，否则没有证明效力。例如，在2003年广东省高级人民法院审理的一起外观专利侵权纠纷案①中，上诉人（原审被告）欲证明被上诉人（原审原告）的涉案外观设计在其专利申请之日前已经公开，并提交了包含涉案外观设计在内的广告彩页，而这些广告彩页其实都是专利申请日前原审原告方印刷和投放的。但是，由于这些广告彩页上并未显示明确的印刷和发行时间，因而法院不能据此认定原审原告方在涉案专利申请日之前已经公开生产、销售使用涉案外观设计产品。另外，已经公开的技术内容，一般都可以破坏专利的新颖性和创造性，即使是非法公开的技术秘密在专利法上也属于公开的技术。

由于专利权由专利行政部门审查授予，因此，法院的司法审查权只有在当事人不服专利复审委员会对其提出的专利申请或无效宣告申请所作决定时才能介入，在专利侵权诉讼中一般不能直接否定专利权有效性。因而，专利无效抗辩实际是通过向专利复审委员会申请涉讼专利权无效认定来实现的，无效抗辩的具体理由的提出与证明都在无效宣告申请程序中。因此，无效抗辩实质上具有间接性，与一般抗辩事由在诉讼中直接提出并予以审查不同，在专利侵权诉讼中的专利无效抗辩仅需引用无效认定决定或判决即可，无须说明理由。一般而言，如果专利权最终被认定为有效，被告在侵权诉讼中仍以无效进行抗辩，法院将不再予以审查。

## 二、未落入原告涉案专利保护范围情况下的不侵权抗辩

侵权判定的基本原则是全面覆盖原则，被告主张不侵权抗辩的，应证明被控侵权物缺少了权利要求中的必要的技术特征或侵权产品的技术特征与专利权利要求的必要技术特征实质上不同也不构成等同，即证明被控侵权物未落入原告涉案专利的保护范围。

如果运用全面覆盖原则，将原告专利（发明与实用新型）与被告涉嫌侵权产品进行比较，可以发现被控侵权物（产品或方法）缺少原告的发明或者实用新型专利

---

① （2003）粤高法民三终字第7号。

权利要求中记载的必要技术特征，或者被控侵权物（产品或方法）的技术特征与原告专利权利要求中对应必要技术特征相比，有一项或者一项以上的技术特征有了本质区别，则不构成侵犯专利权。这里的本质区别是指：1. 构成了一项新的技术方案的区别技术特征；2. 使被控侵权物（产品或方法）采用的技术特征在功能、效果上明显优于专利独立权利要求中对应的必要技术特征，并且相同技术领域的普通技术人员认为这种变化具有实质性的改进，而不是显而易见的。

另外，如果被诉侵权技术方案省略权利要求中个别技术特征或者以简单或低级的技术特征替换权利要求中的相应技术特征，舍弃或显著降低权利要求中与该技术特征对应的性能和效果从而形成变劣技术方案的，或者通过对比分析，发现被告侵权产品的外观与原告外观设计专利（以表示在专利申请文件中的图片或者照片中的该产品的外观设计为准）不相同也不近似，也不构成侵犯专利权。

如有以上所述的各种情形，那么根据专利法的规定，被告的产品或方法未落入原告的专利保护范围，则被告可以据此主张未侵犯原告的专利权。

需要注意的是，被告一方在主张不侵权抗辩的时候，要在有理由的情况下再提出主张，如果没有理由不要一味地强调自己的主张。因为审理专利侵权案件的法官一般也是本领域的专家，无须反复强调，否则不仅会造成审理案件的法官的反感，而且也浪费自己的宝贵时间，尤其是在外观专利案件中，是否相同及近似，懂的人一看便知。因此，在本理由很难成立时应将重点放在对自己有利的其他证据中。

## 三、落入原告涉案专利保护范围情况下的其他常见抗辩事由

上文概述了专利权无效抗辩及以未落入原告涉案专利的保护范围情况下的不侵权抗辩。然而，在专利侵权诉讼中，如果被告方确实使用了原告的专利技术，也并不一定会构成侵权或者承担相关侵权责任，因为作为被告方，往往可以提出多种抗辩理由：在应对专利侵权诉讼案件的过程中，被告一般是先根据涉案专利的权利要求书及相关专利文件确定专利权的保护范围，再将被控侵权产品或方法与涉案专利进行侵权比对，如果被控侵权产品或方法没有完全覆盖涉案专利的全部技术特征，亦不存在区别技术特征属于等同替换的情况下，被告即可根据不相同或不等同侵权的事实进行抗辩。

再者，即使被控侵权产品或方法具备涉案专利权利要求中所描述的每一项特征，侵权也未必成立。因为专利制度设置的目的在于鼓励创新，同时也要维护社会公众使用现有技术的自由，这意味着专利制度虽然保护专利权人享有排他性的专利

专有权，但是专利权人无权制止他人利用专利权保护范围之外的知识及技术。换句话说，即使被控侵权产品或方法满足全面覆盖原则，被告依旧可以通过现有技术或设计、抵触申请、先用权等进行抗辩。

对于不同的专利类型，适用的抗辩理由也存在差别。图 1 是根据聚法网公开的专利侵权案件判决信息所统计的数据，可以发现除不相同或不等同侵权抗辩外，现有技术或设计抗辩、抵触申请抗辩、先用权抗辩亦常用到。其中，现有技术或设计是被告在诉讼应对过程中较常使用的抗辩理由；相比于外观设计侵权抗辩，在发明及实用新型专利侵权诉讼案件的审理过程中，先用权抗辩亦是被告较多主张的。

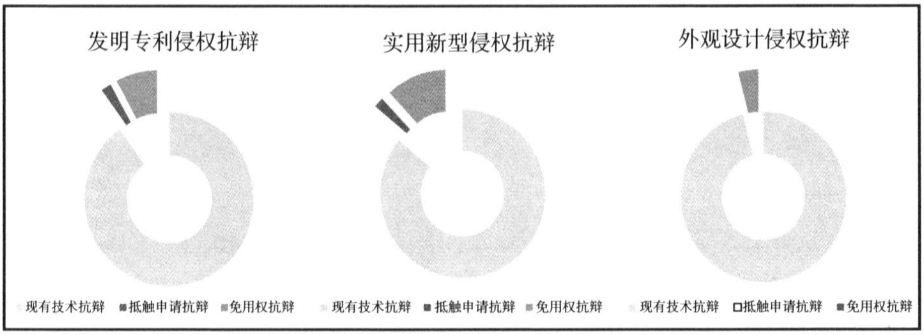


**图 1　侵权抗辩事由占比统计①**

抗辩理由不同，对证据和构成要件的要求也不尽相同。下面笔者将结合实际案例针对不同类型专利的侵权诉讼，对现有技术/设计、抵触申请、先用权等几种常用抗辩理由在实际运用过程中遇到的问题及建议对策进行梳理。

**（一）现有技术或设计抗辩**

专利是以公开来换取垄断式保护，如果不对专利权保护的范围进行限定，难免会发生“贪天之功、据为己有”的专利权滥用行为。根据《专利法》第二十二条和第二十三条的规定，现有技术、现有设计不属于专利权的保护范围。为了维护社会公众利用现有技术或设计的利益，《专利法》第六十二条对现有技术抗辩制度进行了明确的规定：“在专利侵权纠纷中，被控侵权人有证据证明其实施的技术或者设计属于现有技术或者现有设计的，不构成侵犯专利权。”

自《专利法》明确规定被控侵权人可以主张现有技术或设计抗辩以来，主张现

① 数据来源于聚法网，仅统计已作出判决的专利侵权案件信息，截止日期：2019 年 2 月 12 日。

有技术或设计抗辩的案件量急剧增加，尤其是在外观设计、实用新型专利侵权案件中应用更多（详见图2）。究其缘由，可能是因为外观设计及实用新型在授权初期仅经过了形式审查，其新颖性、创造性的评价空间较大，更易找到现有技术或设计进行侵权抗辩，而且专利权案件以实用新型和外观设计专利侵权案件占绝对多数。一方面对于被控侵权人而言，外观设计专利和实用新型专利易于模仿和仿造；另一方面对于权利人而言，外观设计及实用新型的保护范围更易可视化，易于侵权比对、证据保全及权利主张。因此，梳理、熟悉现有技术抗辩的证据和构成要件的要求对于专利侵权抗辩的开展至关重要。

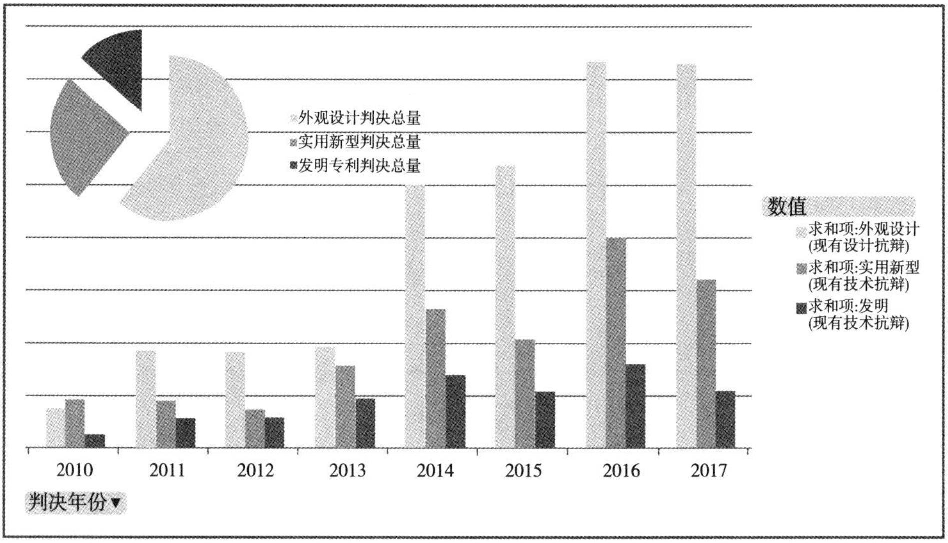


图2　专利案件占比及主张现有技术/设计抗辩的专利侵权审判数量统计（2010－2017年）①

根据《专利法》的规定，现有技术，是指申请日以前在国内外为公众所知的技术；现有设计，是指申请日以前在国内外为公众所知的设计。同时，《最高人民法院关于审理侵犯专利权纠纷案件应用法律若干问题的解释》（以下简称《专利纠纷解释（一）》）第十四条规定："被诉落入专利权保护范围的全部技术特征，与一项现有技术方案中的相应技术特征相同或者无实质性差异的，人民法院应当认定被诉侵权人实施的技术属于专利法第六十二条规定的现有技术。被诉侵权设计与一个现有设计相同或者无实质性差异的，人民法院应当认定被诉侵权人实施的设计属于专利法第六十二条规定的现有设计。"

① 数据来源于聚法网，仅统计已作出判决的专利侵权案件信息，截止日期：2019年2月12日。

根据上述规定，现有技术或设计抗辩事由的适用需要注意以下几个方面的问题：

1. 现有技术或设计的选用

现有技术或现有设计是涉案专利申请日之前的技术或设计，且是公开的技术或设计。首先，现有技术或设计既可以是已经进入公有领域、公众可以自由使用的技术或设计（如未申请过专利的技术或设计，已失效或无效的专利技术或设计等），也包括当前仍然处于有效状态下的专利技术/设计，即使该在先专利技术或设计权属于原告。

同时，现有技术或设计是专利申请日前必须公开的技术或设计，商业秘密和其他保密信息即使存在于涉案专利申请日之前也不能作为现有技术或设计抗辩的材料。公开的方式主要包括：（1）出版物的形式，如由出版社、报社或杂志社出版的专利文献、书籍、期刊、杂志、文集、报纸等，也包括回忆记录或报告，或者对外公布的产品样本、产品说明书等。但需要注意企业标准是内部标准，如无法证明该企业标准是公众易于获悉的，不可用作现有技术或设计。（2）公开使用。使用公开是指由于使用而导致技术方案或设计公开或处于公众可以得知的状态。在司法实践中，由于专利保护意识的养成需要一定的周期，由于前期权利人专利保护意识较为薄弱，因此很多技术或设计在申请专利之前就已经将相关产品投放市场。笔者曾在一起涉及“螺旋桨叶片”的外观设计专利案件①中代理被告进行应诉抗辩，在诉讼过程中，笔者通过浏览专利权人的官方网站，发现了与涉案专利外观设计基本相同的螺旋桨，产品上市时间早于涉案专利申请日，使用以公开方式进行，被告据此提出无效宣告申请，专利复审委员会以现有技术及其他理由宣告涉案专利全部无效。（3）以公众所知的其他方式公开，如口头交谈、报告、讨论会发言、广播、电视、电影等能够使公众得知技术内容的方式。

另外需要注意的是，现有技术或现有设计的载体资料限定为一份。无效宣告程序中，请求人可以根据情况引用多项现有技术评价发明专利或实用新型的创造性。但是在主张现有技术或设计抗辩过程中，不区分新颖性或者创造性的判断，但被告能够用以主张抗辩的仅是一份现有技术方案、一份现有技术方案与公知技术的简单组合或一份现有设计、一份现有设计与惯常设计的简单组合。在 2015 年广东省高级人民法院审理的一起实用新型专利侵权纠纷案件②中，被告想通过两件在先对比

---

① 无效宣告请求审查决定书（第 37848 号）。

② （2015）粤高法民三终字第 640 号。

专利的结合主张现有技术抗辩，但法院认为“现有技术抗辩规则中，用于比对的现有技术文献一般限定为一份，以一份对比文献中记载的一项现有技术方案与公知常识的显而易见组合主张现有技术抗辩的，也可予以支持”。被告主张被诉侵权技术方案采用了两件在先专利公开的部分技术特征的组合，不符合现有技术抗辩应以一份文献进行比对的规则；同时，被告提交的两件在先专利也不属于公知常识，也不符合以一份对比文献中记载的一项现有技术方案与公知常识显而易见组合用于现有技术抗辩的规则，故被告的现有技术抗辩不成立。

在2007年江苏省高级人民法院审理的一起发明专利侵权纠纷案件①中，被告以US6，192，181B1号美国专利及《长途通信传输机房铁架槽道安装设计标准》两份证据为依据进行现有技术抗辩，法院认为“相对于本领域普通技术人员而言，根据《长途通信传输机房铁架槽道安装设计标准》的要求，在槽道或开放式出纤口基体上加盖或者加活动式的盖，属于本领域中的一种公知常识”，最后判决被告提供的证据足以证明其主张的现有技术抗辩理由成立，被控侵权产品不构成侵犯涉案专利独立权利要求。

笔者赞同上述观点，因为两项及以上现有技术或设计通过组合方式完全可能产生新的技术方案或设计方案，虽然对于发明及实用新型而言多个现有技术的组合很可能依旧不具有创造性，但我国专利确权机制采用“单轨制”模式，使得侵权纠纷与权利有效性无法在同一诉讼程序中解决。在诉讼案件处理过程中，被告提出的现有技术证据并不需要达到足以否定原告专利有效性的力度，法院不会也无须对涉案专利的新颖性及创造性进行判断，如果被诉技术方案或设计方案与现有技术或现有设计相同，则不论其是否与专利技术相同，均不构成侵权。所以在被告主张现有技术或设计抗辩的过程中将现有技术或现有设计的载体资料限定为一份更能平衡双方的利益，更能体现公平正义。而一份现有技术加公知技术的组合属于普通技术人员不需要创造性劳动即可想到的方案，不会产生新的技术方案；惯常设计是指一般消费者所熟知的、只要提到产品名称就能想到的相应设计，故一份现有设计结合惯常设计亦不会产生新的设计方案。

2. 现有技术/设计抗辩的比对

关于现有技术/设计抗辩比对的对象，北京市高级人民法院《专利侵权判定指南（2017）》指出：“审查现有技术抗辩是否成立，应当判断被诉落入专利权保护范围的技术特征与现有技术方案中的相应技术特征是否相同或等同，而不应将涉案

① （2007）苏民三终字第0139号。

专利与现有技术进行比对。”即现有技术抗辩的对比方式应当为“被控侵权产品的技术特征”与“现有技术的技术特征”进行对比，而并不是“涉案专利的技术特征”与“现有技术的技术特征”或者“涉案专利的技术特征”与“被控侵权产品的技术特征”之间的对比。

对于发明及实用新型专利纠纷案件而言，关于现有技术抗辩比对的步骤，虽然根据前述可知现有技术比对的对象是“现有技术的技术特征”与“被控侵权产品或方法的技术特征”，与“涉案专利”无关，但是现有技术和被控侵权产品或方法本身所具有的技术特征可能是无限的。比如就机械产品而言，产品的技术特征不仅包括机器的整体结构，还可能包括相关零部件的形状、零部件之间的连接关系以及零部件所应具备的性能等，完全脱离“涉案专利”，直接将被控侵权产品/方法与现有技术进行比对是盲目且不可操作的。因此，笔者认为在比对过程中应当先针对涉案专利权利要求的保护范围进行解释，确定专利权保护范围的技术特征，进而参照前述技术特征，将被控侵权产品与现有技术进行比对，判断现有技术中是否公开了相同或者等同的技术特征。

在2015年浙江省的一起侵害发明专利权纠纷案件①中，被告主张现有技术抗辩，法院在判断现有技术抗辩是否成立的过程中，首先确定被诉落入专利权保护范围的技术方案所具备的全部技术特征，其认为被控侵权技术方案是否属于现有技术，要受到专利权人提出侵权指控所依据的权利要求所记载的技术特征的指引和限制，但并不需要将被控侵权技术方案所记载的技术特征与专利的必要技术特征进行侵权比对；其次在此基础上确定现有技术方案中的相应技术特征；最后是将被控侵权产品或方法的技术特征与现有技术中的技术特征进行比对。

然而，也需注意的是并非所有的涉案专利权利要求所保护技术方案的技术特征都应当被考虑进去，如实用新型专利的非形状构造类技术特征在认定现有技术抗辩时原则上就不应当被考虑。在2017年最高人民法院审理的一起侵害实用新型专利权和外观设计专利权纠纷再审案件②中，最高人民法院指出，实用新型专利的保护对象是由形状、构造及其结合所构成的技术方案，故权利要求中非形状构造类技术特征对于该权利要求的新颖性和创造性不产生贡献。所以，在实用新型专利侵权案件中，现有技术抗辩的认定原则上不考虑现有技术是否公开了权利要求记载的非形

---

① （2015）浙知终字第196号。
② （2017）最高法民申3712号。

状构造类技术特征[①]。

针对外观设计专利纠纷案件而言，现有设计抗辩的法律依据主要是《专利法》第六十二条及《专利纠纷解释（一）》第十四条，上述规定主张被控侵权设计与现有设计直接比对，如果两者相同或无实质性差异，则现有设计抗辩成立，反之则不成立。如在2018年浙江省高级人民法院审理的一件外观设计专利侵权纠纷案件[②]中，被告将仅具有部分视角的图片作为现有设计比对文件提交到法院，而法院最终认为该现有设计与被诉侵权设计相比，从同一视角看，被告提供的现有设计能完整展示所示产品对视觉效果有显著影响的外观设计特征，经与被诉侵权设计比对，二者无实质性差异，而现有设计未展示的部分在该类产品使用状态下不易为一般消费者所关注，故被告现有设计抗辩成立。在其他的涉及现有设计抗辩的专利侵权案件的判决中，亦基本只涉及被诉侵权设计与现有设计进行比对，而未考虑涉案专利的设计要点。

然而，笔者认为虽然外观设计比对采取的是“整体比较、综合判断”的比对方案，根据现有设计抗辩的相关规定，亦只需将现有设计与被诉侵权设计进行比对即可，但是随着某类产品的行业发展，该类产品的设计空间会越来越小，消费者所关注的区别设计特征也会越来越细，涉案专利的设计要点可能就是那些细微的区别设计特征。尤其是在被诉侵权设计与现有设计及涉案专利均构成相近似/无实质性差异的情况下，仅将被诉侵权设计与现有设计比对，很有可能会忽视被诉侵权设计与现有设计之间的差异对二者整体视觉效果的影响。

因此，笔者认为对于外观设计专利侵权纠纷案件，在适用现有设计抗辩的时候，同样需要将涉案专利的设计要点考虑进去，尤其是该设计要点属于现有设计与涉案专利的区别设计点。所以，在适用现有设计的抗辩过程中，应当先对涉案专利的设计要点进行确认，设计要点的确认依序对涉案专利产品同类或相类似产品具有常识性认知的一般消费者的标准；再对涉案专利与现有设计的区别点进行确认，以上述同样的标准评价这些区别点对外观设计整体视觉效果的影响，筛选出区别设计要点。在被诉侵权设计与现有设计相近似的情况下，着重分析被诉侵权设计是否利用了涉案专利与现有设计的区别设计要点，如果被诉侵权设计与现有设计相同，或者近似且不具有上述区别设计要点的话则应判定现有设计抗辩成立，否则反之。

---

① 《最高人民法院知识产权案件年度报告（2017）摘要》。

② （2018）浙民终33号。

### （二）抵触申请抗辩

《专利法》第六十二条规定：“在专利侵权纠纷中，被控侵权人有证据证明其实施的技术或者设计属于现有技术或者现有设计的，不构成侵犯专利权。”因此作为抵触申请的专利或专利申请在涉案专利申请日尚未公开，不构成涉案专利的现有技术或设计，不属于上述规定规范的范围。然而，2011 年 12 月 16 日发布的《最高人民法院关于充分发挥知识产权审判职能作用推动社会主义文化大发展大繁荣和促进经济自主协调发展若干问题的意见》认为“被诉侵权人以实施抵触申请中的技术方案或者外观设计主张其不构成专利侵权的，可以参照现有技术或者现有设计抗辩的审查判断标准予以评判”。与此同时，江苏省高级人民法院、上海市高级人民法院以及北京市高级人民法院先后发布专利纠纷审理指南规定“被诉侵权人以实施的技术或外观设计是抵触申请中公开的技术方案或外观设计主张不构成专利侵权的，可以类推适用现有技术或现有设计抗辩”。

司法实践中也逐渐接受将抵触申请抗辩作为不侵权抗辩的事由，在 2015 年广州知识产权法院审理的一起外观设计专利权纠纷案①中，被告主张抵触申请专利作为抗辩事由，但一审法院以现有设计专利的公开日晚于涉案专利申请日为由认定现有设计抗辩理由不成立，并且没有将被控产品与抵触申请专利进行比对、认定。该案被告不服一审判决，向广东省高级人民法院提起上诉②，二审法院认为，《专利法》第二十三条第一款规定授予专利权的外观设计，应当不属于现有设计；也没有任何单位或者个人就同样的外观设计在申请日以前向国务院专利行政部门提出过申请，并记载在申请日以后公告的专利文件中。上述规定中所称的“在申请日以前向国务院专利行政部门提出过申请……申请日以后公告的专利文件”，通常被简称为“抵触申请”。因此，在认定一项专利是否构成涉案专利抵触申请时，应当将该专利的申请日、授权公告日与涉案专利的申请日进行比较。如果该专利的申请日在涉案专利的申请日之前，授权公告日在涉案专利的申请日之后，则该专利可以构成涉案专利的抵触申请。由于抵触申请与设计均可以用于评价涉案专利的新颖性，因此，如果被诉侵权设计已被抵触申请公开，则相较于抵触申请亦不应被授予专利权，相应地也不应被纳入涉案专利权的保护范围。因此，被诉侵权人以其实施的设计属于抵触申请为由，主张未侵犯涉案专利权的，人民法院可以参照适用《专利法》第六十二条、《专利纠纷解释（一）》第十四条等有关现有设计抗辩的规定，对抵触申

---

① （2015）粤知法专民初字第 1213 号。

② （2016）粤民终 990 号。

请抗辩进行认定。但是，只有在被诉侵权设计已被抵触申请单独、完整地公开，才可以认定抵触申请抗辩成立。如果被诉侵权设计相较于抵触申请存在差异，或者被诉侵权人主张将抵触申请与现有设计或者公知常识结合后进行抗辩的，抵触申请抗辩均不能成立。

由此可知，抵触申请专利可以参照现有技术或设计抗辩，但抵触申请专利毕竟有别于现有技术或设计，所以抵触申请抗辩的构成要件也有所区别：

《专利纠纷解释（一）》规定现有技术或技术抗辩可以适用“相同及无实质性差异”的判定标准；《专利侵权判定指南（2017）》规定现有技术或设计抗辩可以适用“相同及等同或近似或现有技术结合公知常识”的判定标准。既现有技术或设计抗辩可以采用“一项现有技术加公知常识”“一项现有设计加惯常设计”“近似或无实质性差异”的方法进行判定。那是因为现有技术既可以评价涉案专利的新颖性，也可以与其他现有技术或者公知常识结合，评价涉案专利权的创造性；如果一件专利有新颖性而没有创造性，那也不应该得到专利法的专属保护，对应的技术方案应属于公有领域。但是抵触申请仅仅可以被用来单独评价涉案专利权的新颖性，无法与其他现有技术或者公知常识进行结合，更加不能用于专利权创造性的评价，所以抵触申请类推适用现有技术抗辩应限于在相同侵权中才能进行抗辩，且被控侵权技术方案与抵触申请中记载的技术方案相同时，不侵权抗辩才能成立。

但另一个需要注意的问题是：根据《专利法》第二十二条第二款的规定，在发明或者实用新型新颖性的判断中，由任何单位或者个人在该申请的申请日以前向专利局提出并且在申请日以后（含申请日）公开的同样的发明或者实用新型专利申请，损害该申请日提出的专利申请的新颖性。即“抵触申请”必须满足“是向中国国家知识产权局提出的在先专利申请”这一条件，如果被告所提出的比对专利虽然时间上满足“抵触申请”的要求，但是属于海外专利，则从规定上亦不能适用“抵触申请抗辩”。但在司法实践中，涉外在先专利申请可以进一步比照抵触申请，作为专利不侵权抗辩的事由①。

至于具体的抵触申请抗辩比对方式可以参照现有技术相同抗辩，针对发明及实用新型的抵触申请抗辩亦应当先考虑涉案专利权利要求所保护技术方案的技术特征，再参照涉案专利的权利要求，将被控侵权产品或方法与抵触申请所记载的技术方案进行比对，如果被控侵权产品或方法的技术方案与抵触申请所记载的相关技术

---

① （2012）深中法知民初字第607号。

方案相同，且均包含涉案专利权利要求所保护技术方案的技术特征，则抵触申请抗辩成立。当然，笔者认为在适用抵触申请抗辩的过程中也并非所有的涉案专利权利要求所保护技术方案的技术特征都应当被考虑进去，如实用新型专利的非形状构造类技术特征在认定现有技术抗辩时原则上就不应当被考虑。

**（三）先用权抗辩**

知识产权制度的设置初衷是平衡权利人和公众之间的利益，先用权抗辩的设定也是基于这方面的考虑。我国专利法采用的是“先申请制”，但是最先针对某项技术或设计申请专利的人未必是最初的研发者或者设计者，在此情况下，如果专利权人可以依据在后发明而在先申请的专利主张涉案技术或设计的先用权人专利侵权，要求其停止使用并赔偿损失的话，那与知识产权制度的设置初衷是相违背的。因此，《专利法》第六十九条第二项规定的“在专利申请日前已经制造相同产品、使用相同方法或者已经作好制造、使用的必要准备，并且仅在原有范围内继续制造、使用的”不视为侵犯专利权。

然而在司法实践过程中，最先发明人或设计人如果在涉案专利申请日之前就已经公开了专利技术方案或设计方案，则被告可以主张现有技术或设计抗辩；但如果最先发明人或设计人没有在涉案专利申请日之前公开该技术方案或设计方案，针对该技术只能主张先用权抗辩。先用权抗辩区别于现有技术或设计抗辩，抗辩难度也高于现有技术/设计抗辩，是较难获得法院认可的抗辩方式之一，主要原因在于先用权抗辩具有较为严格的构成要件，对于被告而言举证较为困难。先用权抗辩主要包括以下构成要件：

1. 技术合法性要求

被诉侵权人必须合法取得技术或者设计。《专利纠纷解释（一）》第十五条第一款规定：“被诉侵权人以非法获得的技术或者设计主张先用权抗辩的，人民法院不予支持。”关于“非法获得”的界定存在一定的争议，在先技术的来源是否包括从专利权人处获得的途径？非法途径的涵盖范围是什么？

《日本专利法》在第七十九条规定：“因自己发明而不知有相关专利存在，或虽从发明人处获得而为己所用但不知该发明需申请专利，则在专利申请时，日本国内已经从事该发明的事业或者即将从事该发明的事业的人，在其已经从事或即将从事的业务范围内，拥有该相关专利的通常实施权。”《德国专利法》第十二条第一款规定：“若在专利申请日前，在德国境内已经有他人开始实施该专利申请的内容，或已经着手准备实施该专利申请的内容，则专利权人不得以其已经获得专利权为由禁止他人使用该专利。该先用人在其业务范围内，有权在自己或他人的工厂和车间内实施该专利，该先使用权只能通过继承方式获得或由其整体事业转让而获得。如果专利申请人在申请专利之前，虽然将专利的内容披露给他人，但保留了申请专利并获得专利的权利，则获得该专利申请内容的他人，不能根据本款第一项的规定取得该专利的先用权，在申请人取得专利后，不得以披露发生后的六个月内采取的措施为由对抗专利人。”由此可见，日本专利法将在先技术来源限定为“自己发明或从发明人处获得而为己所用但不知该发明需申请专利”；德国专利法规定在先技术可以来源于专利权人，如果专利权人披露技术时未保留其权利，或保留其申请专利并获取专利的权利后在宽限期六个月内没有申请专利，则获知技术者可以据此进行先用权抗辩。

在我国司法实践中，在2015年北京知识产权法院审理的一起侵害发明专利权纠纷案件①中，法院认为“非法获得”应作更为严格的解释，即在先制造者或使用者主张的技术方案，应是先用权人自己独立研究完成或者以合法手段从专利权人或其他独立研究完成者处取得的，而不是在专利申请日前抄袭、窃取或者以其他不正当手段获取的。在该专利侵权纠纷的案件中，原告主张被告通过第三人获知被诉技术方案，而该第三人参与了原告涉案专利技术相关的项目研发，且第三人未经原告许可将技术资料通过多种载体给了被告，以获取非法利益。在被告未提供其独立研发或通过其他合法渠道获得上述技术信息的情况下，一审法院认定被告据以主张先用权抗辩的技术方案为自第三人处获得，属于“非法获得”的技术并无不当。在2014年北京市高级人民法院审理的一起发明专利侵权纠纷案件②中，被告提供了在涉案专利申请日前研发被诉侵权产品时的开发设计可行性报告、设计计划书、设计流程图、研制报告及相关研发回忆纪要和技术人员的证人证言以及案外人提供研发产品原材料的证明，证明被诉侵权产品是自行研发的。

2. 必要准备要求

《专利纠纷解释（一）》第十五条第二款规定：“有下列情形之一的，人民法院应当认定属于专利法第六十九条第（二）项规定的已经作好制造、使用的必要准备：（一）已经完成实施发明创造所必需的主要技术图纸或者工艺文件；（二）已经制造或者购买实施发明创造所必需的主要设备或者原材料。”北京市高级人民法院《专利侵权判定指南（2017）》第一百三十三条第一项指出：“做好了制造、使用的必要准备。即已经完成实施发明创造所必需的主要技术图纸或者工艺文件，或者已经制造或者购买实施发明创造所必需的主要设备或者原材料。”

---

① （2015）京知民初字第1848号。

② （2014）高民（知）终字第3487号。

在前述2014年北京市高级人民法院审理的发明专利侵权纠纷案件中，两名被上诉人（原审被告二、被告三）提供了在涉案专利申请日前研发被诉侵权产品时的《布质复合防火卷帘门开发设计可行性报告》《布质复合防火卷帘门设计计划书》《布质复合防火卷帘门设计流程图》《布质复合防火卷帘门设计人员名单》《布质复合防火卷帘门设计任务书》《布质复合防火卷帘门研制报告》《布质复合防火卷帘门设计图纸》和《布质复合防火卷帘门设计总结》及相关研发回忆纪要和技术人员的证人证言以及案外人提供研发产品原材料的证明，最终法院认定在涉案专利申请日之前，两名被上诉人已经掌握了制造被控侵权产品的技术，做好了制造的必要准备，并具备一定的生产规模，依法享有先用权。在2013年深圳市中级人民法院审理的一起实用新型专利侵权纠纷案件①中，被告以专利申请日前签订的买卖合同、设计图证明了在涉案专利前已完成实施技术的准备，成功引导法院认为被告在专利申请日前已经掌握了涉案专利技术方案。

3. 原有范围的要求

《专利纠纷解释（一）》第十五条第三款和第四款规定："专利法第六十九条第（二）项规定的原有范围，包括专利申请日前已有的生产规模以及利用已有的生产设备或者根据已有的生产准备可以达到的生产规模。先用权人在专利申请日后将其已经实施或作好实施必要准备的技术或设计转让或者许可他人实施，被诉侵权人主张该实施行为属于在原有范围内继续实施的，人民法院不予支持，但该技术或设计与原有企业一并转让或者承继的除外。"

在前述2014年北京市高级人民法院审理的发明专利侵权纠纷案件中，被上诉人一（原审被告二）主张其在1999年前制造防火卷帘和钢质、木质门窗产品的产值较高，人员较多，产品销售区域较广。在1999年国家建设部新的防火规范促使各企业研发新产品的前提下，新型的布质防火卷帘将替代传统的钢质防火卷帘成为防火卷帘产品的主要样态，因此，待相关产品通过检验后，被上诉人一利用已有的生产钢质、木质门窗和钢质卷帘门的设备和人力投入制造涉案布质防火卷帘符合正常的生产规律。涉案防火卷帘帘面系由多层材料复合缝制而成，生产工艺相对简单，无须大型或者特种机器设备或生产线。其提交的现有证据表明蓝盾公司在涉案专利申请日前已经具备制造涉案无机布质防火卷帘帘面所需的缝纫机、切割机等设备，目前制造没有超出涉案专利申请日前的规模。最终法院认定被上诉人一制造涉案被控侵权产品属于在原有范围内继续制造。

---

① （2013）深中法知民初字第203号。

4. 先用权抗辩的主体是制造者、销售者、使用者、许诺销售者、进口者

根据《专利法》第六十九条第二项的规定，在专利申请日前已经制造相同产品、使用相同方法或者已经作好制造、使用的必要准备，并且仅在原有范围内继续制造、使用的不视为侵犯专利权。由此可见，先用权抗辩是制造者的一项权利，但是在司法实践中，很多情况下原告仅起诉销售商或者进口商。对于此，在前述2014年北京市高级人民法院审理的发明专利侵权纠纷案件中，法院认为：涉案被控侵权的防火卷帘帘面系由被上诉人一生产，被上诉人二仅是将该防火卷帘帘面销售给案外人，被上诉人一享有先用权，其制造的防火卷帘帘面产品不侵权，故即使涉案被控侵权产品构成侵权北京蓝盾公司作为销售商也不应承担侵权责任。笔者赞同上述观点，因为制造商在原有范围内生产的产品必然是要进入市场进行流通，如果对上述产品的销售商不予先用权抗辩的话，大体需要通过抗辩，再将制造商追加至案件中，如此实为诉累，也与市场规律相违背，不符合知识产权法制定的初衷。

## 四、结语

综上所述，被控侵权的一方行使其抗辩权，可以通过专利权无效抗辩，直接攻击对方的权利基础，也可以通过不侵权抗辩，证明被控侵权产品或方法未落入原告涉案专利的保护范围；即使确实落入了原告涉案专利的保护范围，被控侵权的一方仍可以采取现有技术或设计抗辩、抵触申请抗辩、先用权抗辩等多种有效工具，证明自身并未侵犯原告的专利权；但与此同时，被控侵权的一方也需要留意各种抗辩事由的细节要求、制定合理的对策，才能在专利侵权诉讼中有效地变被动为主动，充分维护自身的合法权益。

# 专利侵权诉讼中现有技术抗辩及其司法适用

赵俊杰* 彭友健**

**摘要**：现有技术抗辩是专利权侵权抗辩制度中较为常用的一种抗辩方式。关于现有技术抗辩的理论基础有瑕疵专利纠正说和公共财产保护说。对于现有设计抗辩的比对对象与顺序，被诉侵权技术与涉案专利的侵权对比应处于优先地位，若被诉侵权技术落入专利权保护范围，再判断现有技术抗辩是否成立。对于现有设计抗辩的判断标准应当采取明显无创造性标准，即在被控侵权技术方案与现有技术方案对应的技术特征不构成相同或等同的标准时，如果将一项现有技术方案与本领域公知常识进行简单组合就可以得到被控侵权产品或方法，那么现有技术抗辩也是成立的。

**关键词**：专利 侵权 现有技术抗辩

## 一、现有技术抗辩的适用情况

现有技术抗辩是专利权侵权抗辩制度中较为常用的一种抗辩方式。以广州知识产权法院为例，自该院成立开始至2018年8月31日，该院以判决方式结案的专利侵权案件共3506件，包括外观设计专利权案2138件、实用新型专利权案1050件和发明专利权案318件，其中，提出现有技术抗辩（本文所称现有技术抗辩包括现有技术抗辩和现有设计抗辩）的案件共432件，包括外观设计专利权案359件、实用新型专利权案64件以及发明专利案9件。外观设计专利权案件中判决支持现有技术抗辩的有73件，包括抵触申请8件，对现有技术抗辩不审查的有15件；实用新型专利权案件中判决支持现有技术抗辩的有24件，不审查的有6件；发明专利案

* 赵俊杰，广东翰锐律师事务所律师。
** 彭友健，广东翰锐律师事务所律师。

件中判决支持现有技术抗辩的有 2 件，不审查的有 2 件。所有类型案件中，支持现有技术抗辩的占提出现有技术抗辩案件总数的 22. 45%[①]。

上述数据反映了现有技术抗辩更多地出现在外观设计专利权案和实用新型案件中，这与我国专利授权制度有关，外观设计和实用新型专利只进行初步审查，且实用新型和外观设计专利本身的发明高度较低。同时，判决支持现有技术抗辩的比例不高，可以反映司法实践中对其具体适用条件仍然存有争议，包括现有技术抗辩的适用范围、可以援引的现有技术的范围、技术比对顺序等。

## 二、现有技术抗辩制度性质

我国《专利法》第六十二条规定："在专利侵权纠纷中，被控侵权人有证据证明其实施的技术或者设计属于现有技术或者现有设计的，不构成侵犯专利权。"

《最高人民法院关于审理侵犯专利权纠纷案件应用法律若干问题的解释》第十四条第一款规定："被诉落入专利权保护范围的全部技术特征，与一项现有技术方案中的相应技术特征相同或者无实质性差异的，人民法院应当认定被诉侵权人实施的技术属于专利法第六十二条规定的现有技术。"

北京市高级人民法院《专利侵权判定指南（2017）》第一百三十七条规定："现有技术抗辩，是指被诉落入专利权保护范围的全部技术特征，与一项现有技术方案中的相应技术特征相同或者等同，或者所属技术领域的普通技术人员认为被诉侵权技术方案是一项现有技术与所属领域公知常识的简单组合的，应当认定被诉侵权人实施的技术属于现有技术，被诉侵权人的行为不构成侵犯专利权。"

关于现有技术抗辩的理论基础主要有：瑕疵专利纠正说和公共财产保护说。瑕疵专利纠正说认为，在实践中有时会遇到被控侵权产品或方法确实属于公知技术，但其同时落入专利权保护范围之中，当事人又没有提出撤销或无效请求的现象，现有技术抗辩制度就是为了解决这一矛盾而提出的。[②] 由于我国专利审查制度本身的问题，实践中会出现不符合专利条件的技术方案被授予专利权，这导致了瑕疵专利的产生，认定这种瑕疵专利的"前提是该现有技术本身直接破坏专利权利要求的新颖性"[③]。部分学者认为，如果被控侵权人提出明显的理由来证明涉案专利权极有

---

① 郑志柱等：《专利侵权诉讼中现有技术抗辩制度适用情况分析——以广州知识产权法院相关案件统计分析为例》，载《中国发明与专利》2018 年第 10 期。

② 尹新天：《专利权的保护》，专利文献出版社 1998 年版，第 372 页。

③ 崔国斌：《专利法》，北京大学出版社 2016 年版，第 717 页。

可能被宣告无效，那么专利权人要求被控侵权人停止使用被控侵权技术或主张赔偿，便属于权利的滥用。另有学者认为，现有技术抗辩来源于《宪法》第五十一条和《民法总则》第一百三十二条的“禁止权利滥用”原则，以上理论实质上是相同的。

公共财产保护说认为，只要一项技术方案在专利申请日前公开，就成为专利法意义上的现有技术，因此，现有技术中除部分专利技术外，还包括一些未申请专利的公开技术以及已经过期或失效的专利。该等技术方案事实上已经成为自由公知技术，属于由社会全体共同所有的智力成果。因此专利法不允许专利权的保护范围扩张至现有技术。专利制度的目的是通过赋予专利权人一定的垄断权来激励发明创造，促进社会发展，因此专利制度需要在专利权人与社会公共利益之间画一条恰当的线。若将一部分社会公知技术划入专利保护范围，权利人对其实施独占，则会减损公众合法的自由权。现有技术抗辩的核心内涵或者说根本目的在于保障公众可以自由地使用申请日以前在国内外为公众所知的技术，从而提高创新能力。①

## 三、现有技术抗辩司法适用探讨

### （一）现有技术抗辩的技术对比对象及顺序

在专利侵权诉讼中适用现有技术抗辩时，需要考察和比较以下三个技术方案：涉案专利、被诉侵权技术方案以及现有技术。这三项技术方案之间应当如何进行对比，法律及相关司法解释并没有做出具体的规定，司法实践中尚未形成统一的规则及标准。目前主流观点有两种，一种是应当优先审查现有技术抗辩，即优先比对被诉侵权技术及现有技术，根据对比结论决定是否还有进一步对比的必要；另一种是应当优先审查被诉侵权技术是否落入涉案专利的保护范围。

优先审查现有技术抗辩是指优先将被控侵权技术方案与现有技术方案进行比较，判断现有技术抗辩是否成立。若足以认定现有技术抗辩成立的，则直接认定被控侵权技术方案不构成侵权。否则，再将被控侵权技术方案与涉案专利比对，判断是否落入涉案专利的保护范围，从而判定是否构成专利侵权。

优先审查现有技术抗辩的理论基础为现有技术抗辩属于不侵权抗辩，即如果现有技术抗辩成立则应认定实质不侵权。该种观点认为实施现有技术是公民和法人与生俱来的权利，这种权利性质决定了在专利侵权诉讼中应先将被控侵权技术与现有

① 王东勇：《现有技术抗辩的适用及赔偿数额的确定》，载《人民司法》2013年第4期。

技术进行对比，若两者不相同或无实质性差异，即可判定现有技术抗辩成立，不构成专利侵权，无须再对比被控侵权技术与专利技术。①

在最高人民法院作出的陈某与浙江某家居用品有限公司、何某及第三人温某侵害发明专利权纠纷案的再审判决书中，法院优先对原审被告提出的现有技术抗辩进行了审查。在认定现有技术抗辩不成立后，再审查被控侵权技术方案是否落入涉案专利的保护范围。同时在2000年的《最高人民法院民事审判第三庭关于王某与合肥某贸易有限责任公司等专利侵权纠纷案的函》中，最高人民法院认为："不论神某公司技术与王某专利是否相同，在神某公司提出公知公用技术抗辩事由的情况下，只有在将神某公司技术与公知公用技术进行对比得出否定性结论以后，才能将神某公司技术与王某专利进行异同比较。"优先审查现有技术抗辩是否成立，若认定现有技术抗辩成立，则可以直接据此认定不构成专利侵权，法院无须审查是否落入保护范围，可以缩短诉讼流程，提高司法审判效率，节约司法成本。

优先审查是否落入专利权保护范围，即指首先将涉案专利技术方案与被控侵权技术方案进行对比，判断被控侵权技术方案是否落入涉案专利的保护范围。如果足以认定不落入涉案专利的保护范围，则直接认定不构成专利侵权。否则，再将被控侵权技术方案与现有技术方案进行对比，判断现有技术抗辩是否成立。

优先审查是否落入涉案专利保护范围的理论基础是认为现有技术抗辩属于侵权的例外，即现有技术抗辩是通过立法赋予的被控侵权人的一种抗辩权，被控侵权物落入了专利权的保护范围，构成侵权，只要被控侵权物属于现有技术，则将其作为侵权的例外认定不构成专利侵权。而且专利侵权诉讼应当以专利权为中心进行审理，一切审理活动都应当紧紧围绕专利权及其权利要求的保护范围展开。如果未对专利权与被控侵权方案进行比对，就直接得出专利不侵权的结论，在判决中也没有对被控侵权技术方案是否落入专利权的保护范围这一基本事实进行审查，会存在重审或发回重审的风险。

在盐城泽某机械有限公司与盐城市格某机械有限公司侵犯实用新型专利权纠纷一案中，法院在审理原审被告的现有技术抗辩是否成立之前，先进行了专利侵权判定，确定被控侵权技术方案落入专利保护范围的技术特征。同时最高人民法院也在该案的再审判决中论述了被控侵权技术方案是否落入专利权的保护范围，与被控侵权人的现有技术抗辩是否成立没有必然的关联。最高人民法院审理的郑州某有限公司等诉郑州某公司侵害实用新型专利权纠纷案、天津市高级人民法院审理的某公司

① 颜峰：《现有技术抗辩的技术对比规则探析》，载《科技与法律》2018年第2期。

与天津某有限公司侵害实用新型专利权纠纷案等案件均采用了这样的对比顺序。

笔者认为侵害专利权纠纷诉讼是以“涉案专利权利要求”为中心的诉讼活动。若在专利侵权诉讼审理中，首先将被控侵权技术方案与现有技术比对，判断现有技术抗辩是否成立，则偏离了专利侵权诉讼的中心，同时直接进行现有技术抗辩的比对，容易遗漏审查相关事实，导致判决程序错误，存在发回重审或者改判的风险。因此，被诉侵权技术与涉案专利的侵权对比应处于优先地位，初步判断被告使用的技术是否落入原告主张的保护范围，若被诉侵权技术落入专利权的保护范围，再进一步进行被诉侵权技术与现有技术的对比，以判断现有技术抗辩是否成立。优先将被诉侵权技术与涉案专利的侵权对比，可以确定被控侵权技术方案与涉案专利权利要求相应的技术特征，然后将相应技术特征与现有技术进行对比。

在确定现有技术比对对象时，应以涉案专利的权利要求作参照，确定“被诉侵权技术方案落入专利权保护范围的全部技术特征”，即权利人起诉时指控侵权的技术方案中，落入其请求保护的专利权利要求保护范围的那部分技术特征。最高人民法院在盐城泽某机械有限公司与盐城市格某机械有限公司侵犯实用新型专利权纠纷再审案中认为“现有技术抗辩的审查方式是以专利权利要求为参照，确定被诉侵权技术方案中被指控落入专利权保护范围的技术特征，并判断现有技术中是否公开了相同或者等同的技术特征”。

**（二）现有技术抗辩的判断标准**

根据《最高人民法院关于审理侵犯专利权纠纷案件应用法律若干问题的解释》第十四条第二款规定可知，现有技术或者现有设计抗辩的判断标准为“相同或者无实质性差异”。但是“无实质性差异”的标准应当如何理解与适用，在专利侵权诉讼实务中存在多种理解，主要的观点有“新颖性标准”“相同或无实质性差异标准”“相同或等同标准”以及目前来说相对超前的“创造性标准”。①

新颖性标准主张现有技术抗辩的判断应当采用类似新颖性标准，即当被控侵权技术方案与一项现有技术相比不具备新颖性时，则现有技术抗辩成立。根据《专利审查指南2017》，不具有新颖性的情形包括“技术内容完全相同”和“简单的文字变换”，因此当被控侵权技术方案与现有技术方案“技术内容完全相同”和“简单的文字变换”时，现有技术抗辩成立。同时根据关于新颖性的规定，在进行新颖性判断时只能将被控侵权技术与一项现有技术比较，即作为公知技术抗辩的技术必须是“非组合而成”的公知技术，不得将独立的公知技术加以组合后作为抗辩的公知

① 王超：《现有技术抗辩实务研究》，载公众号“知识产权那些事”，发表于2017年10月25日。

技术。

最高人民法院审理的银川某公司、徐某与天津某公司实用新型专利转让合同纠纷案中，最高人民法院在认定现有技术抗辩时作了如下论述："综上，被诉落入涉案权利要求3的全部技术特征，与在先专利公开的现有技术方案中的相应技术特征相同或者无实质性差异，保兴公司提出的现有技术抗辩成立。"

相同或等同标准，即指将被控侵权产品或方法中与原告专利权利要求相对应的所有技术特征，与一项现有技术的相应技术特征相比，满足相同或等同的条件时，现有技术抗辩成立。时任最高人民法院知识产权庭法官的孔祥俊、王永昌等也曾指出，《最高人民法院关于审理侵犯专利权纠纷案件应用法律若干问题的解释》第十四条第一款所称"无实质性差异"在实践中可以参照等同的标准掌握。

最高人民法院在盐城泽某机械有限公司与盐城市格某机械有限公司侵犯实用新型专利权纠纷再审案中认定现有技术抗辩时有如下论述："现有技术抗辩的成立，并不要求被诉侵权技术方案与现有技术完全相同，毫无区别，对于被诉侵权产品中与专利权保护范围无关的技术特征，在判断现有技术抗辩能否成立时应不予考虑。"江苏省高级人民法院在王某诉江苏某公司侵犯实用新型专利权一案中亦采用了类似的认定标准，其在判决中指出："被告被诉的酒产品虽然落入了原告涉案专利权的保护范围，但被告的产品与现有技术方案的技术特征构成相同或等同，被告的产品使用了现有技术方案，被告主张的现有技术抗辩成立。"

"明显无创造性"标准指在相同或等同标准的基础上，将成立的标准扩大到在被控侵权技术方案与现有技术方案对应的技术特征不构成相同或等同的标准时，如果将一项现有技术方案与本领域公知常识进行简单组合就可以得到被控侵权产品或方法，那么现有技术抗辩也是成立的。

最高人民法院在湖南某公司等诉东莞市某公司侵害发明专利权纠纷案中，认为："现有技术抗辩，通常是指被诉落入专利权保护范围的全部技术特征，与一项现有技术方案中的相应技术特征相同或者等同，或者所属技术领域的普通技术人员认为被诉侵权技术方案是一项现有技术与所属领域公知常识的简单组合的，应当认定被诉侵权人实施的技术属于现有技术，被诉侵权人的行为不构成侵犯专利权。"苏州某公司诉南京某公司、苏州某公司侵犯专利权纠纷二审案，江苏省高级人民法院对于现有技术抗辩的适用标准也作了类似认定。

"创造性标准"认为现有技术抗辩是否成立，应取决于被告实施的技术方案与其举证的现有技术相比，是否具有新颖性和创造性。如果对两者进行比较之后，发现被控侵权技术方案相比现有技术并不具有新颖性和创造性的话，就应认定被控侵权人的抗辩成立，不构成侵权。适用创造性标准时，允许将多个现有技术方案进行组合后，再与被控侵权技术对比判断现有技术抗辩是否成立。

笔者认为，参考专利法及审查指南对于新颖性的判断标准，并以此判断现有技术抗辩是否成立，能够在一定程度上减少因主观因素产生的偏差，有利于形成统一的适用标准，但是同时以新颖性标准判断现有技术抗辩是否成立将很大程度上限制现有技术抗辩的适用，不利于保护社会公众的利益。创造性标准允许以两项以上技术方案进行组合，并且需要对是否存在“实质性特点”和“显著的进步”作出主观判断，这种判断具有极强的技术性和专门性，对法官及律师提出了较高的要求，就目前我国对于专利案件的审判机制而言难度较大。在最高人民法院司法解释将现有技术抗辩的审查标准规定为“相同或无实质性差异”后，“明显无创造性标准”成为主流观点，最高人民法院的指导意见也认为“无实质性差异”在实践中可以参照等同的标准掌握。该标准比等同的标准要宽泛，相对于其他标准，更接近于“创造性”标准。若被控侵权技术方案与现有技术相比不具有新颖性或创造性，无论是基于瑕疵专利纠正说还是公共财产保护说，该技术方案都不应得到保护。最高人民法院所提到的等同是仅就技术特征而言的，而现有技术抗辩是从整体技术方案考量是否应当限制专利权保护内容，而不是单一技术特征相同或等同，适用等同标准容易将一项完整的技术方案割裂开来，将不合理地限制现有技术抗辩的适用范围。①“间接创造性”的标准应为目前最合适的标准。

## 四、结语

现有技术抗辩制度通过合理限制专利权的保护范围，最大化地保护社会公众利用技术的正当权益，同时现有技术抗辩也是我国目前专利权确权与维权职能部门分立的现状下，提高诉讼效率的有效方法。随着侵害专利权纠纷案件的增多，各界对于技术抗辩制度的理解必然会与时俱进，关于现有技术抗辩制度的适用标准及方法也将日益完善。从办案实务角度来看，以下两方面值得注意：1. 如何把握现有技术或者现有设计抗辩的判断标准——相同或者无实质性差异；2. 涉案专利、被诉侵权技术方案以及现有技术三项技术方案之间应当如何进行比对。

---

① 颜峰：《现有技术抗辩的技术对比规则探析》，载《科技与法律》2018 年第 2 期。

# 涉外职务发明创造报酬案件中相关法律问题探讨

## ——以吴某诉希公司、B公司职务发明创造发明人报酬纠纷案为例

李治国[*] 曾植韫[**]

**摘要：**涉外职务发明创造报酬法律关系的特征是该法律关系的主体、客体及法律事实中有一项具备涉外性。适用该纠纷案件的法律有待于外国法查明、法律规避、公共秩序保留、最密切联系地法原则等国际私法制度的运用。对职务发明创造的实质性特点作出创造性贡献的人应当有权获得报酬，专利文件中署名为发明人的人推定其“作出创造性贡献”。支付报酬的人应当是与发明人建立起劳动关系的单位。支付报酬的前提条件是该职务发明创造已经实施并取得经济利益，专利证书的获得与否不是考虑因素。

**关键词：**涉外职务发明创造　法律适用　报酬支付主体　报酬支付条件

2018年12月11日，广东省高级人民法院审理的“吴某诉希公司、B公司职务发明创造发明人报酬纠纷案”因其判决的开创性、典型性和示范性屡屡成功入选十大典型案例，如广东省高级人民法院将该案入选“2018年广东服务创新驱动发展十大典型案例”，广州知识产权法院将该案入选“2018年广州知识产权法院服务和保障科技创新十大典型案例”，广东外语外贸大学华南国际知识产权研究院将该案入选“第三届广东十大涉外知识产权案例”等。该案涉及境内职务发明在境外申请专利的职务发明报酬纠纷，我国相关法律对此没有进行明确规定。该案以民法的公平原则为基础，深入地剖析了职务发明创造制度的基础和本质，详细地阐述了职务发明人与用人单位之间的劳务属性和利益划分，结合适用准据法的“最密切联系”原则，得出本案纠纷应当适用我国法律进行调整、应当给予发明人合理报酬的结

* 李治国，广东君厚律师事务所律师。

** 曾植韫，国信信扬律师事务所律师。

论，坚决地制止了跨国企业通过法律漏洞规避法定义务的行为，有效地保护了劳动者的合法权益；为此类案件的审理和相关立法的完善提供了良好的借鉴①。该案实质上涉及美国专利法、中国专利法、中国合同法、中国劳动法、中国促进科技成果转化法等部门法律规定的适用，也涉及国际私法多种冲突规范制度的运用。本文从该案出发，对涉外职务发明报酬中涉及的若干法律问题进行探析，以期对同种或类似案件的司法处理提供参考，对我国职务发明报酬制度的完善提供些许意见。

## 一、基本案情

原告吴某在被告希公司工作期间，完成了职务发明创造“防止锁闭的防风门插芯锁”（以下简称涉案职务发明创造），随后应希公司要求签署专利申请权转让书，向被告 B 公司转让涉案职务发明创造一切权益。B 公司未向原告或希公司支付转让对价，并将涉案职务发明创造在美国申请专利并获得美国发明专利（以下简称涉案专利）。其后 B 公司委托希公司在中国境内制造涉案专利产品并全部出口至美国，由 B 公司在美国进行销售。原告要求被告希公司支付职务发明创造报酬，被告希公司以涉案专利为美国专利，美国专利法无职务发明报酬规定为由拒绝支付，本案诉讼由此产生。本案一审和二审判决均支持了原告的诉讼请求②。

## 二、本案相关法律问题分析

### （一）适用法律判断

本案涉案职务发明创造发明人为中国人原告，发明创造单位为本案被告希公司（中国公司），发明创造专利申请人、专利权利人为中国香港公司 B 公司；发明创造发生地、完成地、实施地为中国；发明创造为美国专利。由此可以看出，本案民事法律关系中因权利主体、权利客体体现涉外性而产生适用法律问题，即本案是适用中国法律还是适用美国法律。这个问题的解决主要依赖于我国涉外民事关系法律适用法的相关规定、国际私法中适用冲突规范的相关制度规定及美国专利法、中国专利法相关立法精神、相关具体规定的综合分析及判断。下面分别从外国法查明、法律规避、公共秩序保留、最密切联系地法原则等国际私法制度结合我国法律的相

① 知产力，http：//www. gdcourts. gov. cn/web/content/43696 - ? lmdm = 2002，最后访问于 2020 年 4 月 20 日。

② （2016）粤 73 民初 1721 号民事判决书；（2018）粤民终 1824 号民事判决书。

关规定，对本案应适用的法律作出分析。

1. 外国法查明

本案中，基于上文提及的涉外因素，以及被告认为应适用美国专利法的主张，外国法的查明便成为本案审理的首要问题。

外国法是属于法律还是事实？外国法的查明责任归谁？从司法实践角度来说，如外国法属于法律，则法律的查明属于法官职权范围，法官应依职权进行查明；如外国法属于事实，则民事案件中的当事人应承担举证责任。

对于外国法的性质，各国主要有三种认识：一种是事实说，普通法系国家多奉行此说；与其相对的是法律说；而调和事实与法律说的是折中说，它主张外国法既非单纯的事实，亦非绝对的法律，而是根据本国冲突规范的指定应适用的外国法律。从本国法角度而言，它适用的是外国法；从外国法角度来说，它是依据法院地国法而被援用的。因此，它既有别于本国法，又有别于外国法，是一种特殊的法律事实。英国学者莫里斯说："外国法虽是一个事实问题，但它是一个特殊类型的事实问题。"①

在我国，《涉外民事关系法律适用法》第十条规定："涉外民事关系适用的外国法律，由人民法院、仲裁机构或者行政机关查明。当事人选择适用外国法律的，应当提供该国法律。不能查明外国法律或者该国法律没有规定的，适用中华人民共和国法律。"可见，《涉外民事关系法律适用法》肯定了外国法查明中的法官职权主义；同时考虑到法院在查明外国法实践中面临的困难，也肯定了作为补充的当事人查明方式，同时免除了当事人对外国法内容"证明"的义务。这从侧面反映了我国视外国法为法律而非事实的立法态度②。

本案中，被告希公司主张适用美国专利法，则美国专利法的查明义务依照我国《涉外民事关系法律适用法》的规定应为法院及被告。而事实上，美国专利成文法没有职务发明报酬制度的规定。美国判例法倾向认为，职务发明是基于劳动合同关系在职务发明人履行职务过程中产生的，雇员根据被雇佣的目的从事特定发明任务或解决特殊技术问题的发明成果归属于雇主，雇主已经付出了工资。因此，职务发明人不应该享有另外的报酬。另外，雇员和雇主之间财产权分配规则的实际意义已经很小，因为职务发明产生前的转让规则非常流行，这些协议本质上属于私人协

---

① J. H. C. Morris, The Conflict of Law37 (4th Edition. 1993).

② 刘学彬：《外国法的查明之责任归属》，载广州市律师协会官网，http://www.gzlawyer.org/info/e93cdb8beb7a4a9ca1b0ad4ec7626975，最后访问于2020年4月20日。

议，无须遵守普通法的默认分配规则[①]。这里的普通法默认分配规则指的是雇主实施权（shop right）以雇员的默示许可为基础[②]。法院更频繁地认为，雇主雇佣雇员来发明，因此通过支付工资或薪水购买了发明人的发明活动[③]。

如上所述，美国专利法中没有职务发明报酬的规定，而中国专利法则明确规定权利人应向职务发明人支付发明报酬。本案被告因此提出适用美国专利法，以达到逃避支付发明报酬的目的。应该适用哪一个国家的专利法则是本案审理的第二个关键问题，下面就对此予以分析。

2. 法律规避

本案中，被告希公司要求原告签署转让书，将原告在中国境内完成的涉案职务发明创造专利申请权无偿转让给关联公司 B 公司，由 B 公司在美国申请专利，根据美国专利法规定拒绝向原告支付职务发明报酬，其实质是利用不同的法律制度规避其依中国法律应当支付职务发明报酬的义务。被告希公司的行为，实际上是国际私法中法律规避的行为。

法律规避（evasion of law），又称诈欺规避（fraude a la loi）或欺诈设立连结点（fraudulent creation of point of contact），它是指涉外民商事法律关系的当事人为利用某一冲突规范，故意制造某种连结点，以避开本应适用的法律，从而使对自己有利的法律得以适用的一种逃法或脱法行为[④]。

依照上述概念，法律规避的构成要件包括：（1）当事人在主观上存在故意，也就是说，当事人有逃避某种法律的动机，法律规避是当事人有目的、有意识的行为。（2）规避的对象是本应适用的法律中的强制性或禁止性规范，而不是任意性规范。因为，任意性规范对当事人来说，既可以适用，也可以不适用，当事人根本不需要采用规避手段。（3）从行为方式上看，当事人是通过人为地制造或改变连结点来达到规避法律的目的，如改变国籍、住所、行为地、物之所在地、权利确认地等。（4）从客观结果上看，当事人达到了适用对自己有利的法律的目的。如果当事人“想”规避某国实体法，但只是处于主观规避的“意图”，就不构成国际私法上所说的法律规避。

---

① Steven Chevensky, A Penny for Their Thoughts: Employee – Inventors, Preinvention Assignment Agreements, Property, and Personhood, 81 Calif. L. Rev. 595, 616 – 617 (1993).

② Magnetic Mfg. Co. v. Dings Magnetic Separator Co., 16 F2d 739 (7th Cir. 1927).

③ Catherine L. Fisk, Removing the “Fuel of Interest’ from the “fire of Genius”: Law and the Employee – Inventor, 1830 – 1930, 65 U. Chi. L. Rev. 1127, 1132 – 1133 (1998).

④ 黄进:《国际私法》(第二版), 法律出版社 2008 年版, 第 200 页。

具体到本案，被告明显具有逃避适用中国专利法的动机，其规避的是中国专利法规定的职务报酬强制性支付义务。被告通过专利申请权转让、在美国申请并获得专利这种连接方式适用美国专利法，而由于美国专利法并没有职务发明报酬这种制度规定，所以很明显被告达到了对自己有利的目的。因此，被告的行为构成国际私法上的法律规避。

欧洲学者大多认为，法律规避是一种欺骗行为，因而在发生法律规避的情况下，就应排除适用当事人希望援用的法律，而适用本应适用的法律。“欺诈使一切归于无效”（fraus omnia corrumpit）便是其理论依据。法国学者巴丹和巴迪福认为，规避法律的行为损害了冲突规范及其指定的准据法的威信，本质上是一种欺诈的行为，只要不存在其他相反的解释，就不应承认其效力①。我国《涉外民事关系法律适用法》第四条规定：“中华人民共和国法律对涉外民事关系有强制性规定的，直接适用该强制性规定。”由此可见，我国法律对于法律规避行为，原则上是规避本国法一律无效；对于规避外国法，我国并无明文规定。通常认为，要具体分析、区别对待，如果当事人规避外国法中某些正当的、合理的规定，应该认为规避行为无效；反正，如果规避外国法中反动的规定，则应认定该规避有效②。

具体到本案，我国《专利法》第十六条规定，被授予专利权的单位应当对职务发明创造的发明人或者设计人给予奖励；发明创造专利实施后，根据其推广应用的范围和取得的经济效益，对发明人或者设计人给予合理的报酬，被告规避的是该条规定的应支付原告职务发明创造报酬的义务。原告职务发明报酬来源于原告与被告希公司之间的劳动合同关系，职务发明创造报酬本质上属于劳动报酬，具有劳务属性。相关单位不能通过不公平、不合理的手段规避支付相关劳务报酬的法定义务。我国《最高人民法院关于适用〈中华人民共和国涉外民事关系法律适用法〉若干问题的解释（一）》第十条第一项规定：“有下列情形之一，涉及中华人民共和国社会公共利益、当事人不能通过约定排除适用、无需通过冲突规范指引而直接适用于涉外民事关系的法律、行政法规的规定，人民法院应当认定为涉外民事关系法律适用法第四条规定的强制性规定：（一）涉及劳动者权益保护的……”即中国法律中关于职务发明创造发明人报酬的相关规定，涉及劳动者权益，不得予以规避。本案中，希公司通过要求原告签署转让书，将原告在中国境内完成的涉案职务发明创造相关专利申请权无偿转让给其关联公司B公司并在美国申请专利后，根据美国专

① 黄进：《国际私法》（第二版），法律出版社2008年版，第203页。

② 肖永平：《国际私法原理》，法律出版社2003年版，第126页。

利法规定拒绝向原告支付发明人报酬，其实质系利用不同的法律制度规避其依中国法律应当支付劳动对价的义务，明显损害原告作为劳动者的权益，不符合我国职务发明创造报酬制度的立法宗旨，违反了我国法律相关规定①。因此，被告的法律规避行为依法归于无效；中国专利法关于职务发明报酬的规定属于强制性规定，不得排除适用，本案应适用中国专利法而不是美国专利法。

3. 公共秩序保留

公共秩序保留（reservation of public order），是指一国法院依所属本国的冲规范本应适用外国法时，因适用该外国法会与法院地国的重大利益、基本政策、道德的基本观念或法律基本原则相抵触而排除其适用的一种保留制度。它既有排除与本国公共秩序相抵触的外国法的适用的否定作用，又有直接适用本国法中的强制性规范的肯定作用。

我国 1986 年《民法通则》第一百五十条规定："依照本章规定适用外国法律或者国际惯例的，不得违背中华人民共和国的社会公共利益。"这一规定使我国在国际私法方面首次确定了公共秩序保留制度。2010 年我国《涉外民事关系法律适用法》第五条规定："外国法律的适用将损害中华人民共和国社会公共利益的，适用中华人民共和国法律。"这条规定继承了《民法通则》的做法并予以完善，明确规定仅限于外国法律，而不包含国际惯例，从立法上缩小了损害主体的范围；同时规定了公共秩序保留的结果是适用我国法律。

公共秩序保留与法律规避既有区别又有联系：法律规避着眼于当事人的虚假故意行为，而公共秩序保留则着眼于外国法的内容和适用结果。有专家认为，法律规避也属于公共秩序保留问题，是后者的一部分，在不适用外国法而适用本国法时，二者都是为了维护本国法的权威，法律规避可以视为公共秩序保留的一个附带条件②。

本案涉及对公共秩序的理解。公共秩序又称公共政策、善良风俗、社会公共利益等，是一个国家的法律基础，任何外国法的适用均不得损害或违背。被告通过适用美国专利法不予支付职务发明报酬，违反了中国专利法、合同法、促进科技成果转化法中关于支付职务发明报酬的强制性规定，实质上违背或损害了我国的社会公共利益。本案涉案专利权利人为 B 公司，与本案被告希公司存在关联关系。这种关联公司之间先行转让专利申请权、而后委托制造专利产品的方式，令涉案职务发明

① （2018）粤民终 1824 号民事判决书。

② 韩德培主编：《国际私法》（修订版），武汉大学出版社 1989 年版，第 85 页。

创造在美国获得授权并公开，由于新颖性问题，已不可能在中国继续申请发明专利；同时希公司在中国境内却依然可以根据B公司的委托实施发明创造生产专利产品从而获得实际利益，达到将发明人作出重要贡献的涉案发明创造在中国申请专利后实施获利的相同效果。因此，若以涉案专利属于美国专利为由认定不应适用我国法律关于职务发明创造的规定，对发明人显失公平①。因此法院处理本案时运用了公共秩序保留制度排除了美国专利法的适用。依据我国《涉外民事关系法律适用法》第五条及其他法律规定，本案应适用中国专利法。

4. 最密切联系地法原则

最密切联系地法（Law of the place of most signification relationship）是指与国际民事关系有最密切联系国家的法律，是以最密切联系因素为连结点的系属公式。最密切联系原则是自20世纪五六十年代在法律关系本座说基础上发展起来的冲突原则，开始用来解决合同和侵权的法律冲突问题。我国《涉外民事关系法律适用法》第二条第二款规定："本法和其他法律对涉外民事关系法律适用没有规定的，适用与该涉外民事关系有最密切联系的法律"；第四十一条规定："当事人可以协议选择合同适用的法律。当事人没有选择的，适用履行义务最能体现该合同特征的一方当事人经常居所地法律或者其他与该合同有最密切联系的法律。"因此我国立法确认了最密切联系地法原则。

具体到本案，职务发明创造活动是一种动态的、连续的、分阶段的创造活动，其过程包括发明创造的提起或要求、发明创造的开展和进行、发明创造的完成、发明创造的专利申请、发明创造专利的授予、发明创造专利的实施等。其中每一种活动所在地并不一定相同，因此本案法律适用有如下选项：当事人经常居所地法、职务发明创造产生地法、职务发明创造完成地法、职务发明创造专利授予地法、职务发明创造专利实施地法。依据最密切联系地法原则，须全面权衡本案职务发明创造报酬法律关系的上述连结点，找出与本案职务发明创造报酬合同法律关系或与本案原告具有最直接、最本质和最真实的联系地法律并加以适用。

本案中，除发明创造的专利申请所在地、发明创造专利的授予和确认所在地为美国外，其他诸如发明创造的提起或要求地、发明创造的开展和进行地、发明创造的完成地、发明创造专利的实施地均在中国。本案职务发明创造本身就是在发明创造实施地的法律环境中产生，发明创造实施地同时是发明人工作地，也是发明创造的提起或要求地、发明创造的开展和进行地、发明创造的完成地。发明创造实施地

① （2016）粤73民初1721号民事判决书。

的法律环境与发明创造本身存在着最密切的联系，能方便法院对职务发明创造报酬纠纷作出裁判并予以执行，具有合理性、可操作性，以发明创造实施地的法律即中国专利法来处理职务发明创造报酬纠纷，充分考虑到了各方利益，最为公平合理。

另外职务发明创造报酬来源于职务发明人牺牲每天八个小时的自由时间，从事发明创造劳动。在自由权与财产权不平等的情况下，这种以自由权换取财产权的代价不容剥夺。企业对职务发明成果的认可和报酬支付，作用在于平衡和安抚自由权与财产权的不平等性，以激励发明人进一步从事发明创造的积极性，因此职务发明创造报酬可以看作基于职务发明创造的完成及实施而支付的带有一定填平和激励性质的在工资之外的补充报酬。职务发明创造如果没有完成及实施，发明人牺牲每天八个小时的自由权就没有实质意义，职务发明创造报酬的填平和激励作用也无从发挥。职务发明创造报酬的获得与否，关键取决于职务发明创造是否已经实施。据此，职务发明创造报酬纠纷案件，应当适用职务发明创造实施地法律。因此本案应适用中国专利法及其实施细则。

**（二）职务发明创造报酬权利义务主体及支付条件**

对于这个问题的讨论建立在应当适用法律的基础上。如上所述，本案应适用中国专利法，因此以下分析均建立在中国专利法、中国专利法实施细则等中国法律的基础上。

1. 权利主体

我国《专利法》第十六条规定："被授予专利权的单位应当对职务发明创造的发明人或者设计人给予奖励；发明创造专利实施后，根据其推广应用的范围和取得的经济效益，对发明人或者设计人给予合理的报酬。"据此，只有职务发明创造的发明人或者设计人才有权主张奖励或者报酬。

我国《专利法实施细则》第十三条规定："专利法所称发明人或者设计人，是指对发明创造的实质性特点作出创造性贡献的人。在完成发明创造过程中，只负责组织工作的人、为物质技术条件的利用提供方便的人或者从事其他辅助工作的人，不是发明人或者设计人。"据此，发明人应当"对发明创造的实质性特点作出创造性贡献"。

如何确定"对发明创造的实质性特点作出创造性贡献"？司法实践中有两种解决办法。一种办法是按照法律规定进行主观判断，如《专利审查指南》规定："发明的创造性，是指与现有技术相比，该发明有突出的实质性特点和显著的进步。""突出的实质性特点，是指对所属技术领域的技术人员来说，发明相对于现有技术是非显而易见的。如果发明是所属技术领域的技术人员在现有技术的基础上仅仅通过合乎逻辑的分析、推理或者有限的试验可以得到的，则该发明是显而易见的，也就不具备突出的实质性特点。”“显著的进步是指发明与现有技术相比能够产生有益的技术效果。例如，发明克服了现有技术中存在的缺点和不足，或者为解决某一技术问题提供了一种不同构思的技术方案，或者代表某种新的技术发展趋势。”依据这些规定作判断，对法官的专业性要求较高，虽然耗时费力，效率不高，而且具有不确定性，但符合立法本意，较为客观公平。另外一种办法是推定方式，即推定专利文件中署名为发明人的人“对发明创造的实质性特点作出创造性贡献”。该推定方法建立在专利授权文件记载内容是客观真实性的基础上。但专利文件记载内容是否客观真实仍然具有不确定性，因此当有相反证据予以反驳甚至全部推翻专利文件记载内容时，法院依然要适用上述第一种方法来确认真正的发明人。

发明人的国籍有没有限制呢？依据专利立法的精神及目的，设立对发明人支付职务发明创造报酬制度的核心是促进企业和国家科技进步，激励发明人从事发明创造的积极性，鼓励企业加大投资从事科技研发。因此发明人即使是外国人，只要其对发明创造的实质性特点作出创造性贡献，就应当有获得职务发明创造报酬的权利。

具体到本案，涉案专利文件记载内容中，发明人为本案原告，对此本案被告没有提出异议，也没有对原告在本案诉讼中的主体资格提出异议，结合原告提交的其从事涉案职务发明创造研发的证据，法院直接运用推定方式确认本案原告为涉案职务发明创造报酬权利的权利人。

2. 义务主体

我国《专利法》第六条规定：“执行本单位的任务或者主要是利用本单位的物质技术条件所完成的发明创造为职务发明创造”；第十六条规定：“被授予专利权的单位应当对职务发明创造的发明人或者设计人给予奖励；发明创造专利实施后，根据其推广应用的范围和取得的经济效益，对发明人或者设计人给予合理的报酬。”据此，被授予专利权的单位是职务发明创造报酬的义务主体。

司法实践中，被授予专利权的单位一般即为专利证书上登记的专利权人，但如果用人单位自己不申请专利，将专利申请权直接无偿或低价转让给他人，由他人申请专利并获得专利权，在这种情况下，如何确定职务发明奖励报酬的义务主体，法律没有明确的规定。

必须确认的是，在全球化的浪潮中，跨国企业经常采取这种专利申请集中及专利许可集中的知识产权管理模式，这种模式属于跨国企业集团内部的商业转移行为，客观上有利于提高知识产权的创造、管理、运用和保护的水平，但该商业转移行为毕竟还是一种商业交易，必须遵从商业交易规则和市场经济规律。企业集团内部对专利申请权的低价甚至无偿转让行为并没有损害转让人的利益，因为企业集团内部可以调整和协调，财务上可以并表处理。但涉及职务发明创造报酬的支付问题，如果机械认为被授予专利权的单位即为专利证书上登记的专利权人，则可能损害职务发明创造报酬权利人的利益。

实质上，如前所述，职务发明创造报酬来源于职务发明人牺牲每天八个小时的自由时间，在用人单位从事的发明创造劳动活动。因此，用人单位与职务发明人之间的劳动关系是职务发明创造报酬法律关系的基础。如果双方不存在劳动关系，就不存在支付职务发明创造报酬的义务。职务发明人与用人单位之间的劳动关系是一种不平等的法律关系，这种不平等性主要体现在，职务发明人付出的是一定时间（每天八个小时、每周五天）的自由权及一定时间内的创新劳动，用人单位付出的是资本（财产权）；另外职务发明人工作期间的创新劳动不能等同于一般的体力劳动或简单的脑力劳动，职务发明人发明创造活动的开展和进行关系到企业的发展和壮大、企业产品的更新换代以及企业的转型升级甚至国家的科技进步。因此在自由权与财产权不平等、创新活动与一般劳动相区别的情况下，职务发明人从用人单位处所获得的工资不能填平其牺牲自由权、从事科技创新活动所应得的财产利益。职务发明创造报酬作为一种对发明人工资外的填平和补偿具备法律上的合理性和正当性。

现实中，尽管存在发明人的用人单位自己不申请专利，将专利申请权转让给他人，从而导致被授予专利权的不是用人单位的情况，但专利权属的登记状况并不能改变发明人与用人单位之间的劳动关系。如果仍然将职务发明创造报酬义务主体机械地限定为“被授予专利权的单位”，则会产生一种极不公平的结果：发明人所在的用人单位不是“被授予专利权的单位”，无须支付职务发明创造报酬；实际获得专利权的单位与发明人不存在劳动关系，也无须支付报酬。这不仅导致专利法相关规定得不到落实、立法目的不能实现，还违反了我国民事法律中的公平原则。因此，“被授予专利权的单位”实际上是指与发明人建立起劳动关系的单位，即为职务发明人从事的职务发明创造提供了物质技术条件，或该职务发明创造本身就是为了执行或完成该单位下达的任务。无论该单位自己申请职务发明创造专利，还是将专利申请权进行转让，都不能免除其向职务发明人支付报酬的义务。

具体到本案，被告希公司与原告建立了劳动关系，是涉案职务发明创造的物质技术条件提供者，也是涉案职务发明创造任务的下达者。被告 B 公司仅为专利证书上的权利人，与原告不存在劳动关系。依照我国《合同法》第三百二十六条、《促进科技成果转化法》第四十五条第一款第一项的规定，在职务发明创造报酬的法律关系中承担支付发明人报酬的义务主体依然是希公司，而非受让专利申请权或专利权的被告 B 公司。假设被告 B 公司对于希公司向发明人履行上述债务创造侵害债权的客观行为及主观过错，发明人可在用人单位确实无法履行支付发明人报酬之债的损害结果已发生的前提下，另行向被告 B 公司主张侵权之诉。因此即使被告希公司、被告 B 公司之间存在一定关联，但由于被告 B 公司与原告之间不存在劳动雇佣关系，故原告以职务发明创造报酬的法律关系对被告 B 公司主张的全部诉讼请求，法院均不予支持①。

3. 支付条件

我国《专利法》第十六条规定："被授予专利权的单位应当对职务发明创造的发明人或者设计人给予奖励；发明创造专利实施后，根据其推广应用的范围和取得的经济效益，对发明人或者设计人给予合理的报酬。"依据该规定，结合我国《促进科技成果转化法》的相关规定，职务发明创造奖励支付条件为职务发明创造已经完成；职务发明创造报酬支付条件是职务发明创造已经实施。这种认识具有一定的争议，因为我国《合同法》第三百二十六条将奖励等同于报酬，没有对奖励和报酬的支付条件加以区分。这里结合本案情节，仅讨论职务发明创造报酬的支付条件。

前文已指出，职务发明创造活动是一种动态的、连续的、分阶段的创造活动，其过程包括发明创造的提起或要求、发明创造的开展和进行、发明创造的完成、发明创造的专利申请、发明创造专利的授予、发明创造的实施或发明创造专利的实施等。这里特别区分"发明创造的实施或发明创造专利的实施"是因为发明创造可以通过不同的法律形式予以保护。就我国而言，一项发明创造可以申请专利，通过专利法予以保护；也可以采取保密措施将该发明创造纳入商业秘密法保护的对象。这种选择是用人单位综合各种因素平衡考虑的结果，均存在合理性、合法性及适应知识产权战略规划的需要。实际上，中国企业对发明创造保护所考虑的法律选择体现出多样性并具有一定的倾向性。北京知识产权法院原院长宿迟指出，中国企业 60% 以上的发明创造是通过商业秘密予以保护，其他 40% 左右的发明创造才通过专利法及其他知识产权法予以保护。

不管用人单位对职务发明创造保护选择的是专利法还是商业秘密法，其支付职务发明创造报酬的前提条件是该职务发明创造已经实施并取得经济利益。如果该职务发明创造获得专利证书，则以使用或许可或转让该专利获得的经济利益为基础支

① （2016）粤 73 民初 1721 号民事判决书。

付发明人一定的报酬；如果该职务发明创造成为用人单位的商业秘密，则以使用或许可或转让该商业秘密获得的经济利益为基础支付发明人一定的报酬。在这样的情况下，被实施的职务发明创造究竟是发明专利还是商业秘密，究竟是指在中国完成并在中国申请专利及授权的发明创造还是在中国完成而在外国申请专利的发明创造，还是在外国完成而在中国或者外国申请专利的发明创造，还是在中国完成但不申请专利的发明创造，均不重要。只要职务发明创造成果已经完成并予以实施，就应当适用我国职务发明奖励报酬制度，用人单位就应支付报酬。

具体到本案，涉案职务发明创造已由B公司申请为美国专利，并由B公司许可被告希公司生产专利产品。被告希公司将该专利产品出口到美国销售，获得了可观经济利益，已经满足了支付职务发明创造报酬的条件，被告希公司依法应向原告支付职务发明创造报酬。

## 三、结语

涉外职务发明创造报酬纠纷因其具有涉外因素，在法律适用、报酬支付权利义务主体认定、报酬支付条件确认等方面具有不同于一般的发明创造报酬纠纷特点。一方面，因我国相关规定不够明确或暂时没有规定，给法院审理此类纠纷案件带来了挑战和压力。另一方面，中国经济转型升级正如火如荼，技术创新、科技进步、创新立国等已成为全国上下的共识。国外跨国集团公司拥有大量前沿技术及潜在的创新精神，其在中国设立的企业因我国《外商投资法》的通过将迎来蓬勃发展。国外跨国集团公司对知识产权进行集中管理将会呈现常态化，使职务发明创造活动的不同阶段发生在不同的区域或国家成为可能，这将会使涉外职务发明创造报酬纠纷案件数量逐步增多。因此法院对此类案件的审理需谨慎合法，并需体现出司法对科学技术创新活动的保护态度：一方面要激励用人单位加大投入从事科技创新，以促进企业产品更新换代、企业自身转型升级；另一方面也需平衡和补偿职务发明人的自由权及科技创新活动，以激励其发明创造的积极性。法院在提供这两方面保护的过程中需寻找一个平衡点，这个平衡点的寻找过程就是法院运用国际私法相关制度，对中外法律准确适用或排除适用的过程。

# 糖果玩具 PCT 发明专利侵权纠纷案

## ——专利权文书用词歧义典型案例

王章立*

**摘要：**对于专利文献中因撰写或翻译的原因存在歧义理解的情况，应结合专利的发明点所在进行解读，确定发明点技术特征含义时不应超出发明点精神所限严格限制解读，但在确定非发明点技术特征含义时则应采用较为宽松的解释方法。

**关键词：**专利词汇歧义　技术特征解读　发明点

## 一、案件双方当事人

一审原告（二审上诉人）：迈某（广州）糖果有限公司（以下简称迈某公司）。

一审被告（二审被上诉人）：东莞市金某食品有限公司（以下简称金某公司）、深圳市阿某糖果有限公司（以下简称阿某公司）、深圳市润某食品有限公司（以下简称润某公司）（省略销售商被告）。

## 二、案情简介

涉案专利“糖果玩具及其生产方法”，专利号为 ZL97198936.2，专利权人为迈某有限公司（德国），国际申请为 PCT/DE97/02400。涉案专利的权利要求 1 为：一种糖果玩具，它是由许多基本上平行并列的且由泡沫糖和果胶构成的浇注片或片型件构成的，它在销售包装状态下通过一个透明包装形的包装层被保持在相对贴靠的位置上，其中糖果玩具至少共有四层，其特征在于，各有两层通过浇注生产法不可分地连在一起，至少一个外泡沫糖层和第二泡沫糖层分别和另一果胶层一起形成了

---

* 王章立，广东三环汇华律师事务所律师。

一个双层片或一个双层片形件。

被告方辩称被诉技术方案不落入涉案专利权利要求1保护范围，原因主要有：1. 涉案专利是封闭式权利要求写法，泡沫糖层仅含泡沫糖，果胶层仅含果胶，而被诉产品除了果胶还含有白砂糖、葡萄糖浆、明胶等；2. 按照食品安全国家标准，果胶是以水果等植物提取精制而成的食品添加剂，明胶则是动物原料水解制成的食品添加剂，专利技术方案限定了果胶成分，被诉产品的片型件由果胶与明胶混合而成，与专利不同；3. 原告方未举证被诉产品采用了浇注生产方法，被诉产品采用热熔法并非浇注法生产。

原告方认为：1. 涉案专利是在德国申请经PCT渠道进入中国的，因此果胶一词系由德文Fruchtgummi和英文Fruit gum翻译而来，意为果味凝胶，结合专利全文，把果胶一词理解为食品添加剂不成立，而且食品添加剂果胶是一种白色粉末，无法单独构成片型件，被诉产品中的白砂糖、葡萄糖浆、明胶等成分只是泡沫糖和果胶（糖）的配料，与专利文件使用的“泡沫糖”和“果胶”词义不同；2. 专利只关乎糖果玩具的物理结构而无关其成分配方，被诉产品的配料是对专利产品片型件配料的等同替换或加了常规添加剂而已；3. 专利中的“浇注”虽属方法性描述，但为糖果行业普遍使用，本领域技术人员目视即可辨认。

## 三、一审裁判

一审法院认为：1. 专利的表述方式可以归类为封闭式权利要求，专利将片型件的构成排除了泡沫糖和果胶之外的组成部分，但对泡沫糖和果胶的具体组成部分，须作进一步分析，被诉产品包装上记载的“果胶”应理解为食品添加剂果胶，而专利的“果胶”则不宜仅理解为食品添加剂果胶，但为确保专利保护范围的确定性和可预见性，专利的“果胶”一词外延不应超过“以水果为主要原料制作而成的凝胶糖”这一范围；2. 考虑到专利是为实现片型件之形成的技术方案，应允许加入白砂糖、葡萄糖浆等少量非专利限定的添加剂或杂质，但被诉技术方案含有明胶，明胶的存在显然不属于配合果胶实现片型件形成的技术方案，明胶由动物性原料制成，超出了上文确定的“果胶”外延，封闭式权利要求应从严审查等同范围，专利仅限定果胶成分，被诉技术方案同时含果胶和明胶，两者作为食品原料和凝胶效果不同，原告主张专利保护范围仅为物理结构而无关配方成分与专利限定的技术特征不符，等同主张不予支持；3. 浇注法一般都用到热熔，结合被诉产品及被告对生产方法的描述，可以认定采用了浇注法生产。

据此一审判决认为原告专利权利要求以封闭式表述限定了片型件由泡沫糖和果胶构成，而被诉技术方案中与果胶对应的技术特征与之不相同也不等同，经综合判断没有落入专利保护范围，判决驳回原告的诉讼请求。①

## 四、上诉理据

1. 原审判决对涉案专利文件中的“果胶”一词定义有误，明胶、琼脂属于食用果胶的一种，即明胶、琼脂均可以理解为果胶的下位概念。

2. 原审判决认为“果胶的外延不应超过‘以水果为主要原料制作而成的凝胶糖’这一范围”是对果胶一词的误读，且自相矛盾。

3. 原审判决认为“涉案专利既为封闭式权利要求，应从严审查等同范围”是对本案专利权利要求内容的误判，权利要求 1 整体而言不是封闭式权利要求，而且其创造性中心在机械物理结构领域，并不属于医药或化学领域。

二审中上诉人提交了《类似商品和服务区分表》1998 年、2004 年、2007 年、2012 年版本的内容节选作为证据，用以证明“果胶”一词确实存在多种含义，其中 3004 群组中包含“果胶（软糖）”证明果胶确有“果味凝胶（糖）”含义，2910 群组内容证明明胶与烹饪用果胶等均为食品调味料且被统称为食用果胶。

## 五、二审裁判

二审法院认为，在判断技术特征是否等同需要确定权利要求技术特征含义时，应考虑专利的发明点所在，确定发明点技术特征含义时不应超出发明点精神所限，但在确定非发明点技术特征含义时则应采用较为宽松的解释方法，通过说明书的整体内容理解权利人相关表述的真实意图，避免其含义被不当限缩而导致发明创造不能获得保护。本案中根据说明书描述内容可以确定专利权利要求 1 的技术方案实际解决的技术问题是简化糖果玩具的生产复杂性，而不降低其可玩性，这是涉案专利的发明点所在，相对来说泡沫糖和果胶的成分并非其发明点。本领域技术人员阅读说明书及附图可以确定专利权利要求中的“果胶”指的是含水果味的凝胶糖，且根据其他证据显示允许加入符合食品安全标准的白砂糖、葡萄糖浆等添加剂。被诉侵权产品是由多个基本平行并列的片型件构成，片型件的外层是泡沫糖，其余是由一

① （2015）粤知法民初字第 984/985/986 号。

层泡沫糖层和一层果胶层不可分地连在一起所形成的双层片构成，虽然配料包含多种成分，但没有因此改变其水果味凝胶糖的物理属性和片型件结构，仍具备专利权利要求中片型件由“果胶”和“泡沫糖”构成的技术特征。一审判决认为“涉案专利权利要求中‘果胶’一词外延不应超过‘以水果为主要原料制作而成的凝胶糖’范围，果胶系由水果为主要原料制成”的认定没有依据，即便按此认定，被诉产品成分含有明胶也不成为将其排除在“果胶”之外的理由（原因即前述的专利权利要求中的“果胶”指的是含水果味的凝胶糖而非食品添加剂果胶），在权利要求对“果胶”的成分并未确定的情况下，即使认定为封闭式限定也不能产生排除明胶成分的效果。

关于被诉产品各层是否采用浇注法连接的争议，二审法院认为结合证据内容、被上诉人提交的工艺流程介绍及代理词内容等，被上诉人所述热熔法也是对果胶、明胶等原料进行热处理，属于与浇注法相同的生产方法。

综上，被诉侵权技术方案包含了与涉案专利权利要求 1 记载的全部技术特征相同的技术特征，因此二审法院支持了上诉人上诉请求，判决撤销原审判决，改判被上诉人赔偿经济损失和维权合理费用等。[①]

## 六、律师点评

本案中的争议包括“权利要求是否属于封闭式”“果胶的内涵外延”“被诉产品具有浇注法连接的工艺性技术特征如何证明”等，但作者认为最为核心的争议焦点在于对涉案专利权利要求 1 中“果胶”一词的理解。

由于果胶较常见的含义是“一种以水果残渣或其他植物原料提取精制而成的食品添加剂”，因此涉案专利权利要求在字面上确实可能产生歧义，一审法院认为“专利的表述方式可以归类为封闭式权利要求，专利将浇注片或片型件的构成排除了泡沫糖和果胶之外的组成部分”，但同时认为“对泡沫糖和果胶的具体组成部分，须作进一步分析”，此处一审判决显然并未将权利要求中的“果胶”一词直接理解为作为食品添加剂的“果胶”成分。在关于“果胶所指何物”一段中也明确了这一判断：“权利要求书中‘果胶’一词不宜仅理解为作为食品添加剂的果胶”，但后续却又对果胶一词作了一个毫无根据的进一步定义：“为了确保专利保护范围的确定性和可预见性，专利的‘果胶’一词外延不应超过‘以水果为主要原料制作

① （2017）粤民终 2294/2295/2296 号。

而成的凝胶糖’这一范围”，笔者认为这是原告在一审判决败诉的最关键原因所在。一审判决虽然认为专利‘果胶’一词不宜仅理解为食品添加剂，但又把“果胶”限制为“水果原料”并与明胶成分相排斥，因此才有后续关于“明胶的存在显然不属于配合果胶实现浇注片或片型件形成的技术方案，明胶是动物性原料制成，超出了上文确定的‘果胶’外延”的判断，而且认定涉案专利关乎“果胶这一配方成分的技术特征”，因此作出“原告主张之专利保护范围仅为物理结构而无关配方成分的与专利限定的技术特征不符”的错误判断。

相比之下，二审法院改判的关键在于抓住了涉案专利的发明点，明确了专利中“泡沫糖和果胶的成分并非其发明点所在”的要点，判决所点明的“在判断技术特征是否等同需要确定权利要求技术特征含义时，应考虑专利的发明点所在，确定发明点技术特征含义时不应超出发明点精神所限，但在确定非发明点技术特征含义时则应采用较为宽松的解释方法”，实为本案的点睛之笔！明确了专利权利要求中泡沫糖和果胶的成分并非其发明点，对专利的“果胶”一词适用较宽松的解释方法，则不论被诉产品片型件配方中是否含有果胶添加剂或专利未提及的其他配方成分，被诉产品均未超出涉案专利保护范围的结论就瓜熟蒂落了。

笔者作为原告方两审的代理人，在一审中强调“专利保护范围仅为物理结构而无关配方成分”，实质就是围绕专利的发明点在于“简化独立件的数量但仍可更简单、快速且价格低廉地进行整体拼装，且不降低可玩性”等物理结构方面的创新，而泡沫糖和果胶包括哪些配方成分完全是公知常识，并非本专利的发明点。笔者认为一审法院正是因为没有把握住涉案专利的发明点才导致了错误判断，而广东高院的二审判决则准确地抓住了涉案专利的发明点，进而通过结合涉案专利说明书整体内容理解了权利人在非发明点相关表述方面的真实意图，避免了其含义被不当限缩而导致发明创造得不到应有保护的情况发生，很好地实现了专利法保护创新的立法意图，维护了法律的公正性。二审法院还在专利权保护期限已届满的情况下，通过改判侵权人赔偿经济损失和合理维权费用30万元并承担大部分诉讼费的判决，还给专利权人一份公道，也给社会公众树立了一个即使专利权到期仍可获得应得的维权结果的良好示范，取得了非常好的社会效果。

本案在证据方面还有一个有趣的技术性问题：上诉材料中提交的《类似商品和服务区分表》1998年、2004年、2007年、2012年版本内容节选，证明“果胶”一词有多种含义，其中3004群组中包含“果胶（软糖）”证明果胶确有“果味凝胶糖”含义，2910群组内容则证明明胶与烹饪用果胶等作为调味料可统称为食用果胶。

笔者在提交上诉状之前仔细推敲一审判决的逻辑，归纳其关键点在于虽然明确表述“权利要求书中‘果胶’一词不宜仅理解为作为食品添加剂的果胶”，但实际上还是将“果胶”一词具体理解成了作为食品添加剂的果胶成分，且限制为源自水果原料。因此，笔者判断要转变二审法院的认识必须抓住这一重点，在准备上诉期间，笔者扩充挖掘了《类似商品和服务区分表》证据，整理了从涉案专利申请日到近年的多个版本，涉及果胶一词的有三个商品类别，从工业原料（第1类）到食品调味料（第29类）再到糖果食品（第30类），充分证明了果胶的词义不仅是作为食品添加剂的果胶，还有作为食品原料的食用果胶和作为糖果的一个品种——果味凝胶糖等不同理解。二审判决虽然认为《类似商品和服务区分表》只是商标争议判断的参考，否定了上述证据在专利争议判断中对果胶、明胶、琼脂等同近似关系的证明作用，但并未否定其在证明果胶一词包括多种词义方面的证明作用，恰恰在这一点上，笔者认为作用是非常重大的。

综观本案，无论从技术上还是从社会效果上评价，都值得作为一个知识产权典型案例来总结和分享。

# 第二篇

# 版　权

# 摄影作品迷思

陈　震*

**摘要**：作为一种获取外在世界影像的方式，摄影具有多重属性。摄影作为事实性的作品生成模式，给各国的著作权法不断带来挑战。摄影是什么？摄影创作的独创性究竟体现在什么地方？摄影作品是如何从普通的照片走进艺术殿堂的？数字时代给摄影创作带来了什么？……种种迷思，本文并没有给出最终的答案，但是相关的思考有利于加深对摄影创作和摄影作品本质的认识。

**关键词**：摄影作品　照片　独创性　选择

1839年，法国人路易·达盖尔发明的“银版法”被公开，宣告摄影术诞生。此后，摄影这一获取外在世界影像的方法得到不断发展，从银版照片到纸基照片，从肖像摄影、风光摄影到各种功能摄影，从模拟摄影到数字摄影，彻底地改变了人们的生活方式，促使人类向视觉文化时代跃进。

早期的摄影并没有取得合法的艺术地位，被当成“艺术家放到教堂门外不合法的私生子”，多年以后才慢慢地被主流社会接纳，得到艺术界的承认。1862年英国的《美术作品版权法》将照片作为美术作品予以保护，1865年美国修改《版权法》将照片列为保护对象，随后摄影作品的可版权性逐渐得到司法实践的认可。摄影创作从专业的摄影师、发烧友逐渐走向普罗大众，摄影创作实践也逐步丰富起来。随着照相机制作技术的不断进步和感光材料的发展，摄影变得异常简便，任何人（甚至大猩猩）都可以按下快门按钮，完成一次拍摄。摄影如此简易，摄影图像呈几何级数递增，但是在司法领域，摄影作品的判别水平并没有得到相应提高，摄影理论供给不足，实务中反而出现了更多的困难。

---

* 陈震，北京德和衡（广州）律师事务所律师。

## 一、定义之辩

何谓摄影？何谓作品？前者是一种创作方法，后者为“可版权性”依据。依据我国《著作权法实施条例》的定义，“摄影作品是指借助器械在感光材料或者其他介质上记录客观物体形象的艺术作品”。这个定义由几个要素构成：一是摄影要借助器械；二是通过感光材料（包含其他介质）的记录；三是客观物体形象；四是艺术作品。

笔者对上述几个要素存在疑虑。首先，摄影是否要借助器械呢？器械应该主要指照相机、摄像机或者是简易小孔成像装置等获取影像的设备，而实际上摄影并非一定要借助器械，单纯地将物体放到感光相纸上进行光照，就可以直接获得影像——这就是摄影的发明者之一、英国人塔尔博特曾经用过的方法，至今还有人使用，被命名为“直接印相法”，这种不借助任何器械获取影像的方法，是否属于摄影作品呢？其次，将摄影限定于通过“感光材料”的记录，这样就把通过电脑截屏等方式获取的图像排除在摄影作品之外了。再次，“客观物体形象”是指摄影作品的对象应该先行存在的，如果在一个黑暗的屋子里，保持相机的快门长时间开启，用一支点燃发亮的线香在镜头前晃动，最后在感光材料上留下的是光运动的痕迹，相当于用“笔”在感光材料上作画，这算得上是“摄影”吗？最后，“艺术作品”将摄影作品范围限定到很狭小的范围，许多通过摄影方式产生的照片，如纪实性新闻照片、科学研究过程中采集的照片、日常的生活快照，能否因为其不属于艺术范畴就一概不予版权保护呢？显然不能。

从“摄影”的词源上分析，“photography”一词由两部分构成，“photo”指“光”或“光子”，“graphy”意指“写”或“绘画”，所以“摄影”就是用“光”来“绘画”，摄影在西方长期被称为“光绘艺术”。据此，似乎可以将“摄影”定义为“利用光在感光材料上形成影像的方法”。

摄影首先是一种获取影像的方法，获得照片是否能够成为“作品”，因之受到“著作权法”的保护，所以取决于其是否具备“可版权性”要件，即要求照片必须能够体现出一定“独创性”才能成为“摄影作品”。摄影在光的辅助下实现对现实物象的截取，照片本质上是某个时空的“切片”，通常可以被当成现实的“替代品”，这种来自对现实“机械”复制的作品，如何才能体现出“独创性”呢？尽管版权作品的“独创性”要求并不太高，在独立创作过程中，体现出哪怕只有“一枚小铜币”的创作高度，也可以使之成为受法律保护的“作品”。但在一张照片中，哪些是属于拍摄对象的，哪些是属于拍摄者“思想”的外在“表达”，区分起来并不容易，传统版权法体系中基于表现而设定的独创性规则在摄影这里遇到了难以逾越的困难。

## 二、作品的完成时间

摄影作品何时算是完成呢？是快门关闭的一刹那还是照片被最终印放出来的时刻，抑或其他时间？

关于摄影有一个有趣的比喻：暗箱如同子宫，影像孕育其间。不到最终被印放出来，根本没有办法看清影像的面貌。按下快门仅仅是一个可能性的诞生，既可能因为拍摄技术不足没有生成合适影像，也可能因为后期制作失误让影像胎死腹中。在数字摄影时代，子宫消失了，图像所见即所得，影像获取如同从果树上直接将果子摘下来那般简单，但是因为机械性能的差异，使得后期获得的照片在不同的浏览终端、不同的冲印设备、不同的打印机上输出的样貌并不相同，有时差异性之显著足以被当成两张不同的照片。

在银盐胶片时代，摄影者完成取景、构图、相机参数设定之后，按下快门，但是最后获得的影像通常是不可知的，曝光是否准确、对焦有无偏差，需要到暗房中经过复杂的工艺程序，凝固在胶片上的影像才会慢慢地浮现出来，过程稍有偏差，要么毁坏了照片，要么改变了图像的形态。毋庸置疑的是，后期制作与前期取景、拍摄的重要性难分伯仲。许多摄影者通常将拍摄好的胶片送到专业的冲印机构处理，将最后获得的照片视为自己的作品，完全忽视了印放环节对作品的贡献，尽管从事照片印放人员的个性无可避免地停留在最终的照片上，他们也是摄影作品的合作者。

作品的外在形态是怎样的，是指相底还是被印放之后照片的样貌？相底能够被看成作品的原件吗？尽管相底和照片在法律上通常被认为是同一的，可以作为两者源流的证据，但实际上是完全不同的两种东西。美国摄影家亚当斯有一个著名的比喻，“底片如同乐谱，印放犹如演奏”。每一次印放均可能（刻意地）呈现出不一样的作品样貌，亚当斯每一次印放照片总是刻意地寻求变化，如换一种影调，将某些区域可以加强或压暗以获得不同的艺术效果，那么每一次能不能视为一次新的创作呢？从这一角度看，每一次的印放都可以看成一次全新的创作：底片只提供了一种可能性，印放才是作品的完成。

在数字摄影时代，似乎可以做到所见即所得，但是并不排斥甚至某些摄影者视为当然的后期“修图”，最终获得的照片（甚至没有所谓的“最终”照片）与按下快门的刹那获得的影像往往具有显著的差异。

在上述状况下，能够确定作品完成的时间吗？如果将二十年前拍摄的照片重新修饰、选择，那么该如何适用“五十年”未发表的标准呢？

## 三、如何将摄影作品从照片的篮子中择出来？

摄影仅仅是固定事物影像的一种方法，通过摄影可以获得照片。这些照片中哪些属于“摄影作品”，可以获得版权保护？哪些又属于普通的照片，需要特别对待呢？

### （一）摄影作品保护的究竟是什么？

摄影作品作为事实性作品，其拍摄对象基本上是现存的、既有的外物，所以摄影作品所保护的客体定然不能及于拍摄对象。每个人都能将黄果树瀑布拍摄出作品来，但谁也不能限制别人拍摄同样的场景。

那么摄影作品究竟保护的是什么呢？按照“著作权法”的基本原理，摄影作品保护的是对思想、事实、题材等“独创性”的表达。但是，从一幅已经“创作”完成的纪实性画面中去寻找“独创性”的难度很大，有论者将独特的构图、光线选择、快门设定、光圈的选定等技术性因素当成摄影作品的“独创性”因素，但是，同样的对象无论是否选择，即使不加选择地使用相机的自动设定功能，在暗箱中孕育着的照片中总是会有“独特”的构图、各种因素的“独特”选择，有什么方法和依据判定别人不够独特？摄影中所运用的各种技术：诸如对焦、快门设定、光圈选定、滤镜的使用等均属于公用范畴，不能被当成版权保护的对象；对于摄影技术，有些人运用得娴熟一点，有些人运用得生涩一些，有些人根本不会用，但任何人均有机会拍摄出符合“版权法”保护要求的作品，不能因为自己率先使用某种拍摄技法就禁止其他人采用相同的技法从事摄影创作。

能够获得保护的独创性因素应该仅仅限于摄影者需要通过拍摄的作品表现主观性的部分。摄影作品的创作是通过再现外在物象以表达创作者某种思想、感情，而单纯地再现（复制）外在物象或作品的行为，不属于创作；不具有表现性因素的照片，不算是摄影作品。被拍摄的外在物象仅仅是附载主观思想感情的载体，独特的构图方式、影调选择才有助于表现出不同的审美趣味和价值追求，体现出拍摄者的思想和情感。

真正的困难在于，如何解读、理解作品所蕴含的表现性因素，进而判断照片是否具有独创性。

### （二）选择与意义

有人比较过摄影与绘画两种创作模式，用一个比喻揭示了两者的不同："摄影犹如弹钢琴，绘画好像拉小提琴。"这是因为摄影创作需要在既有的元素上进行选择，如同弹钢琴只能选择既有的按键，通过不同按键的组合，演奏出不同的音乐作品，而绘画受到的限制则较少，可以从无到有、随心所欲地在白纸上进行创作。所以，摄影主要使用"选择"作为创作方式：选择拍摄对象、选择拍摄技巧、构图则是将呈现在画面中的各种元素加以取舍以确定其在画面中的地位，后期制作也是各种选择的结果。选择属于从有到优（其实也很难说是否"优"），摄影者的主观创作意图体现在照片中通常并不明显，创意被隐藏在画面的背后和照片制作的过程中，甚至是隐藏在器械的性能中，难以区分出哪些属于主观创作性的因素，哪些仅仅是拍摄对象自身所拥有的特性。

创意需要被解读，需要观看者发现其中蕴含的意义。从这个角度看，摄影获得的照片要被认定为独创性的作品，必须有"意义"的溢出。也就是说，独创性的作品需要赋予拍摄对象"第二意义""第三意义"，甚至更多，如果仅仅包含对象自身的意义，就无法彰显出表现性的创作因素。有的摄影者会为照片增加一个标题，暗示作品所蕴含的意义，但大多数时候仅仅依靠接受者个体化的解读。

在拍摄之前或者在按下快门时进行选择固然重要，但后期的选择是否也同样必不可少呢？这种拍摄完成后的选择已经成为众多摄影者"标准"的工作模式，这一模式的特点是在现场拍下大量的照片，适当的时候再对每个画面加以审视和琢磨，寻找出最"合适"的照片，此时，才算得上摄影作品创作的完成。这个选择的过程实际上就是"第二意义"发现的过程，此时就从"意义的赋予"走向了"意义的发现"——按下相机快门之前，拍摄者的选择总是与意义相关：这个画面很美、这个笑容很灿烂、这些元素组合令人震惊、这个画面体现了秩序感……于是，他们尝试用构图将这个"感觉"固定下来，但往往是不成功的，无法将"意义"准确地赋予框定的画面；后期的选择已经超越了既有的"意义设定"，通过寻找含有"第二意义"的画面以完成创作。

### （三）人类的创作与自动机器获取的影像

摄影作品的创作者必须是"人类"，这是一个可以从"著作权法"中推演出来的当然结论。这一结论可以排除机器成为摄影作品的"主体"，进而将自动机器拍摄的照片排除在版权保护的范围之外。

理所当然，拥有自由意志的人类可以自觉地完成作品的"创作"过程，但是那些自动设施或者拥有人工智能的机器也可以在特定场景下拍下"看上去不错"的照片。这些照片能否成为“作品”呢？符合逻辑的判断是不能，但是如果仅仅将自动机器当作采集图像的工具，放置在特定的场景下，如在合适的地方安装一部感应式的相机，当东北虎出没时自动触发快门，可以拍下老虎的珍贵照片，然后由人类“创作者”对这些照片加以选择或处理，此种情况下只是将人的创作行为放到了后面，是否也可以体现出某种“创作性”呢？

我们习惯上只承认“按下快门”或者“完成构图”的那个自然人在从事“创作”，而忽视后期的选择和对图像的处理的价值。如果从卫星拍摄的数以万计的照片中选取出一张含有“第二意义”（如令人震惊的浩瀚星空）的照片时，这为什么不算是一种创作行为呢？为什么不能承认被选取的照片具有“独创性”呢？实际上，最终的“创作”并非由自动相机完成，自动相机只是完成了图像的采集，而最后的照片实际上源于人类的主观选择和处理，具有了表现性的因素。这一问题真正的难点在于，如何确定摄影作品的权利人，即使是人类完成拍摄的照片，确定是谁按下了快门有时也是困难重重，而考察后期制作中某人的“独创性”工作，将会是不可能完成的任务。

**（四）“看门人”**

社会心理学家科特·雷恩在20世纪40年代提出了一个“看门人”理论。该理论认为，信息的传播是通过看门人进行的，只有符合一定的规范或价值标准的信息才能被传播给听众。具体到对摄影作品的判断，“看门人”是策展人、图书出版商、摄影比赛的评委团、图片编辑、摄影系教授……他们的意见可以确定一幅照片是否具有“独创性”，能否被接纳为艺术及其艺术价值的高低，能否被传播。“看门人”确定的标准，或者是“看门人”制定的话语系统，最终被主流社会作为确定摄影作品价值的判断依据。

这一系统的最大弱点是依赖于“专家”的专业性，对于普通照片的鉴定并没有太大的意义。独立进行司法审判的法官实际上也被排除在“看门人”系统之外，许多论者明确地宣称由法官来确定作品的艺术价值是危险且不靠谱的，因为法官阶层的艺术素养良莠不齐。但是认定一幅照片是否具有独创性，这不光是艺术性问题，而主要是法律问题。许多具有“独创性”的作品可能无法被专业的“看门人”认同，但并不能将其排除在著作权法的保护范围之外。

在我国的司法实践中，法官缺乏认定摄影作品独创性的基本方法——因为仅仅从法律角度难以确定作品“独创性”的程度，于是在审判中只好无限降低对于摄影作品的认定标准，除非明显是复制既有美术作品的照片可以被认定为没有独创性之外，其他的大都被认定为具有独创性，独创性标准被无限降低和简化为“独立完成”原则。这相当于没有标准，因为摄影很难完全地抄袭他人作品：即使在同一个地点、使用同一台相机、设定同样的技术参数、采用同样的构图，获得的作品也会有少许的差异，这个差异可以被辩解为“独创性”吗?

### （五）影像的挪用

艺术史上最著名的“挪用”事件开创了杜尚艺术。1917 年，法国艺术家马塞尔・杜尚将从商店里买来的小便池，送到美国独立艺术展览，取名为“泉”，轰动了艺术界。在某种意义上，所有的“摄影作品”都是来自对影像的“挪用”。

摄影只是一种获取影像的方法，借助摄影器械和光线的作用，获取了外在时空的影像，结果只不过是采撷了一个时空碎片，照片因之具有了客观性、本真性等特点，但是不同的使用方式将会造就不同的照片类型。所以，艺术照片并非天然地具有艺术性，只是被艺术地对待了或者是艺术化了的。将摄影获得的照片用于不同目的则会拥有不同的价值，作为信息传播的工具可以体现照片的媒介性特征，用于科学研究涉及照片的本真性，作为证件照使用则源于照片对现实的指涉性……将照片换一个使用方式，特别将功能性照片当成艺术照片看待时，就构成了影像的挪用。

将已经拍摄完成的照片专门置于特定的语境中加以解读，可以促使照片产生第二意义。比如，将刑事侦查过程中拍摄的案发现场血迹的照片，印放后置于摄影展上，取一个标题，就能够使得照片离开原始的意义系统，获得“第二意义”，成为一个艺术存在，呈现出独创性特征。尽管此时的“独创”来源于策展人，现实中却将其权利归于拍摄者。

将别人拍摄的照片挪用作自己创作的素材，这在艺术史上屡见不鲜，许多视觉艺术家不时直接将他人的照片改变其呈现的语境和利用方式，使之成为自己视觉艺术作品的一部分。这种艺术挪用的方式让人无比困惑的是，普通的照片因为被挪用而获得了“独创性”的意义，但这种权利应该授予谁呢?

### （六）保护创作和保护投资

著作权立法中实际上有两种价值取向，一是保护创作，将符合“可版权性”标准的智力成果当成作品来保护；二是保护投资，对于智力创作中的投资人利益加以特别保护。我国著作权制度中的非自然人的作者拟制即属于第二种情况，德国立法中将不具有独创性的普通照片给予邻接权的保护，显然也属于此类，英美法中采取更低的独创性标准，不加区分地对照片进行版权保护，也是兼顾了对投资的保护。

从事摄影工作往往需要巨额的投资，配备各色硬件设施，有时还要投入时间进行技巧训练，而拍摄通常也需要投入大量的时间，照片是所有投资的物化形式，值得给予法律保护。所以，有时不再过分关注摄影作品的独创性问题，原则上给予适当保护，可能是更加合理的做法。在我国的司法实践中，实际上对于摄影作品的独创性标准已经降得很低，人民法院判定独创性缺失而不给予保护的案例很少，对绝大部分作品，法官均能言之凿凿地阐述其含有某种“独创性”表达因素，这里面包含对摄影投资进行保护的价值追求。

有时，在视觉艺术品的创作中，将他人的普通照片（我们姑且假定其没有独创性）作为素材成为新作品的一部分，照片的权利人起诉至法院，法官是否应该以照片不具有独创性而驳回其诉权呢？法官通常的做法是千方百计地阐述普通照片具有某种独创性，而不是轻易地驳回原告的诉讼请求。法官的逻辑应该是，被告毕竟是使用了别人的照片，总得承担点责任吧！这时候保护的其实仅仅是劳动和投资。

## 四、数字摄影的挑战

传统的模拟摄影需要借助胶片的感光，在暗房中通过魔术般的操作，才能将拍摄的影像固定到相纸上。模拟摄影可以在后期对画面进行有限的处理，很难从根本上改变画面构成元素，所以，拍摄的影像可以视为对现实的复制。技术进入数字时代，摄影已经完全离开了胶片和各种化学溶剂，依靠感光元件和计算机算法系统可以获得逼真的影像。在数字摄影时代，许多人惊呼“摄影已死”，银盐时代摄影所拥有的对现实的指示性和本真性特征因为数字摄影易于篡改而失去价值，美颜相机拍摄的肖像照片与本人通常差异巨大，按图索骥的相亲者常常失望而归。

数字摄影摆脱了银盐摄影僵硬而难以篡改的画面约束，可以迅速地利用各种软件对影像做出调整，甚至将原本不存在的元素直接镶嵌在画面中，天衣无缝。在数字摄影时代，美术与摄影的樊篱被悄悄地拆除了，美术成为摄影的工具，摄影成了美术的助手，两者更紧密地融合在一起，这样的作品如何命名呢？或许直接名之为“图像作品”更恰当。

# 独创性的幽灵

## ——从某些艺术创作方式谈起

陈 震*

**摘要**：独创性被视为可版权性的因素。本文从某些艺术创作的方式入手，探讨了艺术上独创性与著作权法意义上的独创性的不同。自然形成的独特之物可以成为艺术的对象，通过摄影的方式获得的照片也可以被挪用为艺术的对象。自然之物不需要版权的保护，稀缺性是其价值之源；人类的创作物需要版权的盔甲，但总需要不停地捕捉独创性的幽灵。

**关键词**：独创性 表达 挪用艺术

近日有新闻称，一个电工以特殊的工艺制作出美妙的“碳画”，他将两千伏电压加在涂了水的木板上，电流在木板上留下碳化了的像闪电又像海洋植物那样的痕迹，这一过程引起了观众的惊叹。笔者感兴趣的问题是，这种方式形成的最终图案能否被称为“作品”呢？整个过程是否属于艺术创作呢？

创作必须是对思想和感情进行表达，使之获得某种外在形式。所以，首先需要考察的是这个过程中是否存在某种表现性因素呢？实际上，制作者除了想获得某种画面之外，直到“作品”真正完成，都完全不能控制图案的形态，这与用电烙铁烫出一幅画完全不是一码事，其本质只是用木板记录下电流经过的路径而已，这一过程却与通过摄影设备记录下外在世界客观影像的方式很是相似，具有符号的指示性特征。“碳画”的制作过程无法呈现出专属于创作者的表现性因素，制作者无法通过预先设计获得某种特定图案，其结果是不可预见和不可安排的，因而也是不可复制的。请注意，此处的复制并非版权法复制权所规制的行为，而是在事实层面上不可能以同样的方式再现一个一模一样的图案。摄影又何尝不是如此呢？我们事实上

---

* 陈震，北京德和衡（广州）律师事务所律师。

不可能再次获得完全一样的照片，即使是同一个摄影师使用同样的摄影机、在同样的时刻……也不可能，因为摄影记录的是特定时空的物象，斗转星移，无以重临。

一项创作成为版权法关注的对象，首要因素是“复制”。“版权”的英文表述为“copyright”，直接翻译过来就是“复制的权利”，如果摄影永远停留在达盖尔的“银版摄影法”那里不再进步，可能永远产生不了对摄影作品的保护问题，理论界也不会关注其独创性问题。因为使用银版摄影法生成的是独一无二的影像，无法复制。但是有了纸基摄影、蛋白摄影、胶片摄影、数码摄影，最终呈现的影像可以被同质复制，这使得接触的人群范围扩大了，摄影作品因之具有了经济价值，此时对其保护就变得必要了。用电流烧灼而成的木板碳化“作品”，其价值往往在于其不可预见性、唯一性，在制作之初，是无法想象出会出现什么样的图案风格，如果可以通过某种方式加以复制，如用三维打印的方式复制其画面，就不会引起观众巨大的兴趣了。另外一种技艺也是相同的原理，即所谓的“窑变”现象，这属于传统的陶瓷制作的一部分：由于窑内温度发生变化导致瓷器表面釉色发生不确定性的自然变化，有时会产生奇异的色彩，有时会出现诡异的图案，收藏者往往视之为宝。“窑变”本身也是无法复制的，其产品具有独特性，即使制作者本人也无法再次获得同样的窑变“作品”。无法复制的唯一“作品”很难成为版权法保护的对象。制作者可以通过出售创作物原件的方式获得利益，而其他人即使通过拍照、绘画等方式“复制”了图案和色彩，也不会对创作者的利益产生多大的影响，有时“复制件”的流通反而会增加原件的商业价值。

作为版权保护的对象，首先必须具有创作性，是某种创作行为的产物，是“作品”。以客观的外在世界为创作对象时，在形成的作品中应当含有创作者主观性的因素，否则不能被视为“作品”。在视觉艺术中，这些主观性的因素可能表现为对某些内容的主动选择和刻意的安排。前述的木板“碳画”，仅仅是一种制作工艺，制作者无法将其主观性思想、感情等内容表达成独特的碳化图案；如果可以随心所欲地控制电流的方向和烧灼的程度，就很有可能创作出“作品”，那么这也就发展成了一种有用的创作方法。但到那时，电流所带来的神秘性元素也将荡然无存。

一个创造物之所以能够成为版权法意义上的“作品”，是因为其体现了创作者的独创性，“独创性”被认为是作品获得版权属性的决定性因素。而所谓的“独创性”是指作品是由作者独立创作完成且具有一定的创造性：前者是指作品来源于创作者，并非抄袭自其他作者，也可称为“首创性”；后者则是指作品包含着创作者在创作时的自由选择，而且创造性并不要求很多，甚至一点点即可。

摄影不同于上述的“碳画”和“窑变”，摄影可以在创作时由摄影者加以选择，尽管这种选择也是有限制的，只能在光学设备所许可的范围内选择不同的构图方式和影调形式，但是这些已经足以体现为某种“表现性因素”。创作者的主观选择使得摄影不再是简单的媒介而具有了不同的气质：一方面是摄影与生俱来的对现实对象的复制能力——再现的能力，而且随着光学科技能力的提高，这一特点更加突出；另一方面在这种对现实的复制中，可以携带隶属于摄影者的表现性元素，其结果是摄影成为一种艺术表现形式，包含于其间的独创性元素也是版权法保护的对象。

但是摄影的独创性幽灵经常随处徘徊，让人难以捕捉。有时好像已经抓住了，比如说是独特的角度、独特的影调、独特的构图……但是不小心又从指缝间滑落了：我使用照相机的自动功能拍出的照片也可以自动地形成“独特的角度、独特的影调、独特的构图……”你凭什么确定我的照片不够“独创”呢？有时觉得已经没有办法确定摄影作品的独创性时，看到某一张具体的照片，其“忧郁而感伤”的色调、让人观之忘俗的构图、令人着迷的人物神态……又让人怀疑莫非这就是独创性因素？摄影复制现实所带来的媒介性特征，使得创作者的主观因素难以明晰地展现出来，其选择已经与复制的对象紧密地结合到一起，难以分离。版权法领域有一个著名的“思想与表达二分法”，即假设有这样一个筛子能将客观的“思想”筛除，剩下的就是可以给予版权保护的“表达”部分。但对于摄影而言，客观对象属于“事实”等同于思想领域，是不能获得版权保护的，而将“客观事实”筛除后，通常留下的是空空荡荡的筛子；如果将网眼弄得细密一些，又会留下各种诸如特有的拍摄和冲印技巧等也不能给予保护的对象。

究其本质，摄影并非天然的就是一种艺术形式，摄影往往只是一个工具、一种媒介，照片只是一个记录或者是某个程序的副产品，但现代社会中，照片通常被置于特定的语境，如展览馆、画廊中时，不断地被当成艺术品，摄影也不断地被称为“艺术”。但这仅仅表明摄影被艺术地对待了，摄影获得的照片不断地被挪用为艺术对象，于是摄影也就成为艺术花园中的一朵小花。将摄影纳入版权保护对象时，首先要解决“独创性”问题，这样才不会导致版权理论体系的崩塌。但是对于文字、绘画等形式、主观性因素明显的作品而言，使用“思想表达二分法”可以很容易地找出独创性的因子，但对于摄影这一直接复制现实物象的创作形式，忽然间变得不那么好用了。

摄影的创作方式主要是对既有的外在事物进行构图选择，也是光圈、快门、景深等技术选择，最后形成了摄影作品。但是这种选择的方式难道仅仅存在于拍摄之前或者拍摄时吗？实际上，许多的优秀的摄影作品来自后期的选择，摄影者不加选择地拍摄了大量的照片之后，披沙拣金，找到一幅最能表达其思想感情的作品，这种选择能否视为一种创作呢？此时，独创性的幽灵又寄居何方呢？

对拍摄对象进行特别安排的“造型摄影”——这其实已经是类似于电影创作了，还有后期对底片进行刮擦、涂抹以及刻意地改变影调等方式，这是将主观因素显而易见地植入最终完成的图像中，构成“主观表达”部分。但是大部分的摄影属于单纯地对现实进行精确复制，仅仅具有文献价值，通常也是以文献方式留存或传播的。这样的作品中有一小部分会随着时间的淘洗，也能呈现出巨大的艺术价值，随之而来的是原本不那么明显的“独创性”幽灵徘徊其间，似乎更容易地被捕捉了：人物神情表现出某种气质，物与物之间的关系设置体现出某种思想，特别的影调设计体现了摄影者的艺术追求……这些选择都被当成独创性存在的依据。

尽管“独创性”标准是作品的可版权性依据，但与作品的艺术性并无直接关系，不能因为某件作品被当成艺术品就认定其具有独创性，也不能因为某件作品被艺术界嗤之以鼻就认定其缺乏独创性。艺术性和独创性属于看待作品的两个不同的维度。但是在实践中常常会发生使用“艺术性”替代“独创性”的情况，以艺术价值的高低作为认定“独创性”高低的依据。艺术价值的高低可能是决定作品市场售价的依据，但不是是否要给予保护以及如何保护的依据，这是因为艺术性的标准比起独创性的标准更为复杂，涉及形象、审美、认识等观念层面的因素，甚至主要与欣赏者的主观性相关，所以将艺术性作为版权保护的标准根本行不通。

在造型艺术中，寻找艺术性比寻找独创性似乎更为容易，前面所引用的“碳画”和“窑变”的例子均能展现出不同的艺术性，却不能发现“独创性”——制作方案的独创，并不属于版权法所规制的对象，属于专利法的范畴。更为极端的情况是，选择自然中存在的事物如雨花石，拣选有意味的图案，取一个好的标题，就成为一个艺术品。此时的独创性的幽灵又漂浮到了空中，难以俘获：是拣选的过程具有独创性，还是取名具有独创性，抑或将两者结合到一起体现独创性呢？最后的结论只能是：尽管这能够算得上是艺术但这不是创作，无须索求“独创性元素”，幽灵远去了，大地一片宁静。

许多的生活快照，源自对生活场景的直接复制，从其本身而言，也是难以搜寻到“独创性”的因素，因为大部分快照都很难被认定为创作行为，只是基于一种特定的目的——或为档案保留，或为传递信息，或为留下证据……追求的是对场景精确地复制，相机越高级效果越好；照片模糊也往往是因为拍摄技巧不足，对焦不准、快门速度过低等原因，这些照片仅仅是具有文献价值。如果均以系“独立创作”为由而认定这些照片具有“独创性”，必然会无限降低作品的认定标准——就如目前实践中通常采用的处理方式，那么寻找摄影作品的“独创性”将失去意义。

对于使用既有的材质无论是选择石块还是利用其他照片进行新的艺术创作，如果新的创作具有了“独创性”，应该仅仅归功于后来的创作者，而与先前的创造者无关。对这一过程的判断应该从后来创作者的思想与表达入手，去寻找新创作作品中异于现有作品的独创性因素，这通常可以直接表现为某种差异性。当然，这种差异性必须在形式上可辨识，如果仅仅属于单纯的“意义赋予”，则很难认定其具有了“独创性”——尽管在艺术上很容易确定其拥有了审美价值，但在版权法语境中并不能给予其这样的待遇。

这样，我们就可以对许多“挪用艺术”从版权独创性角度给予正确的评价。比如，马塞尔·杜尚将从商店里买来的普通小便池命名为“喷泉”，放到美国独立艺术家展览会上，成了审美的对象，被视为“现代艺术”，但小便池并不会因此获得“独创性”，成为需要保护的“工艺美术作品”；同样，将一张平庸的、并无独创性的照片放大挂到展览会的现场，成为一个艺术品，但并不意味着该照片就此获得了“独创性”。可见，艺术的标准不能替代版权法的标准，寻找作品的独创性还得从作品本身、从作品的创作过程中去探寻。艺术最高的追求是审美价值，具有审美价值的艺术作品并不能当然地具有版权法语境中的独创性。

# 微信封禁第三方链接涉嫌滥用市场支配地位探析

饶卫华*

**摘要**：就网友普遍关心并质疑的微信封禁淘宝、抖音等第三方链接是否涉嫌构成垄断的问题，本文从滥用市场支配地位垄断行为的三个构成要件，即界定相关市场、相关企业是否具有市场支配地位以及相关企业是否滥用市场支配地位排除、限制竞争三个方面，并参考最高人民法院相关司法判例，对这一问题进行分析，试图廓清对该类问题的基本认识，并为解决该类纠纷提供基本的分析路径。

**关键词**：封禁　滥用市场支配地位　垄断

许多微信用户遭遇过这样的尴尬——微信好友分享的淘宝商品链接无法在微信中直接打开，点进去会出现如下提示：如需浏览，请长按网址复制后使用浏览器访问。同样是网购平台，京东的商品链接却可以在微信分享中畅通无阻。根据中国人民大学于 2019 年 5 月 22 日发布的《互联网平台新型垄断行为的法律规制研究》，2016 年微信曾封禁虾米音乐、天天动听、网易云音乐等音乐应用的链接，但同性质的 QQ 音乐产品不受影响；2018 年至今，快手、抖音、西瓜等短视频应用分享至微信与 QQ 平台的链接均不可播放，但同性质的微视短视频仍可照常播放①。微信“封杀”淘宝并非头一回，早在 2013 年就曾“封杀”过淘宝卖家账号，作为反击，淘宝则切断了微信数据接口。网络平台大鳄之间的互相割据，难免损害用户的顺畅沟通，也为规范网络市场竞争带来了新的挑战。正如《互联网平台新型垄断行为的法律规制研究》所指出的，随着互联网企业的规模不断壮大，已逐渐在自身领域形

* 饶卫华，北京大成（广州）律师事务所律师。

① 《互联网平台新型垄断行为的法律规制研究》，载中国投资咨询网，http://m.ocn.com.cn/hongguan/201905/jsuuv26150519.shtml，最后访问于 2019 年 7 月 30 日。

成了某种特殊的“垄断”——平台垄断，平台之间拒绝分享数据成为新问题①。

针对微信的封禁行为，2019 年 4 月，有用户以腾讯公司滥用市场支配地位、拒绝交易为由将其诉至北京知识产权法院。由于北京知识产权法院还未就此案进行宣判，因此尚不清楚案件具体情况和法院观点。本文试就微信封禁行为（为方便论述，以下简称“本案”）是否构成滥用市场支配地位进行简要分析。

一般而言，判断一个企业是否滥用市场支配地位从而构成垄断，必须解决三个问题：一是界定相关市场；二是相关企业是否具有市场支配地位；三是在具有市场支配地位的情况下，相关企业是否滥用市场支配地位排除、限制了竞争。

下面就微信的封禁行为，对这三个问题逐一进行分析。

## 一、如何界定微信的相关市场

根据《国务院反垄断委员会关于相关市场界定的指南》（以下简称《指南》）规定，任何竞争行为（包括具有或可能具有排除、限制竞争效果的行为）均发生在一定的市场范围内。界定相关市场就是明确经营者竞争的市场范围。在反垄断案件执法工作中，均可能涉及相关市场的界定问题。

最高人民法院在奇虎诉腾讯 QQ“二选一”滥用市场支配地位案（以下简称 3Q 案）的二审判决中认为，并非在任何滥用市场支配地位的案件中均必须明确而清楚地界定相关市场。界定相关市场是评估经营者的市场力量及被诉垄断行为对竞争影响的工具，其本身并非目的。即使不明确界定相关市场，也可以通过排除或者妨碍竞争的直接证据对被诉经营者的市场地位及被诉垄断行为可能的市场影响进行评估②。

对于什么是“相关市场”，《指南》规定，相关市场是指经营者在一定时期内就特定商品或者服务进行竞争的商品范围和地域范围。在反垄断执法实践中，通常需要界定相关商品市场和相关地域市场。

相关商品市场则是指，根据商品的特性、用途及价格等因素，由需求者认为具有较为紧密替代关系的一组或一类商品所构成的市场。这些商品表现出较强的竞争关系。

---

① 《互联网平台新型垄断行为的法律规制研究》，载中国投资咨询网，http：//m. ocn. com. cn/hongguan/201905/jsuuv26150519. shtml，最后访问于 2019 年 7 月 30 日。

② 陶凯元主编：《最高人民法院知识产权审判案例指导（第七辑）》，中国法制出版社 2015 年版，第 456 页。

微信作为一款应用软件，具有多重功能特点。首先，微信是一款能够提供文字、音频和视频三种通信功能的综合性即时通信工具，微信的私信、微信群的聊天，都是通过这种功能实现的。其次，微信也是一款社交软件，如微信用户可以在“朋友圈”中发布照片/短视频、个人动态、记录心情/生活感受、转发分享感兴趣的文章或话题等。社交软件与即时通信工具的区别在于，社交软件主要针对大量用户之间的开放性的群体交流，对即时性的要求偏低，而即时通信工具更注重双边私密交流或者小群体的内部交流，具有一定封闭性且对即时性的要求很高①。最后，微信还具有支付功能。在支付功能页面，微信提供了信用卡还款、微贷款、手机充值、理财、生活缴费、保险等服务，此外还与第三方合作，提供火车票机票订购、滴滴出行、京东购物、美团外卖、大众点评、电影/演出/赛事购票、唯品会特卖等服务。

其中与微信分享第三方网站链接有关的主要是微信中的即时通信工具。虽然与腾讯存在合作关系或至少不存在对立关系的电商平台的商品链接也可以分享到微信“朋友圈”，但基于微信“朋友圈”的功能定位主要是社交，因此除非微信用户自己或者亲朋好友经营电商平台外，一般在“朋友圈”中分享商品链接的较少，而更多的是在私信或群聊中分享链接。因此，笔者认为，本案相关商品市场应界定为即时通信服务。

在3Q案中，最高法院认为社交网站、微博、手机短信和电子邮箱均不应纳入即时通信服务，即时通信服务包括电脑端和移动端的即时通信服务，笔者认为该认定同样适用于本案。

至于相关地域市场，由于微信与淘宝、抖音等的竞争主要发生在中国大陆地区，因此相关地域市场应界定为中国大陆市场。

## 二、微信在即时通信服务领域是否具有市场支配地位

根据《反垄断法》第十八条的规定，认定市场支配地位需要综合考查多个因素，包括但不限于：该经营者在相关市场的市场份额，以及相关市场的竞争状况；该经营者控制销售市场或者原材料采购市场的能力；该经营者的财力和技术条件；其他经营者对该经营者在交易上的依赖程度；其他经营者进入相关市场的难易程

① 陶凯元主编：《最高人民法院知识产权审判案例指导（第七辑）》，中国法制出版社2015年版，第461页。

度等。

在3Q案中被认定为即时通信工具的有QQ、飞信、MSN、人人桌面、天翼Live、百度Hi、网易泡泡、阿里旺旺等，由于即时通信服务市场发展非常迅速，产品迭代和淘汰率非常高，当时盛极一时的产品，除阿里旺旺因用于特定买卖双方沟通还继续使用外，其他即时通信工具早已纷纷折戟沉沙，不见踪迹，就连腾讯QQ也被自己的微信打败，成为一款过气产品。据统计，微信用户规模在2018年已超过10亿人①。但最高法院在3Q案中认为，市场份额只是判断市场支配地位的一项比较粗糙且可能具有误导性的指标，特别是，互联网环境下的竞争存在高度动态的特征，不能高估市场份额的指示作用②。因此，即使微信在即时通信服务领域具有较高的市场份额，也不意味着其具有市场支配地位。

从前述即时通信服务市场竞争状况看，该领域市场竞争比较充分，即使微信目前在该市场一家独大，但稍有不慎，就可能被新兴的即时通信工具取代，因此微信也需要不断更新软件、优化用户体验。用户下载并使用微信软件是零成本（网络资费不作考虑），微信必须不断更新技术升级软件，因此其不具有控制商品价格和质量的能力。即使目前微信在即时通信市场一家独大，但这是市场充分竞争的结果，并不能以此证明微信有控制商品数量和其他交易条件的能力。腾讯作为行业老大，虽然有强大的财力支持，但微信作为即时通信工具，本身并不需要较高的技术条件，其他经营者只要有较好的市场切入点，就可以快速进入并在即时通信服务市场占有一席之地，因此其他经营者进入相关市场的难度并不大。此外，淘宝、抖音等其他经营者在交易上并不需要依赖微信，其在各自的经营平台均有较好的经营业绩。综上，笔者认为，认定微信在相关市场具有市场支配地位较为困难。

## 三、微信是否滥用市场支配地位

最高法院在3Q案中认为，在相关市场边界较为模糊、被诉经营者是否具有市场支配地位不甚明确时，可以进一步分析被诉垄断行为对竞争的影响效果，以检验

① 《2019年中国微信市场分析报告－行业运营现状与未来前景研究》，载中国报告网：http://baogao.chinabaogao.com/hulianwang/379326379326.html，最后访问于2019年7月31日。

② 陶凯元主编：《最高人民法院知识产权审判案例指导（第七辑）》，中国法制出版社2015年版，第469－470页。

关于其是否具有市场支配地位的结论正确与否①。

在互联网领域，拒绝交易一般表现为拒绝接入、拒绝显示②。《反垄断法》第十七条规定，没有正当理由，拒绝与交易相对人进行交易，构成滥用市场支配地位行为。

关于微信封杀抖音海外版，腾讯回应称，“微信对短视频在平台内的直接播放形式始终保持谨慎态度，目前仍处于逐步灰度测试状态，后续如条件成熟再对其他短视频外链打开方式做调整”。至于封禁淘宝链接，虽未看到腾讯公开回应，但腾讯完全可以说是对淘宝切断微信数据接口实施的对等行为。当然，腾讯拒绝交易的理由是否正当，还需要更严谨合理的解释。

但是，更为关键的是必须考查微信拒绝交易对竞争的实际影响。应该说淘宝交易更多是在自己平台上完成的，即使微信不封禁，也只是起到导流的作用，这相对于淘宝自身平台直接吸引的流量来说是微乎其微的。反过来说，即使微信封禁淘宝链接，虽然给用户带来不便，但也未必会将用户的注意力传导到自己的微商或者与其合作的京东、唯品会等电商平台上，并且淘宝针对微信的封禁行为给用户提供了操作指引，用户仍可以从浏览器中访问相关链接。因此，微信封禁行为，并未起到排除、限制淘宝竞争的明显效果。

## 四、结语

在将微信相关商品市场界定为即时通信服务，相关地域市场界定为中国大陆市场的前提下，尽管微信用户目前占有相当大的市场份额，但市场份额只是判断市场支配地位的一项比较粗糙且可能具有误导性的指标，还不能就此认定微信在相关市场具有市场支配地位。此外，微信封禁第三方链接也没有产生排除、限制竞争的明显效果。因此，就本案现有情况而言，要认定微信构成滥用市场支配地位还存在一定困难。

① 陶凯元主编：《最高人民法院知识产权审判案例指导（第七辑）》，中国法制出版社2015年版，第474页。

② 仲春：《创新与反垄断——互联网企业滥用行为之法律规制研究》，法律出版社2016年版，第189页。

# 网络游戏直播画面的著作权问题

## ——以现有案例为视角

吴让军[*] 于 瑶[**]

**摘要**：网易公司与华多公司著作权纠纷为业界广泛关注，该案件涉及诸多著作权问题。本文对网络游戏直播画面可版权性的认定、行为涉及权利类型、是否构成合理使用进行了分析，进而剖析了著作权法存有的问题，致力于寻求网络游戏公司及网络直播市场的利益的平衡点。

**关键词**：游戏直播 合理使用 利益平衡 网络游戏

截至 2018 年 12 月，中国游戏用户达到 6.26 亿人，同比增长 7.3%。2018 年度中国游戏市场实际销售收入达到 2144.4 亿元人民币，同比增长 5.3%。[①] 伴随着网络游戏的快速发展及宽带网络智能手机等硬件技术的同步提升，我国网络游戏直播产业如雨后春笋般发展。据统计，2018 年我国游戏直播市场规模达 141.2 亿元，同比增长 62.3%。

网络游戏及其相关产业涉及的巨大利益使得网络游戏公司和直播平台间的矛盾日益凸显。未经游戏公司许可即进行游戏直播的情况愈加普遍，而游戏公司认为上述行为侵犯了其著作权。2018 年世界知识产权日，“网易诉华多梦幻西游游戏直播案”二审在广东省高院开庭，因巨额诉讼标的且涉及网络游戏直播这一前沿热点问题，引起业界广泛讨论。庭审中双方有四个争议焦点：1. 网易是否有权提起诉讼；2. 涉案画面是否构成作品，若构成，则属于何种作品类型，如果不构成作品，是否构成不正当竞争，是否因其独创性构成新作品；3. 华多公司是否构成合理使用，

---

* 吴让军，北京市立方（广州）律师事务所合伙人。

** 于瑶，北京市立方（广州）律师事务所律师助理。

① 中文互联网数据资讯中心：中国游戏产业报告 CNG：2018 年中国游戏产业报告。

若不构成则其侵犯何种权利；4. 华多公司侵犯著作权的行为应该承担什么责任，一审判决是否合法。本文将对案件中涉及的著作权问题逐一进行分析。

## 一、网络游戏画面的作品性及其著作权归属

分析现有的相关案例如“耀宇诉斗鱼DOTA2案”“《奇迹MU》案”“《昆仑墟案》”以及“《阿拉德之怒》案”等著作权纠纷，不难发现由于我国著作权法中未对游戏画面作品类型进行直接规定，现有判例对于游戏画面的认定和保护还存在较大争议。

笔者认为，对于作品的认定，应当从作品的概念和认定标准出发。我国《著作权法实施条例》第二条规定：“著作权法所称作品，是指文学、艺术和科学领域内具有独创性并能以某种有形形式复制的智力成果。”虽然相关法律法规未对“文学、艺术和科学领域”进行明确界定，但从网络游戏的开发过程与内容来看，网络游戏是科学技术发展的产物，带有伴音的连续影像、文字的游戏画面表达了创作者的思想和情感，应当属于文学、艺术和科学领域的范畴。因此，可以从独创性、可复制性以及是否有固定载体三方面展开分析。

### （一）独创性

游戏画面是游戏引擎程序调用游戏资源库中的素材内容或根据用户设定对外临时呈现的效果。①

据此，游戏画面是通过对游戏公司预设在资源库中的素材的调度，将预设的文字、图片、音频等多个元素动态组合而形成的画面。不论用户如何操作，其画面内容都是对代码化指令的运行，在游戏公司预设代码可编译的范围之内，因而游戏玩家的操作只是对于原有的代码化指令的调度，对原有的素材的排列组合并没有创作出新的作品。反之，游戏公司对游戏中的人物形象和动作、场景进行精心设计，这些设计是文学、艺术和科学领域表达，投入了大量的智力劳动，具有独创性。这些具有独创性的部分相互融合形成了一个新的具有独创性的动态整体，即游戏画面。② 因此，游戏画面具有独创性。

### （二）可复制性和固定载体

《著作权法实施条例》第二条所指的“能以某种有形形式复制”，实际上是强调

① 谢琳：《网络游戏直播的著作权合理使用研究》，载《知识产权》2017年第1期。

② 徐书林：《网络游戏比赛画面的法律性质探讨——基于耀宇公司诉斗鱼公司一案的分析》，载《北京邮电大学学报（社会科学版）》2016年第7期。

“作品”只能是“外在表达”。游戏画面是游戏公司通过图像、文字、视频等对于游戏设计的表达。而这里的游戏画面指的是计算机上呈现的连续动态画面而非游戏竞技动作。[①] 在现有技术条件下，可以通过技术手段将网络游戏画面通过直播过程以数字化形式固定下来，制作成视频，并可以对该数字化的视频进行无限制的复制。[②] 因此，游戏画面兼具固定的载体及可复制性。

虽然我国现行著作权法没有明确游戏画面的作品类型并对其加以保护，对其作品的定性也存在争议，但是游戏画面满足著作权法所规定的作品的构成要件，应该受到著作权法的保护。

笔者对现有的涉及游戏画面整体的司法判例进行了统计，结果如下表所示。

**表1　判决情况统计**

| 游戏 | 案号 | 法院 | 作品定性 | 判决时间 |
|---|---|---|---|---|
| 炉石传说 | （2014）沪一中民五（知）初字第23号 | 上海一中院 | 视频和动画特效：类电作品 | 2014.11 |
| 奇迹MU | （2016）沪73民终190号 | 上海知产 | 动态游戏画面：类电作品 | 2016.4 |
| 梦幻西游 | （2015）粤知法著民初字第16号 | 广州知产 | 动态游戏画面：类电作品 | 2017.1 |
| 太极熊猫 | （2015）苏中知民初字第00201号 | 苏州中院 | 动态游戏画面：类电作品 | 2018.3 |
| 传奇霸业 | （2016）京73民初229号 | 北京知产 | 动态游戏画面：类电作品 | 2018.12 |
| 昆仑墟 | （2013）粤0192民初1号 | 广州互联网 | 动态游戏画面：类电作品 | 2019.3 |
| 蓝月传奇 | （2018）浙01民初3728号 | 杭州中院 | 动态游戏画面：类推适用类电作品的规则 | 2019.4 |
| 阿拉德之怒 | （2017）湘民初4883号 | 长沙中院 | 动态游戏画面：不能作为著作权法意义上的作品 | 2019.5 |

从上述著作权纠纷案的判决中不难发现，认为游戏画面应当构成作品的法官倾向于将其认定为《著作权法实施条例》第四条第十一项规定的以类似摄制电影的方法创作的作品，即摄制在一定介质上，由一系列有伴音或者无伴音的画面组成，

① 王丽娜：《网络游戏直播画面是否构成作品之辨析——兼评耀宇诉斗鱼案一审判决》，载《中国版权》2016年第2期。

② 冯晓青：《网络游戏直播画面的作品属性及其相关著作权问题研究》，载《知识产权》2017年第1期。

并且借助适当装置放映或者以其他方式传播的作品。网络游戏是采用计算机技术制作而成的智力成果的表达形式，与传统电影的获取方法存在冲突，而且与我国著作权法中规定的“摄制”这一要件不一致，但在我国《著作权法》第三次修改草案征求意见稿中，已经提出废除“摄制”这一要件，并将作品名称改为视听作品。视听作品是指由一系列有伴音或者无伴音的连续画面组成，并且能够借助技术设备被感知的作品，包括电影、电视剧以及类似制作电影的方法创作的作品。这一定义摒弃了摄制这一创作条件，只强调其表现形式为通过连续的动态画面表现。而网络游戏中多个连续画面构成的动态视频由一系列有伴音的画面组成，与电影作品表达形式本质相同，应当作为类电（视听）作品保护。[①]

和类电作品相似，游戏的各个部分是不可分的整体，其整体享有著作权，对于某一特定画面是否享有独创性，无须加以追究。游戏玩家只是以玩游戏的方式触发了某一游戏设定，并没有为画面的呈现付出创造性劳动，因此著作权人应当为游戏公司而非游戏玩家。

## 二、网络直播游戏是否受著作权人排他权的控制

庭审双方没有对这一点做出详细论证，但明确网络直播游戏涉及的权利类型是判断其是否侵权的基础，因此，对于权利类型的讨论十分有必要。

笔者认为，网络直播游戏行为虽未严格符合现有著作权法具体权利类型的相关规定，但应当受到兜底条款的限制。即未经授权的网络直播游戏行为侵犯了“应当由著作权人享有的其他权利”。

我国对于信息网络传播权的规定借鉴了《世界版权知识产权组织著作权条约》（以下简称 WCT）。WCT 第八条规定“向公众传播的权利”即“……文学和艺术作品的作者应享有专有权，以授权将其作品以有线或无线方式向公众传播，包括将其作品向公众提供，使公众中的成员可以在其个人选定的地点和时间获得这些作品”。通过比较可以看出，我国著作权法的表述少了“包括”一词[②]，缩小了权利的保护范围。而“向公众提供作品，使其在选定的时间和地点获得这些作品”这一规定一般被认为新增加了“向公众提供作品的权利”。[③] 而根据 WCT 的表述，向公众传播

① 李扬：《网络游戏直播中的著作权问题》，载《知识产权》2017 年第 1 期。

② 岳利浩：《“非交互式”网络传播行为的法律属性——“圣火耀珠峰”节目网络直播侵权案评析》，载《科技与法律》2010 年第 3 期。

③ 谢琳：《网络游戏直播的著作权合理使用研究》，载《知识产权》2017 年第 1 期。

的权利包括但是不限于向公众提供作品的权利。因此，游戏直播这种非交互式网络传播行为，应受到向公众传播权利的保护。我国作为 WCT 成员国，应当与 WCT 的规定保持一致，将信息网络传播权扩大化，将网络游戏直播纳入这种“广义上的向公众传播权”予以保护。我国现行著作权法中没有相关规定，可以解释为兜底条款中的其他权利包括这种“广义上的向公众传播权”。

## 三、网络直播游戏是否落入著作权法规定的限制情形中

严格意义上网络直播游戏并不属于《著作权法》第二十二条规定的十二种合理使用的情形。但笔者认为，随着科技的不断发展，对作品的利用方式愈加丰富，这种封闭式、列举式的合理使用的条款不能适应现实的需求。

笔者分析了信息网络传播权案件中涉及合理使用抗辩的 10035 个案例。根据数据，有部分被告选择直接以四要素判定因素为抗辩理由，少部分被法官采纳，具体如下。

表 2　案件数目统计

| 年份 | 关于合理使用具体条款抗辩 | 以合理使用抗辩被采纳 | 以合理使用抗辩未被采纳 | 其他事由抗辩 | 其他事由抗辩被采纳 | 其他事由抗辩未被采纳 | 未涉及合理使用权 |
|---|---|---|---|---|---|---|---|
| 2006 年 | 2 | | 2 | | | | 23 |
| 2007 年 | 1 | 1 | 7 | 3 | 1 | 2 | 25 |
| 2008 年 | 3 | 1 | 8 | | | | 1117 |
| 2009 年 | 6 | 4 | 3 | 4 | | 4 | 158 |
| 2010 年 | 11 | 2 | 9 | 2 | | 2 | 189 |
| 2011 年 | 10 | 2 | 8 | 4 | | 4 | 269 |
| 2012 年 | 18 | | 18 | 2 | | 4 | 282 |
| 2013 年 | 206 | | 206 | 51 | 2 | 49 | 772 |
| 2014 年 | 202 | 2 | 200 | 97 | 4 | 93 | 2147 |
| 2015 年 | 223 | 4 | 219 | 59 | 1 | 58 | 1136 |
| 2016 年 | 27 | | 27 | 7 | | 7 | 694 |
| 2017 年 | 92 | | 92 | 35 | | 35 | 2131 |

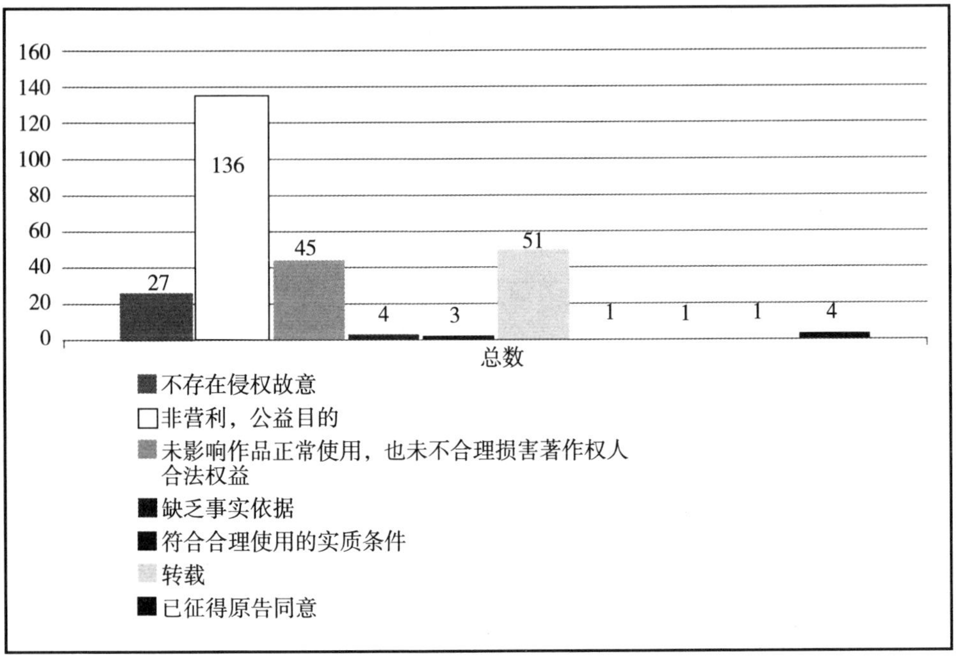


**其他抗辩理由统计**

因此，网络游戏直播作为2010年著作权法修改之后才兴起的新兴产业，判断其落入构成著作权法所规定的限制情形不应当局限于著作权法所规定的十二种情形，而应当从相关的判定标准和衡量因素综合考量。

判定是否构成合理使用可以通过一定的判定因素进行衡量，其中被广为借鉴的应当是美国在司法实践中发展而来的四个衡量因素。这一衡量标准在我国司法实践中也被运用。

美国《版权法》在第一百零七条规定了四项合理使用标准：1. 使用作品的目的和性质；2. 版权作品的性质；3. 使用的数量和内容的实质性；4. 这种使用对被使用作品的潜在市场或者价值的影响。下文将以上述四个判定因素为标准来讨论网络游戏直播与合理使用之间的关系。

**（一）使用的目的和性质**

对于这一因素的判定，应当确定对原作品的使用是否具有转化性，分析在使用过程中是否赋予了原作品新的价值、功能和性质即是否构成转化性使用。也就是说，即使是出于营利目的使用作品，对其转化性使用，也可符合这一因素的要求。

游戏主播一般在游戏直播过程中，往往带有一些炫技行为借以增强观赏游戏的趣味性。此外，主播在直播的过程中还会对游戏进行解说、评论和观众进行互动，因此游戏直播多是以主播的个人魅力为主，辅以游戏的直播。知名歌手周杰伦直播英雄联盟在线观看人数有1700万，专业游戏主播如芜湖大司马，直播英雄联盟时在线观看人数只有100万人。观众在观看直播时，欣赏的不是游戏本身的设定、音乐，更多的是主播所赋予游戏的独特魅力。因此，由主播的操作、评论甚至一些与游戏无关的表演所构成的网络游戏直播，赋予了原游戏新的价值、功能和性质，应当构成转化性使用。

### （二）版权作品的性质

前文对这一问题已经进行了充分的探讨，在这里不予赘述。

### （三）使用的数量和内容的实质性

对于文学作品来讲，使用的数量和内容的实质性是非常重要的判定标准。但游戏作品不同于一般的文学类作品，仅以使用的数量和实质性来判断有失偏颇。[①] 即使通过使用的数量和实质性判断，游戏直播对游戏使用的数量和实质性也处在合理范围之内。游戏具有宏大的故事设定、众多的情景及无法统计的人物动作、走位方式。游戏主播在直播过程中展示的只是游戏的极小部分。游戏主播长时间直播，也无法将游戏全部呈现在观众面前。这也是其与文学作品最大的不同。虽然游戏直播呈现了游戏所处的某一时刻的全部画面，但该画面并非最重要的部分。如前文所述，主播的个人魅力在直播中占有重要地位。

### （四）这种使用对被使用作品的潜在市场或者价值的影响

游戏与电影不同，其主要魅力在于玩家通过实际操作获得良好的游戏体验感而非单纯观赏。对于竞技类游戏，游戏玩家享受的是亲自体验游戏的过程，在观看直播之后，他们学习了主播的技巧，了解了相关人物的特性，便会迫不及待地自行上手操作，其对游戏的兴趣不会减少反而会增加。他们会尝试在主播那里学到的技巧，进而提升自己的操作。对于非竞技类游戏，游戏直播给那些暂时无力购买游戏的玩家一个体验游戏的机会，如果游戏十分精彩，玩家想要亲自尝试，在其有能力购买时便会购买该游戏产品。当然，不否认会有少数观众观看游戏之后认为游戏体验感较差而放弃这款游戏。这是游戏本身的问题，是市场竞争中正常的情况，体验感较差的游戏无法在市场中取得优势地位，其应当不断创新，增加游戏的交互性来获取用户黏性，而不能归咎于游戏直播，在原有的游戏中故步自封。[②]

---

① 卢建恩：《游戏直播使用游戏画面的合理使用探究——以“中国网络游戏直播第一案”为例》，载《法制与社会》2017年第11期。

② 王迁：《电子游戏直播的著作权问题研究》，载《电子知识产权》2016年第2期。

网络游戏存在衍生市场，如游戏周边、游戏拍摄成影视剧等。但是，直播市场并不是网络游戏的衍生市场。观看游戏直播和玩游戏的受众目的不同，观看游戏时更关注主播的技巧和解说等，而游戏玩家看中的则是游戏本身的体验感。前者对主播个人魅力的看重使得其获利原因偏向于直播市场。此外，网络游戏直播依托于直播平台，其本质是一种直播。如果网络游戏市场没有边界的扩大，会催生行业垄断。因直播行业的利益性，会存在一百个游戏公司有一百个直播平台的可能，掌握代码的人可以指定“谁去直播，谁获得利益”。过度的保护不利于文化的传播，不符合著作权法利益平衡的理念。

综上，网络游戏直播没有影响游戏行业本身的市场，网络游戏直播行业也不属于游戏的附属行业，因此其对被使用作品的潜在市场或者价值的影响更偏向积极。

## 四、利益平衡

我国《著作权法》第一条即规定：“为保护文学、艺术和科学作品作者的著作权，以及与著作权有关的权益，鼓励有益于社会主义精神文明、物质文明建设的作品的创作和传播，促进社会主义文化和科学事业的发展与繁荣，根据宪法制定本法。”该规定表明著作权法的立法目的即保护作者的相关权利，鼓励作品的创作和传播，促进文化和科学事业的发展繁荣。著作权制度体现着个人属性与公有属性的矛盾。著作权作为财产权具有高度的私权性质，但其本质以追求文化繁荣和经济发展为最终目的。因此，著作权以保护私权为手段，保护智力成果，从而实现文化的发展。从这一角度出发，著作权保护应当实现个人利益与社会公共利益的平衡。

利益平衡主要是指作品创作者与社会公众之间的利益平衡。著作权法赋予的著作权人的权利包括精神权利和财产权利两方面，从我国著作权法的立法理念上看，精神权利是作者的人格权，是其固有的权利。财产权利是为了鼓励作者创作，通过法律赋予的政策性权利。也就是说，著作权人的财产权利是社会公众让渡给著作权人的，旨在鼓励其创作作品，促进社会文化的大繁荣。因此，让渡出的这部分权利边界的确定十分重要，过度的保护会增加作品传播的成本，阻碍社会公众接触到更多更好的作品；过少的保护则难以起到激励著作权人的作用。利益平衡是著作权法的立法目的和立法基础，任何规则的制定都应该符合利益平衡原则的要求。只有完善著作权法在网络环境下对利益平衡的维护，满足当代法治发展的需求，才能在互联网时代更好地保护著作权人的利益，减少作者之间、网络服务提供者之间的恶性竞争。

在网络游戏直播环境下，利益平衡主要涉及三方利益主体，即游戏公司、直播平台和社会公众三方利益。三方利益需求存在一定的冲突，游戏公司希望将游戏产业收入达到最大化，同时有的游戏公司发展了自己的直播平台，希望通过自己已经具有一定市场基础的游戏推广自己的直播平台，并且希望通过游戏直播增加平台流量，通过销售直播相关虚拟产品获利。而社会公众，作为游戏的消费者和游戏直播的观众，其主要希望有更多高质量的游戏、可以自主选择的观看直播渠道、入手游戏前对游戏充分了解。如前所述，目前游戏产业、直播产业都在蓬勃发展。游戏公司不仅可以从游戏本身获得直接利益，也可以通过衍生市场获得利益，如游戏周边、游戏拍摄成影视剧等。游戏公司本身的利益需求得到一定程度的满足。削减游戏公司对于游戏直播的独占，并不会挫伤其研发游戏的积极性，降低其创造力。然而，我国游戏制作的创新水平并不乐观，一味地对游戏产业加强保护会导致其故步自封，通过游戏直播产业来督促和监督游戏制作可以使游戏公司为适应市场需求而不断地提高游戏水准，从而促进游戏产业的繁荣发展。同时，游戏直播平台的直播内容也应当受到监督，以保证游戏公司的游戏不会受到不合理的贬低而损害其利益。社会公众应当树立版权保护意识，支持正版游戏，对主播的不正当直播行为进行监督和举报。

良好的制度才能更好地促进各个产业的发展，对于游戏直播平台在直播过程中可能产生的损害游戏公司的行为，可以通过反不正当竞争法规制。从著作权法的意义上来说，允许游戏平台直播可以更好地促进文化产业的传播，促进游戏公司创造更多高质量的游戏，实现社会文化的大发展、大繁荣。

## 五、结语

未经游戏公司许可，使用其作品进行游戏直播属于转化性使用并满足其他判定条件，应当构成合理使用。

著作权法具有滞后性，对于暂时没有规制的新兴产业，需要在司法实践的不断探索和理论研究的不断深入中厘清其法律关系。[①] 这也反映出了《著作权法》对于作品类型、权利类型以及合理使用条款规定的局限性。适应科技发展，对其加以调整完善，应当作为《著作权法》第三次修改所考虑的重要内容。

---

① 许安碧：《网络游戏直播中的著作权问题探究》，载《政法学刊》2017 年第 1 期。

# 从“独创性”角度再论游戏直播画面的权利属性

杨 杰*

**摘要：**XX 公司诉 YY 游戏直播不正当纠纷一案，法院在认定涉案游戏连续动态画面构成类电作品且其权利归属于游戏软件著作权人的论证说理过程中，未对作品的“独创性”标准予以深入讨论。本文认为，应从独创性的认定角度出发，对本案进行再讨论，并对“独创性”标准在其他类型的游戏作品中的适用进行研究。

**关键词：**游戏连续动态画面　作品　类电作品　权利归属

耗时数年之久的 XX 公司诉 YY 游戏直播不正当纠纷一案终于宣告终结。继广州知识产权法院在一审法院在（2015）粤知法著民初字第 16 号民事判决书中认定“YY 未经授权直播 XX 公司《梦幻西游》的行为构成侵权行为，YY 需向 XX 公司赔偿高达 2000 万元的赔偿款”后，广东高院也于 2019 年 12 月 10 日就本案作出二审判决，维持了一审法院的判决结果①。

根据法院公开的判决文书显示，法院将《梦幻西游》游戏直播画面认定为“类电影作品”，其作者为 XX 公司。通读法院的判决，笔者发现法院其实适用了作品认定的独创性标准，但由于并没有对该标准进行深入分析，法院最后的认定结果偏离了独创性标准的应有之义。笔者认为，游戏直播画面的定性应当从作品的“独创性”角度出发，根据独创性标准的要求，《梦幻西游》游戏直播画面并不构成作品。而诸如《我的世界》等其他类型的游戏在独创性的认定标准之下则有可能认定为作品，游戏玩家对其享有著作权。

---

* 杨杰，广东广悦律师事务所律师。

① 见（2018）粤民终 137 号民事判决书。

## 一、法院的判断逻辑

在判决中，法院认定《梦幻西游》游戏的直播画面属于“类电影作品”，应当受到法律保护。法院指出：游戏的创作过程，“是在游戏策划人员进行故事情节、游戏规则等进行整体设计，以及美工对游戏原画、场景、角色等素材进行设计后，程序员根据需要实现的功能进行具体代码编写后形成的。此创作过程综合了角色、剧本、美工、音乐、服装设计、道具等多种手段，与‘摄制电影’的方法类似。因此，涉案电子游戏在终端设备上运行呈现的连续画面可认定为类似摄制电影的方法创作的作品（以下简称类电影作品）”。[①]

出于对网络游戏互动性特点的考虑，法院还专门针对游戏玩家操作游戏这一行为的性质做了分析。正如公众的认识，网络游戏所呈现的连续画面与传统电影作品或者类电影作品具有明显区别。“前者具有双向互动性，不同玩家（用户）操控涉案电子游戏或者同一玩家以不同玩法操控游戏，会呈现不同的动态画面，尤其是多人参与的情况下，往往呈现结果难以穷尽。”[②] 但法院认为，网络游戏互动性的特点并不能否定游戏连续画面构成类电影作品。首先，“著作权法中对类电影作品的认定要件并无限定连续画面的单向性”。其次，游戏玩家在动态画面的形成过程中并无著作权法意义上的创作型劳动。针对这一点，法院的理由是，“游戏系统的开发者已预设了游戏的角色、场景、人物、音乐及其不同组合，包括人物之间的关系、情节推演关系，不同的动态画面只是不同用户在预设系统中的不同操作产生的不同操作/选择之呈现结果”。最后，法院发现，“在预设的游戏系统中，通过视觉感受机械对比后得出的画面不同，如具体的场景或人物动作的变化等，并不妨碍游戏任务主线和整体画面呈现的一致性”。综合上述分析，法院最终认为：“尽管游戏连续画面是用户参与互动的呈现结果，但仍可将其整体画面认定为类电影作品。”

有作品，则必有背后的作者。法院认为，由于玩家在上述“类电影作品”的形成过程中并无著作权意义上的创作劳动，故该类电影作品的“制片者”应归属于游戏软件的权利人。

---

① 见（2015）粤知法著民初字第16号及（2018）粤民终137号民事判决书。

② 见（2015）粤知法著民初字第16号及（2018）粤民终137号民事判决书。

## 二、“独创性”标准在《梦幻西游》一案的适用

法院在上述分析中运用了“独创性”标准来认定作品，也即上文中提到的，法院认为“用户在动态画面的形成过程中无著作权法意义上的创作劳动”，因此，游戏玩家对《梦幻西游》游戏连续画面的形成不应享有作者权利。但法院并没有对“独创性”标准展开讨论，所以最终呈现的效果就是该标准被众多其他的说理所掩盖，丧失了其应有的地位。笔者认为，从独创性角度出发对《梦幻西游》案进行论证，论证过程将更具说服力，论证逻辑也更为清晰。而以独创性角度出发的论证思路将不仅仅局限于《梦幻西游》一案，在其他类型的游戏作品中适用该方法也将得到更有说服力的效果。

### （一）何为作品的独创性

独创性在著作权法上的重要性不言而喻。正如学者所言，“独创性是版权作品的本质属性”①。独创性的要求意指作者的创作活动不是一般的活动，也不单纯凭技艺，“甚至不是一般的智力活动，而必须是作者运用创造力从事的智力创造活动”②。独创性的特征之一就是要求创作人需要主动地运用其智力从事创作活动。而这一活动从本质上讲不同于“机械的、重复性的智力活动，包括单纯凭技巧从事的智力活动”③。

### （二）游戏玩家没有参与《梦幻西游》连续画面的创作

从上文对独创性的阐释来看，我们就不难理解为何《梦幻西游》的游戏玩家操作了游戏，却不能将其操作游戏形成的游戏画面认定为其创作的作品。这是因为玩家在操作游戏的过程中所追求的并不是创作一个“类电影作品”或者其他类型的作品，而是单纯地追求游戏的竞技性、娱乐性所带来的游戏体验。至于游戏高手的超高技艺、战略战术当然也含有玩家的智力成分，但此种智力投入却并不旨在创作作品。因此，玩家对于《梦幻西游》的连续画面不享有作者权利。

### （三）XX 公司也没有参与《梦幻西游》游戏连续画面的创作

如果游戏玩家不构成《梦幻西游》连续画面的作者，似乎只能是游戏公司对该游戏连续画面享有著作权。而这也是广州知识产权法院的逻辑。正如判决书中所言：“考察涉案电子游戏如上文所述的创作过程；且对于涉案电子游戏在终端设备

---

① 金渝林：《论作品的独创性》，载《法学研究》1995 年第 4 期。

② 金渝林：《论作品的独创性》，载《法学研究》1995 年第 4 期。

③ 金渝林：《论作品的独创性》，载《法学研究》1995 年第 4 期。

上运行呈现的类电影作品，用户在其形成过程中无著作权法意义上的创作劳动，故该类电影作品的‘制片者’应归属于游戏软件的权利人。”

但如果从独创性的角度出发，我们发现，对于游戏连续画面，游戏公司其实也没有参与创作。游戏公司创作的是游戏里面的 CG 动画、美术形象、音乐，以及游戏底层的计算机软件程序。但对于玩家参与后的游戏连续画面，游戏公司并没有参与创作的意图。有异议者可能会提出质疑，认为游戏连续画面的形成其实早就在游戏公司的设计之中。因此，游戏公司相当于参与了游戏连续画面的创作，应当享有著作权。但质疑者忘记的是，游戏公司对游戏连续画面的这种预先设计其实已经蕴含在了计算机软件当中，游戏公司通过计算机软件所享有的著作权已经包含了上述对游戏连续画面的“创作”。因此，笔者认为，游戏公司对于游戏连续画面也不享有著作权。

**（四）《梦幻西游》游戏连续画面不构成作品**

通过上述的分析，我们其实已经看到，《梦幻西游》连续画面的形成既没有游戏公司的创作，也没有游戏玩家的创作，因此该连续画面的产生并不是某一作者有意识的创作行为，不具有独创性，不应构成著作权法意义上的作品。那么按照独创性标准，是不是所有类型的游戏所形成的连续画面都不构成作品呢?

## 三、独创性标准在其他类型游戏上的适用

XX 公司最近推出的另一款沙盒游戏——《我的世界》在游戏圈也非常火爆。沙盒游戏具有极高自由度，玩家在虚拟的游戏世界当中可以从无到有设计创造出花园、房屋等造型各异的物品。笔者的同事就曾是该游戏的忠实玩家，当她发现自己在游戏中花费数天时间创造的一处别墅因为游戏故障而杳无踪迹时，悲痛的心情溢于言表。作为同事，自然为其数日来的心血之作感到痛惜，而她的遭遇也恰好提醒笔者，像《我的世界》这样的游戏，如果玩家以创作的心态，发挥聪明才智在游戏中设计创作各种物件时，这种活动恰恰符合独创性的要求，而这样的游戏连续画面不更应受到保护吗? 换一种场景可能更好理解，未经画家本人允许，我们认为他人无权录制画家利用画图软件创作画作的过程。而画家创作的画作的著作权当然不属于生产计算机画图软件的公司。同样的道理，具有创造力的玩家在《我的世界》中创造出来的属于玩家自己的“虚拟世界”，同样也不应属于 XX 公司，玩家创作过程中所形成的连续画面也应受到法律保护。

## 四、结语

尽管该案一、二审法院均认为《梦幻西游》游戏的直播画面属于“类电影作品”，应当受到法律保护，但笔者认为，理论的发展应当鼓励对现有司法案例不同角度的研究，也希望对此案的探讨可以引起业界对游戏直播法律性质复杂性的认识，让法律的适用最终能够促进产业的发展，也更好地平衡各方的利益。

（该文章曾于2017年12月14日在微信公众号“知产力”发布）

# 网络游戏和“山寨”游戏

## ——浅议著作权法如何保护正版网络游戏

涂琳芳*

**摘要：**与其他创造性作品一样，网络游戏的开发者本可以依据著作权法来保护自己的知识产权，然而，网络游戏经常被竞争对手的网络游戏开发者仿冒，著作权法看似没有能力扼制这些仿冒者。“山寨”游戏往往避免复制明显受著作权保护的游戏组件：图像、声音和计算机代码，其复制的是那些法院认为不属于著作权保护范围的网络游戏思想、处理过程和操作方法（“游戏玩法”）。一些学者认为，如果网络游戏作为著作权法中一个新的作品类别受到保护，“山寨”游戏将更容易受到法律制裁。但在本文中，笔者借鉴了数字人文学科中的网络游戏理论，并将其与著作权概念联系起来，这个观点已被提出并有可能指导欧盟法院今后的裁决，这一理论能很好地解释为什么将网络游戏单列出一个新的类别的著作权作品的建议是不可行的。笔者认为，网络游戏作为一个作品，只要符合“原创性”的指令，就应该像任何其他创造性作品一样受到著作权保护。

**关键字：**网络游戏　“山寨”游戏　著作权　著作权作品类别

## 一、导言

尽管网络游戏已成为世界上最赚钱的计算机产业之一①，在国际上，网络游戏

---

* 涂琳芳，国信信扬律师事务所律师。

① See David M Ewalt “Americans Will Spend ＄20. 5 Billion On Videogames In 2013” Forbes, 19 December 2013 at http: //www. forbes. com/sites/davidewalt/2013/12/19/americans – will – spend – 20 – 5 – billion – on – video – games – in – 2013/.

的法律保护制度仍然很综合，而且不一致[①]。目前，著作权法为网络游戏提供了最重要的法律保护，同时也存在争议。现行的著作权法似乎不具备应对日益普遍的“山寨”游戏的能力。“山寨”游戏很小心地避免自己在网络游戏中直接复制受著作权保护的图像、声音和计算机代码；“山寨”游戏复制了那些法院认为不属于著作权保护范围的网络游戏思想、处理过程和操作方法（“游戏玩法”）。

法院在审理涉嫌侵犯网络游戏著作权的案件中，努力将网络游戏中不可保护的“思想”与可保护的“思想表达”分开，将网络游戏拆分为各个可见的著作权作品类别，从而方便比较被控侵权“山寨”游戏是否侵犯原告网络游戏的著作权[②]。这样的裁判模式为“山寨”游戏提供了绝佳的机会，成功的“山寨”游戏产生了：“山寨”游戏与正版网络游戏的玩法几乎一模一样，但只要小心翼翼，不复制任何与正版网络游戏一致的素材、声音和计算机代码，“山寨”游戏也能受到著作权法的无差别保护。

这些“山寨”游戏的开发者被指控复制网络游戏的法律性质更为微妙：“山寨”游戏总是复制竞争对手最受欢迎的网络游戏，只是使用了不同的计算机代码。最关键的是，“山寨”游戏还使用了完全不同的游戏素材和声音。而游戏玩法，简言之，是游戏机制、规则、目标、障碍、奖励和惩罚的组合，用于特定的网络游戏，通过玩家与游戏互动时产生的视听显示来体现[③]。

“山寨”游戏还利用了这样一个法律事实，即网络游戏在著作权法中不作为一个单独的作品类别受到保护。相反，其他创造性的作品，如电影，通常作为一个单独的作品类别加以保护，不受复制的约束。例如，竞争对手公司可以制作一部关于银行抢劫想法的电影，甚至可以使用与早期电影中使用的关于银行抢劫案的拍摄技术相似的拍摄技术，但最终的结果必须与早期的电影有明显的区别，否则很可能是对早期电影著作权的侵犯[④]。正如法官在澳大利亚世嘉实业公司诉银河电子公司案中所述[⑤]：“立法机关不会将‘复制’的定义解释得如此狭隘，一部电影被制作为

---

① The videogame was conceived of in the 1960s by Ralph H. Baer, who died in December 2014 after a long career as a developer and inventor of consoles and videogames. Yet the problem of providing adequate legal protections for the videogame is ongoing.

② Nichols v Universal Pictures (1930) 45 F (2d) 119.

③ Yin Harn Lee "Play again? Revisiting the case for copyright protection of gameplay in videogames" (2012) 34 (12) European Intellectual Property Review, 865 at 866.

④ In Norowzian v Arks Ltd (No 2) [2000] EMLR 62 (AC) the UK Court of Appeal found no infringement of copyright. "At most it could be said that there was a striking similarity of techniques employed by the film makers but the subject matter of each film was different."

⑤ Per Burchett J in Sega Enterprises Ltd v Galaxy Electronics Pty Ltd [1996] FCA 1740 at [16].

动画电影，仅仅是因为这部动画电影是由计算机技术制作而成，此动画电影便认定为不构成侵权。”

但是，许多“山寨”网络游戏几乎无法与正版网络游戏区分开来，而法院也并不会判令“山寨”游戏构成侵权①。

许多国家的著作权法都有一个特点②，即著作权只保护在其著作权立法中属于特定类别的作品③。显然，网络游戏的每一个组成部分都“适合”适用著作权法中规定的各个作品类别：网络游戏的图像素材和单个帧的图像可以作为著作权法中的美术作品来保护，而音效可以作为音乐作品来保护，计算机代码则可以分类到计算机软件这一作品类别中受到保护。

然而，作为一个整体，网络游戏作品的著作权保护在国际上并不一致④。在美国 1976 年《版权法》中，网络游戏属于视听作品（包括电影作品）的范畴。英格兰和威尔士的法院将网络游戏描述为视听作品（但在英国 1988 年《著作权、外观设计和专利法》中不是单独的作品类别）或计算机软件（属于文学作品的一类），但不认可网络游戏是电影作品。澳大利亚法院则将网络游戏作为电影作品保护，而不是作为音像作品保护。最近，欧洲联盟法院在任天堂有限公司诉电脑盒子公司案中认为，网络游戏“具有独特的创新价值”，不能简化为计算机软件作品⑤，从而明晰了欧盟对网络游戏提供的著作权保护范围延伸到《信息社会指令》和《软件指令》⑥。此外，正如 Eleonora Rosati 所指出的，欧盟法院的观点逐渐趋向一致，即欧盟著作权法中不必对不同类别的作品设置不同的保护指令，而是著作权法应无差

---

① For examples see Eric Adler “Clones Wars: Videogame Litigation Illustrated” Patent & Technology Law at https://medium.com/patents-technology-law/clones-wars-video-game-litigation-illustrated-36682abb4d68.

② See, for example, the Copyright Act 1994 (NZ), the Copyright Act 1968 (Cth), the Copyright Designs and Patents Act 1988 (UK) and the Copyright Act 1976 (US). For convincing argument that European Union copyright legislation is tending to adopt a less divisive approach: see Eleonora Rosati “Closed subject-matter systems are incompatible with UE copyright” (2014) 12 GRUR Int 1112-1118, discussed post.

③ Broadly, these categories are literary, artistic, dramatic and musical works, sound recordings, films, communication works, and typographical editions of published works. Some jurisdictions including the United States describe films as audiovisual works.

④ See for example WIPO “Videogames” at http://www.wipo.int/copyright/en/activities/video_games.html.

⑤ Nintendo Co Ltd v PC Box Srl CJEU, Case C-355/12, 23 January 2014, para 23.

⑥ Directive 2001/29/EC of the European Parliament and the Council of 22 May 2001 on the harmonisation of certain aspects of copyright and related rights in the information society (“the Information Society Directive”) and Directive 2009/24/EC of the European Parliament and of the Council of 23 April 2009 on the legal protection of computer programs (“the Software Directive”).

别地保护所有作者自己创造的智力成果①。

显然，任何能够保护网络游戏开发者免受“山寨”游戏开发者影响的法律解决方案都需要慎重考量：一个重要的原则是，法律不能沦为网络游戏垄断的工具；同时，网络游戏开发者必须坚信他们在研发方面的投资得到了法律适当的保护。因此，一些学者提出，网络游戏应作为著作权法中的一类新的作品类别受到保护②。他们认为，这一解决方案将保护网络游戏。此外，这种保护将避免法院将裁决的重点放在被指称侵权的案件上，即“山寨”游戏是否直接复制了网络游戏中的个别内容，这些内容是否完全属于被认可著作权作品的类别：图形、画面、计算机程序等。笔者认为，将网络游戏作为著作权法中新的作品类别并不是解决网络游戏法律保护的有效途径。作为一个有机整体，网络游戏应受到著作权法无差别的保护，其保护方式与任何其他创作作品相同。尽管目前的司法体系，使得网络游戏开发者完全依靠著作权法保护的游戏更容易被竞争对手复制，但在欧盟法院裁判的电脑盒子公司一案中，已经承认了网络游戏的综合性。法学界也认为综合性是网络游戏的一个决定性重要特征，这种观点也印证了数字人文学者的观点，他们认为将网络游戏分配到一个单一可定义作品类别是不可取的。

本文将通过介绍英格兰、威尔士、美国和澳大利亚法院分别对网络游戏的著作权判决的现状，并借鉴数字人文学者关于网络游戏性质的新兴理论，分析将网络游戏作为一个新的著作权作品类型来保护的观点是不可行的。同时，本文通过分析，认为利用其他法律为正版网络游戏提供保护不具有可能性。笔者认为，整个网络游戏都应受到著作权法保护，但前提是网络游戏是权利人自己的知识创造的。著作权法将为网络游戏行业提供更多的指导性；未来技术发展带来的新型作品也将立即受到著作权法的保护，以防出现新类型的网络游戏用单独作品类别保护无法可依的权利无法得到保护的空档期。

## 二、各国法院对网络游戏著作权的裁决现状

以下裁决说明了网络游戏开发者诉讼侵犯著作权存在着裁决的多样性和不确定性。

---

① See Eleonora Rosati "Closed subject - matter systems are incompatible with UE copyright" (2014) 12 GRUR Int 1112 - 1118.

② See Yin Harn Lee "Play again? Revisiting the case for copyright protection of gameplay in videogames" (2012) 34 (12) European Intellectual Property Review, 865 and Tanya Aplin "Not in Our Galaxy" [1999] European Intellectual Property Review 633.

### （一）英格兰和威尔士

在新制作公司诉马佐马游戏有限公司（马佐马）① 一案中，英格兰和威尔士上诉法院确认了高等法院的裁决，即新制作公司模拟泳池网络游戏的著作权未被被告的“头奖池”网络游戏侵权。高等法院注意到，新制作公司制作的游戏中的个别位图和框架作为美术或艺术作品受到著作权法保护，基础计算机代码作为文学作品受著作权法保护②。然而被告马佐马游戏公司没有复制基础计算机程序或单个帧，而是在自己的游戏中创建了类似的最终产品。这种情况促使高等法院参考最新关于侵犯计算机软件著作权的裁决，在纳维泰尔某公司诉易捷航空公司③一案中，纳维泰尔某公司作为原告拥有一款无票航空公司订票系统。在没有直接查阅原告源代码的情况下，被告决定开发一款自己的无票航空公司订票系统。现有证据可以看出，被告可以查阅得到原告的源代码，被告所使用的计算机语言、代码和架构是完全不同的。尽管，最终被告的系统功能和外观几乎与原告的系统相同。纳维泰尔法院裁决，如编写原始源代码不一致，但最终导致该计算机软件与另一个计算机软件具有类似或相同的功能，则该计算机软件没有侵犯另一计算机软件的著作权④。

在对马佐马法院上诉时，新制作公司认为，高等法院法官适用的原则在法律上是错误的⑤，特别是：“考虑到复制程序代码或架构或表达形式是侵权所必要的，但显示本身上的相似之处则不足以构成侵权”，“法官应考虑被告在写他们的计算机程序时，是否实质性地采用了原告的开发者在决策中投入设计技能和劳动力来决定什么在屏幕上显示，这些显示的物体将如何移动，以及用户输入后的反应”。上诉法院确认，“只要没有复制程序代码或图像，只是制作了一个可以模仿另一个程序的程序，是合法的”⑥。法院还指出，一系列静止图像（如果单独考虑都没有侵权），在一个网络游戏中，与另一个网络游戏造成了类似的“运动错觉”，并不是侵犯著作权，因为类似的“运动错觉”并不属于著作权的范畴⑦。特别是，网络游戏中的一帧帧的静止图像不符合 1988 年《著作权、设计和专利法》中“电影”的定义⑧。

---

① Nova Productions Ltd v Mazooma Games Ltd [2007] EWHC Civ 219; [2007] Bus L R 1032 (CA).

② Nova Productions Ltd v Mazooma Games Ltd [2006] EWHC 24 (Ch); [2006] RPC 14 379, 397 - 399.

③ Navitaire Inc v Easyjet Airline Co Ltd (No 1) [2003] EWHC 3487 (Ch).

④ Id at [94].

⑤ Nova Productions Ltd v Mazooma Games Ltd [2007] Bus L R 1032, 1034.

⑥ Id at 1048.

⑦ Id at 1038.

⑧ Copyright Designs and Patents Act 1988, s 5B Films.

值得注意的是，马佐马法院将网络游戏缩小到软件、图像、框架等组合。在被告向上诉法院提出的上诉理由中，提到游戏玩法本身也是一种作品，但这一点被法院忽略。

此外，马佐马法院对网络游戏作为元素整理的分析，现在应该根据欧盟法院在先例电脑盒子公司案中的裁决来审查[①]。电脑盒子公司中的争议与复制无关，而是涉及被告采取规避原告公司为保护原告网络游戏著作权而采取的技术措施的手段的合法性。不过，欧盟法院也借此机会，对网络游戏的概念、性质进行了界定。欧盟法院认为，网络游戏，是一个综合的实体，不仅包括计算机程序，还包括图像和声音元素，这些元素虽然用计算机语言加密，但具有独特的创作价值，不能简化为加密[②]。

注意到其先例（infopaq 诉丹麦日报协会案）[③] 确认了《信息社会指令》[④] 保护原始计算机程序，《信息社会指令》中没有任何条款规定作品的某些部分应与整个作品区别对待，欧盟法院强调，“在本案中，网络游戏的各个部分图像和声音元素是其独创性的一部分，它们应和网络游戏一个整体一样受到著作权法的保护”[⑤]。正如本文前面所主张的那样，只有放弃将网络游戏作品作为一个单独的类别进行保护的方法，继续简单地像对待所有原创作品一样在现有作品类别的范围内无差别地保护网络游戏作品，网络游戏开发者的著作权才可以得到有效保障。

**（二）美国**

美国于 1976 年实施的《版权法》早于网络游戏的出现，因此，在该法律中没有具体规定网络游戏是受保护的一类作品，但美国法院普遍认为著作权法保护网络游戏的方式与保护电影作品的方式相同，即均属于“视听作品”类别[⑥]。

在美国《版权法》中，“视听作品”是由一系列相关图像组成的作品，这些图像本质上是通过使用投影仪、摄像机或电子设备等机器或设备来展示的，同时还有附带的声音（如果有的话），不论作品所表现的形式，如胶带或磁带。

“电影”是由一系列相关图像组成的视听作品，这些静态的图像在连续放映时，

---

① Nintendo Co Ltd v PC Box Srl CJEU, Case C－355/12, 23 January 2014.

② Id at para 23.

③ Infopaq International A/S v Danske Dagblades Forening CJEU Case C－5/08, 16 July 2009, paras 35 and 38.

④ Directive 2001/29/EC of the European Parliament and of the Council of 22 May 2001 on the harmonisation of certain aspects of copyright and related rights in the information society, Art 1 (1) .

⑤ Nintendo Co Ltd v PC Box Srl CJEU, Case C－355/12, 23 January 2014, para 23.

⑥ Copyright Act 1976, s 101.

会给人留下“运动错觉”，同时附上声音。与电影的组成部分一样，网络游戏也可以分为计算机代码、图像和声音等作品进行单独保护著作权。我们可以从上述定义中使用“运动错觉”一词得出结论：马佐马法院认为运动错觉不受著作权保护的观点在美国法律中是不成立的。

然而，在早期的雅达利游戏公司诉版权局案中①，雅达利游戏公司对其街机游戏“突破”进行版权登记，该游戏被其他公司仿冒，并以计算机和游戏机为载体进行出售。版权局曾指出，该网络游戏的创意不足，无法构成作者作品。哥伦比亚特区联邦上诉法院金斯伯格法官对下级法院（雅达利游戏公司对版权登记的裁决提出上诉）指摘“突破”的观点进行了评述反驳②：不能死板地去理解桨和球的游戏，任何表现出的行为与行为背后所体现的理念是分不开的。网络游戏具有表现力和创造性的创意再现是应得到著作权法保护的。她郑重指出，作为有机整体的“突破”大于该游戏各部分的总和。“突破”从本质上说是一个综合的视听作品③。在上诉中，金斯伯格法官表示，“关注网络游戏各部分，而不是整个综合的网络游戏的流程是不合适的。网络游戏的特点是游戏的整个效果，包括网络游戏的呈现和声音，及一系列的图像展示”④。最后，雅达利游戏公司被允许在版权局登记册中登记“突破”，从而获得追究侵权人的合法权利。

然而，自雅达利游戏公司案裁决以来，美国法院对网络游戏的处理一直存在不一致的保护。例如，在雅达利游戏公司诉娱乐世界，一个涉及“太空飞船和太空岩石”的网络游戏被认定是一个不受版权法保护的想法⑤。而在雅达利游戏公司诉北美公司案中⑥，一个涉及“一条食人鱼和四个鬼怪”的网络游戏被认定是一种操作方法。此外，当计算机代码本身不是逐字复制（与英国马佐马法院的案例一样），

---

① Greg Latowska “Copyright Law and Videogames：A Brief History of an Interactive Medium”（draft October 2013）at 9.

② 888 F 2d 878（SD C Cir，1989 citing Pratt J in Atari Games v Oman，693 F Supp 1204（DDC 1988）（cited in Greg Latowska “Copyright Law and Videogames：A Brief History of an Interactive Medium”（draft October 2013）at 9.

③ Greg Latowska “Copyright Law and Videogames：A Brief History of an Interactive Medium”（draft October 2013）at 9.

④ Per Ginsberg J in Atari Games v Oman 979 F 2d 242（1992）at 245，citing Stern Electronics，Inc. v Kaufman 669 F. 2d 852，857（2d Cir. 1982）.

⑤ 547 F Supp 222（1981）.

⑥ 672 F 2d 607（1982） – in which copyright in Pac – Man was infringed by a game called K C Munchkin. See Greg Latowska “Copyright Law and Videogames：A Brief History of an Interactive Medium”（draft October 2013）at 14 – 15.

法院倾向于分析网络游戏的各个其他方面。这与金斯伯格法官在雅达利游戏公司诉版权局一案中的观点相反，网络游戏作为一个有机整体的展现构成了它的操作方法。此外，法院还发现了许多基于现实世界游戏的网络游戏元素，如空手道[①]、高尔夫[②]、文学体裁和故事[③]作为网络游戏场景制作而成的网络游戏是不受保护的[④]。从此可以看出，英国马佐马法院案在美国的法律背景下，美国法院也同样可能判令不侵权。

还好，美国最近关于俄罗斯方块公司诉西欧互动公司案的裁决令人振奋[⑤]。西欧互动公司仿冒复制了一个名为“米诺”的俄罗斯方块益智游戏[⑥]，与金斯伯格法官的推理如出一辙，在为俄罗斯方块原告作出裁决时，新泽西地区法院沃尔夫森法官选择将两个网络游戏作为一个整体进行审查，就像他们在外行看来，看看据称侵权游戏是否抓住了原作的全部“概念和感觉”[⑦]。虽然西欧互动公司一直谨慎地避免从表面上复制俄罗斯方块源代码、图像和文字，但沃尔夫森法官指出：在不知道哪个游戏是哪一个游戏的情况下，一个普通用户可以使用同一方法玩该两个游戏。两个网络游戏之间的任何差异都是微不足道的。如果一个人不得不眯起眼睛在颗粒程度的范围内找出差别，那么该两作品应构成实质性的相似[⑧]。

如果俄罗斯方块游戏案建立在马佐马法院裁判“头奖池”游戏的实践基础上，那么，俄罗斯方块游戏只有想法被复制了，即一个不同图像的拼图模式的想法被复制了，则很容易得出俄罗斯方块游戏不受著作权法保护的结论。而在美国这一例判决中，美国法院越来越接受为网络游戏提供更广泛著作权保护的可能性[⑨]。

---

① For example Data East USA Inc v Epyx Inc 862 F 2d 204（9th Cir 1988）.

② For example Incredible Technologies Inc v Virtual Technologies Inc 400 F 3d 1007（7th Cir 2005）.

③ See for example Bissoon – Dath v Sony Computer Entertainment America Inc 694 F Supp 2d 1071.

④ See Sam Castree “A Problem Old as Pong：Videogame Cloning and the Proper Bounds of Videogame Copyrights” Working Paper（September 8，2013）at 11. Available at SSRN：http：//ssrn. com/abstract = 2322574 or http：//dx. doi. org/10. 2139/ssrn. 2322574.

⑤ Tetris Holding LLC v Xio Interactive Inc 863 F Supp 2d 394（DNJ 2012）.

⑥ Atari Games v Oman 979 F. 2d at 245.

⑦ Tetris Holding LLC v Xio Interactive Inc 863 F Supp 2d 394（DNJ 2012）at 410.

⑧ Id at 411.

⑨ See further Christopher Lunsford “Drawing a Line Between Idea and Expression in Videogame Copyright：The Evolution of Substantial Similarity for Videogame Clones”（2013）18 Intell. Prop. L. Bull. 87 and Brian Casillas “Attack of the Clones：Copyright Protection for Videogame Developers”（2013）33 Loy. L. A. Ent. L. Rev. 137.

### （三）澳大利亚

在世嘉实业公司诉银河电子公司案中[①]，争议焦点为网络游戏（又称为“计算机生成的移动图像”）是否按照1968年《版权法》进行保护，进而，在遵守该法禁止将包括电影在内的某些作品平行进口到澳大利亚的条款也同样适用[②]。

澳大利亚1968年《著作权法》中关于“电影”的定义为，是指物品或物品所体现的视觉图像的聚合，以便能够通过使用该物品或物品被显示为一个移动的图片；通过使用它可以这样显示的东西所体现在另一篇文章或事物中；包括在与此类视觉图像相关的配乐中所体现的声音的总和[③]。

银河电子公司辩称，根据联邦合议庭先前的裁决，在阿维尔公司诉威尔公司案中[④]，进口到澳大利亚的“道德警察”和“美国双胞胎”的网络游戏不是著作权作品，而是集成电路。如果这一观点得到认可，网络游戏将被排除在1968年《版权法》中规定的平行进口条款之外[⑤]。

银河电子公司认为，“道德警察”（以及“美国双胞胎”）在之前没有以任何形式展现，直到它通过连接玩家的电脑和游戏的主机，玩家的输入和计算机的互动最终通过图像形式显示在屏幕上。视觉图像没有以任何方式存储；对象模型的数学坐标，以及动画和纹理映射数据，以数字形式存储，并被控制程序用来在屏幕上创建图像。银河电子公司认为，在游戏图像展现的过程中，“微型计算机控制着视觉的顺序”显示和听觉效果，以响应玩家的行为，每个玩家在总的限制范围内的对象和场景可由控制程序生成，这将生成一个不同的游戏。因此，“视觉图像是实时计算机图像的产物，因为屏幕上的图像合成是由控制程序和玩家的交互形成的”。在此基础上，“认为二维屏幕图像本身像某种形式的‘数字电影’一样存储在计算机中，只是在游戏中回放是不正确的”[⑥]。

伯切特法官不接受这一观点，并指出[⑦]：玩家要玩网络游戏必须先取材于网络

---

① Sega Enterprises Ltd v Galaxy Electronics Pty Ltd [1996] FCA 1740 (aff'd on appeal to the Full Federal Court: Galaxy Electronics Pty Ltd v Sega Enterprises Ltd [1997] FCA 403).

② Copyright Act 1968 (Cth), ss 37 and 38.

③ The meaning of "embodied in an article or thing" is contained in the Copyright Act 1968 (Cth), s 24: "For the purposes of this Act, sounds or visual images shall be taken to have been embodied in an article or thing if the article or thing has been so treated in relation to those sounds or visual images that those sounds or visual images are capable, with or without the aid of some other device, of being reproduced from the article or thing."

④ Avel v Wells (1992) 23 IPR 353.

⑤ Circuits Layout Act (Cth), s 24 (2).

⑥ Sega Enterprises Ltd v Galaxy Electronics Pty Ltd [1996] FCA 1740 at [6].

⑦ Id at [18] (emphasis added).

游戏开发者的各个设置。尽管网络游戏著作权保护与电影著作权保护的类比是值得商榷的①，但伯切特法官同时指出，被告“将手段与目的混为一谈的谬误”的观点实与英国和早期美国法院的裁决有关。法律学者认为，网络游戏本身就是创造性的工作。如果“山寨”游戏与原始游戏足够相似，以表明直接或间接复制原始游戏的游戏玩法，则应认定“山寨”游戏开发者存在侵犯著作权的行为②。

## 三、反对创建新作品类别保护网络游戏的观点

尽管一些法律学者提出，在著作权法范围内为网络游戏创建一个新的类别作品将有助于保护和解决游戏复制问题③，到目前为止，立法机构在这方面没有取得任何进展。相反，欧盟委员会最新的决定表明，欧盟著作权法至少倾向于走向将所有符合作者智力创作指令的作品都纳入著作权保护的范畴④。到目前为止，欧盟已经正式纳入著作权保护的只有三类作品：计算机程序、数据库和照片⑤，欧盟法院拟将信息这类作品纳入著作权保护的范围⑥。

在此，笔者借鉴数字人文学科中的网络游戏理论提出建议。在该学科中已经认为网络游戏的分类是非常成熟的：“游戏具有如此多的不同特征，可以运用多种方法进行分类”。⑦ 真实世界游戏这一特征在网络游戏中反映出来，其中有模仿现实

---

① For analysis of film copyright which concludes the film as a work is limited to its fixation on a medium and does not include the dramatic work which the audience views, see Estelle Derclaye “Debunking some of UK copyright law's longstanding myths and understandings” (2103) 1 Intellectual Property Quarterly 1 - 17.

② See Steven G McKnight “Substantial Similarity Between Videogames: An Old Copyright Problem in a New Medium” (1983) 36 Vand. L. Rev. 1277, 1312; further Christopher Lunsford “Drawing a Line Between Idea and Expression in Videogame Copyright: The Evolution of Substantial Similarity for Videogame Clones” (2013) 18 Intell. Prop. L. Bull. 87.

③ See for example Yin Harn Lee “Play again? Revisiting the case for copyright protection of gameplay in videogames” (2012) 34 (12) European Intellectual Property Review, 865 and Tanya Aplin “Not in Our Galaxy” [1999] European Intellectual Property Review 633.

④ Eleonora Rosati “Closed subject - matter systems are incompatible with UE copyright” (2014) 12 GRUR Int 1112 - 1118.

⑤ See Directive 2009/24/EC of the European Parliament and of the Council of 23 April 2009 on the legal protection of computer programs; Directive 96/9/EC of the European Parliament and of the Council of 11 March 1996 on the legal protection of databases; and Directive 2006/116/EC of the European Parliament and of the Council of 12 December 2006 on the term of protection of copyright and certain related rights.

⑥ Case C - 5/08 Infopaq International A/S v Danske Dagblades Forening [2009] I - 06569.

⑦ See Roger Callois Man, Play, and Games1958 (translated from French by Meyer Barash, 1961, New York: The Free Press of Glencoe) 11.

生活中的游戏，如“模拟人生”和“第二人生”；需要技能的游戏，如“使命召唤”和“刺客信条”；偶然性游戏，如视频扑克和21点；无处不在的大型多人在线角色扮演游戏，如“魔兽世界”和“星球大战”[①]，依次类推。尽管学者们长期以来一直在研究更传统的游戏[②]，但网络游戏是在最近才兴起的[③]。沃尔夫推断，学术界忽视研究网络游戏的主要原因在于“比传统媒体更难学习”[④]（著作权学者也对网络游戏的综合性及其重叠的著作权提出了类似的看法[⑤]）。

然而，数字人文的学者经过对网络游戏的概念和性质的争论，现在已经把网络游戏作为一种文化现象进行了广泛的学术分析[⑥]。早前，叙事学派的观点认为网络游戏应运用叙事理论分析；机械学派的观点则认为网络游戏是机械规则的集合。然而。时至今日，辩论已不再那么非此即彼了，两个学派都承认，彼此的观点有共同点[⑦]。实践中，现在许多游戏理论学者反对分类网络游戏作为规则、故事、电影或戏剧表演，反而声称网络游戏是一种独立的文化产物类型[⑧]。

虽然网络游戏可以借用或模仿电影和电视等其他媒体的形式，但作为一种媒介的网络游戏包括新的元素，如玩家之间的互动、合作和竞争，以及迷宫般的叙事结

---

① MMORPGSs include rather more complex copyright issues than other videogames: see Yee Fen Lim “Is it really just a game? Copyright and online role – playing games” (2006) 1 (7) Jnl of Intell. Prop. Law & Practice 481 – 491.

② For example see Johan Huizinga Homo Ludens 1938 (translated from Dutch, 1950, New York: Roy Publishers) and Roger Caillois Man, Play, and Games 1958 (translated from French by Meyer Barash, 1961, New York: The Free Press of Glencoe).

③ Mark J P Wolf, “Introduction” in The Medium of the Videogame, (Mark J P Wolf, Ed) 2001, U S: University of Texas, 6.

④ Id at 7.

⑤ J A L Sterling Intellectual Property Rights in Sound Recordings, Film and Video (1992) London, Sweet & Maxwell, 137.

⑥ See Espen Aarseth, “Computer Game Studies, Year One” (July 2001) 1 Game Studies: the International Journal of Computer Game Research, at http://www.gamestudies.org/0101/editorial.html.

⑦ See for example Gonzalo Frasca “Ludologists Love Stories, Too: Notes from a Debate that Never took Place” at http://www.digra.org/wp – content/uploads/digital – library/05163.01125.pdf.

⑧ See, for example, Janet H Murray “The Last Word on Ludology v Narratology” (2005) at http://inventingthemedium.com/2013/06/28/the – last – word – on – ludology – v – narratology – 2005/; Marie – Laure Ryan, “Beyond Myth and Metaphor – the case of narrative in digital media” (2001) 1 Game Studies: the International Journal of Computer Game Research, at http://gamestudies.org/0101/ryan/ and Markuu Eskelinen, “The Gaming Situation” (2001) 1 Game Studies: the International Journal of Computer Game Research, at http://www.gamestudies.org/0101/eskelinen/.

构，以及新的构建空间、时间和叙事①。

斯瓦尔威尔和威尔逊认为网络游戏可能不适合单一的定义，“形式的创造性实践（如网络游戏）将永远超过任何尝试的定义”②。他们观察到“网络游戏不仅仅是游戏：它们作为商品、新媒体技术和视觉文化项目传播，并嵌入综合的社会实践中”③。显然，如果数字人文学科学者无法设想网络游戏的单一类别，法院和立法机构就更不可能做到这一点。

此外，有些令人惊讶的是，网络游戏开发者自己似乎怀疑，著作权法（或商标法）的任何延伸都可能扼杀其行业的创新④。考虑到这一点，下文将探讨用于保护网络游戏不受侵犯者侵害的其他法律领域的可能性。

## 四、其他法律

商标法过去曾被网络游戏行业使用过，但现在商标法可能已经难以实现保护网络游戏著作权的功能，因为最近的“山寨”游戏对知识产权法也有了深刻的认识，知道如何规避。20 世纪 90 年代，在被告出示与原告网络游戏相同的假冒网络游戏或在网络游戏上使用原告商标的案件中，美国法院认为，此为使玩家对原产地的混淆的商标侵权。假冒游戏、控制器或标识⑤、在与其他网络游戏相同或非常相似的网络游戏中使用相似或相同的名称，也是美国商标侵权案件的依据⑥。然而，如今，“山寨”游戏和造假者通常都很小心，不会公然侵犯属于另一个网络游戏公司的商标。

商标法可能在实践中更有效果。传统的商标法旨在保护企业的商誉不被竞争对手挪用。原告必须证明竞争对手将其产品或服务出售给消费者，从而误导消费者使

---

① Mark J P Wolf, “The Videogame as a Medium” in The Medium of the Videogame, (Mark J P Wolf, Ed) 2001, U S: University of Texas, 32.

② Melanie Swalwell and Jason Wilson in The Pleasures of Computer Gaming, (Melanie Swalwell and Jason Wilson, Eds) 2008, United States: McFarland & Company, Inc. , 3.

③ Id at 2.

④ See Daithí Mac Síthigh “Multiplayer games: tax, copyright, consumers and the videogame industries” (2014) 5 (3) European Journal of Law and Technology 1, 18.

⑤ Nintendo of America, Inc. v Brown 94 F 3d 652 (9th Cir. 1996); Nintendo of America, Inc v NTDEC 822 F Supp 1462 (D Ariz 1993); Sony Computer Entertainment America, Inc v Gamemasters 87 F Supp 2d 976, 54 U S P Q 2d (BNA) 1401 (N D Cal 1999).

⑥ Midway Mfg Co v Bandai - America, Inc 546 Supp 125, 216 USPQ (BNA) 812 (DNJ 1982); Midway Mfg Co v Dirkschneider 571 F Supp 282, 223 USPQ (BNA) 83 (D Neb 1983).

用与原告的业务有关或与原告的业务相同的竞争对手的业务。原告还必须证明所指控的行为对自己造成了损害或可能损害[①]。在美国，被假冒应被商业外观规则保护，受商标法规范。尽管美国法院一直不愿意扩大商业外观保护，而允许类似的网络游戏和正版网络游戏同时存在。但阮宣勇认为，可以扩大商业外观保护，以保护网站无形展现的“外观和感觉”[②]。如果该论点被法院接受，或许可以扩大到保护网络游戏的游戏玩法。

在几种不同形式的仿冒中[③]，商标法最适于保护网络游戏的形式是被告模仿原告产品或产品本身的外观。原告必须具有独特性（因为贸易保护，即在产品中保护共有事物是反竞争的），并表明由于被告对产品来源的虚假陈述，有可能出现混淆[④]。后一种要求可能难以满足，因为仿冒者不一定与原始游戏有任何联系。此外，原告还需能够证明其具有商业信誉，假冒尚未成熟的网络游戏或初出茅庐的公司的网络游戏，假冒者很有可能逃脱商标法的监管。因此，只有在极其个别的情况下，商标法才能成为网络游戏开发者寻求法律保护的手段。

而消费者权益保护法，如1986年《新西兰公平交易法》，可能无法为网络游戏开发者保护其投资提供更可行的解决方案。《新西兰公平交易法》是为保护消费者而设计的，但贸易商也可以利用该协定来防止误导行为。该法第九条规定：“任何人不得在交易中从事误导或欺骗或可能误导或欺骗的行为。”然而，游戏玩家在玩“山寨”游戏时，不一定是被误导或被欺骗，消费者以为自己玩的是正版游戏，甚至消费者本就希望玩“山寨”游戏，因为“山寨”游戏可以节省费用。“山寨”游戏似乎也没有意图利用正版开发商的声誉或商业信誉，从本质上讲，其利用的是正版开发者的投资和创造力。

因此，实际上，无论是商标法，还是消费者保护法，都不能为“山寨”问题提供适当的法律解决办法；为了找到解决方案，必须回到著作权法。然而，如上文所述，关于在著作权法中需要新类别作品的建议并不可行。相反，各国应考虑欧盟法院的立场，对本国的著作权法进行修订，为作为一个有机整体的任何原创作品提供

---

① Erven Warnink BV v J Townend & Sons (Hull) Ltd [1979] AC 731, 742.

② Xuan – Thao N Nguyen “Challenge of Extending Trade Dress Protection to the Look and Feel of Websites in the Evolving Internet” 49 American University Law Review 1233.

③ The forms include copying names, copying get – up, copying the product, false associations, enabling passing off, and reverse passing off: Stephen Todd “Interference with Intellectual Property” in The Law of Torts in New Zealand (6th edn) Stephen Todd et al. (eds) (2013, Brookers) 720 - 726.

④ Stephen Todd “Interference with Intellectual Property” in The Law of Torts in New Zealand (6th edn) Stephen Todd et al. (eds) (2013, Brookers) 727 - 728.

保护，而不是审查其个别组成部分，这些组成部分可能“适合”也可能“不适合”已批准的著作权作品类别。

## 五、结语

网络游戏是一种独特的创作类型，这一点是显而易见的。法院倾向于分析将网络游戏划分为计算机代码、图像、声音、艺术作品等组成部分，但由于网络游戏的本质，这种做法存在根本的缺陷。任何游戏的整体都大于其各部分的总和，学界对此已达成共识。这一原则适用于所有游戏中最综合的游戏，即网络游戏，并支持网络游戏需要法律保护的观点。然而，关于应将网络游戏提升为著作权法中的一类新作品的论点既不可行，也不符合理论。根本的问题是定义问题：“网络游戏”一词包括许多不同的类型，包括鼓励玩家创造性投入的游戏（可能会受到额外的著作权保护）；需要技能的游戏、偶然性的游戏等。因专门对网络游戏进行研究的数字人文学者已无法就单一文件对网络游戏的分类达成一致，著作权法专家似乎更不可能将其成功分类[①]。在数字时代，不同类型的创作作品之间的界限越来越模糊，如果在更新前存在没有将一类新型的网络游戏进行分类，而使得新型的网络游戏在法律空白期得不到保护，这将大大挫伤开发者及投资人的积极性。因此，本文认为不应将网络游戏作为一个独立的类型在著作权法中保护。

① Eleonora Rosati “Closed subject - matter systems are incompatible with UE copyright”（2014）12 GRUR Int 1112 - 1118.

# 试析“类电作品”的认定标准

## ——以选秀节目为例

苏 毅* 李 毅**

**摘要：**以类似摄制电影的方法创作的作品通常是指由编剧、导演、摄影等众多作者共同创作，遵循剧本，经由演员表演、摄像拍摄、导演指导，再到后期剪辑、混音、特效等步骤制作而成的，通过连续的画面呈现出的反映制片者的构思，具有独创性特征的影像。该类作品因具有较高的独创性而受到著作权法的保护，其制作方拥有类电作品的整体著作权。为了保护基础权利人的利益，类电作品的制作方应当履行清权的义务并承担相应的责任。网络播放平台等第三方可以通过与类电作品制作方签订合法有效的转让协议，受让类电作品包括信息网络传播权在内的相关权利，从而不必再逐一向包括词、曲作者在内的基础权利人获取许可。

**关键词：**著作权 类电作品 录像制品 选秀 网络

## 一、案情介绍

在笔者近期代理的一起著作权纠纷案件中，客户为某网络视频播放平台（以下简称网络播放平台），因其播放的某音乐类选秀节目（以下简称案涉节目）中参赛者演唱的一首歌曲（以下简称案涉歌曲）的权属争议，被歌曲的著作权人（原告）以侵害作品信息网络传播权为由诉至法院（以下将该案件简称为本案）。节目的制作公司（以下简称制作方），以及播放节目的电视台（以下简称电视台）也被列为本案的共同被告。原告认为，制作方、电视台未取得其授权而使用案涉歌曲制作案涉节目，并授权网络播放平台播放案涉节目视频的行为，侵害了其信息网络传播权

* 苏毅，上海市方达（广州）律师事务所律师。
** 李毅，上海市方达（广州）律师事务所律师。

等权利。

本案的争议焦点之一是，案涉节目是否属于“以类似摄制电影的方法创作的作品”（以下简称类电作品）？根据法律规定，若案涉节目属于类电作品，则制作方拥有案涉节目的整体著作权，网络播放平台得以通过与制作方间的协议受让案涉节目整体的信息网络传播权，从而获得播放案涉歌曲的合法有效的权利。

## 二、类电作品的定义

对于类电作品的定义，《著作权法实施条例》第四条第十一项作出了以下规定：“电影作品和以类似摄制电影的方法创作的作品，是指摄制在一定介质上，由一系列有伴音或者无伴音的画面组成，并且借助适当装置放映或者以其他方式传播的作品。”但是该定义较为宽泛，而且在各种创新的内容表现形式与媒介载体层出不穷的今天，该定义在实践中的指引作用有限。

全国人大法律工作委员会在其编写的《著作权法释义》中，对类电作品作出了进一步的解释：“电影作品和以类似摄制电影的方法创作的作品是一个特别的作品类型。摄制电影类作品是一个比较复杂的、系统的智力创作过程，要有提供资金和组织拍摄的制片人，要有电影脚本（包括改编和直接创作的剧本和音乐、作词等），要有导演、摄影、演员、特技设计、美工（包括服装、道具设计）、灯光、布景等。摄制电影投资巨大并且编剧、导演、摄影等作者付出了大量的创造性劳动，电影的发行、放映也会带来巨大的商业利益，但也有巨大的商业风险。”

综合上述观点，可以将类电作品的概念总结为，由编剧、导演、摄影等众多作者共同创作，遵循剧本、分镜头剧本，经由演员表演、摄像拍摄、导演指导，再到后期剪辑、混音、特效等步骤制作而成的，通过连续的画面呈现出的反映制片者的构思，具有独创性特征的影像。

## 三、对娱乐综艺节目著作权的法律定性

### （一）类电作品

以音乐类选秀节目为代表的综艺节目应当属于类电作品。该类节目最重要的特征为独创性。这种独创性体现在节目前期的脚本编写、参赛者的选择，到表演时的场景布置和拍摄，以及后期的剪辑制作与特效。这一系列的制作过程体现了策划人员和拍摄人员的构思，是一种智力成果，应当受到著作权法的保护。

### （二）录像制品

对于“晚会”类的音乐综艺节目，则通常被认定为录像制品。《著作权法实施条例》第五条第三项规定：“录像制品，是指电影作品和以类似摄制电影的方法创作的作品以外的任何有伴音或者无伴音的连续相关形象、图像的录制品。”录像制品属于邻接权的范畴，其制作者仅享有复制权、发行权、出租权和信息网络传播权，而无法像类电作品一样受到更全面的保护。录像制品之所以未能成为著作权法下的“作品”，主要是因为缺乏独创性这一特征。

部分法院将“晚会”类综艺节目认定为录像制品。例如，在央视国际网络有限公司诉第一视频通信传媒有限公司侵犯著作权纠纷一案①中（2009）海民初字第9477号，北京市海淀区人民法院认为，2009年春晚“在对拍摄内容的选择、舞台表演的控制、相关节目的编排等方面，摄制者并非处于主导地位，而节目的编导、摄像等人员按照其意志所能作出的选择和表达也都非常有限。由此决定了‘春晚’所具有的独创性尚未达到电影作品所要求的高度，不足以构成电影作品，属于电影作品以外的有伴音或者无伴音的连续相关形象、图像的录制品，应当作为凝聚了一定智力创造的录像制品予以保护”。由此可见，如果综艺节目不具有独创性或者独创性不足，其影像很可能会被认定为录像制品。

## 四、本案中的音乐类选秀节目应当属于类电作品

### （一）相关司法文件的规定

《北京市高级人民法院关于审理涉及综艺节目著作权纠纷案件若干问题的解答》（以下简称《解答》）对如何区分类电作品与录像制品作出了具体的解释：“综艺节目影像，通常系根据文字脚本、分镜头剧本，通过镜头切换、画面选择拍摄、后期剪辑等过程完成，其连续的画面反映出制片者的构思、表达了某种思想内容的，认定为以类似摄制电影的方式创作的作品。综艺节目影像，系机械方式录制完成，在场景选择、机位设置、镜头切换上只进行了简单调整，或者在录制后对画面、声音进行了简单剪辑，认定为录像制品。”

类似地，《广东省高级人民法院关于审理侵害影视和音乐作品著作权纠纷案件若干问题的办案指引》（以下简称《指引》），也对类电作品和录像制品的区别进行了阐述：“电影作品的‘独创性’要求较高，一般具有电影制片者与电影导演鲜明

---

① （2009）海民初字第9477号。

的个性化的创作特征；在摄制技术上以分镜头剧本为蓝本，采用蒙太奇等剪辑手法；由演员、剧本、摄影、剪辑、服装设计、配乐、插曲、灯光、化妆、美工等多部门合作；投资额较大，等等。对戏剧、小品、歌舞等表演方式进行拍摄时，拍摄者采用镜头拉伸、片段剪辑、机位改变、片头片尾美工设计、将场景从室内改变到室外等摄制方式，均不能够产生电影作品，其拍摄成果应认定为录音录像制品。”此外，《指引》还以音乐电视（MTV）为例，解释了该区分标准的实际运用：“具备下列特征的一般应当认定为录音录像制品：没有导演和制片者的个性化创作，制片者信息不明确；没有或仅有简单的故事情节，主要是对歌星演唱以及群众演员配合表演的再现；拍摄目的主要用于卡拉 OK 演唱而非在影院和电视台放映，歌词歌曲在其中起主导作用，词曲作者的贡献占主要部分；投资额较小，等等。”

### （二）本案的作品性质

在本案中，案涉节目是一档音乐类综艺节目。根据上述标准，我们认为案涉节目属于类电作品。

首先，案涉节目拥有专业的导演、摄影、服装、灯光、音响，以及后期剪接和特效团队，制作方信息明确。其次，节目设置歌手现场表演、导师专业点评、歌手淘汰晋级等递进环节，而非简单地演唱歌曲。制作方根据不同的歌曲情境和歌手的背景，以及节目发展的剧情需要，对舞台灯光、背景音效等进行视觉和听觉上的创意设计，而歌词歌曲本身在节目中并未起到主导作用。最后，拍摄案涉节目耗资巨大，拍摄的目的是在电视、网络上进行播放。节目体现了制作方的构思与创意，是一种复杂的合作性艺术作品，是一种智力成果的结晶，因而应当认定为类电作品。

此外，制作方在创作完成后即将该节目登记为“电影和类似摄制电影方法创作的作品”，并通过了中国版权保护中心的审核。《最高人民法院关于审理著作权民事纠纷案件适用法律若干问题的解释》第七条第一款规定：“当事人提供的涉及著作权的底稿、原件、合法出版物、著作权登记证书、认证机构出具的证明、取得权利的合同等，可以作为证据。”制作方提交的《著作权登记证书》，从另外一个方面证明了案涉节目类电作品的性质。

### （三）著作权的归属

根据《著作权法》和《指引》的规定，电影作品和以类似摄制电影的方法创作的作品的著作权归制片者享有。因而，电影中的词、曲、剧本等作者不能对他人使用电影作品本身的行为来主张词、曲、剧本的著作权。在本案中，制作方为该类电作品的“制片人”，享有案涉节目整体的著作权。而案涉节目中使用的词、曲的作者，不应当对网络播放平台使用案涉节目本身的行为主张著作权。

## 五、作品定性的现实意义

电影和类电作品作为一个整体，其著作权由制片方享有。对于网络播放平台来说，通过与类电作品制作方签订合法有效的转让协议，可以受让该类电作品包括信息网络传播权在内的相关权利，从而不必再逐一向包括词、曲作者在内的基础权利人获取许可。但为了保护基础权利人的利益，法律规定制作方应当承担清权的义务。《著作权法》第十五条第一款规定：“……编剧、导演、摄影、作词、作曲等作者享有署名权，并有权按照与制片者签订的合同获得报酬。”此外，《解答》第五条第二款也规定：“除法律另有规定外，摄制综艺节目使用音乐、舞蹈、演说、戏剧、杂技等作品的，应当取得该作品著作权人的许可。”因此，在制作综艺节目前，制作方有义务就相关作品的使用进行清权，避免损害基础权利人的利益。同时也防止在未来向第三方转让相关权利时，因基础权利存在瑕疵而引起不必要的纠纷。

若制作方未能取得音乐、舞蹈等著作权人的许可而擅自在类电作品中使用，则应当由制作方对此承担责任。网络播放平台没有对类电作品中的每一个作品进行清权的义务。包括词、曲作者在内的基础权利人在主张权利时，应当就制作方未获其许可而追究制作方的责任，而不应对网络播放平台主张其著作权。

# 从具体案例看网络版权侵权行为的认定及赔偿

胥洲道* 秦茜敏**

**摘要：**随着互联网时代的高速发展，我国网络版权侵权行为屡见不鲜，随着网络侵权行为的复杂化，对于该侵权行为的判定以及针对损害事实所需认定的赔偿数额也需要更加细化分析。本文从侵权行为的构成要素出发，并结合实际判例，探讨了网络版权侵权行为的认定以及其损害金额的赔偿问题。

**关键词：**版权 网络 侵权行为 赔偿

## 一、网络版权之定义

“网络版权”一词不是我国《著作权法》规定的十七项权利之一，而是一种通常叫法，它并非专门的法律术语，没有具体的法律定义。通常指在法律规定的著作权范围内，包括文学、音乐、影视、软件、图片等知识作品的作者在互联网中对其作品享有的权利。① 在实践中，大多以信息网络传播权作为法律认定依据，但二者并非相等。

## 二、网络版权侵权行为之认定

对网络侵权行为之认定，必须先将其所侵犯的法律权利进行深入清晰了解，将其明确定位才能真正认识理解何为网络侵权之行为。根据《侵权责任法》第二条以及《著作权法》第十条第十二项的规定，在我国，著作权，也称版权，即以保护文学、音乐、图画、影视、软件等作品为基础而产生的法律，其为作者即包括公民、

---

* 胥洲道，广东法制盛邦律师事务所律师。

** 秦茜敏，广东法制盛邦律师事务所律师。

① 王长林，宋敏寅：《论网络环境下的著作权保护》，载《法制与社会》2012 年第 32 期。

法人等民事主体提供的特别的民事权利。网络版权所指的作品是作者、网络服务商等行为主体以数字信号作为表现方式、以互联网为特殊载体进行传播的作品。[①] 在网络版权中，作者同样对其创作的作品享有法定的权利，可以排斥他人的侵权行为，保护自己的合法权益。

基于上文对网络版权即网络著作权之分析理解，可以得知，网络著作权包含了两种含义：其一，指著作权人将受著作权法意义上的作品上传至网络因此而享有的权利，即相当于信息网络传播权。其二，依据网络环境的特殊性，无论何种数字化形式的作品均受著作权法保护。任何媒体媒介未经著作权人许可，不符合合理使用、法定许可情形的，属于侵权行为，行为人应承担相应的法律责任。

因此，笔者认为，对网络侵权行为之认定可以从网络侵权行为之主体、网络侵权行为之客体、网络侵权行为之内容、网络侵权行为之关系、网络侵权行为之责任几个方面进行分析讨论，上述所称网络侵权行为认定应包括以下几点要素：（一）应当要确定明确的权利人，权利人对作品版权的享有通常有三种情形：1. 因创作原始取得；2. 因继承、遗赠等方式继受取得；3. 因法律规定或合同约定取得，如果可以确认上述任一种情形即可认定网络版权及其权利人的存在。（二）侵权人在网络上违法使用了权利人受版权保护的作品，存在对于网络版权法定权利造成侵犯的违法行为，该行为可以界定为违反了网络版权保护的法律禁止的行为[②]，包括：未经许可擅自在网络发表权利人作品、非法传播、数字化复制、歪曲篡改他人作品、规避或者破坏保护版权作品的技术性措施等，目前该类侵权行为多发生于网络文学作品、网络影视作品、网络美术作品、计算机软件等领域，同时还需要考虑违法性的阻却问题。《著作权法》第二十二条对合理使用的范围进行了限定，但随着我国知识产权的不断发展，该合理使用的范围也引起了部分争议，但目前仍未有新的法律规定产生，法院仍以其作为阻却违法的法定依据。（三）违法行为对权利人的网络版权造成了损害，产生了损害事实，即行为人侵害了合法版权作品并产生了危害后果或者危险状态，并已具有客观真实性，可以证明已经发生而并非主观想象、猜测的。（四）网络版权违法行为与损害事实之间存在因果关系，即必须明确该损害事实的引发原因，包括直接原因、间接原因，以及行为主体，并且明确这其中的逻辑关系，形成完整的行为链条。（五）主观过错是否应当作为必备要件还需要根据具体侵权行为的性质以及其种

---

① 许娟娟：《论网络作品的著作权保护》，载《哈尔滨师范大学社会科学学报》2014 年第 41 期。

② 丛立先：《网络版权侵权行为构成要件探论》，载《法学评论》2007 年第 5 期。

类并结合具体案情再进一步判断，在我国网络版权侵权案例中，一般是以有过错原则为主，以无过错原则作为辅助。

## 三、具体案例之分析

### （一）案情介绍

2011 年 11 月，X 公司签署《授权书》，将涉案影片在中国大陆的信息网络传播权等相关新媒体权利及对上述权利的转授权与维权权利以独占专有性使用的形式永久授予 Y 公司，随后进行公证，证明 Y 公司经合法程序授权 B 网公司使用涉案影片并委托该公司在中国大陆地区（不包括港澳台地区）独家拥有涉案影片全部版权的发行权及转授权，授权性质为独占专有许可的信息网络传播权，并附有上述相关文件复印本。

2014 年 6 月，B 网公司进行互联网证据保全公证，公证书载明在进入 Z 大学官网后点击相关频道链接，随即出现相应页面，点击其中的“校园用户完全指南”，将该文件下载保存至电脑，打开文档，其中载明该学校给大家准备了大量的视频资源，包括广播电台转播、电视台转播、电影纪录片、卡通片、音乐欣赏等内容。通过相关链接进入网页页面后，该页面设有音乐欣赏、综合节目等分类以及最新收录、热门点播、推荐节目等频道。在服务页面找到涉案影视作品，在点击后可以通过网络进行在线播放，随意拖动进度条也同样可以对作品进行播放。

经比对，公证的影视剧与 B 网公司主张权利的影视作品具有同一性。涉案影视剧首播日为 2012 年 1 月，涉案网站发布日为 2012 年 7 月。播放涉案电影的片尾字幕显示“2012X 公司保留所有权利”。

一审以及二审法院认为本案争议焦点有三点：第一，B 网公司是否为本案适格原告，第二，Z 大学行为是否构成侵权，第三，如果侵权成立，Z 大学应承担的责任即赔偿数额。

一审法院判决被告 Z 大学赔偿原告 B 网公司经济损失 10000 元及合理支出 2000 元，并且驳回 B 网公司的其他诉讼请求。此案经历二审程序后，二审法院驳回上诉，维持原判。①

---

① Z 大学、XX 网（天津）信息技术有限公司侵害作品信息网络传播权纠纷二审民事判决书，载中国裁判文网，http://wenshu.court.gov.cn/content/content? DocID = ea248dfc - 027b - 4260 - a08a - a9120076c353&KeyWord = %EF%BC%882018%EF%BC%89%E6%B4%A502%E6%B0%91%E7%BB%883851%E5%8F%B7，最后访问于 2020 年 4 月 28 日。

### （二）具体案件重要法律问题之分析

1. 网络著作权利人及网络侵权行为人之认定

对于网络侵权行为之认定，首先我们应当对网络著作权利人以及网络侵权行为人进行深入分析，并对两者进行准确认定。根据《著作权法》第十五条以及《最高人民法院关于审理著作权民事纠纷案件适用法律若干问题的解释》（以下简称《最高院关于著作权纠纷的解释》）第七条规定可知，应当由制片者，即涉案影视剧的片尾字幕显示的署名单位，依法享有涉案的影视作品的著作权。因此，在没有反证的情况下，可以认定为涉案影视剧的制片者 X 公司是原始著作权人，根据查明的事实，涉案影视剧的相关权利主体出具了授权书，并且 B 网公司就相关授权书影印本与原件的一致性进行了公证，尽管 Z 大学并不认可其真实性，但在 Z 大学未能提交证据推翻的情况下，法院对其抗辩主张不予支持。涉案作品的授权事实清晰明了，授权文书所形成的证据充分完整，在无相反证据的情况下，可以认定 B 网公司在维权时已经由原始著作权人进行有效授权，其依法享有信息网络传播权，有权针对侵权行为提起诉讼。

Z 大学未经 B 网公司许可，通过其经营的网站免费向公众提供了涉案作品，使公众可以在其选定的时间地点获得涉案作品，该行为符合《著作权法》第四十八条第一项的规定，侵害了 B 网公司享有的涉案作品的信息网络传播权，应承担相应的侵权责任。

2. 网络侵权行为之责任

在我国，《侵权责任法》第四十八条规定了侵权行为人应当承担的相应责任，其中，网络侵权行为所应当承担之法律责任主要为民事责任以及刑事责任和行政责任。根据上述规定，可以得知我国相关法律规定对于网络侵权行为法律责任在一般规则原则的基础之上，多采取进行财产性保护以及财产性赔偿为主，辅之以相应的行政责任及刑事责任加以全方位进行责任之认定、承担。对于网络版权的侵权认定应包括：其一，在网络上以违背法律规定的方式使用了受版权保护的作品，存在网络版权违法行为；其二，上述违法行为对版权权利人所依法享有的网络版权造成了损害的事实结果；其三，上述侵害网络版权权利的违法行为与客观存在的损害事实之间存在因果关系；其四，侵权行为人主观上是否存在过错，以及是否需要对其主观过错进行认定还需根据具体的侵权行为及其种类进行讨论，此并非本文讨论重点，因此不做赘述。①

---

① 马明飞，张艺鸣：《论我国网络版权侵权的认定》，载《中国出版》2016 年第 3 期。

另根据《著作权法》第四十六条、第四十七条规定，对于不同的侵权行为用列举以及兜底的方式进行了分类，并就其承担的民事、行政、刑事责任进行区分。而在上述案例中，对于侵权行为的认定是采取了过错原则，由于被告进行了非法使用行为，并对权利人造成了损害，且前后存在因果关系，故判定被告存在侵权行为，并就其他因素进行综合考量确定了赔偿金额。

3. 网络侵权行为之赔偿问题

此外，网络版权的侵权行为认定之后其侵权赔偿金额的认定一直是大多网络版权侵权纠纷的争议焦点。近年来，在网络版权相关案例中，对于网络版权的侵权赔偿请求的支持比例及法院判定赔偿的力度逐渐升高，并且多适用《著作权法》第四十九条规定以及《最高院关于著作权纠纷的解释》第二十五条、第二十六条规定。其中较多判例中认为相关案件中首先应考虑权利人实际损失，其次可计算侵权人的违法所得。该法律条文制定之原因乃是我国对于侵权行为，乃至网络侵权行为之赔偿往往从以下几个立足点，即赔偿损失、恢复原状等出发。是以，在关于网络侵权行为之赔偿问题便常从受损害方即被侵权人，也就是网络著作权利人这一方出发，故采取优先计算权利人之实际损失来进行赔偿，但是倘若网络著作权利人之实际损失存在无法计算的情况之时，才会进而采取统计网络侵权行为人之侵权行为所产生的违法所得作为对权利人损害赔偿的计算依据之一。但是网络侵权行为乃是新兴的网络科技之产物，其具有新兴性和无形性，故在当今社会上，网络侵权行为所造成的损失往往是难以计算的，故我国立法者为弥补法律之漏洞，更好地处理网络侵权行为所造之后果，便制定相关规定，即当网络著作权权利人之实际损失以及网络侵权行为人之违法所得皆无法确定之时，法官应采取法定赔偿额，而至于法定赔偿数额如何认定，法官往往根据作品类型、作品影响力、侵权行为性质、损害结果、合理使用费等情节综合确定进行自由之裁量。网络侵权行为往往来势汹汹，所造成之损失往往会日趋巨大，故网络著作权人往往要及时制止网络侵权行为，而在制止过程中，著作权人为制止相关侵权行为所支出的费用乃是网络侵权行为所间接引起的，故我国也对网络著作权利人为制止网络侵权行为所支出之合理费用予以认定。

从本案中，中国 Z 大学尽管作为高校，但其在其官方网站上非法使用传播了权利人 B 网公司独占许可的网络影视作品，并使得公众可以在个人选定的时间和空间内通过免除付费的渠道进行下载观看，该行为不属于合理使用之范围，并非节选片段进行科研教学，根据《著作权法》第二十二条第六项关于学校或其他科研机构合理使用作品的规定，Z 大学对 B 网公司的信息网络传播权造成了损害，并且该损害是因为 Z 大学在官方网站上非法传播的行为所导致，前后具备因果关系。但原告无法举证其实际损失，被告也并未将涉案影视作品用于盈利，且原告也无法证明被告的违法所得，过错程度相对不高，并在涉案后已停止侵害。综上，应当认定Z大学的网络版权侵权行为，但其侵权赔偿数额仍由法官结合法律规定以及具体事实在法定赔偿额度内进行自由裁量。而从本案来看，法官判定的赔偿额度相对不高，可以看出，网络版权侵权行为中，若有无法估量损失的情形，对于权利人主张损害赔偿十分不利。

## 四、结语

随着互联网时代的发展，我国知识产权法律制度也在不断发展，并且逐渐融入世界知识产权保护体系之下，因此必须逐步完善、健全我国网络版权侵权的相关法律制度并形成体系。在互联网经济的背景下，对于原创作品的保护显得尤为重要，因此更需要明确侵权行为的认定，打击各种网络盗版行为，明确赔偿方式，提高对合理赔偿请求的支持率。

在互联网时代日新月异的高速发展下，我国网络版权的保护与发展出现越来越多的问题和挑战，而网络版权侵权现象也十分严重，但随着我国知识产权意识的不断提高，网络版权的保护措施也不断提升。在我国的政策引领之下，鼓励文化创新创造，提高知识产权保护运用，为我国版权事业提供了前进的道路，也使得网络版权得以从立法、司法、社会、行政等方面得到进一步的保护。

# 第三篇

# 商　标

# 从立法目的出发，论《商标法》第十五条第二款适用难点的认定

余凤玲*

**摘要**：鉴于我国《商标法》及相关法律法规对于《商标法》第十五条第二款规定的“其他关系”“明知”及“在先使用”存在如何认定的空白，导致目前在司法实践中对于该条款适用要件的理解和把握也不尽相同。为此，本文论述了笔者对适用《商标法》第十五条第二款规定时应对该条款中的“其他关系”“明知”及“在先使用”该如何进行认定的几点思考，以期能从该条款的立法目的出发，在纷繁复杂的商业关系中使相关权利人对其被抢注的商标能获得更切实的救济和保护。

**关键词**：其他关系　“接触加实质性相同”原则　明知　推定的明知　在先使用

2013年修订的《商标法》第十五条第二款规定：“就同一种商品或者类似商品申请注册的商标与他人在先使用的未注册商标相同或者近似，申请人与该他人具有前款规定以外的合同、业务往来关系或者其他关系而明知该他人商标存在，该他人提出异议的，不予注册。”该条款是在原有的禁止代理人或者代表人擅自抢注被代理人或者被代表人商标规定的基础上，新增的关于“禁止与商标在先使用人具有合同、业务往来关系或者其他关系而明知该他人商标存在的人抢注该商标”① 的规定，其立法目的是“维护公平竞争的市场秩序”。

2016年，国家工商行政管理总局商标局、商标评审委员会（即现国家知识产权局）在公布的《商标审查及审理标准》中首次明确规定了《商标法》第十五条第二款的适用要件：“（1）他人商标在系争商标申请之前已经使用；（2）系争商标

---

* 余凤玲，广东广信君达律师事务所律师。

① 全国人民代表大会常务委员会法制工作委员会编：《中华人民共和国商标法释义》，法律出版社2013年版，第6-7页。

注册申请人与商标在先使用人存在合同、业务往来关系或者其他关系，因该特定关系注册申请人明知他人商标的存在；（3）系争商标指定使用在与他人在先使用商标相同或者类似的商品/服务上；（4）系争商标与他人在先使用商标相同或者近似。”① 其中，对于上述适用要件中的“其他关系”“在先使用”及“明知”该如何认定是正确适用该条款的难点及关键。但在《商标审查及审理标准》中，并没有明确地对上述适用难点的认定标准进行释明。而在2017年施行的《最高人民法院关于审理商标授权确权行政案件若干问题的规定》第十六条仅列出了可以被认定为该条款规定的“其他关系”的五种情形，而对于“其他关系”的认定标准同样没有进一步明确。鉴于目前在适用《商标法》第十五条第二款时对于其中的“其他关系”“明知”及“在先使用”该如何认定存在着法律的空白，导致在司法实践中对第十五条第二款适用要件的理解和把握也不尽相同。为此，本文从《商标法》第十五条第二款的立法目的出发，论述对该条款中规定的“其他关系”“明知”及“在先使用”应如何进行认定的几点思考。

## 一、关于《商标法》第十五条第二款规定中“其他关系”的认定

2013年修订的《商标法》第十五条第二款对于适用主体范围的规定采用了列举加兜底的立法模式，以“合同、业务往来关系或者其他关系”来界定除“代理人、代表人”外的具有特定关系的主体适用范围。如何理解该条款中的“其他关系”，是正确理解该条款主体适用范围的关键。2017年最高人民法院施行的《关于审理商标授权确权行政案件若干问题的规定》第十六条规定：“以下情形可以认定为商标法第十五条第二款中规定的‘其他关系’：（一）商标申请人与在先使用人之间具有亲属关系；（二）商标申请人与在先使用人之间具有劳动关系；（三）商标申请人与在先使用人营业地址邻近；（四）商标申请人与在先使用人曾就达成代理、代表关系进行过磋商，但未形成代理、代表关系；（五）商标申请人与在先使用人曾就达成合同、业务往来关系进行过磋商，但未达成合同、业务往来关系。”该条款以列举的方式进一步阐释“其他关系”的主体适用范围，但并没有包含兜底条款，那么，该条款未明文列举的“其他关系”是否能被认定？如果能，又该如何认定？

笔者认为，由于商业关系的复杂多变，上述条款作为列举式法律条款，法律条

---

① 商标局，商标评审委员会：《商标审查及审理标准》，2016年版，第161-162页。

文的有限性和滞后性并不能根据实际情况涵盖《商标法》第十五条第二款规定的“其他关系”的主体适用范围，因此，该条款列出的关于“其他关系”的认定情形仅为示例性规定，对于《商标法》第十五条第二款“其他关系”的认定不应拘泥于该条款描述的五种情形，对于未能在该条文中列举的其他情形应根据个案进行判定。

而对于如何认定“其他关系”，目前在立法或司法实践中均未形成统一的标准。笔者认为，可以参照著作权法中的“接触加实质性相同”原则进行认定。陈锦川认为：“认定被告使用了原告作品的前提之一，必须是被告作品中有与原告作品相同的内容，被告作品与原告作品之间存在表达上的相同或者实质性相似。但仅此还是不够的，不能仅依被告作品中有与原告作品相同的内容的事实，就认定被告作品来自原告作品。因为，就相同部分，有可能属于创作巧合，也可能均来自公有领域或者第三方等。但是，在两者相同、相似的前提下，如果存在后者曾经接触过前者的事实，就能推定在后的作品来自在前的作品，即基于被告接触原告的作品，而被告作品又与原告作品实质性相似的事实可以推定被告复制了原告的作品。”① 从上述关于“接触加实质性相同”原则在著作权法司法实践中运用过程的论述，结合《商标法》第十五条第二款的适用要件，可以看到，《商标法》第十五条第二款是“接触加实质性相同”原则在商标法中的表现。首先，第十五条第二款的适用要件中的“系争商标指定使用在与他人在先使用商标相同或者类似的商品/服务上”及“系争商标与他人在先使用商标相同或者近似”是关于认定系争商标与在先使用商标构成相同或混淆性近似的适用要件，上述两适用要件是商标法意义上“实质性相同”的体现。其次，从《商标法》第十五条第二款立法目的所禁止的行为对象上看，该条款所禁止的是与商标在先使用人具有特定关系而知晓其在先使用的未注册商标的企业或个人，这些被禁止的行为对象均是基于对在先使用的未注册商标具有“接触”或“接触的可能性”而知晓该商标的在先使用。在深圳市微知物连电子有限公司与国家工商行政管理总局商标评审委员会商标异议复审行政纠纷一案中，北京知识产权法院在一审判决中指出：“该款规定（即《商标法》第十五条第二款规定）基于民事法律关系的诚实信用原则，出于促进工商企业正常发展及维护竞争秩序的目的，旨在避免权利人在先使用的未注册商标因商业往来、劳动关系等原因遭到他人接触后被抢先注册的情况，为被抢注的在先使用的未注册商标权利人提供司

---

① 陈锦川：《著作权审判：原理读解与实务指导》，法律出版社2014年版，第306页。

法救济。”① 而从《关于审理商标授权确权行政案件若干问题的规定》第十六条规定所列举“其他关系”的五种示例性情形来看，商标申请人与商标在先使用人之间存在的特定关系均具有可根据社会通常情况推定商标申请人对在先使用的未注册商标具有“接触”或“接触的可能性”的共性。这里的“接触”不但指“直接接触”，还包含了可以涵盖“商标申请人与特定关系人恶意串通抢注情形”的“间接接触”。因此，在司法实践中可以运用“接触加实质性相同”原则来认定商标申请人与商标在先使用人是否具有《商标法》第十五条第二款中规定的“其他关系。”

## 二、关于《商标法》第十五条第二款规定中“明知”的认定

《商标法》第十五条第二款将“明知”作为该条款适用的主观要件，但相关的法律及司法解释并没有明确特定关系人在主观上“明知”的程度，导致目前司法实践对于“明知”是否包含“推定的明知”认定不一。笔者认为，从该条款的立法目的及该条款对于特定关系主体的调整范围来看，《商标法》第十五条第二款中的“明知”应包含“推定明知”。

首先，从立法目的上看，该条款是针对特定关系人这种与商标在先使用人具有特殊关系的企业或个人，其设立是基于诚实信用原则，从制度上对商标在先使用人就其所持有的商标予以保护及对公平竞争市场秩序进行维护。因此，相对于不特定关系人，对该特定关系人在主观上的善意要求应更为严格，《商标法》第十五条第二款中的“明知”应包含“推定的明知”。

其次，根据辩证唯物主义的一般原理，主观意识是客观世界的反映。《商标法》第十五条第二款关于“明知”的主观适用要件指的是特定关系人的主观意识上是否符合该条款的规定，所以，对于该主观适用要件的认定是否包含“推定的明知”应取决于特定关系主体所包含的范围。从《关于审理商标授权确权行政案件若干问题的规定》第十六条的规定及上述关于“其他关系”的论述可知，特定关系人也包含与在先使用的未注册商标“间接接触”的主体。在客观实际情况中，对于“间接接触”主体的主观意识是较难获得证据予以证明的，如果要求商标在先使用人在具体的案件中必须提供证据以证明与其在先使用的未注册商标“间接接触”的主体在主观上是“明知”的，这无疑是加重了商标在先使用人的举证责任，不利于对恶意抢注行为的制止及该条款立法目的的实现。因此，当系争商标已在先使

---

① （2015）京知行初字第5566号。

用，且系争商标的商标申请人存在着与在先使用的未注册商标“接触的可能”，则可根据该事实推定商标申请人对他人在先使用的未注册商标应当明知。

综上，第十五条第二款中规定的“明知”应扩张性地解释为包含“推定的明知”，这样更能涵盖该条款的立法意图所要调整的范围。

## 三、对比《商标法》第三十二条后半段的规定，看第十五条第二款“在先使用”的界定

《商标法》第三十二条后半段的规定及第十五条第一款、第二款均是遏制商标恶意抢注行为的禁止性规定。但从三者的适用主体范围上看，第三十二条后半段的适用主体并不要求与商标在先使用人具有特定关系；而第十五条第一款的适用主体为商标在先使用人的代理人、代表人；第二款的适用主体是与商标在先使用人具有特定关系的人。从上述三个条款适用主体的不同范围可以看到，基于三个条款适用主体与商标在先使用人关系的亲疏远近的不同，三个条款对于未注册商标的在先使用要求各不相同。其中，第三十二条后半段规定的适用主体与商标在先使用人之间的关系要求最低，两者的关系决定了未注册商标不但要在先使用，而且还应具有一定的影响，以达到相关公众知晓的程度，这样，对未注册商标的“知晓”效果才能覆盖该条款的适用主体范围。而对比第十五条第一款的规定，该条款的适用主体与商标在先使用人之间的关系要求最高，两者之间应存在代理、代表关系，针对代理或者代表关系这种特殊法律关系，该条款并不要求未注册商标须在先使用，而是“只要特定商标应归于被代理人或者被代表人，代理人或者代表人即应善尽忠诚和勤勉义务，不得擅自以自己名义进行注册”[①] 即可。最后，对比上述两条款看第十五条第二款的规定，该条款对于其适用主体与商标在先使用人之间的关系要求介乎于第三十二条后半段和第十五条第一款之间，适用于除代理、代表关系外与商标在先使用人具有特定关系的人，该主体适用范围决定了该条款对于未注册商标的在先使用要求高于第十五条第一款的规定，即该未注册商标须在先使用；而鉴于该条的适用主体与商标在先使用人存在特定关系，所以，对于该条款“在先使用”的程度应低于第三十二条后半段的规定，笔者认为，因该条款对于适用主体主观上的要求是“明知”或“推定的明知”，而这种“明知”或“推定的明知”是基于存在特定关系而产生的，而从该条款的立法目的上看，为实现公平竞争的市场秩序，该条

① （2014）行提字第3号。

款对于“在先使用”的认定不应过高地要求未注册商标须已在流通领域上作为商标来源的识别性使用，商标在先使用人只需证明其对于未注册商标的使用程度及于或可及于该特定关系人即可。

## 四、结语

上述是笔者对于《商标法》第十五条第二款适用难点的几点思考，因目前法律对该条款中规定的“其他关系”“明知”及“在先使用”的认定标准均存在空白，因此，对于上述适用难点的认定标准更应从该条款的立法目的出发去理解和把握，以使公平竞争的市场秩序在司法实践中得以切实维护。

# 地理标志证明商标

## ——非物质文化遗产的有效保护手段

董宜东*

**摘要**：随着社会现代化进程的加快，非物质文化遗产的保护面临越来越多的问题，尤其缺乏有效的法律保护。地理标志证明商标和非物质文化遗产的共同特点，使得地理标志证明商标成为非物质文化遗产的有效保护手段，通过地理标志证明商标，使非物质文化遗产成为法律上的一项民事权利，实现了非物质文化遗产保护的法律化、立体化。

**关键词**：地理标志　证明商标　非物质文化遗产

非物质文化遗产，是指各族人民世代相传并视为其文化遗产组成部分的各种传统文化表现形式，以及与传统文化表现形式相关的实物和场所。其具体表现形式为：1. 传统口头文学以及作为其载体的语言；2. 传统美术、书法、音乐、舞蹈、戏剧、曲艺和杂技；3. 传统技艺、医药和历法；4. 传统礼仪、节庆等民俗；5. 传统体育和游艺；6. 其他非物质文化遗产。

随着我国经济的发展，非物质文化遗产的保护越来越受到重视，一批符合条件的传统文化、艺术、民俗、工艺等被列入非物质文化遗产保护项目。据不完全统计，目前仅广州市被列入国家级、省级、市级非物质文化遗产名录和人类非物质文化遗产代表作名录的非物质文化遗产项目就超过一百个，包括广东醒狮、广州灰塑、广州榄雕等。

近些年来，随着社会现代化进程的加快，非物质文化遗产的保护也面临很多问题，归纳起来主要是两个方面：一是符合条件的非物质文化遗产没有被及时纳入保护名录，面临传承困难甚至逐渐消亡的危险；二是纳入保护名录的非物质文化遗产

* 董宜东，广东太平洋联合律师事务所律师。

在被假冒、仿冒时，面临手段缺乏、保护困难的境况。本文主要针对第二个方面，探讨通过地理标志证明商标这一法律手段有效保护非物质文化遗产的可行性。

## 一、非物质文化遗产保护困难的原因

非物质文化遗产保护困难的原因是多方面的，归纳起来，主要是以下两个方面。

### （一）缺乏相应的法律法规

我国对非物质文化遗产的保护，主要规定在《非物质文化遗产法》中，根据该法，对于侵害非物质文化遗产的，应当承担第五章规定的“法律责任”。该章只有五个条款，其中涉及实体保护的条款只有两条，即第四十条和第四十二条。其中第四十条规定，违反本法规定，破坏属于非物质文化遗产组成部分的实物和场所的，依法承担民事责任；构成违反治安管理行为的，依法给予治安管理处罚。第四十二条规定，违反本法规定，构成犯罪的，依法追究刑事责任。

由此可见，仅有的两条法律规定，也只是笼统地规定了对违反本法规定的行为，追究相应的民事、行政及刑事责任，并无其他具体保护措施及相应法律责任的规定。因此，对非物质文化遗产的保护，缺乏相应的法律法规规定。

### （二）缺乏相应的经验借鉴

由于非物质文化遗产数量较少，而且形式多样，本身成功维权的案例不多，缺乏相应的经验借鉴，使得非物质文化遗产的保护更加困难。

## 二、地理标志证明商标的特点和作用

根据《商标法》第十六条的规定，地理标志是指标示某商品来源于某地区，该商品的特定质量、信誉或其他特征，主要由该地区的自然因素或人文因素所决定的标志。根据《商标法》第三条的规定，证明商标是指由对某种商品或者服务具有监督能力的组织所控制，而由该组织以外的单位或者个人使用于其商品或者服务，用以证明该商品或者服务的原产地、原料、制造方法、质量或者其他特定品质的标志。

根据上述规定，地理标志证明商标，就是商标中含有地理标志的证明商标，如西湖龙井茶、库尔勒香梨、章丘大葱、化州橘红等，据不完全统计，目前我国获得注册的地理标志证明商标已超过五千件。

地理标志证明商标作为商标的一个种类，除具备一般商标所具有的区别作用、保护作用、市场竞争作用外，由于地理标志证明商标的特殊性，还具有一般商标所不具备的特殊作用。

**（一）地理标志证明商标的注册人自己不能使用注册商标，其职责是专注于地理标志证明商标的管理和保护，保证了产品品质的稳定和商标使用的规范有序**

在这一点上，地理标志证明商标和普通商标有着很大的不同。普通商标的注册人对自己注册的商标可以自己使用，也可以许可他人使用，但大部分情况下主要是自己使用。

而根据地理标志证明商标的相关法律规定，地理标志证明商标注册人对自己注册的证明商标，自己不能使用。地理标志证明商标注册人的主要职责是对地理标志证明商标的管理和保护，包括制定地理标志证明商标使用规则、制定地理标志证明商标产品特殊品质标准、地理标志证明商标使用的日常管理、地理标志证明商标的保护等。地理标志证明商标注册人职责的特殊性保证了地理标志证明商标产品品质的维护和商标使用的规范有序。

**（二）地理标志证明商标产品具有特定的品质，且该特定品质明确、稳定，保证了地理标志证明商标产品的市场信誉和地位**

对于普通商标而言，虽然《商标法》在第一条中明确该法的立法目的之一是“促使生产、经营者保证商品和服务质量”，但就整个商标法而言，并无生产、经营者保证商品和服务质量的具体规定和措施。在日常生活中，对于商标注册人产品质量的规制，更多的是依据《产品质量法》。

而地理标志证明商标不但规定了使用该类商标的产品必须具有不同于一般商品的特定品质，而且需要明确该特定品质的具体标准，包括感官特征、生物特征、物理特征、化学特征或者特殊的制作方法等，这些特征必须是稳定的、可量化的、可感知的，同时需要明确该特定品质与当地的气候、水文、土壤、文化等自然因素和人文因素等之间的直接联系。地理标志证明商标这些特定的品质以及特定品质与当地自然和人文因素之间的特定联系需要规定在《地理标志证明商标使用规则》中，在提交地理标志证明商标申请文件时和其他申请文件一起提交国家知识产权局，经国家知识产权局审查后与商标一并公示，并且不得随意变更，只有达到地理标志证明商标特定品质要求的产品，才能使用该地理标志证明商标。

地理标志证明商标对商品特定品质的要求，保证了地理标志证明商标产品品质的明确、稳定，保证了地理标志证明商标产品的市场信誉和地位。

**（三）凡符合规定条件的主体，注册人不能拒绝许可使用的规定，保证了使用者的公平和产品的推广**

对于一般商标而言，商标注册人可以自主决定是否将注册商标许可他人使用、许可给谁使用、以什么方式和条件许可使用。许可他人使用商标是商标注册人行使商标权的自主权，与他人无关。

而地理标志证明商标注册人自己不能使用自己注册的地理标志证明商标，只能许可他人使用，并且在商标申请时就规定了商标使用的条件和程序，当他人的产品达到了地理标志证明商标的使用条件，并且履行了《地理标志证明商标使用规则》规定的程序时，地理标志证明商标的注册人不能拒绝使用申请人的使用，必须按照《地理标志证明商标使用规则》的规定将地理标志证明商标许可给相关的使用人使用。

地理标志证明商标关于许可使用的这一规定，保证了商标使用者的公平，同时，由于《地理标志证明商标使用规则》对商品的品质作出了具体的规定，保证了商品品质的标准化和稳定性，也有利于地理标志证明商标产品的推广。

**（四）相对于一般商标，地理标志证明商标的作用主要是对于行业或地区产业、非物质文化遗产的保护和发展**

《商标法》第四条规定，自然人、法人或者其他组织在生产经营活动中，对其商品或者服务需要取得商标专用权的，应当向商标局申请商标注册。

对于一般商标而言，注册商标使用在什么商品上，完全由商标注册人自主决定，注册和使用商标是注册人的自主行为，产品也限于注册人经营的产品，注册商标仅为注册人服务。

但地理标志证明商标不同。不是所有的商品都可以申请注册地理标志证明商标，地理标志证明商标保护的产品有特殊的要求，只有具有特定品质、该特定品质具有明确的感官和量化指标且与当地的自然或人文因素有特定联系，才有可能申请注册地理标志证明商标，且注册人自己不能使用注册商标，其主要职责是对商标的管理和保护。因此，地理标志证明商标不是对某个企业某项产品的保护，而是对某个地方的行业或区域品牌和非物质文化遗产的保护。由现在获得注册的地理标志证明商标看，基本上都是当地的行业或区域品牌，如前文所述西湖龙井茶、库尔勒香梨、章丘大葱、化州橘红等。

实践证明，符合地理标志证明商标特征的农林牧副渔产品，在通过地理标志证明商标的法律保护和有效运作后，均能极大提升相关产品附加值，提高行业从业者的收入，促进区域特色经济和相关产业链的发展。

## 三、通过地理标志证明商标保护非物质文化遗产的可能性

### （一）与一般商品相比，地理标志证明商标产品和非物质文化遗产产品均具有特定的品质和特点

如前所述，地理标志证明商标产品不同于一般产品，是具有特定的质量、信誉或者其他特征的产品，具有可感官量化的特定品质。

根据《非物质文化遗产法》第三十七条的规定，国家鼓励和支持发挥非物质文化遗产资源的特殊优势，在有效保护的基础上，合理利用非物质文化遗产代表性项目开发具有地方、民族特色和市场潜力的文化产品和文化服务。

能列入非物质文化遗产保护名录、作为非物质文化遗产保护的传统文化，必然具有不同于一般同类文化的特殊特征，利用非物质文化遗产开发的文化产品也必然具有特定的品质和特征。

### （二）地理标志证明商标和非物质文化遗产产品的特定品质均主要由该地区的自然因素或者人文因素所决定

地理标志证明商标产品本身具有特定品质，该产品的特定品质是由地理标志所在地的自然因素或人文因素所决定的，离开该地区，地理标志证明商标产品的特定品质将不复存在，这是地理标志商标产品的基本特征。

非物质文化遗产本身具有明显的地域性特征，利用非物质文化遗产开发的文化产品所具有的特定品质和特征，同样具有明显的地域性特征，该特征与当地的自然和人文因素密切联系，离开这一地区，该非物质文化遗产的特定品质和特征也将不复存在。

### （三）地理标志证明商标产品和非物质文化遗产产品均历史源远流长，影响深远

地理标志证明商标产品是具有一定历史渊源的产品，在申请注册时，需要提供产品客观存在及信誉情况的证明，其中最有效的证明材料就是当地史志资料及年鉴等对地理标志证明商标产品的记载。

非物质文化遗产本身就是具有一定历史渊源的传统文化，利用非物质文化遗产开发的产品也具有相应的历史传统文化特征。

### （四）地理标志证明商标产品和非物质文化遗产产品均具有不可复制性、传承性

地理标志证明商标产品和非物质文化遗产产品所具有的特定品质决定了两者的

不可复制性、唯一性。

地理标志证明商标产品和非物质文化遗产产品本身又具有传承性。具有特殊品质的地理标志产品之所以通过商标的形式保护起来，很重要的原因就是为了将其传承下去。具有鲜明特色的传统文化之所以作为非物质文化遗产保护起来，也是为了文化遗产的传承，利用非物质文化遗产开发的文化产品也自然具有传承性。

## 四、地理标志证明商标对非物质文化遗产的有效保护

### （一）地理标志证明商标的构成与非物质文化遗产的名称基本一致，实现了地理标志证明商标对非物质文化遗产产品名称的有效保护

地理标志证明商标的构成有其特殊性。就一般商标而言，根据《商标法》的规定，县级以上的行政区划的名称因违反禁止性的规定不得作为商标使用，商品的通用名称因缺乏显著性不得作为商标注册，但地理标志证明商标除外，而地理标志证明商标一般都由地理名称加产品的通用名称组成，如章丘大葱、化州橘红、新会陈皮等。

非物质文化遗产产品的名称一般也是由地理名称加产品通用名称组成，如广州榄雕、广州玉雕等。

非物质文化遗产的名称注册为地理标志证明商标后，就具备了专用权。按照《商标法》的规定，未经注册商标所有人许可，在同一种或者类似商品上不得使用与注册商标相同或近似的商标，使得非物质文化遗产的产品名称得到了强有力的保护。

### （二）地理标志证明商标产品特定品质的要求保证了非物质文化遗产产品品质的特殊性

如前文所述，非物质文化遗产产品本身具有特殊的品质，然而由于非物质文化遗产本身的文化特点，这种特殊的品质相对于具体标准而言可能是模糊的、不清晰的，如非物质文化遗产广州榄雕的工艺特色就被概括为“雕刻精细入微、形态小巧玲珑”，没有具体的量化指标。有些非物质文化遗产产品由于传承人的口口相传的方式，随着时间的推移其特定品质可能会发生变化甚至不复存在。

非物质文化遗产产品如果以地理标志证明商标的形式保护起来，其特定品质的描述必须是具体的、稳定的、量化的。还是以广州榄雕为例，如果申请注册地理标志证明商标，其特定品质的要求需要具体阐述以什么品种的榄核作为原材料、具备什么资质的雕刻师雕刻、精细入微到什么程度、形态小巧到什么程度、成品经过什

么样的检测审核才符合条件等，这样保证了产品品质的稳定性、标准性。当然，为了保持产品的艺术性，对于产品的形态、图案、纹路等可不作具体要求。随着社会的不断发展，地理标志证明商标的特殊品质也可以做适当的修改，但需要办理相应的变更手续，且需要经过国家相关审批机构的审核批准。

**（三）地理标志证明商标注册人的职责要求淡化了非物质文化遗产商业化**

非物质文化遗产保护，归根到底是对各种传统文化，以及与传统文化表现形式相关的实物和场所的保护，其目的是保护传统文化的传承性，使其能够保留下来，传承下去。对于非物质文化遗产产品的开发，根据《非物质文化遗产法》的规定，需要在对非物质文化遗产有效保护的基础上，合理开发。因此，对于非物质文化遗产的保护，重在对于传统文化的保护，而非单纯的商业开发。

地理标志证明商标，并非一般法律主体注册的普通商标，商标注册人的主要职责是实现对地理标志证明商标的有效管理和保护，主要目的是发展和保护地方行业或区域品牌，地理标志证明商标注册人的职责要求淡化了非物质文化遗产的商业化。

**（四）地理标志证明商标使非物质文化遗产成为法律上的一项民事权利，使得非物质文化遗产的保护规范化、立体化**

非物质文化遗产是传统文化的表现形式以及相关的实物和场所，并不具备或并不完全具备法律意义上的权利性质，从而导致对于其保护的法律法规缺乏、手段无力的状况。

地理标志证明商标本身是一项民事权利，是权利主体的无形财产权。非物质文化遗产产品一旦注册为地理标志证明商标，就成为受法律保护的民事权利，属于知识产权，具备了一般民事权利所具有的占有、使用、收益和处分的全部权能，可以继承，也可以许可使用。根据《民法总则》的规定，侵犯他人民事权利，应当承担相应的法律责任。而《商标法》规定，在同一种或类似商品上，任何未经许可，使用与他人注册商标相同或近似商标的行为，均属商标侵权行为，商标侵权人除承担相应的行政责任外，还要赔偿因其侵权行为给权利人造成的损失，构成犯罪的，还要追究刑事责任。地理标志证明商标，使得非物质文化遗产的保护规范化、立体化。

## 五、地理标志证明商标对非物质文化遗产保护的例外

地理标志证明商标是非物质文化遗产的有效保护手段，但并非所有的非物质文

化遗产都可以通过地理标志证明商标获得保护，只有符合地理标志证明商标条件的，才有可能通过地理标志证明商标予以保护。地理标志证明商标对于非物质文化遗产的保护，是通过对非物质文化遗产产品的保护实现对非物质文化遗产的保护，一些纯文化形式的传统礼仪、节庆民俗等，就无法通过地理标志证明商标进行保护。当然，对于非物质文化遗产来说，除地理标志证明商标外，还可以通过著作权、外观设计专利等形式进行保护。

综上，通过地理标志证明商标，可以使非物质文化遗产的保护规范化、立体化，地理标志证明商标是非物质文化遗产的有效保护手段。

# 新型外贸模式下商标间接侵权问题初探

## ——“旅游购物”出口引发的商标侵权案

刘孟斌* 孟午君**

**摘要**：旅游购物是境外旅游者用自带外汇购买的或委托境内企业托运出境5万美元以下的旅游商品或小批量订货，避免了在外汇、税收、出口主体等方面存在的问题，吸引了大量外国旅游者在中国公开市场购买商品。本文以实际案例出发，对旅游购物商品产生的商标侵权纠纷，以及各个主体责任承担等问题进行了初步分析。

**关键词**：商标侵权 旅游购物 间接侵权 贸易模式 主观过错 责任边界

## 一、案件双方当事人

原告：彪马欧洲公司。

被告：Z公司。

## 二、主要事实和证据

2013年11月，广州海关查扣了一批带有“PUMA”“豹图形”标识的运动服装，经调查，广州海关认定该货物属于侵犯“PUMA”“豹图形”等商标专用权的货物，并对出口单据上标记的“经营单位”和“发货单位”Z公司进行了行政处罚。2016年2月，彪马欧洲公司向法院提起民事诉讼，认为Z公司销售出口侵犯“PUMA”“豹图形”等商标专用权的商品，构成商标侵权，要求Z公司停止侵权并赔偿经济损失人民币50万元。

---

* 刘孟斌，广东三环汇华律师事务所律师。

** 孟午君，广东三环汇华律师事务所律师。

按照以往一般贸易出口类似案件的处理，本案案情似乎非常“清晰”，Z公司“显然”需要承担销售侵犯商标权商品的责任。然而，在向Z公司了解了相关情况之后，我们发现，本案事实存在着有别于一般贸易出口的显著差异，而这将可能对案件的定性和最终处理带来重要影响。

涉案侵权商品是“旅游购物”贸易方式中的出口货物。旅游购物是指：“境外旅游者用自带外汇购买的或委托境内企业托运出境5万美元以下的旅游商品或小批量订货，监管方式代码为‘0139’，简称‘旅游购物商品’。”“旅游购物”避免了在外汇、税收、出口主体等方面存在的问题，为外国旅游者提供了一种便捷的途径，让他们可以将自己在中国市场上买到的商品顺利出口，因而吸引了大量外国旅游者在中国公开市场购买商品。这种新型外贸模式自2006年率先在义乌试行以来，取得了良好的成效，并逐渐在全国推行（2013年开始在广州试行），目前，旅游购物已成为广州市在一般贸易、加工贸易后的第三大贸易方式。与传统的“一般贸易”出口方式不同，“旅游购物”出口业务流程主要包括：境外采购商采购→与市场经营户完成结算→委托货物代理公司预定船期、仓位、组柜装箱→办理报检报关手续→发运货物和清关提货。其参与的主体数量较多，包括市场经营户、境外采购商、外贸公司、货运代理公司、报关行、仓储物流公司等。[①] 这与主要由“出口企业、货物代理公司和进口商”参与的一般贸易方式有很大的区别，其中各参与者的角色也完全不同。但是，这种“参与”，并非商品的生产或者销售，而是对于报关、运输等出口环节的参与。为规范管理，广州市商务委员会专门挑选了包括Z公司在内的部分企业，进行“旅游购物商品出口企业备案”，并且在实际操作中把上述备案的企业视为“旅游购物”贸易方式中的“经营单位”“发货单位”参与“旅游购物”出口的报关环节以方便管理。

也就是说，Z公司作为具有旅游购物出口资质的企业，其并非涉案侵权商品的生产者或销售者，仅仅是与Y公司（报关公司，后被追加为本案第三人）建立业务合作，当“旅游购物商品”贸易中的货运代理公司将相关业务委托Y公司进行报关时，为其提供代理服务。而且，在现行的监管制度下，面对大量以多个采购主体组柜、拼箱方式为特点的旅游购物货物，无论是Z公司还是Y公司，均没有条件也没有能力对于其是否侵权逐一开箱验货并进行判断。在此情况下，Z公司认为，这种侵权商品的出现，在一定程度上来说，甚至是“不可避免的”。

① 陆立军，杨志文，郑小碧：《义乌试点》，人民出版社2014年版，第141－142页。

## 三、争议焦点

### （一）“旅游购物”贸易模式是否应当作为认定侵权时的考量因素

在本案中，首要考虑的问题就是“旅游购物”外贸模式是否应当作为认定侵权时的考量因素。这是因为：首先，涉案货物构成侵权已经是不争的事实；其次，出口单据上虽显示“贸易方式”为“旅游购物”，但并没有记载涉案货物货主的信息，反而写明经营单位和发货单位均为Z公司；同时，海关的行政处罚决定书也是以Z公司为被处罚人。因此，如果不考虑“旅游购物”外贸模式的情况，认定Z公司存在《商标法》第五十七条第三项规定的侵权商品的销售行为，构成直接侵权，并无不妥。

与此相对，因为如果能够认定本案侵权商品是“旅游购物”贸易中的出口货物，那么就等于明确了，按照“旅游购物”出口业务流程，Z公司仅仅是作为出口代理企业，并没有实施《商标法》第五十七条第三项规定的“销售行为”。

### （二）Z公司的行为性质

本案彪马欧洲公司主张Z公司实施了侵犯商标权的行为，主要依据是广州海关的《行政处罚决定书》。《行政处罚决定书》中写道：“广州海关经调查，认为当事人出口的货物标有‘PUMA’等商标……根据《中华人民共和国商标法》第五十七条第一项的规定，该货物属于侵犯‘PUMA’等商标专用权的货物。当事人出口上述货物的行为已构成出口侵犯他人商标专用权货物的行为”，据此，彪马欧洲公司主张Z公司存在《商标法》第五十七条第三项规定的“销售行为”。

但是，《行政处罚决定书》的内容是否可以直接证明Z公司存在《商标法》第五十七条第三项规定的“销售行为”呢？《行政处罚决定书》中写明，该处罚的依据是《海关行政处罚实施条例》第二十五条第一款，即“进出口侵犯中华人民共和国法律、行政法规保护的知识产权的货物的，没收侵权货物，并处货物价值30%以下罚款”。也就是说，海关作出涉案行政处罚的依据，是根据海关的行政条例认定货物“属于侵权货物”，且存在“出口行为”，从而进行行政处罚，并没有认定被告存在构成商标侵权的“销售”行为。换句话说，海关并没有进一步区分行政处罚相对人的这种“出口行为”是属于“销售”还是仅属于“代理出口”。彪马欧洲公司直接将《行政处罚决定书》中认定的存在行政法规规定的“出口行为”，等同于《商标法》规定的“销售行为”似乎并不妥当。

### （三）旅游购物企业的义务和责任

如果Z公司作为旅游购物企业，在进行旅游购物贸易中仅仅作为侵权商品的出口代理者，不构成直接侵权，那么在被查验出其代理出口的商品属于商标侵权商品时，Z公司应当承担什么义务和责任呢？

在旅游购物贸易方式中，其商品流通环节发生在国内公开市场，当外国旅游者在国内公开市场完成商品的购买后，交易行为就已经结束。Z公司依法依规，仅在交易行为结束后的报关环节作为买方的代理人提供报关服务，其行为方式符合行业交易习惯，已在力所能及的范围内进行了合理审查并如实申报，即便由于监管力所不及，需要承担出口监管责任，也属于海关行政法规中的行政责任，而且Z公司在本案涉案货物被海关查扣和调查的过程中，已承担了相关行政责任。

“旅游购物”贸易方式在促进外贸迅速发展的同时，也不可避免地带来了一些问题。例如：

1. 目前的海关报关系统中，对于“旅游购物”贸易方式并没有专门的申报规范，除去“贸易方式”一栏需如实申报为“旅游购物商品”外，其余申报材料仍需参照“一般贸易”的方式填写和提交。在此情况下，不得不引入被告这类具有“旅游购物企业备案”的主体，作为该批货物的“经营单位”和“发货单位”等，而实际的货主即“外国旅游者”无法在填报材料中予以体现。

2. “旅游购物商品”往往采用拼装货柜的方式出口，每个货柜商品品种繁杂，监管难度大。尤其是在知识产权监管方面，对于拼柜后货物的实际情况以及某件货物是否属于侵权产品等问题，即使是对海关等可以行使公权力的行政机关来说，也难以进行实际判断，更不要说是仅仅作为报关代理的企业。

对此，海关部门目前的做法是，将旅游购物既作为一种“贸易方式”，同时也作为一种“监管方式”。也就是说，在Z公司将“贸易方式”如实申报为“旅游购物商品”时，该批货物即进入海关H2010通关系统进行审核，通过海关H2010通关系统风险分析以及专业审单等方式，会根据不同贸易方式等因素对商品进行不同严格程度的监管（包括低风险快速放行、低风险单证审核、中风险单证审核、高风险重点审核四类）。海关可在这一过程中对旅游购物商品加大监管力度，本案被控侵权商品就可能是在这种情况下被抽检到的。

通过上述事实可以看出，在“旅游购物”这种新型的贸易模式下，知识产权监管尚存在很大难度。而对于Z公司而言，其仅仅作为出口环节的代理商，货物出现知识产权问题对其有百害而无一利，从某种意义上来讲，Z公司（以及其他出口代理商）的立场和监管部门（甚至包括本案原告）的立场是一致的，即都希望货物不存在知识产权问题，可以顺利出口，旅游购物贸易可以蓬勃发展。在此情况下Z公司承担的责任范围和依据是什么呢？

## 四、法院认定

经过辩论和调查，法院认为，虽然报关单上的经营单位、发货单位以及买卖合同等材料显示出卖方为Z公司，但从货物的报关情况、外汇核销情况、出口退税情况等角度可以认定本案涉案货物为旅游购物出口商品。但是，Z公司作为旅游购物出口企业，对于外商提供的货物具有法定的审查义务，Z公司未能举证证明其履行了审查义务或者其他法定的、合理的注意义务，放任外商侵犯知识产权导致侵权后果的发生，对于帮助外商侵犯原告商标权具有主观上的故意，属于《商标法》第五十七条第六项规定的“故意为侵犯他人商标专用权行为提供便利条件，帮助他人实施侵犯商标专用权行为”，即间接侵权。

同时考虑到旅游购物出口作为一种新型外贸方式，尚未有配套的法律法规予以规范，试点企业在经营过程中权利义务界定不清晰，难免会触碰法律底线，本案在法院主持下调解结案。

## 六、律师解析

在本案中，我们作为被告代理人，申请法院向广州海关调取了行政处罚涉案档案，查阅并提交了大量旅游购物政策法律及资料文献，法院也对本案高度重视，向广州市商务委等部门发函核实相关情况，最终认定本案侵权商品是旅游购物出口的货物，且Z公司作为旅游购物企业，在本案中的行为并非生产、销售等直接侵权行为。

在Z公司责任的划分上，法院引用了《商标法》第五十七条第六项“间接侵权行为”条款，即“故意为侵犯他人商标专用权行为提供便利条件，帮助他人实施侵犯商标专用权行为的”。这是2013年修正的《商标法》中新增加的规定，在现有的司法实践中，主要应用在电子商务交易平台、市场经营管理者在其管理的电商平台、市场中出现侵权商品时的责任认定中，很少出现在其他情况下。法院在本案中援引了这一条款，值得研究和重视。商标权作为知识产权的类型之一，具有知识产权所具有的排他性。商标权以一系列法律规定的“专有权利”为核心，任何人在没有合理抗辩的情况下，未经商标权人许可，使用其商标，皆构成对商标权的侵犯，而不论其是否具有过错，我们称之为“直接侵权”。也就是说，侵权者的主观过错并不是认定“直接侵权”是否成立的要件，“过错”形态只影响侵权者最终应当承担的责任。而“间接侵权”是指明知某种行为构成侵权，仍然教唆、引诱他人去实施这种行为，或者对他人的这种侵权行为提供实质性帮助的，应当对侵权后果承担责任。“间接侵权”在一定程度上扩大了商标权的保护范围。[①] 因此对于“间接侵权”的适用，应当考虑以下因素：

**（一）主观过错**

《商标法》第五十七条第六项“间接侵权行为”条款适用的前提条件必须是行为人存在“故意”。由于没有直接侵犯商标人权利，为了避免知识产权保护范围的过分扩大，对无过错的行为人显失公平，行为人主观过错的认定对于间接侵权十分重要。在本案中，从事实角度分析，Z公司从货代公司收取的旅游购物商品已经是完成拼柜的整装货物，根本不知道其中是否有商品构成侵权，更谈不上“故意”为侵权提供便利；从监管义务角度，“旅游购物”作为新型外贸模式，仍处在推广和试点过程中，其自身的操作和规范尚有待完善，有权部门的监管也存在诸多难题。各种旅游购物相关规程上也并没有清晰列明旅游购物企业的监管权利和义务。在此情况下认定Z公司存在主观故意似乎违背了“法不强人所难”的原则，因为至少其中“法定的、合理的注意义务”应当是清楚、明确的，且有切实可行的操作方法。

**（二）排除情况**

为了限制商标“间接侵权”的扩大化认定，在经常适用“间接侵权”的电子商务领域，还存在“避风港原则”的救济，即《侵权责任法》第三十六条规定的“通知－删除”制度。但是，在本案中，既没有明确的法律法规界定旅游购物出口企业的义务，又没有类似“避风港原则”的救济，直接认定Z公司具有“主观故意”，构成间接侵权，未免过于严苛。笔者认为，对于商标间接侵权的认定应更为严格，而不应成为直接侵权的“兜底条款”。

**（三）责任边界**

近年来，随着我国经济形势的不断发展和变化，外贸交易形势也随之不断发生变化，一些新型外贸模式正在不断试点、提倡和推广，“旅游购物”（目前在义乌地区已发展为“市场购物”）便是其中极具代表性的一种，在一般出口贸易逐渐步入发展平缓期的情况下为外贸出口行业带来新的繁荣。然而作为一种新的经济变化产物，其也不可避免地带来一些法律问题，尤其是在知识产权的保护上，体现出一定的复杂性和监管难度。例如在本案中，“旅游购物”贸易的经营模式决定了参与其中报关、运输

---

① 王迁，王凌红：《知识产权间接侵权研究》，中国人民大学出版社2008年版，第3页。

等出口环节的主体数量较多，包括市场经营户、境外采购商、外贸公司、货运代理公司、报关行、仓储物流公司等。而报关、运输等出口环节发生在国内公开市场交易（即商品买卖行为）结束之后，对于前一交易环节，这些主体均没有法律法规赋予的监管权力，也没有检查判断货物是否侵权的能力，而且，由于“旅游购物”的货物大多为组柜拼货，根本无法逐一开箱验货。如果在海关抽检环节查验出有侵权货物，且认定出口代理公司应当承担出口侵权货物的行政责任以及商标侵权的民事责任，那么与之对应的，旅游购物各个环节中的其他参与者（如市场经营户、境外采购商、外贸公司、货运代理公司、报关行、仓储物流公司等）又应当各自承担什么样的责任呢?显然，对于商标权人（原告）来说，直接主张像Z公司这样的出口代理公司承担侵权责任最为便利，但这样做是否明显有失公平呢?

笔者认为，一方面，随着经济和外贸方式的多样化发展，在知识产权保护方面也面临着与时俱进的要求。如本案涉及的旅游购物贸易方式中，外国旅游者在中国公开市场采购到被控侵权的商品，其问题发生在市场流通环节，应依靠商标权人自行加大对公开市场的调查和维权力度，以及市场监管部门根据政策和实际情况相应调整监管要求。另一方面，“旅游购物”等新型外贸经营模式与传统经营不同，从事其中的不同主体其行为分工各不相同，承担的义务和责任也应当合理界定，并应划分合理的责任边界。

# 商标侵权及不正当竞争案分析

曾旻辉*

**摘要**：本文以广东华进律师事务所代理的案件——日本沙迪克株式会社诉沙迪克数控设备泰州有限公司等二被告商标侵权及不正当竞争一案为基础，分析了该案件最终获得85万元高额赔偿判决的三点原因，以期对商标侵权及不正当竞争类案件赔偿额举证工作有所裨益。

**关键词**：商标侵权及不正当竞争　赔偿额　商标知名度　知识产权强保护

沙迪克商标侵权与不正当竞争案由江苏省泰州市中级人民法院审理，原告沙迪克株式会社委托广东华进律师事务所代理诉讼，在原告律师的努力下，法官通过自由裁量，最终于2018年1月30日作出判决，要求被告支付原告高达85万元人民币的赔偿额，成为泰州市中级人民法院审理的商标侵权案件中赔偿额最高的案件（截至2018年4月20日）。本案对如何办理商标侵权案件具有非常重要的指导意义，尤其是为如何在此类诉讼中获得高额赔偿提供了具有建设意义的思路。

## 一、案件简介

沙迪克株式会社是日本公司，于2000年年初申请注册了商标“沙迪克”，该商标核定使用商品在第7类，其中包括数控机床等机械制造加工设备，而被告一沙迪克数控设备某有限公司制造并销售标有“沙迪克”商标的切割机床产品，被告二青岛某数控机床有限责任公司展出和推销该产品，故而形成本案。

从案情上看，本案事实清楚，证据充分，原告方提交的证据中，包括被告一在阿里巴巴上销售涉诉产品的公证书，原告购买涉诉产品的实物和销售单据，以及被告二在会展上展出涉诉产品的公证书，这些证据均被法院采纳。从认定侵权事实的角度

---

* 曾旻辉，广东华进律师事务所律师。

看，本案并不复杂，所以案件的难点在于，如何尽可能证明，对方侵权造成的损害较大，对方获利较多，并争取到较高的赔偿金额。

## 二、经验总结

为更好地分析本案，笔者搜索了泰州市中级人民法院自2014年6月开始所有公开的商标权侵权案件的判决书，从赔偿额的角度进行数据分析，整体的赔偿额从高到低分布如下：

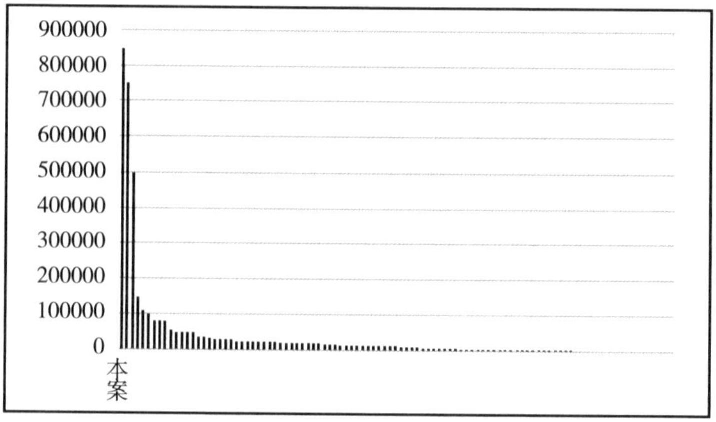


**图1　赔偿金额分布图**

而赔偿数额所占比重如下：

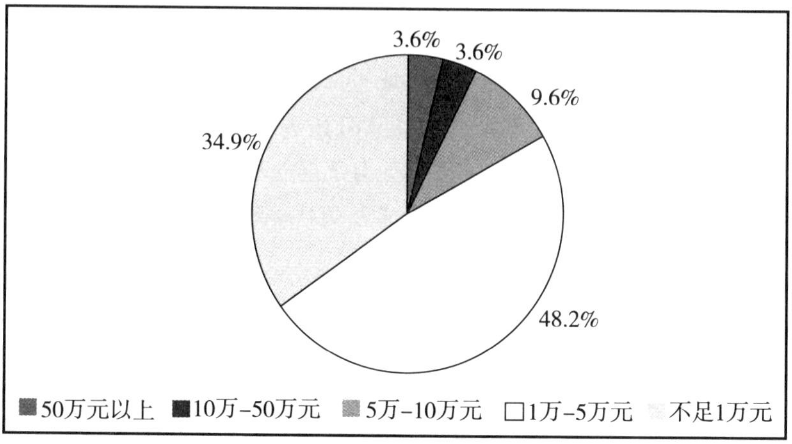


**图2　赔偿金额饼状图**

从2014年6月至2018年1月在中国裁判文书网上公开的83份涉及商标侵权的判决书中可以看出，算上本案，赔偿金额超过50万元的只有3件，占总体比例的3.6%，而赔偿金额不足5万元的有69件，占比83.1%。由此可见，一般情形下商标侵权案件的赔偿金额普遍不高。

造成这个结果主要有三点原因，笔者将进行逐一分析。

第一，很多商标侵权案件，原告方仅举证被告存在侵权事实，却不积极举证自己商标的知名程度和经营情况。在“沙迪克”商标侵权及不正当竞争案的判决书中，泰州市中级人民法院明确写道：“本院根据涉案商标的知名度……等因素确定两被告所应承担的赔偿数额。”可见涉诉商标的使用情况本身就是非常重要的一项因素。

与其他相似案件相比，本案在证据材料的准备上充分考虑了对商标知名度和实际经营情况的证明，本案的证据清单分为四个部分共计16项证据，其中证明商标知名度和实际经营情况的证据就有6项，而核心的证明侵权事实存在的证据也才只有8项。

同时，这6项针对商标知名度和实际经营情况的证据中，原告一方面列举了媒体发布的相关报道，在中国所获荣誉来证明商标的知名度和影响力；另一方面通过举证在中国投资设立公司的营业执照副本和原告在销售合同中对商标的使用，来证明商标的实际使用情况和公司的实际经营情况。这些证据从不同角度充分地展现了原告所有的“沙迪克”商标的影响力，从最后的判决结果和理由来看，这部分证据对最终赔偿金额的确定起到了非常关键的作用。

第二，在以往的商标侵权案件中，多数原告方起诉时只考虑了商标侵权这样一个角度，而没有考虑到商标侵权行为可能与不正当竞争发生竞合，从证明难度上说，商标侵权的证明难度比较低，这也是许多原告只从这个角度进行辩护的原因。一般而言，起诉对方商标侵权，原告需要证明自己依法享有商标专用权，被告实施了侵权行为，只要被告没有证据证明自己具有违法阻却事由，就可以成立商标侵权。但如果起诉不正当竞争，这还需要在原有证据的基础上，进一步证明被告具有主观上攀附的故意，以及侵权行为足以造成公众对商品来源发生混淆，所以起诉不正当竞争的难度相对更高。

但在多数情况下，原告无法举证自己因被侵权而遭受的实际损害，也无法举证被告实际获利情况，所以侵权的严重程度、被告是否具有主观故意等因素就成为法院裁量赔偿金额的关键，而如果法院能认定存在不正当竞争行为，则意味着能认定被告对侵权行为具有主观故意，侵权程度较为严重，从而在裁定判赔金额时适当提高。这一点在泰州市中级人民法院的过往判例中也有体现，同时起诉商标侵权和不正当竞争的案件，与只起诉商标侵权的案件相比，判赔金额明显更高。

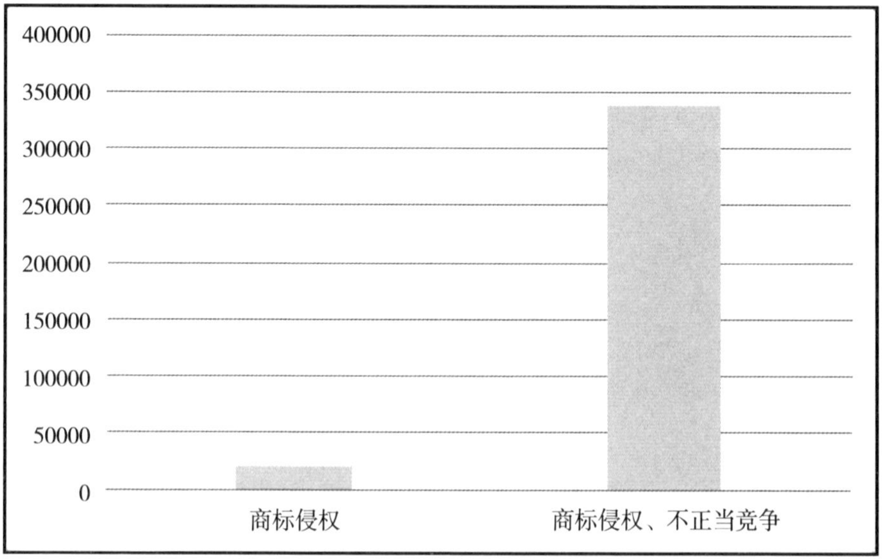


图 3　赔偿金额的平均值对比图

在本案中，原告律师为了证明被告一沙迪克数控设备泰州有限公司存在不正当竞争行为，提出了三项理由：其一，被告的企业名称构成，与原告方设立的公司名称结构相似；其二，被告公司所在地与原告设立的苏州沙迪克特种设备有限公司仅有两小时车程；其三，沙迪克三个字在中文中没有意义，被告如此使用明显具有攀附的主观故意。从判决来看，不止这三个理由被法院所采纳，法院还结合了原告商标在国内广泛的使用情况和巨大的影响力，判断被告知道或应当知道沙迪克商标，从而确定其具有明显的攀附故意。

第三，从大环境来说，我国对知识产权的保护工作虽然在持续不断地展开，但是在以前，保护的力度却有所不足，所以以往的判例中，判赔的金额相对不高。从泰州市中级人民法院判赔的金额来看，整体趋势在不断走高，这也是 2018 年 1 月宣判的“沙迪克”案能拿到 85 万元赔偿额的原因。

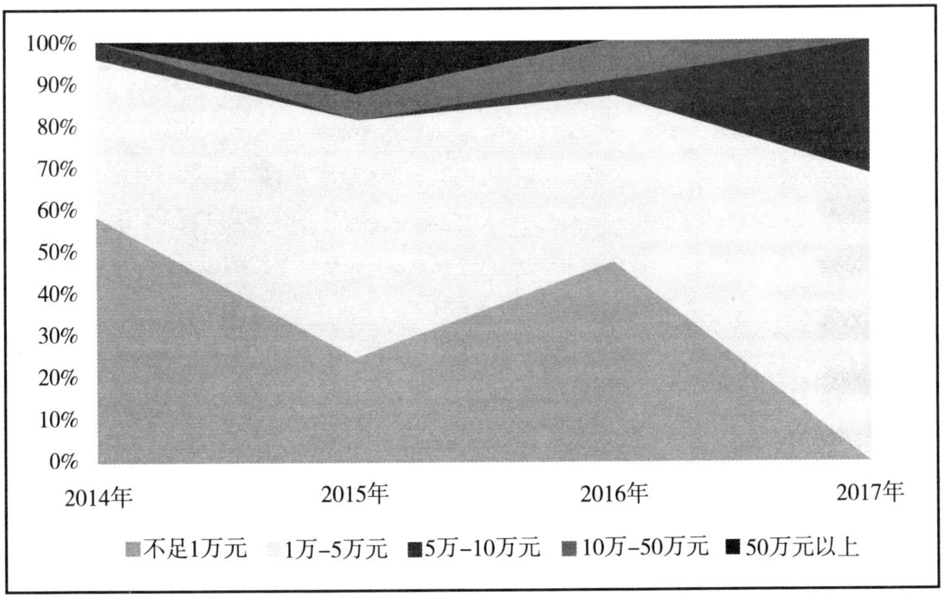


**图 4　每年判赔金额案件数百分比图**

从图中可以看出，2014 年判赔金额在 5 万元以下的案件数占比高达 90% 以上，而到了 2017 年，判赔金额在 1 万 ~ 10 万元的案件数量占据了全年案件数的绝大多数。虽然这只是统计了一个法院的数据情况，却也可以在一定程度上体现出我国知识产权保护的力度正在不断增强。

支持这一结论的，不只是对以往数据的分析。2018 年 4 月 10 日，博鳌亚洲论坛 2018 年年会在海南省博鳌开幕，国家主席习近平出席开幕式并发表题为《开放共创繁荣，创新引领未来》的主旨演讲。在演讲中，习近平讲到，在扩大开放方面，中国将采取的重大举措中，就包括要大力加强知识产权保护。其中，习近平专门指出："今年，我们将重新组建国家知识产权局，完善加大执法力度，把违法成本显著提上去，把法律威慑作用充分发挥出来。"可以预见，以 2018 年为标志，我国对知识产权的保护将迎来关键性的转折点，未来对于知识产权的保护力度将会更强，范围更广，对知识产权侵权案件的赔偿金额也一定会相应提高，从而更好地保护企业自主创新成果和市场的良性竞争。

"沙迪克"商标侵权及不正当竞争案之所以能获得 85 万元的判赔金额，是原告律师在案件的准备上花足心思、时代发展以及知识产权本身价值不断增高共同的结果。对本案的分析，有助于我们在未来的商标侵权案件，乃至于知识产权侵权案件的诉讼过程中，有的放矢地准备证据材料，争取面对案件时，不仅要打胜仗，而且要赢得漂亮。

# 浅谈《商标法》第四十四条第一款“以其他不正当手段取得注册”

舒　芳*

**摘要**：在注册商标无效宣告案件中，“以其他不正当手段取得注册”指的是以除欺骗手段以外的其他不正当手段取得注册的行为，这种行为损害的是社会公共利益与公共秩序。对于“其他不正当手段”的理解，会因为个案的不同存在较大的差异，这需要依赖案件的具体情况进行综合分析，而不仅仅是凭借其中某一种情形来径下判断。本文试区分不同情形，浅谈对于《商标法》第四十四条第一款“以其他不正当手段取得注册”的理解。

**关键词**：其他不正当手段　无效宣告　社会公共利益

《中华人民共和国商标法》（以下简称《商标法》）第四十四条第一款规定，已经注册的商标，违反本法第四条、第十条、第十一条、第十二条、第十九条第四款规定的，或者是以欺骗手段或者其他不正当手段取得注册的，由商标局宣告该注册商标无效；其他单位或者个人可以请求商标评审委员会宣告该注册商标无效。

该款法条所规定的内容，以宣告注册商标无效为结果导向，采用的方法有两种，一种是由商标局依职权进行宣告，另一种是由商标评审委员会依其他单位或者个人的申请进行宣告。依照该规定，注册商标存在以下三种情况将有可能被宣告无效：第一，违反了《商标法》第四条、第十条、第十一条、第十二条、第十九条第四款禁止作为商标使用的规定的；第二，在注册申请时采用了伪造注册文件等不当手段欺骗了商标注册管理机关的；第三，采用了除欺骗手段以外的其他不正当手段获得注册的。

从逻辑上讲，“以其他不正当手段取得注册”与禁止作为商标使用以及禁止采

---

* 舒芳，广东华进律师事务所律师。

用欺骗性手段所要表达的内涵以及所要保护的权益类似，针对的都是社会公共利益与公共秩序。而相比之下，“以其他不正当手段取得注册”作为一项兜底性的条款所涉及的范围更广，采用不正当手段的方法与形式更多，仅在其他实体性条款无法直接约束的情况下采用。但是，如此一来，将会引起一系列的问题：“其他不正当手段”具体包括哪些情形，如何进行判断？“以其他不正当手段取得注册”对注册商标宣告无效如何理解与适用？等等。

本文拟从“以其他不正当手段取得注册”的历史沿革、理解与适用以及问题与建议这几个方面浅谈对于《商标法》第四十四条第一款“以其他不正当手段取得注册”的理解。

## 一、“以其他不正当手段取得注册”的历史沿革

对于“以其他不正当手段取得注册”的规定最早可以追溯至1993年版《商标法》第二十七条和《商标法实施细则》第二十五条，彼时不仅将欺瞒商标注册管理机构，采取虚构、隐瞒事实真相或者伪造申请书及有关文件进行注册的行为视为“以欺骗手段或其他不正当手段取得注册”的行为，同时还将违反诚实信用原则，复制、模仿、翻译他人已为公众熟知的商标，未经授权、代理人以其名义将被代理人的商标进行注册以及侵犯他人合法的在先权利进行注册的行为也同样视为“以欺骗手段或其他不正当手段取得注册”的行为，这样使得“以欺骗手段或其他不正当手段取得注册”所涵盖的内容十分广泛，法律规定所维护的不仅包括社会公共利益，还包括特定民事权益。

2001年修改后的《商标法》第四十一条第一款虽然保留了对于“以其他不正当手段取得注册”的规定，但由于本条拆分为三款，对于“以其他不正当手段取得注册”的行为进行打击时所维护的权益已经限制在了社会公共利益的范围之内，与违反商标禁止使用条款的行为等同受到法律的约束，而对于特定民事权益的维护，单独以第四十一条第二款形式予以规定。可见，在立法上，针对注册商标的无效宣告（撤销）已经区分其本质上是出于对社会公共利益的保护，还是出于对特定民事权益的保护，二者适用的条款和前提并不相同，而将“以其他不正当手段取得注册”限于对社会公共利益的维护，不再扩大到特定民事权益之上。

2013年修改的《商标法》对2001年版《商标法》第四十一条再次进行了拆分，将第四十一条第一款单独作为第四十四条，将第四十一条第二款则单独列为第四十五条，其他实体性的规定大致相同。至此，对于注册商标提起无效宣告针对的

是社会公共利益还是特定民事权益以完全独立的两个法条相区分。

2019 年修改的《商标法》，将对于损害社会公共利益的注册商标提起无效宣告的法律依据进行了延展，增加了《商标法》第四条不以使用为目的的恶意注册以及第十九条第四款代理机构不得超出代理服务申请商标这两个实体性审核规定。

从“以其他不正当手段取得注册”法条的历史沿革中可以看出，我国逐渐重视以及加大力度对于社会公共利益进行保护，重视维护正常的商标管理以及市场竞争秩序，争取有效打击采用不正当手段进行商标注册的行为。

## 二、对“以其他不正当手段取得注册”的理解与适用

2010 年最高人民法院发布的《关于审理商标授权确权行政案件若干问题的意见》规定“以其他不正当手段取得注册”是指采用“除欺骗手段以外的其他扰乱商标注册秩序、损害公共利益、不正当占用公共资源或者其他不正当方式谋取不正当利益”的方式取得注册。该意见将“以其他不正当手段取得注册”的条款所保护的权益进行了明确，突出商标注册需要注重对于社会公共利益的保护。

2016 年，在商标局与商标评审委员会联合发布的《商标审查及审理标准》中对于“以其他不正当手段取得注册”给予了更为明确的定义，包括：(1) 系争商标申请人申请注册多件商标，且与他人具有较强显著性的商标构成相同或者近似的；(2) 系争商标申请人申请注册多件商标，且与他人字号、企业名称、社会组织及其他机构名称、知名商品的特有名称、包装、装潢等构成相同或者近似的；(3) 系争商标申请人申请注册大量商标，且明显缺乏真实使用意图的；(4) 其他可以认定为以不正当手段取得注册的情形。

从上述条文所列举的情形来看，情形 (1)(2) 规制申请注册多件商标且具有较为明显抄袭恶意的行为，其中情形 (1) 抄袭的是他人在先具有较强显著性的商标，而情形 (2) 抄袭的是除他人在先商标以外的其他在先名称权利，包括字号权、知名商品特有名称、包装、装潢等，情形 (3) 规制申请注册大量商标且商标本身明显缺乏真实使用意图的行为。上述三种情形在适用上略有不同，具体分析如下：

1. 情形 (1) 有两个并列的条件，既要求系争商标申请人申请多件商标，又同时要求多件商标与他人具有较强显著性的商标构成相同或近似。在这两个条件中，一方面“多件”并没有统一的数额标准，另一方面“较强显著性”也是一个相对主观的概念，二者必须密切相结合，若系争商标抄袭的商标显著性相对较低，那么“多件”的数额则相对要求更高，反之亦然。

例如，在第14613363号“九州万和”商标无效宣告案件中，系争商标申请人申请了40件商标，从数量上来看虽然不多，但是除了系争商标与他人知名品牌“万和”近似以外，系争商标申请人先后申请的“九州澳柯思”“九州格立”“九州华帝”“老回板上”“方回太上”“苹果”“三九阳天”“九州格栏士”“九州史密斯”“万回家回乐”等商品均与他人具有较强显著性的知名品牌近似，相关公众在看到这些商标时很容易将其与知名品牌相关联，从而产生误认与混淆。因此，商标评审委员会认为系争商标的注册扰乱了正常的商标注册管理秩序，有损公平竞争的市场秩序，适用“以欺骗手段或其他不正当手段取得注册”的规定予以无效宣告。

再如，在第16325862号“1号店yhd.com”商标无效宣告案件中，系争商标申请人名下有94件商标，其中包括“微博搞笑排行榜”“神庙逃亡”“饿了么”“应用宝”“花呗”“借呗”“天天果园”“58到家”“大众点评”“芝麻信用”“优步”“滴滴出行”等众多与他人知名品牌相同或近似的商标，且这些商标大多被他人提起异议未能获得核准注册或者被提起无效宣告被予以撤销，商标评审委员会认定系争商标申请人并未对其注册上述商标的意图或设计来源作出合理解释，这些商标的申请已明显超出了正常的生产经营需要，有攀附他人品牌以牟利的意图，故而适用“以其他不正当手段取得注册”的规定对系争商标予以无效宣告。

2. 情形（2）同样存在两个并列的前提：“多件”以及与他人在先字号、企业名称、知名商品特有名称、包装、装潢等除在先商标权以外的其他在先名称权利相同或近似。

该情形与情形（1）都对系争商标申请人名下的商标提出了“多件”这一要求，但是，两种情形下“多件”的标准并不一致。从理论上讲，情形（2）的“多件”在数量上要比情形（1）的“多件”更多，这主要是因为情形（1）的另一个前提，即商标本身具有“较强显著性”的要求更高，系争商标申请人名下的“多件”商标均与他人具有较强显著性的商标相同或近似已经能够很明显地体现出系争商标申请人的主观恶意，否则无法解释在偶然的情况下为何存在这么多相同或近似的巧合。而情形（2）的另一个前提，即抄袭他人除在先商标以外的其他在先名称权利并不像情形（1）一样要求具有这些在先权利具有那么高的强显著性，他人字号、企业名称有可能只是一个较为平常或普通的名称，相比之下达不到强显著性的要求。鉴于情形（1）较情形（2）而言，系争商标申请人的主观恶意更加明显，因此理论上对于两种情形下的“多件”商标的数量要求并不相同，相比之下，情形（2）较情形（1）需要的多件数量应该更多。但是，由于“多件”本身就是一个没有准确数值依据的概念，因此在实践中两种情况也不需要作出明确的区分。

情形（2）所涉及的除在先商标权以外的其他在先名称权利，除了《商标审理及审理标准》中所列举的他人字号、企业名称、社会组织及其他机构名称、知名商品的特有名称、包装、装潢以外，还可以包括地点、景点、建筑物等公共资源名称。例如，在第11679374号“灵隐”商标无效宣告案件中，除了系争商标以外，系争商标申请人还在多个类别上申请注册了上千件商标，其中包括南屏晚钟、雷峰夕照、断桥残雪、姚启圣等，这些商标并没有与他人具有较强显著性的商标近似，但是却与知名景点或者知名姓名相同，商标评审委员会判断系争商标申请人申请注册系争商标的行为已经违反了《商标法》第四十四条第一款“以……其他不正当手段取得注册”的规定，对于系争商标宣告无效。

3. 情形（3）要求系争商标申请人申请“大量”商标，这些商标不要求与他人在先具有较强显著性的商标相同或近似，也不要求侵犯了他人其他的在先姓名权利，但是需要体现出系争商标申请人明显缺乏真实使用的意图。在该情形中，系争商标申请人申请“大量”商标是一个重要的前提，而商标在数量上的要求要高于情况（1）（2）所要求的“多件”，这是因为在情形（1）与情形（2）中同时要求系争商标申请人所申请的其他商标侵犯了他人的在先商标权或者除在先商标以外的其他在先名称权利，而情形（3）的另一个要件，即“明显缺乏真实使用意图”是一个相对主观的判断因素，在很多情况下，只有当所申请的商标达到了一定程度的数量时，才可以判断出系争商标申请人明显缺乏真实使用的意图。

例如，在第13675000号“闪银”商标无效宣告案件中，系争商标申请人先后在45个类别注册了包括系争商标在内的共1049件商标，系争商标与他人在先商标的特有表现形式相同，且系争商标申请人曾表示过其注册系争商标的目的在于转让，具有明显的牟利目的。因此，商标评审委员会认为系争商标的注册扰乱了正常的商标注册管理秩序和正常的市场竞争关系，适用“以其他不正当手段取得注册”的规定对其予以无效宣告。

根据《商标审查及审理标准》的规定，如果系争商标申请人既无实际使用行为，也无准备使用行为，仅具有出于牟取不当利益的目的，积极向他人兜售商标、胁迫他人与其进行贸易合作或者向他人索要高额转让费、许可使用费、侵权赔偿金等行为的，可以判定其明显缺乏真实使用意图。在实践中，可以参照上述规定来判断系争商标申请人申请商标是否具有真实使用的意图。

例如，在第13378000号“布莱奥尼群岛 Brioniislands B 及图”商标无效宣告案件中，系争商标申请人名下虽然只有33件商标，与上述第13675000号“闪银”商标无效宣告案件中的系争商标申请人注册1049件商标的数量相差很多，但是，在该案件中，系争商标申请人曾与在先商标权利人就另一个“BRIONI”商标达成高额转让协议，协议中系争商标申请人明确承诺不会在相同类别申请近似商标，但实际上系争商标申请人却违背承诺，不但以自身的名义围绕同一申请人的相同或近似商标在其他类别进行反复多次申请，还假以关联公司名义同时进行反复申请，系争商标申请人的主观恶性十分明显，其行为明显违背了诚实信用原则，商标评审委员会认为系争商标的注册有损公平竞争的市场秩序，适用“以其他不正当手段取得注册”的规定予以无效宣告。

综合以上三种情形，判断系争商标是否构成以“以其他不正当手段取得注册”，可以考虑以下因素：

第一，系争商标与他人在先商标或除在先商标以外的其他在先名称权利的近似程度；

第二，他人在先商标或除在先商标以外的其他在先名称权利的显著性情况；

第三，他人在先商标或除在先商标以外的其他在先名称权利的知名度高低；

第四，系争商标申请人或其密切关联企业所申请的商标数量，以及这些商标是否与他人在先知名商标相同或近似，商标指定使用的商品或服务与系争商标申请人的经营范围是否匹配；

第五，系争商标申请人或其密切关联企业申请商标有无真实使用或者准备使用的意图；

第六，系争商标申请人或其密切关联企业是否具有其他主观恶意，包括但不限于囤积大量商标，或者抢注他人知名度高的商标以胁迫交易或索要高额的转让费，或者成功抢注商标后在海关备案以索取高额许可使用费、侵权赔偿金，等等。

## 三、“以其他不正当手段取得注册”在适用上存在的问题以及保护建议

首先，从无效宣告提起的程序来看，针对注册商标存在“以其他不正当手段取得注册”的情形，可以由商标局依职权直接宣告无效，也可以由商标评审委员会依其他单位或者个人的申请宣告无效。这两种不同的程序体现出了商标局与商标评审委员会作为不同职能部门在管辖权限与范围上的极大不同，《商标法》第二条也已经明确了，商标局主管的是全国商标注册和管理事宜，而商标评审委员会负责处理商标争议事宜。对“以其他不正当手段取得注册”的商标提起无效宣告，根本原因在于该商标的注册已经侵犯了社会公共利益，本质上属于商标管理的范畴，应属商

标局的职权范围。但是，由于商标局统管全国商标注册、管理工作，其工作范围庞杂，工作量很大，而我国每年的商标注册申请量居高不下，商标局无暇对于已注册商标进行审核。更何况，根据我国《商标法》的规定，商标局在对每一个商标提起注册申请时都会对其合法性进行初步审查，在存在审查前置的前提下，商标局更不会在商标注册成功后对其合法性问题再次进行审理。在此情形之下，使得商标局依职权提起无效宣告的法律规定形同虚设。事实上，在实践中也极少出现商标局依职权对已注册商标直接宣告无效的案例。

除此之外，商标评审委员会依其他单位或者个人的申请来审理无效宣告案件，通常需要一年至一年半时间，在这段审理期限内，即便商标最终被宣告无效，也很有可能商标权利人的合法权益已经受到了极大的损害。更何况，在司法实践中类似上述第 13378000 号“布莱奥尼群岛 Brioniislands B 及图”商标无效宣告案件中系争商标申请人那样反复申请、反复侵权的案例层出不穷，倘若每次都需要通过重启无效宣告程序来维权，不仅会造成公权力资源的极大浪费，也大大增加了维权成本，最后使得公共利益受到损害。

针对上述问题的存在，笔者建议可以考虑由商标局引入无效宣告前置程序，允许他人向商标局提出意见，由商标局依职权对于系争商标是否存在“以其他手段取得商标注册”的情形进行审查。同时，对于同一系争商标申请人或密切关联企业存在多次反复注册的情形，可以简化无效宣告审理程序，缩短审查周期，或者对于所申请的多件注册商标被无效宣告的系争商标申请人设置“黑名单”，从注册申请阶段就严格审查，对侵权人进行简而有效的打击。

其次，判断系争商标是否构成“以其他不正当手段取得注册”，需要同时考量系争商标申请人是否申请了“多件”或“大量”商标。而随着经济多元化的不断发展，企业对于知识产权的保护意识日渐增强，企业为了避免在商标使用过程中的更多风险也会积极注册更多的商标以期达到全面保护的目的，尤其是大量注册防御性保护的商标，这些商标的存在，极有可能使得商标申请人名下的商标数量达到“大量”的标准，在一定程度上加大了被判定构成“以其他不正当手段取得注册”的概率。

在“大量”申请商标注册的前提下，区别是否构成“以其他不正当手段取得注册”是商标局以及商标评审委员会审理无效宣告案件的重要工作，除了关注商标注册的数量以外，还要关注这些商标本身的来源与构成、是否具有抄袭嫌疑、是否都被其他主体提起异议或无效、是否具有囤积兜售行为，等等。判断系争商标是否构成“以其他不正当手段取得注册”，也不能仅限于关注系争商标申请人本人所申请注册的商标，还可以通过多种方式对与系争商标申请人有串通合谋行为或者具有特定身份关系或其他特定联系的主体进行考察，清晰、详细地对他们之间的关系、采取的手段、注册的商标等情况进行说明阐述，以论证系争商标申请人的商标注册行为是否存在不正当性。

最后，按照法条原意，对于“以其他不正当手段取得注册”的商标进行无效宣告针对的是已经获得核准注册的商标，对于未获核准注册的商标提出反对意见只能通过商标异议的形式，而“以其他不正当手段取得注册”并非商标异议的法定理由，其能否在异议案件中被直接适用并没有明确的规定。但是，从法理上讲，既然已经注册的商标发现出了错误需要纠正，为何不能在商标注册之前就予以防范？假如对于“以其他不正当手段取得注册”的行为能够事先制止，必将大大减少社会资源的浪费。

鉴于“以其他不正当手段取得注册”并非提起商标异议申请的法定条款，在异议案件中被直接采用的可能性很低，但对于异议案件中存在的“以其他不正当手段”提出的注册申请，审查员也应秉持打击恶意抢注、囤积商标行为的宗旨，将“以其他不正当手段取得注册”的立法精神运用到其他条款中。例如，在第17497027号“海花岛”商标异议案件中，商标局认为系争商标违背了《商标法》关于禁止以欺骗手段或其他不正当手段取得商标注册的立法精神，在审理中放宽对“类似商品”的法定要求，依据《商标法》第三十条规定对系争商标不予核准注册，严厉打击了恶意抄袭、囤积商标的行为，保护了异议人的合法权益。

上述异议案件很好地将“以其他不正当手段取得注册”的立法精神予以运用，同时也规避了该条款针对的是已经获得核准注册的商标这一条前提。但是，在少量的异议或不予注册复审案件中，若无其他实体性的条款能够引用，商标局也会直接适用“以其他不正当手段取得注册”这一兜底性的条款作为裁定不予核准注册的理由。例如，在第13939234号“BLENDING PASSION AND EXPERTISE SINCE 1886 W及图”商标不予注册复审案件中，被异议商标与在先权利人享有著作权的商标十分相似，且被异议商标申请人申请了多件知名商标，却未有合理解释，故，商标局以被异议商标的注册申请违反了《商标法》第四十四条第一款等规定为由宣布不予注册。

《商标法》第四十四条第一款“以其他不正当手段取得注册”是对商标注册秩序以及社会公共利益的保护，是《商标法》第七条诚实信用原则的具体表现。从该规定的历史沿革以及审理机关可以看出，相比较特定民事主体为维护自身合法权益提起无效宣告，针对“以其他不正当手段取得注册”行为提起无效宣告的主体更加广泛。在目前商标资源日益稀缺，抄袭商标、囤积商标的行为亦层出不穷的情况下，我们正确理解《商标法》第四十四条第一款“以其他不正当手段取得注册”背后所蕴含的法律精神及其适用的具体条件很有必要，这不仅有利于督促商标注册人在自身经营活动所需的范围内申请注册商标，还有利于促使社会公众更好地行使主人翁权利，严厉打击扰乱商标注册秩序、损害公共利益的不正当商标注册行为。

# 商标法衔接中商标评审案件“一事不再理原则”的法律适用

卜小军*

**摘要**：随着2013年商标法的颁布实施，商标评审案件类型较之2001年商标法进行了较大的调整，同时2001年《商标法》第四十二条的删除导致商评委、法院以及当事各方对“一事不再理”原则适用问题在2013年商标法实施适用过程中产生了不同的理解，本文通过对2013年商标法修订前后商标评审案件中“一事不再理原则”的法律适用冲突问题相关典型案例进行了深入的解读，并结合自身承办的相关案例对商标评审案件中“一事不再理原则”的法律适用原则冲突原因、分歧焦点、法律适用原则进行了厘清。

**关键词**：一事不再理　商标授权确权　商标无效宣告　不予注册复审程序　相同事实认定

国家知识产权局商标局（原国家工商行政管理总局商标评审委员会，以下简称商评委）作为行政机关，作出的商标授权确权行政裁决系对行政相对人作出的具体行政行为，一旦生效，即具有拘束力和确定力。行政相对人基于相同请求，以相同的事实和理由申请裁定，违反了“一事不再理”原则。① 商评委不应受理同一行政相对人提起的重复处理请求，任意改变已作出的具体行政行为。因此，“一事不再理”原则作为诉讼法的一项原则，同样也适用于对商标授权确权具体行政行为的评价。

在商标授权确权的行政程序中，商评委作为行政裁决的作出主体，依行政相对

---

* 卜小军，北京市立方（广州）律师事务所合伙人。

① 孔庆兵：《“一事不再理”原则在商标授权确权案件中的适用——评析赵彦明、赵艳梅与商标评审委员会、姚宏卿、哈尔滨市姚氏中医骨伤病研究所商标争议行政纠纷案》，载《中国知识产权报》2014年6月27日。

人的申请和答辩，对案件是否违反“一事不再理”原则负有审查义务。2013 年《商标法》第三次修订施行后，商标授权确权的程序和实体问题都涉及新旧法[①]的选择适用。2013 年《商标法》简化了商标授权确权程序，整合了 2001 年《商标法》中的异议复审程序和争议程序，设置了无效宣告程序，取消了与 2001 年《商标法》第四十二条相对应的条款。而在 2014 年《商标法实施条例》中则增设了第六十二条，该条规定：“申请人撤回商标评审申请的，不得以相同的事实和理由再次提出评审申请。商标评审委员会对商标评审申请已经作出裁定或者决定的，任何人不得以相同的事实和理由再次提出评审申请。但是，经不予注册复审程序予以核准注册后向商标评审委员会提起宣告注册商标无效的除外。”本条是针对商标评审案件中“一事不再理”原则的新的规定。

商标法关于“一事不再理”原则的变化规定，使得部分在 2001 年《商标法》下因各种原因申请评审撤销（含异议、异议复审、甚至争议申请等）程序失败的当事人，在 2013 年《商标法》下又以相同的事实和理由再次申请无效宣告。此种情形下是否应适用“一事不再理”原则，2013 年《商标法》和 2014 年《商标法实施条例》均未予以明确规定，实践中也存在不同看法。尤其是 2016 年至 2018 年前后，在商标授权确权行政诉讼案件中更是出现了多件涉及“一事不再理”原则法律适用并产生较大影响力和广泛关注的多起不同结论的判决。

在 2013 年商标法与 2001 年商标法衔接的过程中，应准确理解和适用“一事不再理”原则。为此，对于前后适用有哪些变化、相关判决结果存在哪些差异、“相同事实”如何认定都值得我们进行分析和总结。

## 一、商标法衔接中“一事不再理”原则的前后相关条款及规定变化

2001 年《商标法》第四十二条规定，“对核准注册前已经提出异议并经裁定的商标，不得再以相同的事实和理由申请裁定”。按照 2001 年商标法的规定，对初步审定的商标，自公告之日起三个月内，任何人均可以提出异议。对初步审定、予以公告的商标提出异议的，商标局应当听取异议人和被异议人陈述的事实和理由，经调查核实后，做出裁定，当事人不服的，可以依法向商评委申请复审，由商评委作

---

① 本文成文时 2019 年商标法尚未正式生效，本文中所称新旧法中的新法是指 2013 年《商标法》，旧法指 2001 年《商标法》，本文所论述的问题主要是 2013 年《商标法》修订后与此前旧法衔接过程中所产生的问题，在最新颁布实施的 2019 年修订商标法中未涉及本文所论述问题的条款修订内容。

出复审裁定，当事人对商评委的裁定不服的，还可以自收到通知之日起三十日内向人民法院起诉。

可见，在2001年《商标法》相关规定中，一个注册商标在完成其核准注册的程序之前，已经就异议人提出的理由和事实完成了其全部的行政和司法审查的程序。正是基于法律已经赋予了异议人完整充分的救济手段，并且对异议人的主体范围并没有任何限制，因此，任何单位和个人对核准注册以前已经在初步审定公告期间提出异议并经裁定的商标，又以同一事实和同一理由申请裁定，商评委不予受理就是于法有据，同时也是有必要的。

同样的，过于完备的救济手段，过于宽泛的异议人主体限制也导致了很多处于初审公告阶段的商标陷入了长期的行政授权确权案件纠纷中，尤其是导致后期出现了很多恶意异议申请案件。如此大量的异议案件，冗长的异议、异议复审及行政诉讼审查周期，既严重浪费了有限的司法审判资源，也严重阻滞了许多拟注册商标的核准注册，更严重违背了商标异议制度用于权利救济的立法初衷。

正是基于多种因素考虑，在2013年《商标法》第三次修订中对商标异议制度进行了较大幅度的修改，简化了商标异议程序，整合了2001年《商标法》中的异议复审程序和争议程序，设置了无效宣告程序。这也客观上导致了2001年《商标法》中第四十二条的“消失”，使得原先完备的异议救济程序根据异议决定结果的不同被分割为了两条不同的救济路径。一条路径是依据2013年《商标法》第三十五条第二款商标局做出准予注册决定的，发给商标注册证，并予公告。异议人不服的，可以依照本法第四十四条、第四十五条的规定向商标评审委员会请求宣告该注册商标无效。另一条路径则是依据2013年《商标法》第三十五条第三款商标局做出不予注册决定，被异议人不服的，可以自收到通知之日起十五日内向商标评审委员会申请复审。被异议人对商标评审委员会的决定不服的，可以自收到通知之日起三十日内向人民法院起诉。这种根据异议决定结果简化后的救济程序在极大减轻商标注册申请人正常商标申请受扰的同时，对于异议人提出异议申请程序、不予注册复审程序以及另外单独设立的无效宣告程序都提出了更高的要求。并且由于对异议人的主体范围作出了限制，有效地减少了恶意异议及复审案件的发生，同时也有效遏制了以相同事实和理由针对相同商标提出重复评审申请案件的数量。

由于2001年《商标法》第四十二条关于“一事不再理”的评审条款在2013年《商标法》中没有对应条款规定，而是在2014年《商标法实施条例》中第六十二条进行了规定，其中正是包含了对新旧《商标法》修订前后“一事不再理”原则过渡衔接的考虑。

## 二、商标法衔接中“一事不再理”原则在不同案件判决结果中的差异体现

2013 年《商标法》施行后，商标授权确权的程序和实体审查问题中，涉及新旧法的选择适用时，如何准确理解和适用“一事不再理”原则，实践中出现了不同看法。由于当事人对 2013 年《商标法》中新出现的不予注册复审程序及固有的商标异议复审程序的关系的不同看法，导致了对很多后续的评审案件是否构成“一事不再理”原则出现了不同适用意见。比如部分在 2001 年《商标法》下因异议失败未申请异议复审导致无法申请撤销的当事人，在 2013 年《商标法》下又以相同的事实和理由再次申请无效宣告；部分异议失败同时也申请过异议复审并失败的当事人，在 2013 年《商标法》下又以相同的事实和理由再次申请无效宣告；还有部分当事人认为 2013 年《商标法》和 2014 年《商标法实施条例》取消了异议人可以申请异议复审的权利，但赋予当事人在经异议、不予注册复审程序后，只要争议商标被核准注册，就仍然能够以相同的事实和理由向商标评审委员会申请无效宣告的权利。

而上述部分当事人所据此不同看法提起的商标评审案件在实践中也出现了各种不同的裁判观点。

一种审判观点认为，根据 2001 年《商标法》第三十四条规定，异议裁定已经生效，如果没有新的事实和理由，在 2001 年《商标法》的适用环境下，异议人受“一事不再理”原则的约束，不能再提起争议程序。在法律修改的衔接适用阶段，既不能因为法律的修订使当事人丧失救济途径，同样也不能因为将 2001 年《商标法》中的争议程序改为无效宣告程序，而使当事人获得额外的救济。因此，“一事不再理”原则同样适用。比较典型的案例如“每固”商标无效宣告行政纠纷案中，北京知识产权法院认为，2014 年《商标法》中取消了与 2001 年《商标法》第四十二条相对应的条款，系因为 2014 年《商标法》简化了商标授权确权程序，其整合了 2001 年《商标法》中的复审程序和争议程序，设置了无效宣告程序。对于异议不成立，商标局作出准予注册裁定的，异议人不服，可以向商标评审委员会请求宣告该注册商标无效，因而不再受到异议阶段的理由限制。诉争商标“每固”申请时间为 2009 年 3 月 19 日，2010 年 5 月 6 日初步审定公告。在公告期内，2010 年 6 月 1 日美固公司向商标局提交异议申请，被商标局裁定异议不成立，针对商标局的裁定，美固公司并未提出复审申请。根据 2001 年《商标法》第三十四条规定，异议

裁定已经生效。如果没有新的事实和理由，在2001年《商标法》的适用环境下，异议人美固公司受一事不再理原则的约束，不能再提起争议程序。在法律修改的衔接适用阶段，既不能因为法律的修订使当事人丧失救济途径，同样也不能因为将2001年《商标法》中的争议程序改为无效宣告程序，而使当事人获得额外的救济。因此，一事不再理的原则同样适用。被告商标评审委员会仅仅从异议程序与无效宣告程序是两个不同的程序进行的答辩，不能采纳。[①] 北京知识产权法院审理的（2015）京知行初字第378号“猫人秘密 MAORENMIMI”商标行政纠纷案中也都坚持了该观点。

另一种审判观点认为，与2001年《商标法》相比，2014年《商标法实施条例》对“一事不再理”原则的规制范围有所限缩，未经商标评审委员会审理的争议商标，申请人再次提出评审申请的，并不违反“一事不再理”原则。比较典型的案例如“天顺德”商标行政纠纷案件的二审判决中，北京市高级人民法院认为，“2014年商标法实施条例第六十二条仅规定经商标评审委员会审理的诉争商标，除对经不予注册复审程序予以核准注册商标提起无效宣告请求外，其他事由应遵守一事不再理原则。该条与2001年商标法第四十二条相比，一事不再理原则的规制范围有所限缩，未经商标评审委员会审理的争议商标，申请人再次提出评审申请的，并不违反一事不再理原则”。[②] 在此后的“王麻子”商标行政纠纷案、[③]“三剑客”商标行政纠纷案、[④]“福湘建森”商标行政纠纷案[⑤]等案件中，北京市高级人民法院完全坚持了“天顺德”商标行政纠纷案件判决中的观点。

还有一种审判观点认为，2014年《商标法实施条例》第六十二条后半段规定的情形，仅针对商标局不予注册的情形，权利人可以提出不予注册复审，并在商标评审委员会予以注册后，可以提起无效宣告程序。笔者经办的代理原告广州泓美化妆品有限公司与被告商评委、第三人美国宝洁公司有关“伊卡露诗”商标无效宣告裁定行政诉讼中正是此种观点的直接体现。原告广州泓美化妆品有限公司于2009年11月2日申请了第7801543号“伊卡露诗”中文商标，后在初审公告期间被第三人宝洁公司以该商标与其第1347603号“伊卡璐”引证商标构成2001年《商标

---

① （2015）京知行初字第4679号。

② （2017）京行终503号。

③ （2017）京行终1835号。关于该案的评述，可以参见周波：《“一事不再理”原则在新商标法中的适用》，载《中华商标》2017年第7期。

④ （2017）京行终2506号。

⑤ （2017）京行终2507号。

法》第二十八条规定的近似商标为由提出异议申请，2012 年 9 月 18 日商标局下发异议裁定，裁定第三人异议理由不成立，系争商标与引证商标不构成近似商标。2012 年 10 月 31 日，第三人不服异议裁定，以系争商标与引证商标构成近似商标为由提出异议复审申请。2013 年 12 月 30 日，商标局下发异议复审裁定，认定复审商标（即本案系争商标）与引证商标（同本案）不构成近似商标，系争商标予以核准注册。2015 年 4 月 27 日，第三人宝洁公司又根据 2013 年《商标法》以与异议复审程序中基本相同的事实依据和理由向商评委提出无效宣告申请。2016 年 5 月 19 日，商评委作出商标无效宣告请求裁定书，裁定诉争商标予以无效宣告。本案中，北京知识产权法院一审判决认为 2014 年《商标法实施条例》第六十二条后半段规定的情形，仅针对商标局不予注册的情形，权利人可以提出不予注册复审，并在商评委予以注册后，可以提起无效宣告程序，这是对商标局和商评委相互不同意见的特殊程序安排，也是对异议人无法提起行政诉讼的一种补偿救济程序，是“一事不再理”原则的例外规定，故除这种情况外，其余均应适用“一事不再理”原则。本案异议程序和异议复审程序的结果均是予以注册，商评委已经实体审理过，再次审理明显有违《商标法实施条例》第六十二条的本意。商评委的答辩意见认为异议复审程序与无效宣告程序，是不同的程序阶段，故不适用“一事不再理”规则，该答辩理由缺乏法律依据。①

本案判决对部分观点认为“2013 年《商标法》和 2014 年《商标法实施条例》取消了异议人可以申请异议复审的权利，但赋予当事人在经异议、不予注册复审程序后，只要争议商标被核准注册，就仍然能够以相同的事实和理由向商评委申请无效宣告的权利”的这种观点意见给出了明确否定的答案。

通过对上述不同案例裁判观点的分析，我们可以发现，在新旧商标法衔接中，“一事不再理”原则在不同案件判决结果的差异体现的根源在于新旧法对于异议复审程序，不予注册复审程序、无效宣告程序定义的实质内容、范围前后发生的变化，以及此前对相同评审案件程序的固有认知的“画等号”错误延续造成的。具体分析新旧商标法修订前后的变化，可以看出 2001 年《商标法》规定的异议复审程序是双方都可以提的，2013 年《商标法》则变成了根据异议结果一方可以提无效宣告，一方可以提不予注册复审。部分业内观点将 2001 年《商标法》的异议复审程序直接与修改后的 2013 年《商标法》中的不予注册复审程序画等号，是造成后

① （2016）京 73 行初 3502 号，本案入选第三届广东十大涉外知识产权典型案例，同时入选 2018 年度广东知识产权保护推荐典型案例，荣获广州市律师协会 2018 年度业务成果奖。

续重复评审申请时触及“一事不再理”原则适用的一个重要原因。这种画等号行为完全忽略了2001年《商标法》异议复审程序可以针对核准注册的结果提起的情况，而在2013年《商标法》中，该部分异议复审程序案件是不存在的，而是直接规定通过无效宣告程序进行救济。恰恰因为修订后的不予注册复审程序仅仅是针对经异议程序中未核准注册的那部分商标异议案件所提起的，因此，可以看出，新旧商标法修订前后两种案件程序既有范围重叠的部分又有明显的区别，固化的认为此前的异议复审程序与修订后的不予注册复审程序画等号的观点显然是不成立的。所以，如果适用2001年《商标法》异议复审程序是针对此前异议程序核准注册的结果提起的，则相当于修订后的2013年《商标法》第三十五条第二款的规定即针对已注册商标提起的无效宣告程序，而这恰恰是2014年《商标法实施条例》中第六十二条第二句第二种情形所规定的应当不予受理的案件类型。

因此，只有在对商标法前后修订的具体框架条款都有清晰的认知的情形下，对于商标评审案件中是否构成“一事不再理”问题才能有更清晰的认识和理解，对其适用案件类型及范围也才能有更清晰的界定。

## 三、对商标评审案件中“一事不再理”原则中“相同的事实”的认定

除了前述对新旧商标法衔接中“一事不再理”原则的案件类型、适用范围问题有不同观点以外，适用商标评审案件中“一事不再理”原则在实务中存在的另一个争议最大的问题是如何理解在先无效请求的既判力。首当其冲的问题，则是对于“相同的事实”的认定。这也是“一事不再理”原则中对“一事”是否属于“相同的事实”如何理解的问题。

对于评审事实的认定，概无例外均需要证据予以支持。因此，对于所谓“相同的事实”的认定，焦点往往集中在对在案证据的甄别和判定上。进言之，由于可作为认定事实的证据必然是符合三性要求的有效证据，因此涉及的法律问题可转化为：具有何种证明力的证据足以形成新的事实？

有观点认为，凡当事人在后无效宣告请求重新提出的，但在之前无效程序中的举证期限内递交未被质证的证据、在之前评审程序中主动放弃的理由或证据、商评委在先审查决定中未进行实质审查评断的理由和证据、未在之前评审程序法定期限内针对所提出的理由结合证据进行过全面客观说明等情形，其相关事实的法律关系尚未被商评委作出过认定和判断，并未产生实质上的确定力和拘束力。因此，上述

情形均可以考虑并明确为不适用“一事不再理”原则，从而避免对于该原则的僵化理解，更有效地维护无效宣告审查裁定的严肃性和权威性。[①] 笔者认为该观点是值得商榷的。

在前述“每固”商标无效宣告纠纷案件二审中，北京市高级人民法院认为：根据2001年《商标法》第四十二条的规定，可以看出，“相同的事实和理由”是一事不再理的条件。根据查明的事实，2012异裁第39012号裁定载明的理由中，将被异议商标“每固”与美固公司引证于类似商品上在先注册的“美固”商标进行对比。而美固公司提出宣告无效的理由增加了引证商标“美固钉”，同时，补充提交了诉争商标“每固”核准注册前，引证商标“美固”和“美固钉”的使用证据，与2010年提出异议的事实和理由均发生了变化，被诉裁定亦依据引证商标一、二对诉争商标是否属于2001年《商标法》第二十八条规定的情形进行了审理和认定，故本案不属于一事不再理的约束范围。鉴于沪唐公司在无效宣告行政审查阶段的答辩中并未明确提出一事不再理的主张，商标评审委员会针对与2012异裁第39012号裁定不同的事实和理由进行审查并做出被诉裁定，没有错误。[②]

另外在最近比较受关注的第3574427号“国美GUOMEI”商标无效宣告案中，商评委认定对于一个在先已有生效裁定的案件，并非只要提交了不同于前一程序的证据就可以认为构成了“新的事实”。新的事实应该是以新证据证明的事实，而新证据应该是在原裁定之后新发现的证据，或者确实是在原行政程序中因客观原因无法取得或在规定的期限内不能提供的证据。

在前述笔者代理的原告广州泓美化妆品有限公司与被告商评委、第三人美国宝洁公司有关“伊卡露诗”商标无效宣告裁定行政诉讼中，法院判决认定不能仅根据证据的差异即认定是否构成“新的事实和理由”，对明显不属于原裁决之后新发现的、新产生的证据，不应予以考虑。本案中，2001年《商标法》第二十八条适用时，商标评审委员会在商标近似性方面考虑了诉争商标和引证商标的使用情况，第三人宝洁公司提交的大量证据也是诉争商标申请日前后的引证商标的使用证据，这些证据明显不属于原裁决之后新发现的、新产生的证据，也并未举证证明这些证据属于在原行政程序中因客观原因无法取得或在规定的期限内不能提供的证据，因此，不能认定第三人宝洁公司在无效程序中关于2001年商标法第二十八条的证据

---

① 胡刚：《“一事不再理”原则在商标无效宣告确权案件中的适用》，载《中华商标》2016年第7期。

② （2015）京知行初字第4679号。

提交情况构成“新的事实和理由”。[1]

《最高人民法院关于适用〈中华人民共和国民事诉讼法〉的解释》第二百四十八条（裁判发生法律效力后，发生新的事实，当事人再次提起诉讼的，人民法院应当依法受理）所称“新的事实”，特指生效判决发生法律效力之后，即其既判力基准时之后发生的事实，“不是原生效判决未查明或涉及的事实，不是当事人在原审中未提出的事实。原审结束前就已存在的事实，当事人应主张而未主张的事实，不属于新的事实”。[2]《最高人民法院关于审理商标授权确权行政案件若干问题的规定》第二十九条规定，当事人依据在原行政行为之后新发现的证据，或者在原行政程序中因客观原因无法取得或在规定的期限内不能提供的证据，或者新的法律依据提出的评审申请，不属于以“相同的事实和理由”再次提出评审申请。

从上述案例中法院对于新的事实的认定及相关法律及司法解释规定可以看出，新的事实应该是以新证据证明的事实，而新证据应该是在裁定或者决定之后新发现的证据，或者确实是在原行政程序中因客观原因无法取得或在规定的期限内不能提供的证据。如果将本可以在以前的行政程序中提交的证据作为新证据接受，就会使法律对启动行政程序事由的限制形同虚设，不利于形成稳定的法律秩序。商评委以及人民法院对商标评审案件事实的认定，必须要以具有充分证明力的证据作根据。只有在证据的“质”和“量”均达到足以使商评委或法院的审理或裁判人员针对具体案情，能够根据经验法则、逻辑规则和自己的理性良心进行自由判断形成内心确信，才有可能认定新提交的证据形成“新的事实”。

## 四、结语

商标确权制度的设立，在于解决纷争，稳定秩序。在程序设计上，既要有利于公正地解决纠纷，也要保障效率、减少成本，从而实现程序经济。只有在稳定的权利状态下，商标权利人才可能放心地就所持有的商标进行经营。从新旧商标法衔接中“一事不再理”原则的前后相关条款规定变化可以看出，在不同评审程序之间，并不必然不适用“一事不再理”原则。“一事不再理”原则既有着法律的安定性的要求属性，也同时督促当事人积极有效地行使权利。“法律不保护躺在权利上睡觉的人”，若当事人怠于行使权利，则不应获得额外的救济，这种怠于行使权利不仅

---

① （2016）京73行初3502号。

② 沈德咏：《民诉法解释理解与适用》，人民法院出版社2015年版，第637页。

仅是表现在放弃后续评审程序的救济，同时也包括放弃后续行政诉讼程序的救济手段。同时也不会因法律衔接规定的疏漏或模糊，而赋予当事人额外的救济权利，进而造成已经发生法律效力的审查结果重新处于效力待定的法律状态，甚至裁决出现前后矛盾，则无论从商标法还是从程序公平的角度来讲，均显属不当。如同罗尔斯所言，“一种程序正义之所以称为程序正义，就是因为它能产生一种公平的结果，否则它就不是一种正义的程序，程序的正义依赖于实质的正义”，而如何能在两者之间达成动态平衡并获得最佳社会效益当是法律人永恒的追求。

# “深辉伟业”商标无效行政诉讼案例评析

范锦清[*] 黄爱静[**]

**摘要：**在商标无效宣告案件中，请求人以近似商标为由提起无效宣告的，商标评审委员会重点考虑的内容是商标是否构成相近似。考虑商标是否相似的因素包括哪些？本案二审法院就商标相似性的判断给出了全面的标准，非常具有参考价值。更为难得的是二审法院与类似判决的观点保持了一致，这对办理同类案件也具有指引性。

**关键词：**商标无效 商标相似判断 类似判决一致性

## 一、案件当事人

上诉人（原审第三人）：广州市某正木制品有限公司（以下简称某正公司）。

被上诉人（原审原告）：深圳市南方某利安阻燃消防材料有限公司（以下简称南方某利安公司）。

原审被告：国家知识产权局。

## 二、主要事实和证据

某正公司拥有“伟业牌”商标及“伟业 WEIYE TIMBER 及图”两个商标，南方某利安公司在某正公司两商标申请及使用后，申请注册了“深辉伟业”商标。就南方某利安公司的“深辉伟业”商标是否应当宣告无效问题，经历了商标评审委员会无效宣告阶段、北京知识产权法院行政诉讼一审阶段及北京市高级人民法院行政诉讼二审阶段，具体认定的相关依据如下。

---

* 范锦清，广东红棉律师事务所律师。

** 黄爱静，广东红棉律师事务所律师。

**（一）诉争商标与两引证商标的基本情况**

2002年5月20日，某正公司申请注册第3181608号"伟业牌"商标（以下简称引证商标一，商标图样见附图）。商标核定使用的商品为第19类"半成品木材、建筑用木材、胶合板、三合板、地板、木板材条、制模用木材、厚木板（建筑用）、木屑板"。

2004年11月2日，某正公司申请注册商标第4342002号"伟业 WEIYE TIMBER及图"（以下简称引证商标二，商标图样见附图）商标核定使用的商品为第19类"半成品木材、建筑用木材、胶合板、三合板、地板、木板材条、制模用木材、厚木板（建筑用）、木屑板"。

2012年11月16日，南方某利安公司申请注册本案诉争第11755885号"深辉伟业"商标（商标图样见附图），商标核定使用的商品为第19类"木材、胶合板、建筑用木材、木地板、石膏板、瓷砖、非金属耐火建筑材料、非金属建筑材料、非金属建筑物、涂层（建筑用）"。

**（二）商标评审委员会无效宣告的情况**

2017年2月9日，某正公司对诉争商标提出了无效宣告请求，理由为：1."伟业"系列商标为申请人独创并最先使用；2. 伟业系列商标经过某正公司的长期使用和广泛宣传已经具有了较高的知名度和影响力；3. 诉争商标与某正公司引证的商标一、二构成使用在相同类似商标上的近似商标；4. 南方某利安公司申请注册争议商标具有明显的恶意；5. 诉争商标的核准注册及使用造成了消费者的混淆和误认，并产生众多不良后果。

某正公司向商标评审委员会提交了以下主要证据：1. 某正公司的银行开户证明、税务登记证；2. 某正公司在先商标档案及注册证；3. 某正公司企业简介；4. 某正公司及引证商标所获荣誉；5. 某正公司企业所获资质；6. 某正公司购销合同及发票；7. 引证商标广告宣传合同及宣传图片；8. 引证商标被侵权情况；9. 在先类似案件裁定书及法院判决书；10. 其他证据。

南方某利安公司在商标评审委员会阶段答辩的主要理由为：某正公司所提交的证据不足以证明其引证商标具有极高的知名度和影响力，以及南方某利安公司注册诉争商标具有主观恶意。诉争商标与引证商标一、二未构成类似商品上的近似商标。其他类似情况已经核准注册。

南方某利安公司向商标评审委员会提交了以下主要证据：1. 商标使用许可授权书及被授权人营业执照复印件；2. 2014－2017年购销合同及发票复印件；3. 产品检验报告原件；4. 产品包装照片复印件；5. 李纪辉先生身份证明文件复印件。

2017 年 11 月 23 日，商标评审委员会作出裁定：对诉争商标予以无效宣告。理由主要是诉争商标系无其他构成要素的中文商标，整体以普通印刷字体形式出现。诉争商标完整包含了引证商标一、二的显著部分“伟业”，在文字构成、呼叫等方面构成近似商标。诉争商标核定使用的商品，与引证商标一、二核定使用商品的销售场所、消费对象基本相同，功能用途具有较大关联性，南方某利安公司与某正公司同处于广东省，若诉争商标与引证商标一、二共存于上述商品上极易导致相关消费者对商品来源产生误认和混淆，故诉争商标与引证商标一、二已经构成 2001 年《商标法》第二十八条所指的在使用类似商品上的近似商标。依据 2001 年《商标法》第二十八条，2014 年《商标法》第四十四条第一款、第三款和第四十六条及《商标法实施条例》第六十八条的规定，裁定对诉争商标予以无效宣告。

### （三）北京知识产权法院行政诉讼一审情况

南方某利安公司不服，向北京知识产权法院提起行政诉讼，请求法院撤销被诉裁定，并责令商标评审委员会重新作出裁定。其理由为：1. 诉争商标与引证商标一、二在文字构成、呼叫、含义等方面存在区别未构成近似商标。2. “伟业”含义是伟大的业绩，在商业领域是通用词，已被各行各业众多企业作为商标使用，属于公共资源，不能对其给予过强保护。3. 诉争商标为原告独创在先使用，经过多年的使用和宣传已经取得很高的知名度，相关消费者可以将其与两引证商标区分开，不会导致混淆误认。

商标评审委员会答辩称，被诉裁定认定事实清楚，适用法律正确，程序合法，请求法院驳回原告的诉讼请求。

某正公司陈述称，同意被诉裁定，请求法院驳回南方某利安公司的诉讼请求。

根据以上事实及证据，北京知识产权法院认为，争议焦点在于诉争商标与引证商标一、二是否构成使用在相同、类似商品上的近似商标。“伟业”一词含义为“伟大的功业”，被广泛使用于企业字号及商标中作为后缀，寓意事业取得巨大成功，本身识别较弱。诉争商标与引证商标一、二虽然均包含了汉字“伟业”，但诉争商标中“深辉”二字的显著性显然高于“伟业”，消费者在隔离比对时识别注意力主要在于“深辉”二字，不易与两引证商标混淆，故诉争商标与引证商标一、二不认定为近似商标。此外根据南方某利安公司提交的证据可以认定，诉争商标在获准注册后已投入实际使用，并于 2018 年获评中国中轻产品质量保障中心“中国著名品牌”和“中国 3. 15 诚信企业”等荣誉，具有较高知名度，与两引证商标形成了稳定的市场格局。根据以上理由，北京知识产权法院认定南方某利安公司的起诉理由成立，对其诉讼请求予以支持。

### （四）某正公司上诉情况

某正公司不服一审判决，向北京市高级人民法院提起上诉，请求撤销原判决。主要上诉理由：1. “伟业”系列商标系某正公司独创并最先使用，原审法院认定商标识别性低没有依据；2. 引证商标经过某正公司长期使用和广泛宣传已经具有了较高知名度和影响力；3. 原审法院认定混淆可能性时未考虑引证商标的知名度；4. 诉争商标的注册明显具有恶意。

国家知识产权局（国家工商行政管理总局商标评审委员会在二审审理过程中已经并入国家知识产权局）、南方某利安公司服从原审判决。

二审过程中，某正公司提交了以下证据：1. 南方某利安公司与深圳市伟正木制品公司的企业注册信息，用以证明上述公司曾属于同一投资人；2. 民政部在网上公布的涉嫌非法社会组织名单，该名单载有中国中轻产品质量保障中心，用以证明诉争商标所获荣誉属于虚假事实。

此外，某正公司还递交了北京市高级人民法院作出的（2016）京行终 2971 号生效判决，该判决认定深圳市伟正木制品有限公司第 10684439 号“深正伟业”商标与某正公司在先“伟业牌”商标构成使用在第 19 类木地板等商品的近似商标，应予以无效宣告。

## 三、争议焦点

1. 诉争商标“深辉伟业”与引证商标一“伟业牌”，引证商标二“伟业 WEIYE TIMBER 及图”是否构成近似商标。

2. 诉争商标的无效宣告是否符合法律规定。

## 四、法院认定

北京市高级人民法院认为判断诉争商标与引证商标一、二是否构成近似商标应考虑以下因素：1. 与在先关联案件司法裁量的一致性。诉争商标与北京市高级人民法院作出（2016）京行终 2971 号生效判决所涉的第 10684439 号“深正伟业”商标均为四字结构，一字之差，两标同一年申请，主体关联（两商标的申请人系同一投资人），均核定使用在第 19 类的木地板等商品上，在无新的事实和理由的情况下，对诉争商标的注册审查应当考虑关联案件的司法认定。2. 原审法院认定诉争商标具有较高知名度的主要证据是诉争商标获评中国中轻产品质量保障中心“中国著名品牌”和“中国3.15诚信企业”等荣誉，但在二审过程中某正公司已提交证据证明出具上述荣誉的中国中轻产品质量保障中心涉嫌非法社会组织。3. 诉争商标注册申请时，各引证商标已有一定知名度。南方某利安公司与某正公司作为同省同行经营者，对引证商标应为知晓，仍在统一类似商品上注册诉争商标，该行为难谓正当。4. 一审法院未考虑引证商标一、二知名度，单方考虑诉争商标使用情况，与无效宣告案件司法审查制度不符。在案证据可以证明引证商标一、二在诉争商标申请日前已经使用具有一定知名度，诉争商标的使用行为不足以形成各引证商标区分的市场格局。

因此二审法院认为，诉争商标若与引证商标一、二共同使用于市场，相关公众施以一定的注意力时，不易将两者区别，容易对商品来源产生混淆误认。故诉争商标与引证商标一、二分别构成使用在同一种或者类似商品上的近似商标。原审判决认定不当，应予纠正。某正公司的相关上诉理由成立。

最终北京市高级人民法院判决如下：撤销北京知识产权法院（2017）京73行初538号行政判决；驳回深圳市南方某利安阻燃消防材料有限公司的诉讼请求。

## 五、律师解析

### （一）本案的法律适用

本案诉争商标第11755885号“深辉伟业”商标最终被无效宣告的法律依据是2001年《商标法》第二十八条的规定，即申请注册的商标，凡不符合本法有关规定或者同他人在同一种商品或者类似商品上已经注册的或者初步审定的商标相同或者近似的，由商标局驳回申请，不予公告。这也是商标审查的基本原则，更是商评委、一审法院、二审法院作出裁定及判决的依据。本案一审法院作出的判决与商评委及北京市高级人民法院作出的判决不一致的原因是在商标相同或者近似方面的理解存在不一致。

### （二）一般情况下如何判断商标近似

商标近似，是指商标文字字形、读音或者图形的构图及颜色，或者其各要素组合后的整体结构相似，或者其立体形状、颜色组合相似，易使相关公众对商品或者服务的来源产生误认或者认为其来源存在某种特定联系。判断商标是否构成相似，除了要考虑整体近似程度以外，还要考虑商标的显著性和知名度、商标申请的意图、商标使用情况以及是否容易混淆等。

### （三）本案如何认定诉争商标与引证商标是否构成相似

本案从与在先关联案件司法裁量的一致性、诉争商标没有证据证明其知名度、诉争商标注册时，引证商标已经具有知名度、原审法院未考虑引证商标的知名度，单方考虑诉争商标的情况，与无效宣告的司法制度不相符合四个方面进行了考虑，并且结合商标使用者属于同省同行业经营者，申请诉争商标不具有正当性方面，从而认定商标构成相似，容易导致相关公众混淆误认。

**（四）本案亮点**

本案亮点在于人民法院考虑了本案与在先关联案件司法裁量的一致性，这是比较少见的。代理人认为人民法院之所以考虑了本案与在先关联案件司法裁量的一致性，有以下原因：

1. 提出申请的人相同，诉争商标"深辉伟业"与关联商标"深正伟业"的无效宣告申请人均为某正公司。

2. 实际使用人相同，诉争商标"深辉伟业"与关联商标"深正伟业"实际使用人均为广州市某正木制品有限公司。

3. 商标组成的方式相同，诉争商标"深辉伟业"与关联商标"深正伟业"的组成方式均为将"伟业"二字作为后缀，不同的是"正"与"辉"二字。

4. 使用的市场基本相同，诉争商标"深辉伟业"与关联商标"深正伟业"使用的市场主要在珠三角，也就是上诉人引证商标的核心竞争市场。

5. 所使用的证据基本相同，诉争商标"深辉伟业"与关联商标"深正伟业"用以无效所使用的证据基本相同。

6. 诉争商标"深辉伟业"与关联商标"深正伟业"申请时间及核准注册时间基本相同。关联商标"深正伟业"2012 年 3 月 27 日提出申请，2013 年 5 月 28 日被核准注册；诉争商标"深辉伟业"2012 年 11 月 16 日提出申请，2014 年 4 月 28 日被核准注册。

7. 诉争商标"深辉伟业"与关联商标"深正伟业"使用的类别及范围基本相同。关联商标"深正伟业"曾被核准使用在第 19 类木材、木地板等商品上；诉争商标被核准使用在第 19 类木材、木地板上，与无效商标基本一致。

8. 适用的法律相同。

综上，在处理商标无效宣告案件过程中，应当严格按照法律规定进行。在法律适用时应当结合法律的规则、原则及每一个案件的具体情况作出判断，同时还可以考虑在先类似的案例。这样，作为商标无效代理人才能更好、更全面地把握案件，从而实现委托人的最大合法权益。

附图：

伟业牌

（引证商标一）
第 3181608 号商标

WEIYE TIMBER
伟业

（引证商标二）
第 4342002 号商标

深辉伟业

（诉争商标）
第 11755885 号商标

# 从被诉假冒注册商标罪到判决销售假冒注册商标的商品罪（未遂）的转变

## ——陈某被诉假冒注册商标罪案例分析

吴伟标*

**摘要：**关于侵犯商标权的犯罪，我国刑法规定了假冒注册商标罪、销售假冒注册商标的商品罪和非法制造、销售非法制造的注册商标标识罪。具体案件应当如何定罪？本文通过对陈某被诉假冒注册商标罪到最终被判决犯销售假冒注册商标的商品罪案件进行分析，探究假冒注册商标罪与销售假冒注册商标的商品罪的区别。

**关键词：**商标　犯罪　假冒注册商标罪　销售假冒注册商标的商品罪　未遂

## 一、公诉机关和被告人的基本情况

公诉机关：广州市越秀区人民检察院。

被告人：陈某，男，个体经营者。

## 二、主要事实和证据

### （一）主要事实

2016年11月28日，被告人陈某在广州市越秀区姚华中街被公安民警抓获。公安人员现场缴获假冒“ROLEX”品牌手表2384块、表身950块、表面31000块。“ROLEX”商标在商标局注册且在有效期内，核定使用商品范围包括手表。

检察院认为，从2016年8月开始，被告人陈某伙同他人以广州市越秀区瑶华

* 吴伟标，北京德和衡（广州）律师事务所高级合伙人，刑事法律服务中心主任，广州市律师协会商标专业委员会委员，广州市法院特聘家事调解员。

中街两处作为加工地点和仓库，购买手表配件组装假冒“ROLEX”品牌手表，并在某钟表城店铺内进行销售。在仓库缴获假冒“ROLEX”品牌手表价值269045元，情节特别严重。2017年3月21日，广州越秀区检察院以假冒注册商标罪对陈某提起公诉。

### （二）检察院认定上述事实的证据

1. 缴获的假冒“ROLEX”品牌手表等物证；
2. 扣押物品清单、商标注册证、授权委托书等书证；
3. 被害人陈某楠的陈述；
4. 证人陈某盛、陈某英的证言；
5. 被告人陈某的供述；
6. 鉴定意见；
7. 现场勘验检查笔录；
8. 视听资料。

## 三、争议焦点

被告人陈某的罪名是假冒注册商标罪还是销售假冒注册商标的商品罪？

## 四、法院认定

法院认为，公诉机关指控被告人陈某销售假冒“ROLEX”品牌手表的部分犯罪事实清楚，证据确实、充分，但指控被告人陈某组装假冒“ROLEX”品牌手表的证据不足，指控假冒注册商标罪的罪名不成立。被告人陈某已经着手实施犯罪，但被查获的假冒注册商标的商品尚未销售，是犯罪未遂，依法可比照既遂犯从轻或减轻处罚。因此，判决陈某犯销售假冒注册商标的商品罪，判处有期徒刑二年，缓刑二年六个月，并处罚金八万元。扣押在案的假冒注册商标“ROLEX”的手表予以没收销毁。

## 五、律师解析

### （一）假冒注册商标罪的解读

根据《中华人民共和国刑法》（以下简称《刑法》）第二百一十三条的规定，

假冒注册商标罪是指未经注册商标所有人的许可，在同一种商品上使用与其注册商标相同的商标，情节严重的行为。

假冒注册商标罪侵犯的客体是国家对商标的管理制度和他人的注册商标专用权。客观方面表现为行为人未经注册商标所有人许可，在同一种商品上使用与他人注册商标相同的商标。此处应着重关注以下两点：1. 双重相同标准入刑，同一种商品和相同商标。在同一种商品上使用与他人注册商标相近似的商标；在类似商品上使用与他人注册商标相同的商标以及在类似商品上使用与他人注册商标相近似的商标，后三种情况不作为刑法处罚的行为，属于一般的违法行为。2. 何为使用？使用是指将注册商标或者假冒的注册商标用于商品、商品包装或者容器以及产品说明书、商品交易文书，或者将注册商标或者假冒的注册商标用于广告宣传、展览以及其他商业活动等行为。如果只是单纯地制造未授权的注册商标，此行为构成的是非法制造、销售非法制造的注册商标标识罪。主观方面为故意，过失不构成犯罪，可以按一般的商标侵权行为处理。假冒注册商标罪的主体为一般主体。

《最高人民法院、最高人民检察院关于办理侵犯知识产权刑事案件具体应用法律若干问题的解释》第一条规定，具有下列情形之一的，属于刑法第二百一十三条规定的“情节严重”：1. 非法经营数额在五万元以上或者违法所得数额在三万元以上的；2. 假冒两种以上注册商标，非法经营数额在三万元以上或者违法所得数额在二万元以上的；3. 其他情节严重的情形。具有下列情形之一的，属于刑法第二百一十三条规定的“情节特别严重”，应当以假冒注册商标罪判处三年以上七年以下有期徒刑，并处罚金：1. 非法经营数额在二十五万元以上或者违法所得数额在十五万元以上的；2. 假冒两种以上注册商标，非法经营数额在十五万元以上或者违法所得数额在十万元以上的；3. 其他情节特别严重的情形。

**（二）销售假冒注册商标的商品罪的解读**

根据《刑法》第二百一十四条规定，销售假冒注册商标的商品罪是指销售明知是假冒注册商标的商品，销售金额数额较大的行为。

销售假冒注册商标的商品罪侵犯的客体同样是国家对商标的管理制度和注册商标的专用权。客观方面表现为行为人销售明知是假冒注册商标的商品，客观表现为销售商品。主观方面为故意，主体为一般主体。

《最高人民法院、最高人民检察院关于办理侵犯知识产权刑事案件具体应用法律若干问题的解释》第二条规定，销售明知是假冒注册商标的商品，销售金额在五万元以上的，属于刑法第二百一十四条规定的“数额较大”，应当以销售假冒注册商标的商品罪判处三年以下有期徒刑或者拘役，并处或者单处罚金。销售金额在二十五万元以上的，属于刑法第二百一十四条规定的“数额巨大”，应当以销售假冒注册商标的商品罪判处三年以上七年以下有期徒刑，并处罚金。

**（三）假冒注册商标罪与销售假冒注册商标的商品罪的区别**

两罪的区别主要体现在两罪的客观方面是否有假冒商标的行为，销售假冒注册商标的商品罪客观方面不包括假冒注册商标的行为。

假冒注册商标并在商品上张贴该商标用以销售的行为，属于客观上同时实施了假冒注册商标的犯罪行为和销售假冒注册商标商品的行为，在法律上我们将这两个犯罪行为评价为一罪，认定为是假冒注册商标罪，前后两种行为构成假冒注册商标罪的整个犯罪过程，前行为与后行为存在着密切的联系，后行为是前行为的必然结果，后行为在前行为的基础上，显得较轻，无数罪并罚的必要。行为人因此对于先假冒注册商标再销售贴有该假冒注册商标的商品的行为，以假冒注册商标罪论处。也就是说，销售假冒注册商标的商品是一个独立的犯罪行为，只实施了后行为，应构成销售假冒注册商标的商品罪。

**（四）主要辩护意见**

1. 陈某的罪名应该是销售假冒注册商标的商品罪而不是假冒注册商标罪。理由是被告人陈某并无对涉案手表进行加工生产，案件的现场没有任何生产、制造手表的设备和工具，陈某只是将购买的假冒“ROLEX”品牌手表再销售出去。

2. 涉案的假冒“ROLEX”品牌手表尚未销售出去，是犯罪未遂。

3. 案涉假冒“ROLEX”品牌手表未流入市场，对社会及商标权利人尚未造成实际损失，对社会和权利人的危害相对不大。

**（五）总结**

从《最高人民法院、最高人民检察院关于办理侵犯知识产权刑事案件具体应用法律若干问题的解释》第一条和第二条的规定来看，假冒注册商标罪和销售假冒注册商标的商品罪并无明显的轻重之分，在非法经营数额的标准上，两罪均为五万元以上属于情节严重（数额较大），处三年以下有期徒刑，二十五万元以上属于情节特别严重（数额巨大），处三年以上七年以下有期徒刑。

但在犯罪的完成形态上，两罪存在着显著的不同，假冒注册商标罪的既未遂的界限难以区分，原因有二：其一是如果认定为假冒注册商标罪，在实务上一般即认定行为人完成从无商标商品、制造假冒商标、添附假冒商标于同一种商品和后续可能的销售行为，销售不影响假冒注册商标罪的认定。其二是如果行为人只实施了假冒注册商标的预备行为即非法制造注册商标，则应认定构成非法制造、销售非法制造的注册商标标识罪，若行为人只参与的是销售环节，那么应定销售假冒注册商标的商品罪。所以假冒注册商品罪在实务上极少出现犯罪未遂的情况，因此从这个角度上来说，假冒注册商标罪是相对销售假冒注册商标的商品罪和非法制造、销售注册商标标识罪更重的罪名，当然对于公诉机关的举证要求更高。

而销售假冒注册商标的商品罪的既未遂的界限十分明确，销售与否，是否获利，对于已经流入市场的商品，公诉方想要举证证实被告人已经销售的商品，难度较大。对于仓库存放的假冒注册商标的商品，并未销售出去，属于犯罪未遂，可以比对既遂犯从轻或者减轻处罚。

本案中，在仓库里查获的带有假冒注册商标的商品，因为存在着这样的可能——犯罪嫌疑人只是购买并转销已经由他人完成加工的假冒注册商标的商品，公诉机关无法排除这一合理怀疑，依照疑罪从无的原则，假冒注册商标罪不能成立。

同样的一批仓库里查获的带有假冒注册商标的商品，犯罪嫌疑人可能判处三年以上七年以下的有期徒刑，也可能是缓刑。律师在办案过程中不仅要心思缜密，深入地研究案件的细节，还要熟悉相似罪名之间的界限，才能有针对性、有效地为犯罪嫌疑人辩护。本案的辩护人正是抓住两罪的界限，成功将罪名由假冒注册商标罪转变为销售假冒注册商标的商品罪，并适用了犯罪未遂的规定，使得陈某争取到了缓刑的空间。

# 黄某生犯销售假冒注册商标的商品罪案例分析

郭晓颖*

**摘要：** 在办理销售假冒注册商标的商品罪案件中，犯罪数额的计算通常是庭审争议焦点之一。根据罪刑法定原则，该罪依法应按销售金额定罪量刑，而非依据非法经营数额。本案例分析中，详细分析了“销售金额”与“非法经营数额”两个不同的概念，二者明显不能等同。辩护人能够准确理解相关法律条文及司法解释的规定对为当事人争取更大的合法权益至关重要。

**关键词：** 注册商标　犯罪数额　非法经营数额　销售金额

## 一、公诉机关和被告人的基本情况

公诉机关：广东省广州市天河区人民检察院。

被告人：黄某生，男，个体经营者。

## 二、主要事实和证据

### （一）主要事实

广州市“某某”食品有限公司在中华人民共和国注册第962233号“某某”商标核定使用第30类商品马蹄粉、食用淀粉等，有效期为1997年3月14日至2027年3月13日。从2017年4月开始，同案另外两个被告人黄某成、黄某衡在湖南省衡阳市衡阳县内窝点，未经广州市“某某”食品有限公司授权，通过非法途径购买假冒的印有“某某”品牌注册商标标识的包装盒、包装箱、薄膜袋，并自行生产一些原料粉，进行加工包装，后以人民币150元/箱（包装规格为30盒/箱、500克/盒）的价格销售给被告人黄某生等不法买家牟利。同期，被告人黄某生在广州市天

* 郭晓颖，广东国鼎律师事务所律师。

河区龙洞某某副食品经营部，通过非法途径向被告人黄某成、黄某衡购进30盒/箱、500克/盒规格的假冒“某某”牌马蹄粉300箱，并在店内以人民币200元/箱的价格销售牟利，其中已销售的270箱销售金额共计人民币54000元。2017年7月18日，公安人员经侦查后在上述地点抓获被告人黄某生，当场查获假冒马蹄粉30箱，货值人民币6000元。2018年1月26日，广东省广州市天河区人民检察院以被告人黄某成、黄某衡犯假冒注册商标罪、被告人黄某生犯销售假冒注册商标的商品罪向广州市天河区人民法院提起公诉。

### （二）法院认定上述事实的证据

被害单位职员的报案陈述，未授权声明，证人证言及辨认笔录，鉴定声明，价格证明，营业执照，商标注册证，核准续展注册证明，商标注册变更证明，举报函，现场照片，赃物照片，仓库使用合同，机动车销售统一发票，机动车行驶证，物流单据，搜查证，搜查笔录，扣押决定书，扣押清单，价格认定结论书，受案登记表，立案决定书，抓获经过，接受证据材料清单，被告人户籍材料、供述及辨认笔录等。

## 三、争议焦点

1. 被告人黄某生的犯罪数额应如何计算认定？
2. 被告人黄某生归案后如实供述，认罪悔罪，能否从轻处罚，适用缓刑？

## 四、法院认定

法院认为，被告人黄某生销售明知是假冒注册商标的商品，销售金额较大，其行为已构成销售假冒注册商标的商品罪；鉴于其能如实供述主要犯罪事实并自愿认罪，可以从轻处罚。但是根据黄某生的犯罪性质、情节和对社会的危害程度，不宜适用缓刑，故判处黄某生有期徒刑1年，并处罚金人民币30000元。

## 五、律师解析

### （一）控方意见

1. 被告人黄某生涉案已销售的金额为243000元，可推定未销售货值的鉴定单价为900元每箱。

2. 被告人黄某生的行为已构成销售假冒注册商标的商品罪，销售金额数额较大，建议法院对其判处有期徒刑十个月至一年，并处罚金。

**（二）辩护人意见**

被告人黄某生如实供述所犯罪行，悔罪态度诚恳，且自愿申请认罪认罚，应予以从轻或者减轻处罚，并给予从宽处理。但起诉书套用未销售的货值鉴定价格 900 元每箱认定已销售金额为 243000 元有误，应按实际销售价格 200 元每箱认定销售金额为 54000 元，同时建议对其适用缓刑。具体辩护意见分析如下：

1. 根据罪刑法定原则，销售假冒注册商标的商品罪依法应按销售金额定罪量刑。《刑法》第二百一十四条规定："销售明知是假冒注册商标的商品，销售金额数额较大的，处三年以下有期徒刑或者拘役，并处或者单处罚金；销售金额数额巨大的，处三年以上七年以下有期徒刑，并处罚金。"上述规定已明确销售假冒注册商标的商品罪是按照销售数额定罪的。此外，《最高人民法院、最高人民检察院关于办理侵犯知识产权刑事案件具体应用法律若干问题的解释》第九条第一款规定："刑法第二百一十四条规定的'销售金额'，是指销售假冒注册商标的商品后所得和应得的全部违法收入。"由此表明，司法解释也明确销售金额是指已销售的"违法收入"。

2. 本案鉴定意见认定的是未销售部分的货值，不能据此推定已销售金额。

3. 鉴定意见针对的是未销售部分货值的鉴定，依据的是"非法经营数额"的解释，与本案"销售金额"的概念和适用对象完全不同。鉴定意见明确其鉴定依据是《最高人民法院、最高人民检察院关于办理侵犯知识产权刑事案件具体应用法律若干问题的解释》第十二条的规定，即本解释所称"非法经营数额"，是指行为人在实施侵犯知识产权行为过程中，制造、储存、运输、销售侵权产品的价值。已销售的侵权产品的价值，按照实际销售的价格计算。制造、储存、运输和未销售的侵权产品的价值，按照标价或者已经查清的侵权产品的实际销售平均价格计算。侵权产品没有标价或者无法查清其实际销售价格的，按照被侵权产品的市场中间价格计算。多次实施侵犯知识产权行为，未经行政处理或者刑事处罚的，非法经营数额、违法所得数额或者销售金额累计计算。该条实际上是对"非法经营数额"的进一步解释，与该解释第九条规定的"销售金额"明显是相互独立的并列关系，不能相互套用。

4. 未销售货值十五万元以上才构成犯罪未遂，与已销售金额五万元即犯罪既遂相差悬殊，套用鉴定价格会导致量刑畸重。《最高人民法院、最高人民检察院、公安部关于办理侵犯知识产权刑事案件适用法律若干问题的意见》第八条规定：

"销售明知是假冒注册商标的商品，具有下列情形之一的，依照刑法第二百一十四条的规定，以销售假冒注册商标的商品罪（未遂）定罪处罚：（一）假冒注册商标的商品尚未销售，货值金额在十五万元以上的……"即未销售货值金额达到十五万元的，才构成犯罪未遂，与已销售五万元即犯罪既遂明显差别巨大。以未销售货物的鉴定价格代替销售金额，大幅提升了被告人的犯罪数额，加重了被告人的刑罚。

5. 鉴定意见是在未提供实物的情况下作出的，且跟举报人自行提供的市场建议零售价数据一致。价格认证中心出具的价格明细表载明提出方即广州市公安局食品药品与环境犯罪侦查支队二大队未提供实物，价格认定以提出方提供的标的物资料为依据。说明价格认证中心作出的鉴定意见是在没有实物鉴定的情况下，仅依靠广州市公安局食品药品与环境犯罪侦查支队二大队提交的资料进行书面审查，且作出的鉴定价格跟举报人自行提供的市场建议零售数据一致，与实际销售价格相差甚远。另外，黄某生对外出售也是以批发为主，即使依据鉴定价格，也应以举报人自认的批发价格为准。

6. 正品"某某"牌马蹄粉市场销售价格也仅为780元/箱，并非900元/箱。根据被告人方提供的证据显示，从正规渠道购买的正品"某某"牌马蹄粉市场销售价格也仅为780元/箱，并非900元/箱。黄某生销售的是假冒产品，不可能售价这么高。以此价格定罪量刑，明显量刑畸重。

7. 按罪刑相适应和有利于被告人的原则，应按200元每箱的价格定罪量刑，以900元的鉴定价格量刑明显畸重。我国《刑法》第五条规定："刑罚的轻重，应当与犯罪分子所犯罪行和承担的刑事责任相适应。"此即罪责刑相适应原则：行为人犯多大的罪，就应承担多大的刑事责任，做到重罪重罚，轻罪轻罚，罚当其罪，罪刑相称；在分析罪重罪轻和刑事责任大小时，不仅要看犯罪的客观社会危害性，而且要结合考虑行为人的主观恶性和人身危险性，把握罪行和罪犯各方面因素综合体现的社会危害性程度，从而确定其刑事责任程度，适用相应轻重的刑罚。本案中被告人黄某生已承认每箱销售价格为170－180元，最多200元，买进价格与上家口供一致，为150元每箱，侦查机关对这个价格予以确认。150元价格购进，最多200元的价格售出，符合常理。更何况黄某生之所以销售假冒注册商标的商品，是因为其便宜，如果以鉴定的市场价格定罪，明显与法律规定的"销售金额"的本义相违背。侦查和起诉机关以900元的鉴定价格定罪量刑明显畸重，有违罪刑法定和罪刑相适应原则。

8. 黄某生归案后能如实供述自己的罪行，可以从轻处罚。《刑法》第六十七条第三款规定："犯罪嫌疑人虽不具有前两款规定的自首情节，但是如实供述自己罪行的，可以从轻处罚……”被告人黄某生在被抓获过程中积极配合执法人员，未有逃跑、阻碍、抗拒抓捕的行为，并且在归案之后的侦查阶段如实供述自己的罪行，抱着悔改、服罪的正确态度，配合公安机关经侦部门对其进行法律制裁，在接受公安机关、检察机关讯问时，也是积极配合、主动交代案件的全部经过，没有任何隐瞒，依法可以从轻处罚。

**（三）总结**

综观本案，在判决书中，法院除对辩护人提出的对被告人适用缓刑的意见不予采纳外，其他辩护均酌予采纳。法院认为，关于犯罪数额的问题，根据《最高人民法院、最高人民检察院关于办理侵犯知识产权刑事案件具体应用法律若干问题的解释》第十二条规定，已销售的侵权产品的价值，按照实际销售的价格计算。制造、储存、运输和未销售的侵权产品的价值，按照标价或者已经查清的侵权产品的实际销售平均价格计算。本案中，被告人黄某成、黄某衡均供述称涉案规格为30盒/箱、500克/盒规格的假冒“某某”牌马蹄粉销售批发价格为人民币150元/箱，被告人黄某生亦供述该种规格的产品其进货价格为人民币150元/箱，三者之间供述的价格能相互印证。而公诉机关未能提供其他证据推翻上述证据，故法院认定该规格产品实际销售价格为人民币150元/箱，规格为48盒/箱，250克/盒的马蹄粉，以实际每克马蹄粉销售价格折算。另外，被告人黄某生从被告人黄某成、黄某衡处购得30盒/箱、500克/箱规格的假冒“某某”牌马蹄粉300箱，其中已销售270箱、查获30箱，被告人黄某生供述其销售假冒“某某”牌马蹄粉价格为人民币200元每箱，并由被告人黄某成供述其批发销售价格佐证，而公诉机关未能提供其他证据推翻上述证据，故根据“疑点利益归于被告人”的证据规则，法院采纳被告人黄某生供述实际销售价格即人民币200元/箱计算其零售价格。因此，被告人黄某生已销售部分犯罪数额应为人民币54000元、查获部分货值人民币6000元。

综上，在该案中，被告人在庭审中对犯罪事实并无异议，控辩双方争议焦点主要集中在犯罪数额的认定上。鉴定机构仅对未销售的涉案货值进行了鉴定，鉴定得出的是未销售的货值。但侦查和起诉机关直接认定被告人黄某生涉案已销售的金额为243000元，直接套用未销售货值的鉴定单价900元每箱，既与事实不符，也于法无据，明显加重了对被告人的刑罚。根据《最高人民法院、最高人民检察院关于办理侵犯知识产权刑事案件具体应用法律若干问题的解释》的规定，仅有《刑法》第二百一十三条、第二百一十五条、第二百一十六条和第二百一十七条规定的犯罪使用了“非法经营数额”的概念。而本案涉嫌的是《刑法》第二百一十四条规定的犯罪，使用的是“销售金额”的概念，二者明显不能等同。

辩护人提出的应以实际销售价格认定犯罪数额的意见，最终被法院予以采纳，从而使被告人的量刑得到公正的判决。因而从本案办理过程看，律师应在办案过程中不断学习更新知识，提高业务水平，正确理解把握法律条文的规定，为当事人争取最大的合法权益。

# 温小侄与马峰凉粉店、温老叔等侵害商标权纠纷案例评析

王　森[*]　曾德炼[**]

**摘要：**围绕“广西桂菜名小吃”马峰凉粉，原、被告各方分别注册商标，最终形成了本案纠纷。人民法院通过对注册商标核定使用的商品类别是否相同或近似；注册商标是否相同或近似；涉及地名、通用名称等因素时如何属于正当使用以及注册商标专用权与企业名称权的两种不同标识权利如何合法使用等方面进行审理和认定，最终作出本案判决。

**关键词：**商标权　地名　企业名称权　合法使用

## 一、当事人基本情况及案由

### （一）当事人

原告：温小侄，系1280723×号马峰注册商标证的商标专用权人。

被告：温老叔，其制作的“马蜂太原堂凉粉”被广西壮族自治区商务局授予“广西桂菜名小吃”。

被告：温大姐，系第1364257×号“馬峰涼坊”注册商标的商标专用权人。

被告：马蜂凉粉店，设立于2015年5月20日的个体工商户，经营者姓名为何学徒，经营范围为饮品服务。

被告：马峰太原堂凉粉店，由温小妹作为投资人于2013年4月15日设立。

### （二）案由

侵害商标权纠纷。

---

* 王森，广东正大联合律师事务所律师。

** 曾德炼，广东正大联合律师事务所律师。

## 二、主要事实和证据

原告温小侄与被告温老叔系叔侄关系；温大姐、温小妹系姐妹关系，均为被告温老叔的女儿，何学徒曾向温老叔学习凉粉工艺。马峰为地名。

2013 年 4 月 15 日，温小妹作为投资人设立马峰太原堂凉粉店，经营范围为制售凉粉（含冷热饮品）。马峰太原堂凉粉店曾于 2012 年 7 月 3 日取得餐饮服务许可证。

2013 年 10 月 8 日，被告温老叔制作的“马峰太原堂凉粉”在 2013 年贺州特色美食节评选初选活动中被评选为一等奖。2013 年 11 月“马峰太原堂凉粉”在 2013 年贺州市特色美食评选活动中被评为“十大金牌小吃”。2013 年 12 月，贺州市平桂管理区沙田镇人民政府“马峰太原堂凉粉”被广西壮族自治区商务局授予“广西桂菜名小吃”。

2014 年 12 月 21 日，原告温小侄取得国家工商行政管理总局商标局颁布的第 1280723×号马峰注册商标证，核定使用商品/服务项目为第 30 类：谷粉制食品；食用淀粉；食用土豆粉。

2015 年 8 月 28 日，温大姐取得了第 1364257×号“馬峰涼坊”注册商标证，核定使用商品项目为第 30 类的食用品糖蜜；蜂蜜；花粉健身膏；加奶可可饮料；豆浆（截止），注册有效期限自 2015 年 8 月 28 日至 2025 年 8 月 27 日。

被告马蜂凉粉店的经营者何学徒曾向温老叔学习凉粉的制作工艺，马峰太原堂凉粉店许可何学徒使用“马峰太原堂”字样，温大姐将“馬峰涼坊”的注册商标授权何学徒使用。

2016 年，原告温小侄认为被告无视原告从 2014 年 12 月 21 日起已取得“马峰”注册商标专用权的事实，于 2015 年 5 月 20 日设立马峰凉粉店，同时未经工商注册在另一个铺面悬挂字样为“马峰太原堂凉粉”的标识牌，在其店内肆意实施包括但不限于以下侵害原告商标专用权的行为：未经原告许可，在同一种商品上使用与原告注册商标相同的商标；公开制作和销售与原告注册商标相同的产品；被告将其自行制作的凉粉命名“马峰老牌凉粉”，与原告注册商标造成混淆；被告使用的字号因与原告注册商标相同，并且所制作和销售的实际为同类产品，极易引起消费者误解等。同时，马峰凉粉店从事马峰凉粉的制作和销售，是经被告温老叔、温大姐以及马峰太原堂凉粉店共同授权其开展的经营活动，被告温老叔、温大姐以及马峰太原堂凉粉店应承担本案商标侵权的连带赔偿责任。为此，温小侄向贺州市中级人民法院起诉，诉请：1. 请求人民法院判决确认被告的行为对原告构成共同商标侵权；2. 判令被告立即停止其共同侵害原告注册商标专用权的侵权行为，并在贺州及钟山当地媒体刊登致歉声明；3. 判令被告连带赔偿因侵权行为造成原告的经济损失5万元；4. 判令被告马峰凉粉店、马峰太原堂凉粉店自行申请工商部门变更其已构成商标侵权的字号；5. 由被告共同承担本案诉讼费用。

原告围绕诉讼请求依法提交的主要证据包括：商标注册受理通知书、商标注册、被告店面装饰及营业活动图片、（2015）贺民三初字第45号案件受理通知书、民事裁定书、诉讼和解协议书、《关于对平桂管理区马峰太原堂凉粉店产品外包装的整改意见》、特许经营加盟协议书、网上查询注册商标情况、白凉粉的包装、被告的招牌、被告温老叔在媒体上的不当宣传、被告马峰太原堂凉粉店在其店内的装饰、被告太原堂凉粉店在其店内标注各分店情况、被告马峰太原堂凉粉店、温老叔设立的其他分店、照片一组等。

被告依法提交的证据包括：商标申请受理通知书、商标证及授权书、马峰太原堂凉粉店的营业执照及授权委托书、餐饮服务许可证、《潮周刊》中关于“马峰老牌凉粉”的报道、三张荣誉证书、《贺州晚报》刊登的报道、产品照片、原告商标信息、被告商标信息、商铺照片等。

## 三、争议焦点

1. 马峰凉粉店是否侵害温小侄的注册商标专用权，温老叔、温大姐以及马峰太原堂凉粉店在本案中是否构成共同侵权。

2. 温小侄请求马峰凉粉店、温老叔、温大姐以及马峰太原堂凉粉店承担的各项侵权责任是否可以支持。

## 四、双方意见

### （一）原告意见

原告认为，被告设立马峰凉粉店，同时未经工商注册在另一个铺面悬挂字样为“马峰太原堂凉粉”的标识牌，在其店内肆意实施包括但不限于以下侵害原告商标专用权的行为：未经原告许可，在同一种商品上使用与原告注册商标相同的商标；公开制作和销售与原告注册商标相同的产品；被告将其自行制作的凉粉命名“马峰老牌凉粉”，与原告注册商标造成混淆；被告使用的字号因与原告注册商标相同，并且所制作和销售的实际为同类产品，极易引起消费者误解等，已经构成商标侵权，应当承担赔偿责任。

**（二）被告意见**

被告认为原告的诉讼请求没有事实及法律依据，人民法院应当依法驳回其全部诉讼请求，具体理由包括：

1. “马峰”为地名，被大量使用在各类商铺、学校及政府机关的名称中，缺乏显著特征、不便于识别，原告不能通过注册商标而禁止其他人的正当使用，否则，明显有违公平原则。

2. “马峰凉粉”应为地理标志，类似于“桂林米粉”，原告根本无权独享该地理标识，否则，会出现打压竞争对手，影响市场公平竞争的局面。

3. 原告的“马峰”注册商标的对应的商品品类为3006面包、糕点、3007方便食品、3009面条及米面制品、3012食用淀粉及其制品，被告销售的凉粉，属于3005蜂蜜、蜂王浆等营养食品。原告没有在3005品类上注册，在凉粉上不享有注册商标的专用权，无权限制他人使用。

4. “马峰太原堂”为马峰太原堂凉粉店的商号，该商号早在2013年4月15日就已经依法注册，原告于2013年6月25日注册“马峰”商标，侵害了马峰太原堂凉粉店商号的在先权利，并且，有“恶意注册”之嫌。

5. “馬峰小凉坊”为温大姐的注册商标，马峰凉粉店使用“马峰小凉坊”的商标，获得了温大姐的授权，完全是依法在核定的品类上使用注册商标。

6. 温老叔的儿子早在2012年8月23日就注册了“马峰新民老牌凉粉店”，“马峰新民老牌凉粉”是被消费者所熟知的知名商号。温老叔制作的“马峰太原堂”凉粉的口味纯正、深受消费者的喜爱，屡屡获奖，才使马峰凉粉这一小吃受到广泛关注、名声越来越大，是消费者真正信赖、喜欢的“马峰老牌凉粉”，被告制作凉粉的工艺得益于温老叔的传承，因此，称“马峰老牌凉粉”并无不当。

7. 温老叔只是将凉粉的制作工艺教授给被告，而该工艺是否算作商业秘密还无法确定，温老叔教授工艺行为本身并未侵害原告的商标权。

## 五、法院认定

**（一）马峰凉粉店被控侵权标识的使用是否侵害温小侄的注册商标专用权的问题**

温小侄经国家工商行政管理总局商标局核准，自2014年12月21日依法取得了第1280723×号“马峰”注册商标专用权，该商标处于法律规定的保护期之内，依法应受到法律保护。商标的根本功能或作用在于识别商品或服务的来源，在本案中判断马峰凉粉店是否侵犯温小侄的注册商标专用权应考察对某一标识的使用有没有造成商品或服务来源的混淆，即需考察两个条件：一是被诉侵权标识使用的商品类别与温小侄的第1280723×号“马峰”注册商标核定使用的商品类别是否相同或者类似；二是被诉侵权标识与温小侄的第1280723×号“马峰”注册商标是否相同或者近似。

首先，关于被诉侵权标识使用的商品类别与温小侄的第1280723×号“马峰”注册商标核定使用的商品类别是否相同或者类似的问题。温小侄的第1280723×号“马峰”注册商标核定使用于第30类的谷粉制食品；食用淀粉；食用土豆粉（截止）上。马峰凉粉店的经营范围为饮品服务，销售凉粉等商品。虽然在《类似商品和服务区分表》中并未有凉粉这一商品类别，但双方的商品在功能、用途和销售渠道以及消费对象等方面相同，并参考国家工商行政管理总局商标局于2016年8月23日公布的《〈类似商品和服务区分表〉以外可接受商品服务项目名称（第二批）》中将3012群组归为凉粉的类似群，温小侄的第1280723×号“马峰”注册商标核定使用的商品食用淀粉也位于3012群组，可以认定本案马峰凉粉店销售的凉粉商品与温小侄的第1280723×号“马峰”注册商标核定使用的商品类别是类似的。

其次，关于被诉侵权标识与第1280723×号“马峰”注册商标是否相同或者近似的问题。依据《最高人民法院关于审理商标民事纠纷案件适用法律若干问题的解释》第十条“人民法院依据商标法第五十二条第（一）项的规定，认定商标相同或者近似按照以下原则进行：（一）以相关公众的一般注意力为标准；（二）既要进行对商标的整体比对，又要进行对商标主要部分的比对，比对应当在比对对象隔离的状态下分别进行；（三）判断商标是否近似，应当考虑请求保护注册商标的显著性和知名度”的规定，本院认为：1. 温小侄虽对第1280723×号“马峰”注册商标享有注册商标专用权，但依据《商标法》第五十九条第一款“注册商标中含有的本商品的通用名称、图形、型号，或者直接表示商品的质量、主要原料、功能、用途、重量、数量及其他特点，或者含有的地名，注册商标专用权人无权禁止他人正当使用”的规定，因“马峰”为地名，温小侄无权禁止他人正当使用。贺州市普通公众对“马峰”的第一印象为地名，只是与地名相联系，对“马峰凉粉”的熟悉程度以及认知为来自该地制作工艺的凉粉而非原告温小侄所制作的凉粉商品。马峰凉粉店出于描述商品特点的目的，使用“马峰”这一地名来说明或描述商品与产地、制作工艺、品质之间的联系，并不能以此简单地认定为在商标意义上的使用，这种使用目的和使用方式，符合普通公众对表示小吃等商品的地理来源的通常理解，符合生产销售惯例，也不会使相关公众对商品的来源产生误认或者混淆，以此来看马峰凉粉店使用“马峰”这一地名具有正当性。2. 温小侄的注册商标是以“马峰”二字左右排列构成的文字商标；而马峰凉粉店对“马峰”这一地名的使用并非商标性使用，其用于商品包装上的标识应为文字与图形构成的组合标志，整体为圆环图案，由内外两部分组成，圆环外部上方为“马峰老牌凉粉”五个字，圆环内部为一人物头像，人物头像的下方为“太原堂”三个字。从整体上看，温小侄的注册商标为“马峰”二字，而马峰凉粉店所使用的标识由文字、图形共同组成。从局部上看，被控侵权标识的外部上方的构成要素“馬峰老牌凉粉”中的“馬峰”两字与“马峰”只为繁简字体之分，读音、含义皆相同，应认定为相同，但因“马峰”为地名，根据贺州市普通公众对“马峰”这一地名以及“马峰凉粉”的认知了解，圆环内部的内容对相关公众而言更显著突出。因此，综合考虑被控侵权的该包装标识与温小侄的注册商标在整体布局，以及主要识别部分的图案、文字排列布局、含义等因素，以相关公众的一般注意力为标准，两者具有较大差异，不易产生混淆。3. 温小侄于 2013 年 6 月 25 日向国家工商行政管理总局商标局申请，自 2014 年 12 月 21 日依法取得了第 1280723 × 号“马峰”商标的核准注册，该商标的品牌发展时间不长，并且温小侄始终未提供其持续使用“马峰”注册商标生产销售产品的情况以及能够证明该商标信誉的证据，没有证据证明该商标因实际使用取得了较强的显著性和知名度。因此，以相关公众的一般注意力为标准，并不会对马峰凉粉店所销售凉粉商品的来源产生误认或者认为与温小侄有特定的联系，温小侄与马峰凉粉店双方的商标标识不构成相同或近似。

综上，马峰凉粉店在包装上使用的被控侵权标识与温小侄的注册商标虽然是在类似商品上使用，但因注册商标专用权人温小侄无权禁止他人正当使用“马峰”这一地名，被控侵权标识与其注册商标也不构成相同或近似，不会导致相关公众对商品来源产生混淆或者认为马峰凉粉店与温小侄有特定的联系，马峰凉粉店被控侵权标识的使用并未侵害温小侄的注册商标专用权。

**（二）关于马峰凉粉店字号的使用是否侵害温小侄的注册商标专用权的问题**

首先，注册商标专用权与企业名称权都是依照相应法律程序获得的标识权利，虽然温小侄的“马峰”商标注册在先，但该商标在马峰凉粉店注册登记名称时并未因温小侄使用而具有较高的知名度，并且马峰凉粉店的名称注册具有一定的合理性，温小侄并不能证明马峰凉粉店在进行注册登记时存在侵害其注册商标专用权的故意。

其次，根据《最高人民法院关于审理商标民事纠纷案件适用法律若干问题的解释》第一条“下列行为属于商标法第五十二条第（五）项规定的给他人注册商标专用权造成其他损害的行为：（一）将与他人注册商标相同或者相近似的文字作为企业的字号在相同或者类似商品上突出使用，容易使相关公众产生误认的；（二）复制、摹仿、翻译他人注册的驰名商标或其主要部分在不相同或者不相类似商品上作为商标使用，误导公众，致使该驰名商标注册人的利益可能受到损害的；（三）将与他人注册商标相同或者相近似的文字注册为域名，并且通过该域名进行相关商品交易的电子商务，容易使相关公众产生误认的”规定，马峰凉粉店构成侵害温小侄的注册商标专用权的行为应是其将与“马峰”注册商标相同或者相近似的文字作为其字号在相同或者类似商品上突出使用，容易使相关公众产生误认。但本案中，根据马峰凉粉店店铺招牌内容以及商品包装等显示，其在对“马峰”的使用过程中附加了其他标识予以区分，根据相关公众对“马峰”这一地名以及“马峰凉粉”的认知了解，并不会产生误认或对商品来源产生混淆。

因此，温小侄主张马峰凉粉店字号的使用侵害其注册商标专用权的理据不充分，本院不予支持。关于温小侄所主张的马峰凉粉店将“老牌”等字样在店面招牌或者包装、宣传上使用，引人误解，应属另一法律关系，不在本案的审理范围。

**（三）关于温小侄主张的本案中另一标注“马峰太原堂凉粉”字样的店铺是否侵害其注册商标专用权的问题**

本院认为，温小侄所主张的该事实无法证明马峰凉粉店存在侵害其注册商标专用权的行为。根据温小侄提供的照片显示，该铺面标注的“马峰太原堂凉粉”五字附加了以“”为主体的组合标识，因“馬峰”与“马峰”含义相同为地名，“凉粉”为商品名称，从一般公众角度，“太原堂”更具显著性与识别性，并且附加以“”为主体的组合标识，不会使相关公众产生误认；同时“马峰太原堂凉粉”在贺州本地经过一定程度地持续性使用而具有一定的知名度，根据“马峰太原堂凉粉”与“马峰”注册商标的实际使用状况、使用历史、相关公众的认知状态，并不会使相关公众产生误认，对商品来源产生混淆。

综上，温小侄关于马峰凉粉店侵害其注册商标专用权的主张，理据不充分，本院不予支持。其主张温老叔、温大姐以及马峰太原堂凉粉店在本案中构成共同侵权缺乏事实依据，本院对该主张不予支持。

**（四）关于温小侄请求马峰凉粉店、温老叔、温大姐以及太原堂凉粉店承担的各项侵权责任是否可以支持的问题**

如上所述，由于马峰凉粉店并未侵害温小侄的注册商标专用权，温老叔、温大姐以及马峰太原堂凉粉店未构成共同侵权，温小侄请求马峰凉粉店、温老叔、温大姐以及太原堂凉粉店承担的各项侵权责任没有事实和法律依据，本院不予支持。

温小侄的诉讼请求理据不足，本院不予支持。依照《商标法》第五十七条、第五十九条第一款，《最高人民法院关于审理商标民事纠纷案件适用法律若干问题的解释》第一条、第十条，《最高人民法院关于适用〈中华人民共和国民事诉讼法〉的解释》第九十条之规定，判决如下：

驳回原告温小侄的诉讼请求。

## 六、律师解析

本案既包含了商标侵权案件中常见的争议焦点，如注册商标核定使用的商品类别相同或近似的比较、注册商标是否相同或近似的比较等，案件本身具有较强的代表性。同时，本案还涉及地名、通用名称等因素正当使用的认定以及注册商标专用权与企业名称权的两种不同标识权利的合法使用等方面的审理和认定，兼具综合性。

本案中，关于地名、通用名称等因素正当使用的认定，法院采纳了被告代理人的观点，认为马峰凉粉店出于描述商品特点的目的，使用“马峰”这一地名来说明或描述商品与产地、制作工艺、品质之间的联系，这种使用目的和使用方式，符合普通公众对表示小吃等商品的地理来源的通常理解，符合生产销售惯例，也不会使相关公众对商品的来源产生误认或者混淆，具有正当性。关于注册商标专用权与企业名称权的两种不同标识权利的合法使用问题，被告代理人认为，马蜂凉粉店字号的使用并未产生误认或对商品来源产生混淆，不构成侵权。法院认为，两者均是依照相应法律程序获得的标识权利，对是否构成侵权的认定，除了需要考虑其注册时间，还应当综合考量标识的知名度，注册、使用标识的合理性，以及是否产生误认或对商品来源产生混淆，因此，采纳了被告代理人的观点，认定未构成侵权，最终驳回了原告的全部诉讼请求。

本案虽缘起于家庭成员之间的内部矛盾，但本案商品马峰凉粉作为“广西桂菜名小吃”，不仅在当地享有广泛的声誉和重要的地位，更是当地文化推广宣传的独特名片，案件的审理结果，极大地鼓励了一大批致力于传统地方特色文化传承和发展的从业者，也为类似传统地方特色文化的发展和保护提供了借鉴和指引，具有重要的社会价值。

# 论驰名商标的反淡化法律保护

罗晓云* 杨子健**

**摘要**：驰名商标作为法定机构认可的商标，在一个国家或全世界享有很高的声誉。但目前，中国对驰名商标的法律保护还存在需要完善的地方。文章从我国驰名商标反淡化保护的立法现状入手，分析我国在驰名商标反淡化保护中存在的问题，并通过对典型案例的深入剖析来反映我国反淡化保护的进程。最后，文章立足于我国驰名商标反淡化法律保护的立法现状，为完善有关反淡化的法律保护提出自己的建议。

**关键词**：驰名商标 反淡化 法律保护

## 一、引言

驰名商标是法定机构认可的商标，在一个国家或全世界享有很高的声誉。驰名商标的名称首次出现在《巴黎工业产权保护公约》中（以下简称《公约》），该公约于1883年在巴黎签订。我国于1984年加入，成为《公约》的第九十五个成员国。与属于《公约》的其他会员国一样，驰名商标的法律保护是根据《公约》的规定进行的。驰名商标的法律保护与品牌战略实施的成败有关。例如，我国在2003年实施的《驰名商标认定和保护规定》中，规定了以《商标法》作为基础，增强了对于驰名商标保护的可操作性，令我国驰名商标的保护体系更为完善，这是我国自加入世界贸易组织（WTO）以来，进一步对驰名商标的保护实行更有力的措施的体现。但是，中国的驰名商标的法律保护仍然有需要完善的地方，本文针对驰名商标法律保护的问题，在现有法律规定的基础上，结合我国立法现状，进行一些显浅的探讨。

---

* 罗晓云，广东协言律师事务所律师。

** 杨子健，广东财经大学学生。

## 二、我国驰名商标反淡化保护立法现状

驰名商标是指在市场上享有较高声誉并为相关公众所熟知的商标，它不仅是企业的一项重要的无形资产，代表着企业的良好信誉，能够为企业带来较大的利润，驰名商标数量的多少还是一个国家经济实力的体现。

当前，只有在我国的《商标法》和《驰名商标的认定与保护规定》以及相关司法解释中有针对商标混淆保护问题的一些规定，尚未形成一个法律体系，所以在具体操作过程中，存在一定的不足。① 除此之外，我国地方为保护驰名商标也颁布了相应的地方性法律规范。以上海市为例，其出台的《上海著名商标认定和保护暂行办法》（已失效）中明确规定了任何其他人不得以任何形式或名义，通过弱化、丑化等行为，对驰名商标进行淡化行为。②

## 三、我国驰名商标反淡化保护存在的问题

### （一）驰名商标淡化界定不明确

现阶段我国对于驰名商标淡化没有一个明确的界定，而如上所述，地方性的法律规范对于驰名商标淡化的保护作出了具体规定，但由于国内立法上的不明确，不可避免地将会产生冲突与矛盾。比如，在一个地方把某一商标淡化的行为认定为侵权行为，但是在另一个地方，有可能会被认定为是合理的行为，这就会造成地方和地方之间执法上的不均衡，这对于公平公正原则的确定显然是不利的，进而也不能有效保障市场公共秩序的稳定。③

### （二）驰名商标侵权性质未区分

在我国，驰名商标侵权性质没有明确的区分。在我国现行的法律当中，对于驰名商标的淡化行为的规定是不明确的，未能明确地把商标淡化行为归属于商标侵权行为。在《商标法》相关的规定中，尽管对使用他人的注册商标专用权导致损害的情形进行了规定，但是对商标淡化的构成条件和法律后果并未进行明确。所以基于立法上存在的缺陷，造成各地区法院进行商标淡化案件审理时，缺少统一的法律标准，判案的根据与结果就会存在很大的差别，必然会导致在司法实践过程中产生商

---

① 冯晓青主编：《商标侵权学理研究》，中国大百科全书出版社 2010 年版，第 127 页。

② 孔祥俊：《商标与不正当竞争法：原理和判例》，法律出版社 2009 年版，第 387 页。

③ 王迁：《知识产权法教程》，中国人民大学出版社 2007 年版，第 112 页。

标反淡化的评判标准不统一的结果。[①] 而且，还会使许多商标淡化的案件无法按照淡化侵权进行起诉，而只能按照不正当竞争或者商标侵权进行起诉。另外，在具体操作过程中，各地法院需要对侵权性质的案件进行界定时，由于缺少统一的参照标准执行，法官只能根据自己的主观标准进行评判，这就有可能会出现同一案件有不同的判决结果的现象，从而导致民众对于法院的判决难以信服，进而拒绝执行。

### （三）驰名商标侵权行为人承担的法律责任问题

在我国现行的立法中，对于侵犯驰名商标的行为应当承担的法律责任的规定，仅仅反映在了管理商标注册的部门能够按照驰名商标的所有权人的申请，不准许实施侵权行为人的商标进行注册或者对其注册进行撤销，同时对于侵权行为人继续使用他人的驰名商标的情况进行制止。另外，在国家工商行政管理总局关于认定和保护驰名商标的有关规定中，对当事人认为他人把其所拥有的驰名商标作为“企业的名称”进行登记，让大众有产生错误认识的可能，或者有可能欺骗了民众的情况进行了规定，即当事人能够要求相关部门对注册的该企业名称进行撤销，相关主管部门要按照关于管理企业名称登记的相关规定进行处理。然而，上述对于驰名商标侵权行为的处理规定中，对于侵权人所要承受的法律责任并没有明确的规定，而只是“禁止”“撤销”，没有涉及对被侵犯的驰名商标权人的民事赔偿或者补偿方面的内容，因此，这对于淡化行为人所实施的侵权行为给予的法律处罚力度显然是不足的，对侵权行为人起不到震慑和警示的效果。[②]

## 四、从“山寨天猫公司”一案，看我国的反淡化保护

阿里巴巴集团自2008年创立天猫平台以来，吸引了众多国际和中国本地品牌及零售商在此开设店铺，为消费者提供了选购品牌产品的优质购物体验。为维护品牌权益，申请人在诸多类别中申请注册了“天猫”“天猫国际”等注册商标，其中，第10130978号“天猫”商标在国内已为相关公众广泛知晓并享有极高的影响力。

周少文自2015年1月以来在广东省接连注册设立“天猫投资”“天猫电器”“天猫珠宝”“广东天猫投资集团有限公司”等17家山寨天猫公司，使消费者产生了极大混淆。

---

① 黄晖：《驰名商标和著名商标的法律保护》，法律出版社2011年版，第79页。

② 齐爱民：《知识产权法总论》，北京大学出版社2010年版，第185页。

2017 年 11 月，阿里巴巴集团和浙江天猫技术有限公司正式在杭州中院提起维权诉讼，并同时申请了“诉中禁令”申请，希望法院立即叫停相关被告的侵权行为。法院裁定支持了申请人的主张。法院认为，就申请人所主张的第 10130978 号“天猫”商标，申请人提供了阿里巴巴集团年报、市场推广费用专项报告、天猫“双十一”的媒体新闻报道、中国电子商务协会推荐函、艾瑞咨询关于中国电子商务行业年度监测报告等证据，证明自 2012 年 1 月申请人旗下的“淘宝商城”更名为“天猫”后，“天猫”平台的用户规模、网络浏览量、商品交易总量等逐年快速增长，在电子商务领域处于行业领先地位，申请人在“天猫”平台上持续使用了上述“天猫”注册商标，并且投入巨额广告费用，对上述“天猫”注册商标进行了大量、广泛、深入的宣传和推广，因此第 10130978 号“天猫”商标已获得了广泛的公众知晓度，被认定为驰名商标的可能性较高，申请人依据驰名商标能够获得跨类保护和反淡化保护。这是我国法院针对侵权案件发出的诉中禁令中，首个要求被告立即变更企业字号的裁定。①

《最高人民法院关于审理涉及驰名商标保护的民事纠纷案件应用法律若干问题的解释》第九条第二款规定：“足以使相关公众认为被诉商标与驰名商标具有相当程度的联系，而减弱驰名商标的显著性、贬损驰名商标的市场声誉，或者不正当利用驰名商标的市场声誉的，属于商标法第十三条第二款规定的‘误导公众，致使该驰名商标注册人的利益可能受到损害’。”上述司法解释引入了反淡化理论，该解释所确立的驰名商标的损害情形不以混淆为前提，而是以驰名商标本身受到减弱、贬损或不正当利用为要件。对驰名商标提供反淡化保护，目的在于避免驰名商标的显著性弱化及驰名商标与特定商品或服务上唯一、单向和固定联系的破坏。

目前，对于保护驰名商标的反淡化原则的适用标准，尚无统一认识。从商标评审案件的审理实践来看，依据《商标法》第十三条的规定，对已注册驰名商标提供反淡化保护需综合考虑以下因素：1. 在先驰名商标有较高的知名度，为相关公众所熟知。2. 在先驰名商标有较强的独创性或显著性。3. 系争商标与在先驰名商标标识相同或明显构成摹仿、翻译。4. 系争商标在指定商品或服务上的使用，可能会弱化驰名商标显著性、贬损或不正当利用驰名商标声誉。在本案中，天猫商标已经具有非常高的知名度，为相关公众所知悉。虽然被申请人登记的经营范围非常广泛，但是现代企业进行跨行业、多领域的经营非常普遍，电子商务企业发展实体经济亦符合一般社会公众认知，被申请人将“天猫”作为其企业字号，容易导致相关

---

① （2017）浙 01 民初 1681 号之一。

公众混淆市场主体和商品的来源。相关公众在看到山寨商标天猫时，很容易将其与驰名商标天猫联想起来，这种联想破坏了驰名商标天猫与其企业产品上独特、单向和固定的联系，弱化了驰名商标天猫的显著性。如果相关公众看到山寨天猫商标以及很多种类的产品被标注为天猫，那么他们对真实天猫商标形成的稳定的质量期望和信任就会被削弱，进而损害天猫商标的指向性，从而使驰名商标所有人的利益受到损害。综合考虑以上因素，本案适用反淡化理念对已注册驰名商标给予保护，是我国对驰名商标反淡化保护历程的一大进步。

## 五、完善我国驰名商标反淡化法律保护的建议

### （一）增强驰名商标权人的法律保护意识

驰名商标的所有权人需要增强其保护驰名商标的法律意识，从而能够主动对其拥有的驰名商标的使用情况进行监控，及时发现侵犯驰名商标的行为，进而及时进行补救。另外，还可以采取注册联合商标和防御商标的措施，降低消费者在市场交易中的辨认环节，杜绝出现相近似的商品让消费者产生错误的认识。[①] 同时，驰名商标的所有权人要在国内和国外都进行商标注册，从而杜绝被他人进行抢注的风险。另外，驰名商标权人还可以通过电视广告等媒体，全面宣传商品的唯一性，并给消费者介绍分辨假冒伪劣产品的方法，从而能够凸显驰名商标的显著特征和可辨识特征。[②]

### （二）完善相关法律，加强驰名商标反淡化保护

需要健全《商标法》中关于反淡化保护的内容。首先，需要对淡化的行为进行明确的界定，也就是说不论驰名商标的所有权人和他人之间是否存在竞争关系，也不管他们之间是否有可能存在混乱、误认甚至欺骗，弱化或者丑化的行为，都减少和削弱了驰名商标所承担的在商品或者服务上面的显著特征和辨识特征。其次，对构成淡化行为的标准要进行明确，即淡化行为所针对的对象必须是驰名商标，且对弱化、丑化的行为具有主观上的恶意，一般通过推定主义原则来证明是否具有主观恶意，即被告无法证明自己使用依据的合法性，就推定为其具有主观恶意，存在淡化的可能。最后，各地针对驰名商标反淡化已经颁布的相关法律法规要进行修改，要让我国关于商标淡化的立法从上到下形成一个完整的、统一的体系，确保各地的

---

① 邓宏光：《我国驰名商标反淡化制度应当缓行》，载《法学》2010 年第 2 期。

② 陈文煊：《反淡化理论司法适用的新发展——评“伊利”商标异议复审行政纠纷案》，载《知识产权》2010 年第 6 期。

法院判决在法律依据方面不会存在差别，在客观上构成统一、有序、有效的法律保护体系。

对于商标淡化的保护，可以将《反不正当竞争法》作为兜底法律，这主要是基于《反不正当竞争法》的法理基础是诚实守信的市场交易原则，此原则涉及的范围非常广，而关于商标淡化的行为也被包括在内。因此，在对商标淡化行为进行定性时，其中的一个方面就是不正当竞争行为，在《商标法》中有规定的，要进行优先适用，对相关行为人给予相应的处理。然而，当出现了一些按照《商标法》中规定的认定淡化行为的构成标准，没有办法对该行为进行定性时，就需要按照《反不正当竞争法》中的相关法律进行处理，不管是哪种导致了市场的竞争秩序混乱的淡化行为，都能够按照不正当竞争行为进行处理，都需要受到相应的处罚。①

### （三）完善驰名商标法律保护的救济方式

关于驰名商标法律保护的救济，可以将我国的民事责任即停止侵害、消除影响、恢复名誉、赔礼道歉、赔偿损失等内容引入《商标法》中，作为对驰名商标的法律保护方式。特别是赔偿损失和消除影响，能够补偿权利人的损失，体现了公平原则。赔偿损失分为补偿性的和惩罚性的两种，具体操作时，要根据具体侵权的情况选择适用。权利人能够证明侵权人造成的具体损害时，即能够确定损害数额时，要以补偿性赔偿为主，辅以惩罚性赔偿；而当侵权的行为有可能对驰名商标产生损害时，就需要以惩罚性的赔偿为主。如果权利人不能够确定损害数额且赔偿的数额也很难认定时，则法官拥有一定的自由裁量权，按照具体的情况，对侵权行为人判处需赔偿的数额。

## 六、结语

目前，在中国驰名商标的法律保护中，无论是在理论研究还是司法实践中，仍然有很多需要完善的空间。完善驰名商标法律制度，可以有效地保护我国的驰名商标。因此，对驰名商标法律保护问题研究及相关制度的完善，我们应给予足够的重视。随着知识产权制度的不断发展，驰名商标法律保护制度也会逐步得到完善和发展，这无疑将丰富我国的法律体系结构，有利于对民族品牌的保护，加强企业品牌在国内外的竞争力，促进我国对外贸易，使中国名牌产品和品牌驰名于海内外。

① 魏森：《商标反淡化保护对象的适格性》，载《中华商标》2007 年第 8 期。

# 关于电子商务平台在侵害商标权案件中承担连带责任的案例评析

余庆浪*

**摘要**：通常情况下，对于电子商务平台内经营者实施的侵害商标权行为，电子商务平台方基于“避风港”原则的保护，只需在收到权利人的通知后及时删除侵权链接、下架侵权商品即可，无须承担连带侵权责任。但若电子商务平台方知晓平台内经营者存在侵权行为而未采取有效措施进行制止，放任商户重复实施侵权行为的，电子商务平台方须基于其过错承担连带侵权责任。

**关键词**：侵害商标权　明知　故意　放任　连带责任

## 一、当事人基本情况及案由

### （一）当事人

原告：黄某，系涉案注册商标权利人；广州某品牌化妆品公司，系涉案注册商标的合法使用人，以上两主体并称“原告”。

被告一：王某，系某电子商务平台内的网络店铺经营者。

被告二：杭州某公司，某电子商务平台服务提供方。

### （二）案由

侵害商标权纠纷。

## 二、案情简介

本案原告为国内本土知名化妆品品牌，旗下某款化妆品风靡一时，不少侵权行为人仿冒、伪造该款产品进行销售，为维护品牌形象和声誉，原告展开了一系列的维权

* 余庆浪，北京罗杰（广州）律师事务所律师。

活动。

2016 年 10 月 5 日，原告在杭州某公司经营的电子商务平台上发现王某开设的网络店铺销售侵害原告注册商标的化妆品，于当日通过电子商务方的知识产权保护系统向杭州某公司发起投诉。

2016 年 10 月 8 日，原告发现王某经营的店铺仍在继续销售侵权商品，故向公证处申请证据保全，见证了购买侵权商品的过程，2016 年 10 月 9 日，原告取得侵权商品实物，王某的订单物流查询结果显示该侵权发货自广州市白云区。

2016 年 10 月 9 日，原告取得被控侵权商品当日，再次向杭州某公司发起投诉，要求电子商务平台对王某经营的侵权店铺作出处理，及时制止王某的侵权行为。

然而在 2016 年 11 月 8 日，原告对王某经营的网络店铺复查时发现该店铺仍然在持续销售侵害原告注册商标的商品，原告再次向公证处申请证据保全，第二次购买到侵权商品。

2017 年 1 月，原告向广州市白云区人民法院以侵权行为发生地为管辖依据，提起侵害商标权诉讼，请求：1. 判令王某停止销售侵害原告注册商标专用权的商品，请求判令杭州某公司停止为王某实施侵权行为提供便利条件；2. 判令王某及杭州某公司连带赔偿原告经济损失 50 万元。

## 三、本案争议焦点

杭州某公司作为电子商务平台服务提供方是否应对平台商户王某实施的侵权行为承担连带责任。

## 四、双方意见

### （一）王某答辩意见

王某答辩承认销售了侵害原告注册商标的商品，但认为其销售侵权商品数量少、时间短、获利低，不应当承担高额赔偿。

### （二）杭州某公司答辩意见

1. 杭州某公司没有实施直接侵权行为

杭州某公司是提供信息发布平台的网络服务提供者，为平台上销售商品的网络卖家提供交易或服务场所，并非被控侵权商品信息的发布者，也不是被控侵权商品的生产者、销售者，被控侵权商品销售和信息发布行为均为卖家完成，杭州某公司未实施侵权行为。

2. 杭州某公司对侵权行为的发生不存在主观过错

由于某平台存在海量的商品、服务信息，平台上的信息处于实时变化状态，目前没有法律要求网络平台对于每一个上架的产品进行实质审核，杭州某公司也没有能力对每个经营者的营业活动及上架商品是否侵害他人权利进行事前审查。

3. 杭州某公司已尽到事前审查的义务，事后亦及时采取了制止侵权的措施

杭州某公司事前与经营者约定不得实施侵害他人权利的行为，并将经营者的实名信息进行登记，在收到原告的投诉后及时删除了侵权商品的网页信息，但是卖家是否重复发布侵权信息不在杭州某公司的控制范围之内，基于“避风港”原则，电子商务平台对于卖家发布的信息是否侵犯他人权利的判断是滞后的，是法律允许的。

**（三）原告对杭州某公司答辩意见的回应**

1. 杭州某公司对交易平台内的经营者行为负有事前监管的义务。《网络交易管理办法》第二十四条第一款规定：“第三方交易平台经营者应当与申请进入平台销售商品或者提供服务的经营者订立协议，明确双方在平台进入和退出、商品和服务质量安全保障、消费者权益保护等方面的权利、义务和责任。”根据该条法律规定，杭州某公司辩称其没有法定义务要求交易平台的经营者提供准入文件明显没有法律依据。

原告认为杭州某公司完全有能力在事前预防侵权行为的发生，杭州某公司在交易平台经营者进驻平台以及上架商品时要求其提供商品的合法来源证明或者品牌使用许可证明文件，杭州某公司的关联公司所经营管理的另一高端平台采取了商户、商品准入审核也从侧面证明其商户、商品准入审核制度不存在技术障碍。

杭州某公司在庭审中辩称其关联公司管理的高端平台“采用准入审核制度是根据消费者不同层次的选择而决定”也与事实常理明显不符，所有的消费者都希望其消费的商品或服务是合法的、有质量保证的，可以说商品合法合规、有质量保障是消费者最基本的要求，不同消费能力、不同消费习惯的消费者对于这一基本需求并不存在偏差，被告的抗辩意见明显不成立。

2. 杭州某公司对平台内商户具有事中监控和事后制止的义务。《网络交易管理办法》第二十六条第一款规定：“第三方交易平台经营者应当对通过平台销售商品或者提供服务的经营者及其发布的商品和服务信息建立检查监控制度，发现有违反工商行政管理法律、法规、规章的行为的，应当向平台经营者所在地工商行政管理部门报告，并及时采取措施制止，必要时可以停止对其提供第三方交易平

台服务。”根据该条法律规定，可知杭州某公司对于交易平台上的商户具有法定的检查、监控义务，杭州某公司辩称其建立的投诉平台是高于法定义务的主张明显不成立。

3. 原告三次进行投诉，杭州某公司主观上明知王某存在侵权行为，但仍然放任侵权行为继续发生，依法应当承担连带责任。《侵权责任法》第三十六条第二款、第三款规定：“……网络服务提供者接到通知后未及时采取必要措施的，对损害的扩大部分与该网络用户承担连带责任。网络服务提供者知道网络用户利用其网络服务侵害他人民事权益，未采取必要措施的，与该网络用户承担连带责任。”《商标法》第五十七条第六项规定，故意为侵犯他人商标专用权行为提供便利条件，帮助他人实施侵犯商标专用权行为的属于侵犯商标专用权行为。

现行法律没有限定权利人对于网络侵权行为进行通知的具体形式，原告通过杭州某公司自行设立的投诉平台向其发起投诉，杭州某公司在接到第一次投诉后进行了删除链接处理，可知杭州某公司主观上知悉王某存在侵权行为，杭州某公司在收到原告的前两次投诉后至少应当要求王某提供所售商品的合法来源或品牌方的授权许可后再允许其发布新的商品信息，但杭州某公司没有采取任何加强监管的措施，主观上存在过错，客观上为王某继续实施侵权行为提供了便利条件，符合帮助侵权的构成要件。

4. 原告还向法庭提供了最高院公报案例作为参考。在《最高人民法院公报》2012 年第 1 期（总第 183 期）公布的“某（上海）时装贸易有限公司诉浙江某宝网络有限公司（以下简称某宝公司）、杜某某侵害商标权纠纷上诉案”中，法院明确指出：

（1）上诉人某宝公司知道原审被告杜某某利用其网络服务实施商标侵权行为，但仅是被动地根据权利人通知采取没有任何成效的删除链接之措施，未采取必要的能够防止侵权行为发生的措施，从而放任、纵容侵权行为的发生，其主观上具有过错，客观上帮助了杜国发实施侵权行为，构成共同侵权，应当与杜国发承担连带责任。

（2）对于发布侵权商品信息的卖家，无论是一次发布行为还是多次发布行为，多次投诉针对的是同一商品还是不同商品，是同一权利人的同一商标还是不同商标，均能够足以使网络服务提供者知道侵权事实可能存在，并足以使其对被投诉卖家是否侵权有理性的认识。

## 五、法院判决和裁定

### （一）一审法院判决

一审法院认为，杭州某公司作为电子商务平台服务提供方，前后收到原告三次投诉，对王某经营的涉案店铺存在侵权行为的情况主观上是明知的，杭州某公司在收到原告前两次投诉后虽及时删除了相关侵权链接，但原告仍然再次在同一店铺购买到侵权商品，证明杭州某公司并未审核屡次发生侵权行为的店铺的资质，亦未采取有效措施制止侵权行为再次发生，为王某的直接侵权行为提供了帮助和便利，构成帮助侵权。

据此，一审法院判决王某、杭州某公司停止侵犯原告注册商标专用权的行为，同时判决王某、杭州某公司连带赔偿原告经济损失、合理支出共计 12 万元。

### （二）两被告上诉

王某、杭州某公司均不服一审判决，向广州知识产权法院提起上诉。

1. 王某上诉称：一审判决赔偿金额过高，应予降低，并在二审中提交了涉案店铺的实际销售数据拟证明其销售侵权商品的获利仅数千元。

2. 杭州某公司上诉称：（1）根据现有技术条件，杭州某公司根据商品 ID 来确定商品链接，原告先后投诉的商品 ID 不同，杭州某公司无法识别王某前后发布的涉案商品是否为同一商品。（2）杭州某公司并非鉴定机构，无法判断卖家发布的商品是否侵权，平台第一次删除侵权链接或者第一次侵权处理正确并不代表卖家第二次发布的商品仍为侵权商品；不应该根据卖家的第一次侵权行为封杀其后的全部经营行为，且法律也没有赋予杭州某公司判定卖家确凿侵权的权利和义务；（3）一审法院关于涉案网络店铺屡次侵权的认定错误，某平台现有商品 10 亿余件，且商品信息不断变动，无法对平台交易信息进行事前审查，且也没有法律规定平台方有事前审查的义务，根据“避风港”原则，杭州某公司在接到权利人的投诉后删除侵权链接即可。（4）杭州某公司已设置扣分制度，卖家违规达到一定程度甚至可以关闭店铺，以此督促卖家合法经营。（5）杭州某公司认为一审判决赔偿金额过高，王某已提交证据证明其获利情况，赔偿金额应予减低。

3. 原告服从一审判决并坚持一审判决。

### （三）二审法院判决

对于发布侵权商品信息的卖家，无论是一次发布行为还是多次发布行为，多次投诉针对的是同一商品还是不同商品，是同一权利人的同一商标还是不同商标，均能够足以使网络服务提供者知道侵权事实可能存在，并足以使其对被投诉卖家是否侵权有理性的认识，杭州某公司对王某的侵权情况主观上构成明知，但没有采取有效措施制止侵权行为再次发生，放任了侵权、纵容了本案侵权行为，故认定杭州某公司构成帮助侵权。

鉴于王某经营规模小、侵权持续时间短，一审判决赔偿金额过高，将本案赔偿金额调整为6万元，杭州某公司须承担连带赔偿责任。

**（四）再审法院裁定**

二审判决生效后，王某主动向原告履行了判决确定的债务。

杭州某公司仍不服二审判决，向广东省高级人民法院提起再审。

广东省高级人民法院经审理后，认为二审法院认定事实清楚、适用法律正确，裁定驳回杭州某公司再审申请，维持二审判决。

## 六、办案总结和评析

**（一）原告提起本案诉讼的目的**

原告之所以提起本案诉讼，是因为某平台是侵害原告注册商标商品流通的重要流量通道，原告对于大量的侵权行为向某知识产权保护平台逐一投诉但收效甚微，不能达到遏制侵权商品流通的目的，原告提起本诉的目的是要求杭州某公司参照某高端电子商务平台，建立完善的商品准入审核制度，从最初环节制止侵权商品的流通。

**（二）本案在广东省地区对类似案件具有参考、示范作用**

本案中杭州某公司被认定为帮助侵权的关键因素在于：1. 同一店铺存在重复侵权的情况；2. 原告在发现第一次侵权行为后向杭州某公司发起过投诉，使其主观上知晓了涉案店铺存在侵权行为的事实；3. 杭州某公司没有采取适当有效的措施制止侵权行为再次发生。

据杭州某公司一审代理律师在一审开庭后反馈，杭州某公司作为电子商务网络平台服务提供方，在侵害商标权纠纷案件中主张“避风港”原则均获得支持，从未败诉。笔者与该平台知识产权保护平台治理人员沟通时亦得知，杭州某公司2017年作为平台服务提供方被诉侵权案件一万余件，仅本案败诉被判决构成帮助侵权并承担连带责任。

笔者没有对上述情况进行核实，也不能确定上述相关人士提及的其他案例是否与本案情况相同，但原告认为本案判决实际上是借了最高院公报案例的“东风”，其中二审法院判决更是直接引用了最高院公报案例中的内容，笔者认为该案对广东地区的类似的情况，即电子商务平台中的同一店铺被权利人投诉后仍然持续侵权行为的维权策略有参考、示范的作用。

**（三）本案的诉讼管辖策略值得在侵害商标权案件中参考**

本案中笔者建议原告以被控侵权商品的发货地作为侵权行为发生地向广州市白云区人民法院提起诉讼，采取该种管辖策略主要基于广州地区法院对于知识产权审判具有较高的专业水平和经验，也一向不乏创新的能力和勇气，同时可以打消原告到杭州某公司所在的杭州地区法院起诉可能遇到“地方保护”的顾虑。

**（四）《电子商务法》实施后对平台方的监管要求进一步提高**

《电子商务法》实施以后，电子商务平台服务提供方对于平台内商户经营资质审查、商品合规审查以及知识产权保护的要求进一步提高，譬如《电子商务法》第十条规定：“电子商务经营者应当依法办理市场主体登记……”第二十八条规定：“电子商务平台经营者应当按照规定向市场监督管理部门报送平台内经营者的身份信息，提示未办理市场主体登记的经营者依法办理登记……”第三十八条规定：“电子商务平台经营者知道或者应当知道平台内经营者销售的商品或者提供的服务不符合保障人身、财产安全的要求，或者有其他侵害消费者合法权益行为，未采取必要措施的，依法与该平台内经营者承担连带责任。对关系消费者生命健康的商品或者服务，电子商务平台经营者对平台内经营者的资质资格未尽到审核义务，或者对消费者未尽到安全保障义务，造成消费者损害的，依法承担相应的责任。”第四十二条规定：“知识产权权利人认为其知识产权受到侵害的，有权通知电子商务平台经营者采取删除、屏蔽、断开链接、终止交易和服务等必要措施。通知应当包括构成侵权的初步证据。电子商务平台经营者接到通知后，应当及时采取必要措施，并将该通知转送平台内经营者；未及时采取必要措施的，对损害的扩大部分与平台内经营者承担连带责任……”

可见，电子商务平台方对消费者和知识产权权利人保障机制的完善任重而道远。

# 第四篇

# 公平贸易

# 我国反垄断法的新进展

刘延喜*

**摘要**：反垄断法是调整市场竞争机制最重要的法律之一，然而《反垄断法》颁布十年来，其实施力度不尽如人意。直到最近几年，随着法律法规的修改以及行政执法体系的结构性调整，以及几个重要案例的出现，使得反垄断法律实践进入了一个新的时代。本文从立法、行政执法和司法审判等方面历数了反垄断法的进展。

**关键词**：反垄断法　没有牙齿的老虎　三合一改革

《反垄断法》作为市场经济发展到一定阶段的市场规范法规，在颁布之初曾被寄予厚望，但在随后的司法实践中因其相关规定过于原则性而很少被适用，被称为“没有牙齿的老虎”。近年来的立法、司法和行政执法的新气象又让人感觉《反垄断法》的锋芒重现。

## 一、反垄断立法

### （一）《反垄断法》修改为大势所趋

1980 年，国务院颁布了《关于开展和保护社会主义市场竞争的暂行规定》，这是中国反垄断制度的萌芽。在近 30 年后的 2008 年，第一部相对系统的《反垄断法》才开始颁布和实施，因此中国的反垄断制度的历史不超过四十年，算是最年轻的法律体系。

随着中国经济的发展以及中国市场重要性的提升，目前的中国已经与美国和欧洲并肩，被视为反垄断领域三个最重要的司法辖区，而后两者分别有 160 年和 60 年的反垄断立法和执法历史。

我国《反垄断法》实施十余年来，在市场经济中发挥了巨大的作用，为维护公

* 刘延喜，北京市立方（广州）律师事务所律师。

平竞争作出了巨大贡献。但是，随着市场经济的不断深入和发展，现行法律存在的问题也越来越明显。市场经济越成熟，对反垄断法的需求越强烈，对其科学性的要求就会越高，现行的反垄断法在新形势下面临严峻的挑战，亟待修订。

根据《经济参考报》报道，《反垄断法》的首次“大修”正紧锣密鼓推进，目前草案已经完成，正在征求有关单位、地方执法部门的意见。相信在不久的将来会有更加适应新经济发展的竞争规则出台。

### （二）相关配套行政规章相继出台

反垄断法的一个重要特征是行政执法在整体执法体系中占有重要的地位，因此也有诸多相关的配套行政法规和规章。由于部分法规缺乏可操作性，同时也不适应我国经济的高速发展态势，所以我国反垄断行政执法的主要机构国家市场监督管理总局相继发布了《禁止垄断协议暂行规定》《禁止滥用市场支配地位行为暂行规定》和《制止滥用行政权力排除、限制竞争行为暂行规定》，于 2019 年 9 月 1 日起实施。

三部配套行政规章的出台，一方面，解决了市场监管总局组建之前反垄断分散执法中带来的规则差异、执法标准不统一的问题；另一方面，进一步完善了反垄断制度体系，对反垄断法具体规则予以细化，为提高反垄断执法的可操作性、提高执法透明度提供了法律依据，也为经营者合法经营提供了具体依据。

### （三）反垄断法诉讼管辖和执法职权分配相关新规频发

关于反垄断诉讼管辖，随着 2019 年 1 月 1 日《最高人民法院关于知识产权法庭若干问题的规定》的生效施行，我国反垄断的民事诉讼管辖权迎来了重大变革：新设立的最高人民法院知识产权法庭，受理一审由知识产权法院、中级人民法院审理的反垄断民事诉讼和垄断行政处罚行政诉讼案件的上诉案件。这种越过高级人民法院而直接上诉到最高人民法院的做法，将有利于确保反垄断案件的评判标准和尺度的统一。

关于反垄断的行政执法职权分配，2019 年 1 月国家市场监管总局发布《市场监管总局关于反垄断执法授权的通知》（以下简称《通知》），授权各省、自治区、直辖市人民政府市场监督管理部门，负责本行政区域内有关反垄断执法工作。《通知》指出，国家市场监管总局负责反垄断统一执法，直接管辖或者授权有关省级市场监管部门管辖下列案件：一是跨省、自治区、直辖市的垄断协议、滥用市场支配地位和滥用行政权力排除限制竞争案件，以及省级人民政府实施的滥用行政权力排除限制竞争行为。二是案情较为复杂或者在全国有重大影响的垄断协议、滥用市场支配地位和滥用行政权力排除限制竞争案件。三是国家市场监管总局认为有必要直接管辖的垄断协议、滥用市场支配地位和滥用行政权力排除限制竞争案件。

上述一系列新法规的制定和实施，使反垄断的司法和执法更加具有可操作性和实施性，我国将会进入一个崭新的反垄断法时代。

## 二、反垄断行政执法

### （一）执法机构“三合一”改革

2018 年之前，我国反垄断执法部门分散在三个部委中：国家发改委负责价格监管，原国家工商总局负责非价格垄断协议、非价格滥用市场支配地位、滥用行政权力排除限制竞争行为的反垄断执法，商务部负责并购、联营等经营者集中行为的反垄断审查。

国务院机构改革后，保留国务院反垄断委员会，并由新成立的国家市场监督管理总局承担反垄断统一执法。三家反垄断执法机构合并为一家，执法主体的融合，更有利于执法标准的统一和执法行为的协调。国家市场监督管理总局作为反垄断统一执法机构，面临着新的挑战，反垄断工作站在了新的历史起点上。

### （二）反垄断行政执法取得的成绩

截至 2018 年 10 月底，我国的反垄断执法共查处滚装货物国际海运企业案、山西电力案等垄断协议案件 165 件，高通案、利乐案等滥用市场支配地位案件 55 件，累计罚款金额超过 110 亿元人民币。审结经营者集中 2437 件，审结交易总金额超过 40 万亿人民币，依法禁止可口可乐收购汇源、马士基等设立网络中心两案，附条件批准微软收购诺基亚、陶氏化学和杜邦合并等 37 件经营者集中案件。

其中的高通反垄断执政处罚案件最为引人瞩目。2015 年 2 月 10 日，国家发改委公布了对全球最大的手机芯片厂商美国高通公司反垄断调查和处罚的结果，责令高通公司停止相关违法行为，处 2013 年度我国市场销售额 8% 的罚款，计 60.88 亿元人民币。发改委经调查取证和分析论证，认定高通公司在 CDMA、WCDMA、LTE 无线通信标准必要专利许可市场和基带芯片市场具有市场支配地位，实施了滥用市场支配地位的行为，从而作出上述处罚决定。这是中国历史上历时最长、罚款数额最高、海内外最受关注的反垄断案，也是我国反垄断执法中具有里程碑意义的标志性事件。

## 三、反垄断民事诉讼

2012 年最高人民法院颁布了《关于审理因垄断行为引发的民事纠纷案件应用

法律若干问题的规定》，这是反垄断相关的第一部司法解释，确定了反垄断民事诉讼制度的基本框架和主要规则。

自《反垄断法》实施以来至2017年年底，全国法院民事垄断的一审案件大概是700件。在反垄断民事诉讼案件中，原告胜诉率依旧较低，主要原因在于原告取证难和证明难，这成为制约反垄断民事诉讼的一个重要“瓶颈”。

但是，近年来也涌现了多个反垄断诉讼的热点领域。

其一是标准必要专利（SEP）的反垄断诉讼大案频发。包括高通和苹果之间、三星和华为之间等多起大标的涉及标准必要专利的诉讼案件在中国多个法院进行。与此同时，知识产权领域的反垄断指南也即将颁布施行。

其二是随着互联网行业的飞速发展，众多的超巨头涌现，互联网领域的反垄断诉讼也持续升温。在北京奇某科技有限公司诉腾某科技（深圳）有限公司、深圳市腾某计算机系统有限公司滥用市场支配地位纠纷上诉案[①]中，最高法院认为，并非在任何滥用市场支配地位的案件中均必须明确而清楚地界定相关市场；即使不明确界定相关市场，也可以通过排除或者妨碍竞争的直接证据对被诉经营者的市场地位及被诉垄断行为可能的市场影响进行评估。2019年6月，最高人民法院关于海南裕泰科技饲料有限公司与海南省物价局行政处罚一案的再审判决，则是具有里程碑意义的一个涉及纵向价格垄断行为的案例。在该案中，最高院认为，从《反垄断法》第十四条的条文规定来看，除了“其他垄断协议”需要由国务院反垄断执法机构认定之外，固定向第三人转售商品的价格及限定向第三人转售商品的最低价格这两种协议，一般情况下本身就属于垄断协议，符合《反垄断法》第十三条规定的排除、限制竞争的标准。反垄断执法机构经过调查证实经营者存在上述两种情况，即可认定为垄断协议，无须对该协议是否符合“排除、限制竞争”这一构成要件承担举证责任。但经营者可以通过提交证据推翻关于“排除、限制竞争”的推定。该案例使最高院在转售价格判定规则问题上与行政机关保持了一致，必将会对中国的反垄断的司法和行政执法带来重大的影响。

综上，在《反垄断法》已实施十余年的今天，相关法律法规的修订，行政执法机构的改革和执法授权以及司法实践的新进展，预示着反垄断法将成为新的法律热点。相应的，该领域的法律从业者，包括律师将面临一个新的机遇和挑战。

---

① （2013）民三终字第4号。

# 北京安定保开锁服务中心等诉北京通信公司营业局等垄断纠纷案的分析意见

覃兆江*

**摘要：** 基于经营者规避竞争和逐利的本性，垄断协议行为在我国市场化改革开始时就已经出现，加上转型时期特殊的经济、行政体制背景，以及整个社会竞争文化的缺乏和法律制度的空缺，我国市场竞争中的垄断协议行为早已泛滥成灾，且呈公开化趋势。本文将结合“北京安定保开锁服务中心等诉北京通信公司营业局等垄断纠纷”一案，分析垄断协议存在的问题与解决举措。

**关键词：** 垄断　垄断协议　支配地位

## 一、反垄断法的实施现状

第一，认定垄断协议的程序的缺失。综观我国《反垄断法》全文，“重实体，轻程序”的立法思维定式依然严重。从形成结构看，实体条款有五章三十多条，而程序条款仅一章十几条。关于程序方面的规定，只涉及经营者集中豁免的审查程序，对其他诸如禁止垄断协议、禁止滥用市场支配地位等一系列垄断行为的规制程序并未提及。在法律的具体实施层面，《反垄断法》只对诸如执法机构、执法权限、实施程序等作出了比较笼统且缺乏可操作性的规定，执法机关的具体受理条件、程序，更是只字未提，这无疑给司法机关认定垄断协议带来曲解和混乱，影响了实施进程及效果。

第二，我国反垄断法对垄断协议的认定条款都使用了限制性兜底的立法模式。例如，规定了兜底性条款“国务院反垄断执法机构认定的其他垄断协议”，但是，这种兜底条款并不是没有原则底线的。我国立法机构结合我国的实际国情，为了防

* 覃兆江，广东汇俊律师事务所律师。

止私人反垄断诉讼呈爆炸性增长，设置了一个限制，即以“国务院反垄断执法机构”的认定为准，将垄断协议的认定权限掌握在行政机关手中。这种立法模式虽然符合我国的实际情况，但是容易导致执行法无所适从，进而导致执法不力。

第三，我国《反垄断法》第十五条对垄断协议的豁免进行了规定，如果经营者能够证明其存在该条规定的豁免情形之一，则不属于垄断行为。但是，《反垄断法》第十五条规定的范围过于宽泛，不确定词语过多，这可能会被居心叵测的企业或工作执法人员打着合法的旗号，掩盖其非法目的，扰乱市场竞争秩序，牟取企业私人利益。

## 二、我国实践中对垄断协议的认定

### （一）案件梳理

原告安定保开锁服务中心、安久开锁服务公司诉称：2003 年 3 月，第三被告畅捷公司与第四被告金匙公司、第五被告东北人公司、第六被告杨二公司、第七被告奥顺通公司、第八被告王氏公司签订了一份《一号通业务使用合同》。同月，第三被告畅捷公司与第二被告信海通公司签订了一份《合作协议书》。该合同和协议约定，由第二被告和第三被告向第四、五、六、七、八被告提供 9609660 热线服务，并收取每年 18 万元与 6 万元不等的服务费用。在上述合同和协议中约定：来自 114 查号台开锁需求的模糊查询信息全部进入该热线。由于修开锁企业的经营信息基本上是来自 114 查号台，自从该两份协议签订后，除上述四、五、六、七、八被告外，其他修开锁企业再也不能进入该信息平台，而且二原告曾在该信息平台存在的其他信息热线，也因该合同与协议的签订，而被 114 查号台停止服务，使二原告的经营出现了严重萎缩。114 查号台作为第一被告通信公司营业局的下属单位擅自利用自己掌握公共信息的优势为第四、五、六、七、八被告提供了区别于其他修开锁企业的不平等服务，造成了市场的垄断，严重侵害了原告的利益，妨碍了公平竞争的有序进行。原告提供的证据有《一号通业务使用合同》和《合作协议书》。本案的争议焦点为被告签订的《一号通业务使用合同》《合作协议书》的行为及合同和协议的内容，是否限制同业者的竞争，排挤竞争对手，构成市场垄断。人民法院以被告不具备阻止或者妨碍相关市场有效竞争的经济实力的地位，原告指控八个被告的行为构成行业垄断缺乏事实和法律依据为由，判决驳回了原告的诉讼请求。

### （二）垄断协议的界定

根据《反垄断法》第三条之规定，我国的垄断行为包括经营者达成垄断协议、经营者滥用市场支配地位、具有或者可能具有排除、限制竞争效果的经营者集中。垄断协议作为三大垄断行为之一，在我国反垄断法的规制中处于核心地位。垄断协议的基本构成要件为：第一，垄断协议的主体是经营者，至于该经营者是否具有垄断地位不是必要条件；第二，垄断协议具有排除、限制竞争的目的。如果经营者之间的协议具有其他正当目的，则可以被豁免而不被法律禁止。

本案的《一号通业务使用合同》及《合作协议书》是否构成垄断协议，关键在于被告是否具有市场支配地位，以及是否限制其他经营者的竞争。根据垄断协议的基本构成要件，通信公司营业局不符合《反垄断法》第十九条的规定在相关市场的市场份额达到二分之一，因此不能推定其具有市场支配地位。当查询者进入114查号平台进行查询服务时，114查号平台根据查询者明确的要求而进行查询、报号，但如查询者不能提供准确的商家而进行模糊查询的，114查号台便自动转入9609660热线进行查询。也就是说，这种转入9609660热线进行查询的服务，是在查询者不能提供准确信息才自动转入的，不能认定协议的签订者限制了其他经营者的发展。

**（三）114查号平台的服务属于豁免的情形**

《反垄断法》第十五条规定，经营者具有以下情形之一的，不适用本法第十三条、第十四条的规定：1. 为改进技术、研究开发新产品的；2. 为提高产品质量、降低成本、增进效率，统一产品规格、标准或者实行专业化分工的；3. 为提高中小经营者经营效率，增强中小经营者竞争力的；4. 为实现节约能源、保护环境、救灾救助等社会公共利益的；5. 因经济不景气，为缓解销售量严重下降或者生产明显过剩的；6. 为保障对外贸易和对外经济合作中的正当利益的；7. 法律和国务院规定的其他情形。

114查号平台因为查询者不能提供准确的商家，而主动向其转入9609660热线进行查询，这在很大程度上节约了查询者的时间，降低了查询者的成本以及提高了效率。《一号通业务使用合同》及《合作协议书》属于《反垄断法》第十五条第二项规定的豁免情形，不应适用《反垄断法》第十三条、第十四条的规定。

## 三、建议

第一，可以借鉴西方国家较为成熟的经验，立足我国的基本国情，对欧美国家的垄断协议的规制进行移植。第二，完善《反垄断法》中的程序性规定，对禁止垄断协议、禁止滥用市场支配地位等一系列垄断行为的规制程序作出规范。第三，对

《反垄断法》第十五条的豁免情形的某些过于宽泛、模糊的用语进行缩小解释，防止滥用该条约定掩盖非法目的的行为。

## 四、结语

伴随着市场经济的发展，一部完善的《反垄断法》对我国尤为重要。垄断协议作为三大垄断行为的核心问题，法律工作者需要在司法实践中总结相关经验，提出对完善我国垄断协议的建议，促进市场经济的发展。

# 纵向价格垄断执法与司法标准的合理诠释

## ——评最高人民法院驳回“海南裕泰”再审裁定案

吴 凯*

**摘要**：我国《反垄断法》实践中纵向价格垄断协议执法与司法审查标准的冲突问题，一直备受关注。本文通过对最高人民法院对于“海南裕泰”案再审裁定的评析，系统梳理了有关争论的背景以及各级法院在“海南裕泰”案中对于纵向价格垄断执法与司法审查标准所持的代表性观点。在此基础上，对最高人民法院在再审裁定中的意见进行了深入分析和解读，并对有关司法观点对未来纵向价格垄断执法和司法实践可能产生的影响进行了思考和展望。

**关键词**：反垄断法 纵向价格垄断 转售价格维持

2018 年 12 月，最高人民法院就海南裕泰科技饲料有限公司（以下简称海南裕泰）申请再审其诉海南省物价局行政处罚一案，作出裁定，驳回海南裕泰的再审申请。① 此案因涉及《反垄断法》实践中对于纵向价格垄断协议执法与司法审查标准的争论，于一审及二审期间已备受理论及实务界的关注。最高人民法院对此案的再审裁定，在一定程度上分析、厘清了对于纵向价格垄断案件执法与司法审查标准的异同，并结合反垄断法的理论、法律规定和我国的具体国情尝试作出合理的解释和阐述。因此，该再审裁定对于在实务中如何准确地理解、适用《反垄断法》，恰当地规制纵向价格垄断行为具有重要的指导意义。

## 一、背景：执法与司法标准的“冲突”

我国《反垄断法》第十四条规定：“禁止经营者与交易相对人达成下列垄断

---

* 吴凯，广东恒益律师事务所律师。

① （2018）最高法行申 4675 号。

协议：（一）固定向第三人转售商品的价格；（二）限定向第三人转售商品的最低价格；（三）国务院反垄断执法机构认定的其他垄断协议。”

上述第一项、第二项行为在反垄断法理论上亦被称作“转售价格维持行为”，属于纵向价格垄断行为，即发生于生产经营流程不同环节的经营者之间（如上游的生产商与下游的经销商之间）的价格垄断行为。由于经营者之间为上下游关系，不存在横向的竞争关系，因此被归属于纵向价格垄断行为。

我国《反垄断法》实施以来，执法机关已查处并公布了大量违反第十四条的纵向价格垄断案件，如“茅台案”“奶粉案”“奥迪案”及近期的“长安福特案”等。同时，人民法院亦审理了若干具有重要影响的纵向价格垄断民事纠纷案件，如第一起由原告胜诉的纵向价格垄断纠纷“强生案”、2018 年广东省高级人民法院终审的“格力案”等。在这些已公布的案例中，执法机关与法院在处理转售价格维持案件中所采取的适用上述《反垄断法》第十四条规定的审查标准越发引起理论及实务界的关注。

从发改委、市场监督管理局等执法机关公布的案例看，其对于转售价格维持行为的审查，往往在查明涉案企业达成第十四条第一项或第二项规定的协议后，即作出认定其违法的结论，没有就有关的协议是否具有排除、限制竞争的效果、影响进行具体的分析、论证。因此，有观点认为，执法机关对于转售价格维持采用的是“本身违法”或“推定违法”的审查判断标准。如果单从第十四条所作的禁止性文字表述看，执法机关采用此种标准似乎并无不妥。然而，在法院公布的纵向价格垄断民事纠纷案例中，法院在审查涉案的转售价格维持争议时采用的标准明显有异于行政执法机关。法院在查明存在第十四条规定的转售价格维持行为后，会具体分析有关的协议是否具有排除、限制竞争的效果，构成《反垄断法》第十三条第二款所规定的垄断协议（排除、限制竞争的协议、决定或者其他协同行为），根据分析的结果对涉案的转售价格维持协议是否违法作出最终的结论。据此，有观点认为，法院对于转售价格维持争议采取的是“合理分析”的审查标准。由于在反垄断法的理论和实践中，“本身违法”“推定违法”与“合理分析”原则在适用反垄断法、规制垄断行为方面存在明显的差异，各有一套分析框架和判断标准。进而，上述执法机关和法院公布的案例引发了关于执法机关与司法机关处理转售价格维持案件的标准是否存在“冲突”的广泛讨论。

## 二、案情:“一波三折”的裁判结果

本案在一定程度上集中体现了上述关于执法与司法审查标准的争论，并由最高人民法院对有关争论进行了表态。

本案起因于海南裕泰就其生产的鱼饲料与经销商达成了含有转售价格维持内容的协议。海南省物价局认定海南裕泰违反了《反垄断法》第十四条的规定，对其处以罚款 20 万元的行政处罚。海南裕泰不服，向法院提起行政诉讼。

一审海口市中级人民法院（以下简称海口中院）在审理中沿用了此前人民法院在审理纵向价格垄断民事案件中的主流思路和方法，认为执法机关查处转售价格维持行为不仅应查明相对人达成了《反垄断法》第十四条第一项或第二项所规定的协议，还应对该协议是否具有排除、限制竞争的效果进行具体分析，包括海南裕泰的经营规模、海南裕泰及其经销商在相关市场的份额、相关市场的竞争水平、协议对相关产品供给数量和价格的影响等。据此，海口中院认为，现有的证据表明海南裕泰达成的协议不具有限制、排除竞争的效果，海南省物价局认定海南裕泰违反《反垄断法》第十四条，属于适用法律错误。基于此，海口中院一审判决撤销了海南省物价局的处罚决定。海口中院的这一判决结果相当于从司法审查的角度，对执法机关所持的转售价格维持审查判断标准进行否定，认为执法机关在适用《反垄断法》第十四条时应采用“合理分析”标准。如该判决生效，无疑将对实践中的执法活动产生重要影响。

二审海南省高级人民法院（以下简称海南高院）意识到有关问题的重要性，尝试在现行的《反垄断法》框架下结合本案的具体情况，对实践中执法与司法标准的差异进行解释。海南高院认为，从《反垄断法》第一条规定的立法目的看，该法除制裁垄断行为外，还具有预防垄断的功能。本案中海南裕泰虽与其经销商达成了第十四条规定的垄断协议，但并未实际实施。因此，不同于原告主张垄断行为造成的损失赔偿的民事案件，执法机关在对本案的协议进行查处时无须考虑其是否产生了排除、限制竞争的效果。《反垄断法》第十五条规定：“经营者能够证明所达成的协议属于下列情形之一的，不适用本法第十三条、第十四条的规定：（一）为改进技术、研究开发新产品的；（二）为提高产品质量、降低成本、增进效率，统一产品规格、标准或者实行专业化分工的；（三）为提高中小经营者经营效率，增强中小经营者竞争力的；（四）为实现节约能源、保护环境、救灾救助等社会公共利益的；（五）因经济不景气，为缓解销售量严重下降或者生产明显过剩的；（六）为保障对外贸易和对外经济合作中的正当利益的；（七）法律和国务院规定的其他情形。属于前款第一项至第五项情形，不适用本法第十三条、第十四条规定的，经营者还应当证明所达成的协议不会严重限制相关市场的竞争，并且能够使消费者分享由此产生的利益。”除非经营者可举证证明其具有上述规定的除外情形，否则执法机关在查明经营者达成第十四条第一项或第二项规定的协议后即可作出经营者违法的认定，并依法予以行政处罚。据此，海南高院认为，海南省物价局适用法律正确，撤销一审判决，改判驳回海南裕泰的诉讼请求。案件的二审判决结果发生了反转。

尽管海南高院尝试在现行法律框架下对于实践中执法与司法标准的差异进行解释，维护执法实践的统一和执法机关的权威的努力值得肯定。但是，其回避相关协议的竞争效果问题，割裂《反垄断法》第十三条第二款项下垄断协议的定义与第十四条内在联系的观点和方法，仍然引起了关注和进一步的争议。

最终，由最高人民法院出面“定风波”，在再审程序中修正了二审判决在分析论证方面存在的“硬伤”。最高人民法院指出，无论执法机关或是法院在适用《反垄断法》第十四条处理转售价格维持案件时均应考虑涉案协议的竞争效果，不受已达成的垄断协议是否实施的影响。《反垄断法》第十三条第二款规定的垄断协议的定义，同样适用于第十四条规定转售价格维持行为。但是，基于执法活动和司法审判不同的性质、特点、行政案件和民事案件在案情争议、举证责任方面的区别以及我国的具体国情，执法活动和司法活动对于转售价格维持协议进行审查时具体采用的分析方法和路径有所不同。本案海南省物价局查明海南裕泰达成了《反垄断法》第十四条规定的协议，海南裕泰未能举证证明该协议不具有排除、影响竞争的效果或符合第十五条规定的除外情形。据此，最高人民法院认为，本案海南省物价局对海南裕泰的行政处罚事实清楚，适用法律正确，程序合法，裁定驳回海南裕泰的再审申请。

## 三、评析与思考

### （一）确认了纵向价格垄断案件执法与司法标准存在的差异

在再审裁定中，最高人民法院明确，“行政诉讼中对反垄断机构执法中认定纵向垄断协议行为合法性的判断标准，与民事诉讼中对纵向垄断协议的审查标准，存在明显的区别”。根据最高人民法院的观点，执法机关在查明经营者达成《反垄断法》第十四条第一项或第二项规定的协议，即可推定经营者的行为违法；但是，经营者可根据《反垄断法》第十三条第二款对其协议是否具有排除、限制竞争的效果或符合第十五条规定的除外情形，进行抗辩。如经营者提出抗辩，则执法机关应就其抗辩的竞争效果或除外情形是否成立，进行分析。而在纵向价格垄断协议涉及的损害赔偿民事诉讼中，认定原告所主张的垄断损害赔偿的前提即涉案协议具有排除、限制竞争的效果，因此法院必须就此进行查明及具体的分析、论证。由此，执法机关查处纵向价格垄断协议采取的审查标准似乎可以概括为“可抗辩的推定违法”原则，而法院在审理此类垄断民事纠纷案件时则采用“合理分析”原则。就上述执法机关采取“可抗辩的推定违法”原则的理由，最高人民法院认为，根据我国目前市场经济尚处于初级发展阶段，市场的纠偏机制较弱，执法机关资源有限，因此在每个案件中均要求执法机关对涉案的纵向价格垄断行为进行具体、全面的经济分析，既不现实，也不利于执法效率。

客观而言，最高人民法院对于纵向价格垄断协议执法与司法的标准采用“两分法”的分析和论述，符合《反垄断法》实施以来我国执法与司法实践的实际情况、《反垄断法》的立法目的、原理以及现行的法律规定，并且兼顾了我国现阶段的具体国情。尤其是，其肯定了竞争效果在分析、判断纵向垄断价格行为中的重要地位和作用，对于准确地把握执法与司法标准的异同，在不同的法律程序中正确地理解、适用《反垄断法》，具有重要的指导意义，同时也在一定程度上为缩小、弥合实践中执法与司法标准的差异埋下了伏笔。因此，最高人民法院对本案的裁定可以说是对我国纵向价格垄断协议案件执法与司法标准的一次合理诠释。

另外，最高人民法院在本案中提炼的“可抗辩的推定违法”的执法标准及“合理分析”的司法标准，与美国及欧盟规制纵向价格垄断行为的执法、司法标准相比，具有一定的“中国特色”。一般认为，在纵向价格垄断案件中，美国主要采用“合理分析”原则，欧盟则采用“推定违法 + 豁免”原则，且两者均不存在执法机关与司法机关的两套标准。尽管我国的《反垄断法》在理论、立法与实践方面对于欧美反垄断法多有借鉴，这并不妨碍根据我国的国情走自己的路，发展有中国特色的反垄断法体系，本案最高人民法院的裁定可视作此方面的一个范例。

**（二）可能催生更多的“后继诉讼”案件**

在涉及纵向价格垄断争议的民事赔偿案件中，根据现行的法律和司法解释，适用“谁主张，谁举证”原则，由原告方首先对涉案的纵向价格垄断协议具有限制、排除竞争效果进行举证。已有的司法实践表明，上述举证责任对原告而言，往往难度较高，负担较重，以至于被认为是此类民事赔偿案件中原告屡屡败诉的原因之一。根据最高人民法院在本案提炼的执法与司法标准，在纵向价格垄断的执法案件中，由于执法机关采取“推定违法”的原则在先，因此对于竞争效果的抗辩将由被查处的经营者承担举证责任。而且《最高人民法院关于审理因垄断行为引发的民事纠纷案件应用法律若干问题的规定》第二条规定：“原告直接向人民法院提起民事诉讼，或者在反垄断执法机构认定构成垄断行为的处理决定发生法律效力后向人民法院提起民事诉讼，并符合法律规定的其他受理条件的，人民法院应当受理。”由此，最高人民法院对本案的裁定有可能对未来反垄断民事赔偿案件原告方的诉讼策略产生一定的影响。从降低诉讼风险，更有效地完成举证责任的角度，可能会有更多的原告方倾向于采取先向执法机关进行投诉举报，待执法机关立案并完成行政查处后，再提出民事索赔的“后继诉讼”策略。至于此种策略是否真的有助于提升原告方在此类反垄断民事诉讼中的胜诉率，则有待进一步地观察。

**（三）是否过分抑制纵向价格限制行为的积极效果尚不确定**

最高人民法院在裁定中指出，纵向价格垄断协议往往具有限制竞争和促进竞争的双面效应。其实，这也正是规制纵向价格垄断行为的复杂之处和难点之一。根据反垄断法理论、研究成果和各国的实践，转售价格维持行为在一定的情况下可以鼓励经销商加大售前投入，提升服务质量，从而提高产品的产销量，最终使消费者因此受益。因而，在此情形下，转售价格维持行为对市场竞争具有积极效果。当前我国政府大力鼓励创新，在众多的行业和领域提倡并实施“赶超”战略。笔者认为，在此背景下，在纵向价格垄断的执法标准方面适用“推定违法”原则，对于企业从事创新产品、技术、业务的开发、经营是否过于严苛，抑制此类经营策略、方法可能实现的积极效果，仍有待实践的检验。

# 浅议滥用市场支配地位

葛小妹*

《禁止滥用市场支配地位行为暂行规定》第五条第一款规定:“市场支配地位是指经营者在相关市场内具有能够控制商品或者服务(以下统称商品)价格、数量或者其他交易条件,或者能够阻碍、影响其他经营者进入相关市场能力的市场地位。”根据该规定,经营者在特定市场上所具有的某种程度的支配或者控制力量,即具有市场支配地位。

反垄断法并不禁止经营者具有市场支配地位,而是禁止具有市场支配地位的经营者滥用市场支配地位,从事排除、限制竞争的行为。在市场经济条件下,竞争法律制度是保证维护公平、平等及自由经济的核心法律制度。滥用市场支配地位、垄断协议及具有或者可能具有排除、限制竞争效果的经营者集中是反垄断法规制的三大行为。

任何竞争行为(包括具有或可能具有排除、限制竞争效果的行为)均发生在一定的市场范围内。界定相关市场就是明确经营者竞争的市场范围。在禁止经营者达成垄断协议、禁止经营者滥用市场支配地位、控制具有或者可能具有排除、限制竞争效果的经营者集中等反垄断执法工作中,均可能涉及相关市场的界定问题。

界定市场支配地位,进而确定企业是否存在滥用市场支配地位行为,是执法机关能否顺利查办反垄断案件的关键。

## 一、相关市场的界定

《国务院反垄断委员会关于相关市场界定的指南》第三条规定:“相关市场是指经营者在一定时期内就特定商品或者服务(以下统称商品)进行竞争的商品范围和地域范围。”我国《反垄断法》第十二条也有相同规定。相关市场通常包括三

---

* 葛小妹,广东海际明律师事务所律师。

个维度；产品市场、地域市场和时间市场。在各国的反垄断执法过程中，一般较多考虑相关产品市场和相关地域市场两个方面的因素。

相关市场的界定是个复杂的问题。根据《国务院反垄断委员会关于相关市场界定的指南》第四条、第五条及第六条规定，界定相关市场的基本依据是：1. 替代性分析，即在反垄断执法实践中，相关市场范围的大小主要取决于商品（地域）的可替代程度。2. 需求替代，即根据需求者对商品功能用途的需求、质量的认可、价格的接受以及获取的难易程度等因素，从需求者的角度确定不同商品之间的替代程度。原则上，从需求者角度来看，商品之间的替代程度越高，竞争关系就越强，就越可能属于同一相关市场。3. 供给替代，即根据其他经营者改造生产设施的投入、承担的风险、进入目标市场的时间等因素，从经营者的角度确定不同商品之间的替代程度。原则上，其他经营者生产设施改造的投入越少，承担的额外风险越小，提供紧密替代商品越迅速，则供给替代程度就越高，界定相关市场尤其在识别相关市场参与者时就应考虑供给替代。

界定相关市场的方法不是唯一的，在反垄断执法实践中，根据实际情况，可能使用不同的方法。比如，可以基于商品的特征、用途、价格等因素进行需求替代分析，必要时进行供给替代分析。在经营者竞争的市场范围不够清晰或不易确定时，还可以按照“假定垄断者测试”的分析思路来界定相关市场。反垄断执法机构也鼓励经营者根据案件具体情况运用客观、真实的数据，借助经济学分析方法来界定相关市场。

例如，在北京奇某科技有限公司与腾某科技（深圳）有限公司、深圳市腾某计算机系统有限公司滥用市场支配地位纠纷上诉案①中，最高人民法院利用经济分析方法界定了本案相关市场范围，通过考察被诉垄断行为的实际或者可能的竞争效果，认为基于本案现有证据，不足以认定深圳市腾某计算机系统有限公司等实施了违反垄断法所禁止的限制交易和搭售行为，不构成反垄断法所禁止的滥用市场支配地位行为。又如，宁波科某塑胶有限公司诉宁波联某热力有限公司滥用市场支配地位纠纷案②，涉案商品为通过管道运输的热蒸汽，在相关市场界定中，法院鉴于该商品的特有属性，通过供给替代、需求替代分析、假定垄断者测试等多种经济分析方法的比较界定，分别确定时间、商品、地域三要素的各自相关市场，再合成三维的相关市场。最终确认被告作为公用企业并不处于显著市场优势地位，不具有足够

① （2013）民三终字第4号。

② （2013）浙甬知初字第86号。

控制商品价格等交易条件及排除、限制竞争的能力，故认定被告在该相关市场不具有市场支配地位。

### （一）相关产品市场的界定

根据《欧共体竞争法中界定相关市场的通告》第七条的规定，相关产品市场是指根据产品的性能、用途及其价格，从消费者的角度可以相互交换或者相互代替的所有产品或者服务。《国务院反垄断委员会关于相关市场界定的指南》第三条规定，相关商品市场是根据商品的特性、用途及价格等因素，由需求者认为具有较为紧密替代关系的一组或一类商品所构成的市场。此处的“商品”，不仅包括传统意义上的货物，而且还包括服务。

《国务院反垄断委员会关于相关市场界定的指南》第八条规定，从需求替代角度界定相关商品市场，可以考虑的因素包括但不限于以下各方面：1. 需求者因商品价格或其他竞争因素变化，转向或考虑转向购买其他商品的证据。2. 商品的外形、特性、质量和技术特点等总体特征和用途。3. 商品之间的价格差异。4. 商品的销售渠道。5. 其他重要因素。例如，需求者偏好或需求者对商品的依赖程度；可能阻碍大量需求者转向某些紧密替代商品的障碍、风险和成本；是否存在区别定价等。从供给角度界定相关商品市场，一般考虑的因素包括：其他经营者对商品价格等竞争因素的变化做出反应的证据；其他经营者的生产流程和工艺，转产的难易程度，转产需要的时间，转产的额外费用和风险，转产后所提供商品的市场竞争力，营销渠道等。任何因素在界定相关商品市场时的作用都不是绝对的，可以根据案件的不同情况有所侧重。

### （二）相关地域市场的界定

相关地域市场，是指需求者获取具有较为紧密替代关系的商品的地理区域。这些地域表现出较强的竞争关系，在反垄断执法中可以作为经营者进行竞争的地域范围。《欧共体竞争法中界定相关市场的通告》第八条指出，相关地域市场是指相关企业供给或者购买产品或者服务的地域，且它们在这个领域内的竞争条件基本是一致的。

《国务院反垄断委员会关于相关市场界定的指南》第九条规定：从需求替代角度界定相关地域市场，可以考虑的因素包括但不限于以下各方面：1. 需求者因商品价格或其他竞争因素变化，转向或考虑转向其他地域购买商品的证据。2. 商品的运输成本和运输特征。3. 多数需求者选择商品的实际区域和主要经营者商品的销售分布。4. 地域间的贸易壁垒，包括关税、地方性法规、环保因素、技术因素等。5. 其他重要因素。例如，特定区域需求者偏好；商品运进和运出该地域的数量。从供给角度界定相关地域市场时，一般考虑的因素包括：其他地域的经营者对商品价格等竞争因素的变化做出反应的证据；其他地域的经营者供应或销售相关商品的即时性和可行性，如将订单转向其他地域经营者的转换成本等。

## 二、市场支配地位的界定

我国《反垄断法》第十七条第二款规定："本法所称市场支配地位，是指经营者在相关市场内具有能够控制商品价格、数量或者其他交易条件，或者能够阻碍、影响其他经营者进入相关市场能力的市场地位。"第十八条进一步细化了认定的因素：（一）该经营者在相关市场的市场份额，以及相关市场的竞争状况；（二）该经营者控制销售市场或者原材料采购市场的能力；（三）该经营者的财力和技术条件；（四）其他经营者对该经营者在交易上的依赖程度；（五）其他经营者进入相关市场的难易程度；第十九条规定了经营者具有市场支配地位的推定情形：（一）一个经营者在相关市场的市场份额达到二分之一的；（二）两个经营者在相关市场的市场份额合计达到三分之二的；（三）三个经营者在相关市场的市场份额合计达到四分之三的。被推定具有市场支配地位的经营者，有证据证明不具有市场支配地位的，不应当认定其具有市场支配地位。

在北京米某科技股份有限公司（以下简称米某公司）与北京奇某科技有限公司（以下简称奇某公司）滥用市场支配地位纠纷案①中，北京市高级人民法院认为，《反垄断法》第十七条所禁止的无正当理由限定交易和搭售商品的行为，应以行为人占有市场支配地位为前提条件。米某公司提供的证据不能证明奇某公司在相关市场上具有支配地位，故不能认定奇某公司构成《反垄断法》第十七条所禁止的滥用市场支配地位的行为。

2019 年 9 月 1 日施行的《禁止滥用市场支配地位行为暂行规定》第六条对如何判定市场份额及竞争状况作了进一步规定：根据反垄断法第十八条第一项，确定经营者在相关市场的市场份额，可以考虑一定时期内经营者的特定商品销售金额、销售数量或者其他指标在相关市场所占的比重。分析相关市场竞争状况，可以考虑相关市场的发展状况、现有竞争者的数量和市场份额、商品差异程度、创新和技术变化、销售和采购模式、潜在竞争者情况等因素。第十三条明确了对两个以上经营者市场支配地位的认定标准：认定两个以上的经营者具有市场支配地位，除考虑本

---

① （2015）高民（知）终字第 1035 号。

规定第六条至第十二条规定的因素外，还应当考虑市场结构、相关市场透明度、相关商品同质化程度、经营者行为一致性等因素。

对比《反垄断法》，该暂行规定对市场支配地位的界定更具有可操作性、谨慎性，提高了执法的透明度。

## 三、禁止滥用市场支配地位的行为及法律责任

### （一）滥用市场支配地位的行为

滥用市场支配地位是反垄断法规制的行为，我国《反垄断法》用列举加兜底的方式进行了规定。

其中，第十七条主要规定以下禁止有市场支配地位的经营者滥用行为：1. 以不公平的高价销售商品或者以不公平的低价购买商品，即“垄断价格”；2. 没有正当理由，以低于成本的价格销售商品，即“掠夺性定价”；3. 没有正当理由，拒绝与交易相对人进行交易，即“拒绝交易”；4. 没有正当理由，限定交易相对人只能与其进行交易或者只能与其指定的经营者进行交易，即“强制交易”；5. 没有正当理由搭售商品，或者在交易时附加其他不合理的交易条件，即“强制捆绑交易”；6. 没有正当理由，对条件相同的交易相对人在交易价格等交易条件上实行差别待遇，即“价格歧视”；7. 国务院反垄断执法机构认定的其他滥用市场支配地位的行为。

《禁止滥用市场支配地位行为暂行规定》第十四条至第二十一条对禁止滥用市场支配行为及何为正当理由，以及认定其他滥用市场支配地位行为考虑的因素进行了明确规定。其中第二十一条规定，市场监管总局认定其他滥用市场支配地位行为，应当同时符合下列条件：1. 经营者具有市场支配地位；2. 经营者实施了排除、限制竞争行为；3. 经营者实施相关行为不具有正当理由；4. 经营者相关行为对市场竞争具有排除、限制影响。

上述具体规定为经营者判断其行为是否违反反垄断法提供了指导性和预见性，尤其是一些新兴行业的经营者能够更为清晰地评估自身的市场地位，有利于商业行为的合规经营；同时也为执法机构提供了明确的执法基础，从而更好地保护消费者的合法权益。

### （二）法律责任

1. 民事责任

我国《反垄断法》第五十条规定：“经营者实施垄断行为，给他人造成损失的，依法承担民事责任。”该规定比较笼统和粗糙。美国的《谢尔曼法》和《克莱顿法》规定了三倍损害赔偿责任：任何因反托拉斯法所禁止的事项而遭受的财产或

营业损失的人……不管损失大小，一律给予其遭受损害数额的三倍赔偿及诉讼费与合理的律师费用。[①] 此制度属惩罚性的损害赔偿制度，实践证明行之有效。

2. 行政责任

我国《反垄断法》第四十七条规定：“经营者违反本法规定，滥用市场支配地位的，由反垄断执法机构责令停止违法行为，没收违法所得，并处上一年度销售额百分之一以上百分之十以下的罚款。”但该规定不够具体、明确、力度小，难以起到惩戒作用。

3. 刑事责任

我国《反垄断法》尚未规定滥用市场支配地位的刑事责任。

## 四、结语

综上，滥用市场支配地位行为践踏平等交易规制，破坏公平竞争秩序，不利于社会资源的优化配置，损害了其他经营者和消费者的利益。近年来随着我国经济的迅速发展，滥用市场支配地位的现象逐渐呈现。在西方发达国家，由于其经济发展的高水平，制定了相对成熟的规制政策。因此，利用好反垄断法规制滥用市场支配地位的行为对各国而言都是维护自由、公平市场秩序的关键。

① 刘娟：《反垄断法中的民事责任制度探析》，载《前沿》2012 年第 19 期。

# 药企馈赠行为的规制

## ——美国经验及其对中国的启示

冯 曦[*]

**摘要：** 我国通过《药品管理法》对医药企业屡见不鲜的商业贿赂行为予以规制。然而，立法有过于严苛之嫌，有必要厘清医药企业馈赠行为（Gift）与商业贿赂之间的区别，从而进一步理顺、建立健康的医药企业与医生、医院关系。美国联邦立法、州立法以及协会规章对医药企业馈赠行为（Gift）规制提供了可以借鉴的经验，我国立法应该通过立法明确馈赠行为边界，并逐步建立公共基金资助统一的公益机构进行药品的学术推广。

**关键词：** 医药企业　馈赠行为　美国经验　中国启示

## 一、引言

统计数据表明，2005 年之后六年的商业贿赂案件数量是前六年案件数量的 10 倍，金额总数高达 30 倍；2006 年以后，商业贿赂案件的数量呈现井喷现象。葛兰素史克商业贿赂案是第一起对外商投资企业商业贿赂启动司法程序的案件，因此该案件也被视为中国反商业贿赂的一个里程碑，标志中国在反商业贿赂领域与世界接轨，也发出了中国政府决心反商业贿赂的一个信号。然而，最近的一项调查结果显示，在我国，大概有 32% 的外商投资企业、39% 的国有企业、76% 的民营企业尚未建立反商业贿赂预警系统。[①] 这反映出，一方面，企业尤其是民营企业对反商业贿赂的重视程度不够，或者对于中国的反商业贿赂反应迟缓；另一方面，也可能由于中国立法模糊性的原因，企业对于自己行为的规范缺乏明确的指引。药企与医

---

* 冯曦，广东神朗律师事务所律师，广州市律师协会公平贸易委员会委员。

① 《首部反商业贿赂蓝皮书剖析企业内部防控风险点严格执法倒逼企业反商业贿赂建设》，载中国法院网，https://www.chinacourt.org/article/detail/2015/01/id/1532096.shtml，最后访问于 2019 年 7 月 28 日。

院的正常交往行为有可能变成商业贿赂。因此，立法机关有必要进一步明确《药品管理法》中规定的“财物和其他不正当利益”的范围，尤其是对于行业的“馈赠行为”予以明确规定。本文试图通过对于美国法经验的总结，结合我国的实际情况，提出完善我国立法以及相关制度的建议。

## 二、对药企馈赠行为规定中存在的冲突

我国现行《药品管理法》第八十八条规定，禁止药品上市许可持有人、药品生产企业、药品经营企业和医疗机构在药品购销中给予、收受回扣或者其他不正当利益。禁止药品上市许可持有人、药品生产企业、药品经营企业或者代理人以任何名义给予使用其药品的医疗机构的负责人、药品采购人员、医师、药师等有关人员财物或者其他不正当利益。禁止医疗机构的负责人、药品采购人员、医师、药师等有关人员以任何名义收受药品上市许可持有人、药品生产企业、药品经营企业或者代理人给予的财物或者其他不正当利益。其中，关于“财物”或者“其他不正当利益”应该如何理解？其范围和边界在哪里？该法对此均没有明确界定。而根据中国外商投资企业协会药品研制和开发委员会的《药品推广准则》，药品生产、经营企业在适当的场合可以给予医疗专业人员适当的“馈赠”。从法律的文义解释，馈赠应该属于《药品管理法》第八十八条规定中的“财物”，如此看来，“馈赠”也属于被禁止的范畴。可见，我国国家立法与行业对于医药企业的馈赠的理解存在冲突。

## 三、规制药企馈赠行为的动因

在美国，馈赠通常包括医药企业对于医疗专业人士给予的办公用品、医疗器具、电子产品、药品的样品、学术交流必要费用和教育资助等。药品企业对于医疗人员的馈赠是否会产生不当的影响，从 20 世纪 60 年代开始，就引起了人们的讨论。

### （一）主流观点

在美国，占主导地位的观点认为，第一，由于药品生产经营企业给予医疗人员的馈赠会导致医疗专业人员用药或者进行其他临床活动产生偏见（Bias），而这种偏见可能会损害患者的利益；第二，允许药品生产经营企业给予馈赠会导致企业之间的恶性竞争，也即会导致企业竞相提高馈赠的额度以求获得更多的回报，最终会

导致企业成本上升，当企业把成本转嫁产品的时候，就会推高医疗费用，从而损害患者、保险公司乃至政府的利益；第三，医疗专业人员行为受到企业的影响，可能会使用不安全的药物，从而危害到患者的安全，尤其2004年默克事件后①，社会舆论普遍认为应该禁止馈赠行为。此后，2009年，美国药品研发与制造业协会（PhRMA）和美国医学会（AMA）进一步完善了相关馈赠的行为指南。②

### （二）反对意见

但是，最近一项理论研究对上述观点提出了不同的意见。这项研究认为，第一，药品生产、经营企业与医疗专业人员的互动并不能促进药品尤其是新药的应用，在这方面，医疗专业人士获得的也主要是关于新药的信息；第二，并没有更多的可靠经验证据表明，医疗人员的行为会受到馈赠行为的影响，尤其没有经验证据证明，这种影响是好的影响还是坏的影响；第三，医疗专业人士与药品企业的互动，对于药品创新产生积极影响。基于以上理由，医疗专业人士与企业的互动并不必然造成负面影响，其结果更多可能是正面的。③

可见，对于药企的馈赠行为，反对者和支持者都有一定的理由，但事后，均没有充分证据支持哪一方。

## 四、美国规制药企馈赠行为的经验

### （一）美国医药协会与联邦政府的行动

如前所述，美国关于药企馈赠行为的讨论起源于20世纪60年代，直到2002年，美国药品研发与制造业协会和美国医学学会颁布了相关的馈赠行为的行为指南。2009年，美国药品研发与制造业协会对于馈赠的范围限定在餐饮、药品样品和

---

① Vioxx畅销全球80多个国家和地区，至2003年年底，全球已开出超过8400万张处方，2003年的全球销售额高达25.5亿美元，成为默克四大拳头产品之一，占总销售额的11%，更高居美国畅销药品榜前列。不过，在2004年时，一项由FDA牵头的研究显示，服用Vioxx可能已引起超过2.7万起心脏病发作和心脏性猝死的病例。FDA通过对Vioxx和辉瑞公司同类药物Celebrex的比较发现，1999年至2003年，若患者不服用Vioxx而服用Celebrex，估计能避免27785起心脏病发作和心脏性猝死。2004年9月30日，默克突然在全球各大媒体刊登消息，宣布回收，引起了社会的强烈反响，舆论普遍禁止馈赠行为。《制药巨头默克在美认领大罚单》，载和讯网 http：//news.hexun.com/2011-11-23/135581009.html，最后访问于2019年7月30日。

② Moskop J C，Iserson K V，Aswegan A L，et al. Gifts to Physicians From Industry：The Debate Evolves［J］. Annals of Emergency Medicine，2012，59（2）：89-97.

③ Dana J，Loewenstein G. A Social Science Perspective on Gifts to Physicians From Industry［J］. Jama，2003，290（2）：252-255.

教育礼品价值低于100美元时是允许的。① 但是，协会的行为指南颁布以后，并没有得到很好的遵守，不遵守指南的馈赠行为依然较为普遍。②

医药企业的馈赠行为同时引起了美国联邦政府和地方政府的重视，2003年，美国总监察室的健康与公众服务部发布指引，警示医药企业的馈赠行为可能会违反美国《反回扣法》。

**（二）美国政府的行动**

此后，美国州政府和联邦政府也加大了对于馈赠行为的规制力度。包括州立法和联邦立法对于馈赠行为披露要求、馈赠禁止以及对医药代表实行执业许可制等方面。

1. 馈赠披露法案

比如，明尼苏达州（Minnesota）规定，超过100美元的馈赠必须进行披露；佛蒙特州（Vernont）规定超过25美元的馈赠必须披露；马萨诸塞州规定超过50美元披露；2009年美国联邦政府通过了关于馈赠的阳光披露法规定超过100美元必须披露（之前是500美元）。学者认为，阳光披露的好处是通过加大企业披露的力度，便于同行之间、患者和社会舆论的监督。但是，阳光披露法案也遇到了挑战：第一，规定的披露金额的阈值是否合理；第二，对低于阈值的馈赠不干预是否合理；第三，披露似乎赋予馈赠行为合法性，这与规制的初衷矛盾；第四，企业通过商业秘密法来规避披露的要求，因此所谓的披露可能是不充分的。③

2. 禁止馈赠法案

比如，明尼苏达州（Minnesota）禁止超过年度金额为50美元的馈赠；但是以上金额不包括药品样品、给主办者的费用，讲课费用、研究顾问费用和教学有关的资料费用；又如，马萨诸塞州（Massachusetts）禁止所有的馈赠，除非属于惯例性餐饮、药品样品、对于教学计划的间接支持。

明尼苏达州的经验表明，立法中的豁免、漏洞和实施是最为棘手的问题。虽然法案通过时间是1993年，但直到2005年才实施。在法案实施后，有报道称，严格实施后，医药代表拜访医生的情形下降了2倍（以全国性作为基准）。其经验表明，拜访的减少降低了医药营销对医生的影响。但是，几乎没有其他州采用明尼苏达州

---

① PhRMA：Code on Interactions with Healthcare Professionals.

② 同前注。

③ Grande D . Limiting the Influence of Pharmaceutical Industry Gifts on Physicians：Self - Regulation or Government Intervention? [J] . Journal of General Internal Medicine，2010，25（1）：79 - 83.

的做法，而是采用强制披露法和其他措施。①

3. 制定医药销售代表的执业许可法案

2008 年，哥伦比亚特区对于医药销售代表实行执业许可的管理，要求销售代表要接受基本的培训并且获得州的执业许可。通过许可，药企的销售代表接受了政府统一管理，对于代表们遵守国家的法律也是有好处的。这种做法面临两个挑战：第一，许可意味着销售变成了一种专业行为，但是，这与传统的对专业行为的理解是不一致的。医药代表的营销行为不对患者有任何的道德上的义务，其最大的目的是让医生开更多的他们公司的药品；这与强烈的伦理要求产生了极大的冲突。第二，许可意味着给予销售代表更好的专业地位，似乎提高了他们作为医生的教育者的地位，同时因为营销行为的合法化也增加了医生的依赖性。由此可能导致相反的结果。②

## 五、中国现行制度的评估与改革

### （一）现行制度的评估

我国现行立法并没有对药品行业的馈赠行为进行规定，只是在中国外商投资企业协会药品研制与开发委员会的《药品推广行为准则》中有较为详细的规定（该准则最新版是 2015 年版，但是在官方网站上没有找到）。我国关于企业对医疗机构和人员给予财物的规定主要有：《反不正当竞争法》中关于商业贿赂的规定、工商行政管理总局《禁止商业贿赂行为的暂行规定》以及《刑法》中关于行贿和受贿罪的规定以及相关的司法解释等。

《禁止商业贿赂行为的暂行规定》将财物的范围界定为现金和实物。要求经营者在商品交易中不得向对方单位或者个人附赠现金或者物品，但按照商业惯例送小额广告礼品的除外。

刑法的相关司法解释也注意到了贿赂和馈赠的区别。要求司法机关在办理商业贿赂犯罪案件当中，要注意区分贿赂与馈赠的界限，主要应当结合以下因素全面分析、综合判断：（1）发生财物往来的背景，如双方是否存在亲友关系以及历史上的交往情形；（2）往来财物的价值；（3）财物往来的缘由、时机和方式，提供财物方对于接受方有无职务上的请托；（4）接受方是否利用职务上的便利为提供方谋取利益。

---

① Grande D . Limiting the Influence of Pharmaceutical Industry Gifts on Physicians：Self – Regulation or Government Intervention? [J] . Journal of General Internal Medicine, 2010, 25 (1)：79 – 83.

② Grande D. Limiting the Influence of Pharmaceutical Industry Gifts on Physicians：Self – Regulation or Government Intervention? [J] . Journal of General Internal Medicine, 2010, 25 (1)：79 – 83.

### （二）改革建议

以上立法和司法实践表明，我国立法并不否定馈赠的合法性，因此，《药品管理法》应当明确馈赠与贿赂的区别，为医药企业与医院的交往提供合理健康的空间。结合美国的实践经验和中国的实际情况，笔者建议可以从以下几个方面进行改革。

第一，《药品管理法》可以借鉴《药品推广行为准则》的相关规定，明确馈赠范围，并对财物的范围作出例外的规定（比如，可以规定对于参会的赞助限于餐饮、住宿和会议注册费；对于医疗专业人士参与科研、学术报告、专家小组会议和市场调研支付的服务费；提供的医疗相关的辅助用品；对医疗专业人士的继续教育的资助；药品样品）；同时，建立医药企业馈赠公示制度，每次学术推广活动应该在会议期间对于医药企业的馈赠行为进行恰当的披露。

第二，建立全国性的“药品行业协会”，并由行业协会制定统一的“药品推广行为准则”。同时，实行销售代表执业许可制，由国家机关委托全国性的“药品行业协会”批准许可并实施管理。行业协会对医药企业进行学术推广以及该过程的馈赠进行规制的好处是，一方面，通过行业协会的管理，医药企业之间可以进行同行监督；另一方面，行业协会对于企业之间的信息知根知底，从而能够有效降低执法成本。

第三，尝试在我国建立药品学术推广的政府公共基金支持制度，由具有公共性质的专门机构统一负责药品的学术推广。其原因在于，我国是“人情”“关系”大国，有时候馈赠行为与商业贿赂的界限不是十分清晰，馈赠往往会演变为贿赂行为。因此，在未来的立法中，应该借鉴美国经验，对于医药企业的馈赠行为予以严格限制，制定金额限制和严格的披露制度。而为了进一步促进健康的医药企业与医院关系，真正实现医药企业与医生的接触能够提高用药信息的有效性，同时，对于药品的研发产生积极影响，需要通过建立政府公共基金的方式对此予以支持。

## 六、结语

我国药品管理法没有对医药企业销售过程中的馈赠行为进行规定，容易引起馈赠行为和商业贿赂的混淆，不利于建立良好的医药企业与医院关系。美国对医药企业对于医院和医生的馈赠行为有多年的立法和实践经验，我国可以在馈赠金额限制、信息披露等方面借鉴美国经验。笔者建议除在《药品管理法》中对于馈赠行为予以明确规定外，还应当建立全国统一“药品行业协会”对于医药企业行为予以监督和管理。此外，还需要建立药品学术推广的政府公共基金制度予以支持。

# 竞业限制纠纷中新用人单位的责任承担问题

杜满清*

**摘要：**将负有竞业限制期内的前员工视为一个独立个体，刺破新单位的“无辜”的面纱，与招用负有竞业限制义务劳动者的新用人单位实施商业混淆、侵犯商业秘密等不正当竞争行为的连带侵权责任。规范未来新用人单位谨慎考虑是否录用有相关经验的人才，避免可能的法律风险。

**关键词：**竞业限制　不正当竞争　连带责任

在当下人才流动日益频繁的知识经济时代，竞业限制是保护企业商业秘密的重要武器。根据我国劳动合同法的规定，竞业限制协议或条款的签订者是原用人单位与劳动者，因此在竞业限制的相关案件中，聚焦点主要在原用人单位与劳动者上，很少会关注劳动者背后的新“东家”，即招用负有竞业限制义务劳动者的新用人单位。但其实新“东家”在竞业限制纠纷中是不能忽视的重要一方，因为竞业限制纠纷绝不仅仅是单纯的企业与劳动者之间的纠纷，还涉及企业之间激烈的竞争。根据《中华人民共和国劳动合同法》（以下简称《劳动合同法》）第二十四条的规定，限制劳动者到与原用人单位有竞争关系的其他用人单位就职，最主要的目的就是避免企业的商业秘密被竞争对手通过不正当的手段获取。对此，笔者认为，在竞业限制纠纷中，不应仅仅关注原用人单位与劳动者的相关问题，而忽略对新用人单位的追责。然而，在现行劳动法的制度框架下，追究新用人单位招用违反竞业限制义务劳动者的责任存在一些困难。对原用人单位而言，可以考虑从反不正当竞争法出发，把无入职新公司资格的前员工视为一个独立个体，刺破新单位提供的面纱，并且追究新用人单位实施商业混淆、侵犯商业秘密等不正当竞争行为的连带侵权责任。

* 杜满清，广东金桥百信律师事务所律师。

## 一、劳动法下对新用人单位的追责难题

近期，笔者参与了一个企业起诉前员工的竞业限制案件（以下简称黄某案）。在该案中，A 企业发现签了竞业限制协议的前员工黄某在竞业限制期内又有了新“东家”B 企业，而该企业是与 A 企业生产、经营同类产品、从事同类业务的竞争对手。A 企业发现，黄某在离职两个月之后就为 B 企业招聘人才、以 B 企业的名义参加招商会和为 B 企业的产品做现场宣传讲解等。更严重的是，黄某加入 B 企业后，B 企业新出的产品与 A 企业的产品雷同，同时 A 企业怀疑黄某将 A 企业独有的商业秘密泄露给 B 企业，严重侵害了 A 企业的利益。法院经审理，认定黄某违反了竞业限制协议，要承担违约责任，但判决赔付的违约金仅为竞业限制协议约定的三分之一，而且没有支持 A 企业提出的返还经济补偿金和赔偿损失、必要维权费用的请求。从最后的结果看，尽管黄某被认定违反了竞业限制义务，但 A 企业的损失和为维权付出的金钱和精力没有得到足够的弥补。同时也没有有效阻止黄某继续在 B 企业任职，也没有制止 B 企业持续的商业诋毁及虚假宣传的不正当竞争行为。

在竞业限制纠纷案件中，如果认定劳动者违反了竞业限制协议，最后是由劳动者承担违约与泄露商业秘密的责任。但与用人单位相比，劳动者天然地被认为是需要保护的弱势群体。虽然竞业限制制度的设计初衷是为了保护用人单位的商业秘密以维持其竞争力，但是劳动仲裁员和法官往往出于对处于弱势地位的劳动者的同情而对其倾斜保护，在确定违约金的时候不直接采用竞业限制协议约定的违约金标准，而是着重考虑劳动者的主观过错程度和经济收入水平，酌情降低约定的违约金标准。对原用人单位来说，竞业限制协议是出于双方意思自治，而约定的违约金却得不到支持，酌情降低后的违约金虽有利于劳动者，但往往无法弥补用人单位所遭受的巨大损失，导致的后果就是竞业限制制度并不能起到有效保护用人单位的利益和竞争力的作用。另外，相比企业而言，劳动者个人的赔偿能力是比较弱的，违反竞业限制义务的行为往往给原用人单位造成的损失是巨大的，劳动者本人可能没有能力对此进行足够的赔偿。只有劳动者一方担责，而从劳动者违反竞业限制的行为中实际获益最多的新用人单位却不受到惩罚是不合理的。新用人单位故意雇用负有竞业限制义务的劳动者且实施不正当竞争行为后，在该劳动者承担赔偿责任的同时，让作为实际利益获得者的新用人单位承担连带赔偿责任才更为公平。

然而，要在竞业限制纠纷中追究新用人单位的责任却存在不少困难。首先，根据合同相对性原则，合同关系只发生在特定的当事人之间，由特定的当事人约定合

同内容并承担相应的法律责任，对于合同关系之外的第三人不具有约束力。对于竞业限制协议而言，订立合同的双方是原用人单位和劳动者，新用人单位并非缔约方，是合同关系以外的第三人。因此，劳动者违反竞业限制义务要承担相应的责任，而新用人单位则不受竞业限制协议的约束。其次，目前劳动法领域的相关法律和司法解释都只是规定了违反竞业限制义务的劳动者要承担的责任，并没有明确规定招用负有竞业限制义务的劳动者的新用人单位要承担责任以及承担什么样的责任。对此，有观点认为，新用人单位应知或明知劳动者与原用人单位签订了竞业限制协议仍与其建立劳动关系的，应与其承担违反竞业限制的连带责任①。这种观点为很多学者所认可。其主要依据的是《劳动合同法》第九十一条的规定：用人单位招用与其他用人单位尚未解除或者终止劳动合同的劳动者，给其他用人单位造成损失的，应当承担连带赔偿责任。有学者认为雇用签订了竞业限制协议的劳动者，与雇用尚未解除劳动合同的劳动者，情理相似②，故可以类推适用该条来认定新用人单位招用负有竞业限制义务劳动者的责任。

笔者认为，对此应该一分为二地进行分析。首先，如果原用人单位与劳动者签订的竞业限制协议或条款约定了在职期间的竞业限制义务，而劳动者在在职期间违反了约定，新用人单位在应知或明知劳动者没有解除或终止与原用人单位劳动合同的情况下招用了劳动者，那么根据《劳动合同法》第九十一条的规定，新用人单位就应该对原用人单位造成的损失承担连带责任。司法实践中也有法院判决认为新用人单位与原用人单位存在竞争关系，而涉诉劳动者在与原单位的劳动关系存续期间，违反了竞业限制协议约定的竞业禁止义务，新用人单位明知其没有解除与原用人单位劳动关系仍招用涉诉劳动者，应与涉诉劳动者承担连带责任，如王某、青岛某技术有限公司与青岛某电子检测仪器厂竞业限制纠纷案③，沈阳某置业有限公司与魏某、沈阳某房地产经纪有限公司竞业限制纠纷案④等。但是，对于新用人单位招用解除或者终止劳动合同后的劳动者的责任，笔者认为类推适用《劳动合同法》第九十一条只是学理上的论述，即使雇用签订了竞业限制协议的劳动者与雇用尚未解除劳动合同的劳动者在情理上具有相似性，也不能当然地认为可以类推适用该规

---

① 王林清：《竞业限制司法实务问题研究》，载《人民司法》，2011 年第 7 期；马伟：《竞业限制适用的民法学思考——公司法和劳动合同法领域中竞业限制研究》，载《科技与法律》2012 年第 2 期。

② 姚建军：《竞业限制不正当竞争诉讼研究以竞业限制与商业秘密的关系为视角》，载《法律适用》2013 年第 2 期。

③ （2015）李民初字第 387 号。

④ （2015）沈中民五终字第 539 号。

定，因为没有法律、司法解释的明确规定，也找不到大量司法判决的支持，在实践中存在不被法官所采纳的风险。

劳动合同法相关法律规定上的疏漏和合同相对性原则给追究新用人单位的责任增加了难度，但如果让新用人单位在竞业限制纠纷中不受任何影响、不承担任何责任，无论是对原用人单位，还是对劳动者来说，都是不公平的。针对上文所述的对新用人单位的追责问题，笔者认为，原用人单位可以从反不正当竞争法的角度去救济自己的权益，追究新用人单位的责任。

## 二、反不正当竞争法下的救济途径

### （一）要求新用人单位承担商业混淆、虚假宣传、侵犯商业秘密等的侵权责任

《中华人民共和国反不正当竞争法》（以下简称《反不正当竞争法》）第二章规定了混淆行为、虚假宣传、侵犯商业秘密、商业诋毁等七种具体的不正当竞争行为。如果劳动者在进入新用人单位后实施了针对原用人单位的泄密、商业混淆、商业诋毁等不当行为，新用人单位作为其任职单位不可能不了解情况。而且现实中很可能就是新用人单位授意劳动者利用其在原用人单位的工作经历实施针对竞争对手的商业混淆、商业诋毁、虚假宣传等不正当竞争行为，以谋取自身利益。在这种情况下，新用人单位应当承担实施不正当竞争行为的侵权责任。

以侵犯商业秘密为例。高级管理人员、高级技术人员和其他负有保密义务的人员往往掌握了原用人单位的很多商业秘密，如果这些劳动者违反竞业限制义务，将自己掌握的原用人单位的商业秘密带到新用人单位，非法披露、使用、许可他人使用原用人单位商业秘密，那么根据《反不正当竞争法》第九条的规定，他的行为就不仅是违反劳动合同的违约行为，还是侵犯商业秘密的侵权行为，用人单位有权直接提起侵犯商业秘密之诉。而新用人单位如果获取、披露、使用、许可他人使用了劳动者非法披露的原用人单位的商业秘密，也应承担侵犯商业秘密的民事责任、行政责任。

上文提到的“黄某案”中，B企业恶意聘用A企业仍在竞业限制期内的前员工黄某，让其负责招聘、宣传、经销、推广等工作。黄某在为B企业招聘人员过程中，使用了A企业面试试题及相关资料。在黄某为其处理工作事宜前后的时间段里，B企业推出了一个产品，而这个产品与A企业的在先产品极为相似。B企业还使用了与A企业具有一定影响的商品名称、网站域名相似的产品名称和网站域名，造成了市场混淆。此外，黄某还以虚假的身份信息参与B企业的宣传讲座，以虚假

的学历信息、专业背景作为噱头增加B企业的公众认可度。大量证据证明了上述商业混淆、泄露商业机密、虚假宣传等不正当竞争行为，B企业与黄某构成共同侵权，B企业应当解除与黄某的劳动关系，并与黄某共同就A企业因不正当竞争行为所造成的损失承担赔偿责任。

**（二）要求新用人单位承担构成其他不正当竞争行为的侵权责任**

除新用人单位实施《反不正当竞争法》第二章的具体不正当竞争行为外，笔者认为，还可以根据该法第二条的规定，认为新用人单位招用负有竞业限制义务的劳动者构成不正当竞争。其中的“违反本法规定”，既包括违反反不正当竞争法第二章关于不正当竞争行为的各项具体规定，又包括违反第二条第一款关于竞争原则的规定。也就是说，经营者实施反不正当竞争法第二章明确列举之外的行为，如果属于违反第二条第一款规定的自愿、平等、公平、诚信的原则或者商业道德的，也构成不正当竞争，需要承担相应责任。人民法院处理不正当竞争纠纷时，根据案件的实际情况，既可以适用反不正当竞争法第二章的规定，也可以适用第二条关于不正当竞争行为定义的“一般条款”的规定①。

在商业竞争日趋激烈的今天，优秀的员工越来越成为企业维持生存、保持竞争优势、发展壮大的关键所在。这些员工在单位任职期间所掌握的客户信息、智力成果、商业以及技术秘密等都成为一种重要的资源，因此，一些企业将恶意挖人、招用竞争对手的前员工作为提升竞争力、获得竞争优势的一种捷径。如果新用人单位应知或明知劳动者与原用人单位签订了竞业限制协议，负有竞业限制义务，但仍然与其建立劳动关系的，具有明知故犯、利用劳动者来不正当地获得竞争优势的恶意目的。就算新用人单位在招用劳动者时不知道其负有竞业限制义务，但如果其在之后的生产、经营中利用了劳动者带来的原用人单位的客户信息、智力成果、技术秘密等资源，经营、生产相似甚至雷同的产品，抢夺原用人单位的客户和市场，给原用人单位造成巨大损失的话，也应属于破坏公平竞争秩序的不正当竞争行为。而且在发生竞业限制纠纷后，劳动者是违反竞业限制义务责任的主要承担者，新用人单位获得了实际利益却又躲在劳动者背后逃避责任，严重违反了公平、诚信原则，也不符合商业道德，扰乱了公平竞争的市场秩序，损害了其他经营者的合法权益。因此，原用人单位的合法权益受到新用人单位违反公平诚信原则、违背商业道德的不正当竞争行为损害的，可以向人民法院提起诉讼，要求新用人单位承担侵权责任。

---

① 王瑞贺主编：《中华人民共和国反不正当竞争法解读》，中国法制出版社2017年版，第7－8页。

## 三、结语

在竞业限制纠纷中，新用人单位的责任承担是不容忽视的问题。本文从笔者参与的案例出发，分析了在劳动法下追究竞业限制纠纷中新用人单位责任存在的问题，以及在反不正当竞争法的制度框架下，用人单位如何追究新用人单位招用违反竞业限制义务劳动者的责任，救济自己的权益。对于现行法律规定，笔者建议立法机关在对我国劳动合同法进行修改时能考虑明确规定新用人单位招用负有竞业限制义务的劳动者的责任。因为招用负有竞业限制义务的劳动者的行为，与《劳动合同法》第九十一条规制的恶意挖人行为一样，都隐藏着不正当地获得商业秘密、取得竞争优势的目的，都应受到法律的规制。为了方便原用人单位维权，保护企业商业秘密，维护正常的市场竞争秩序，促进劳动关系的和谐发展，应当明确新用人单位招用负有竞业限制义务的劳动者要承担的责任和责任的范围和形式。另外，对于新用人单位来说，在招用员工时也应调查清楚劳动者是否已与前用人单位解除或终止了劳动合同，是否与原用人单位签订了竞业限制协议，对于未解除、终止劳动合同或者负有竞业限制义务的劳动者，新用人单位应谨慎考虑是否录用，尽量避免可能的法律风险。

# 最薄避孕套之争

## ——避孕套吉尼斯"薄度纪录保持者"虚假宣传不正当竞争案

陈均艺*

**摘要：**"薄"会增加避孕套品牌的竞争优势，广州大某联合橡胶制品有限公司（以下简称大某公司）取得吉尼斯公司颁发的吉尼斯世界纪录证书后，市场上长时间仍充斥着贴有"全球薄的乳胶避孕套""获得吉尼斯纪录认证""薄度纪录保持者"标识的冈某避孕套，大某公司应得的竞争优势被蚕食、压制。大某公司提起民事起诉后，法院认定原、被告双方存在同行业竞争关系，在大某公司商品获得新的吉尼斯世界纪录后，冈某株式会社应当停止在其生产、销售的冈某避孕套上继续使用吉尼斯世界纪录的认证标志，不得利用广告或其他方法作引人误认为其商品仍保持吉尼斯世界纪录的虚假宣传。遭遇虚假宣传不正当竞争的受害人，除采取民事手段外，也可以采取行政、刑事手段维权，而且不同手段各有优缺点。虚假宣传不正当竞争的民事责任归根到底是侵权责任，以行为人存在主观过错为前提；行为人知错即改（止）的，仍可免责。

**关键词：**吉尼斯世界纪录　虚假宣传　不正当竞争　法律责任

薄，在避孕套话题中无疑是抓眼球的，是一个强有力的卖点，或者说是一个噱头。厂家都想为自己的避孕套贴上"最薄"的标签，如果能有"吉尼斯世界纪录"的背书，更是如虎添翼。

冈某是世界著名的橡胶乳胶制品生产商，是日本避孕套产业的翘楚。冈某1949年6月在日本挂牌上市，一直居于日本股市的A类板块。1969年，冈某即研发出套壁突破公认0.05mm极限的全球最薄避孕套。"最薄"一直是冈某避孕套的符号、卖点。

---

* 陈均艺，广东正大联合律师事务所律师。

市场逐鹿，后浪推前浪。我国科学技术突飞猛进，避孕套生产领域也后来居上，位于广州的大某公司2013年打破冈某的避孕套薄度纪录，获得“吉尼斯世界纪录”。市场上由此出现了最薄避孕套之争。

## 一、商标和认证的基本信息

吉尼斯世界纪录有限公司（以下简称吉尼斯公司）在我国注册了多件商标，是“吉尼斯世界纪录”系列商标的注册人，核准使用在近10个商标分类上。众所周知，纪录认证是吉尼斯公司的核心业务，“吉尼斯”几乎是世界纪录的代名词，在全球享有极高的知名度和美誉度。

冈某避孕套在2012年1月31日被吉尼斯公司认证为“薄度纪录保持者”。2013年9月13日，冈某与吉尼斯公司签订商标使用许可合同，许可使用的商标包括吉尼斯世界纪录名称以及吉尼斯世界纪录保持者的标识，许可权利在许可期满和许可期内纪录被他人打破时自动失效。

大某公司生产的避孕套在2013年12月2日被吉尼斯公司认证为“最薄的乳胶避孕套”，吉尼斯公司为其颁发吉尼斯世界纪录证书。

## 二、案情介绍

大某公司取得吉尼斯公司颁发的吉尼斯世界纪录证书后，市场上长时间仍充斥着贴有“全球薄的乳胶避孕套”“获得吉尼斯纪录认证”“薄度纪录保持者”标识的冈某避孕套，大某公司应得的竞争优势被蚕食、压制。

### （一）原告主张

大某公司希望通过诉讼要求冈某株式会社以及销售商停止销售带有“薄度纪录保持者”标识的冈某避孕套，并予以损失赔偿。

### （二）被告抗辩

冈某株式会社收到起诉状后，主要抗辩观点为：1. 原告大某公司没有举证证明其是吉尼斯纪录的保持者以及我方知道其已经打破了该世界纪录，也没有举证证明被控侵权商品上“薄度纪录保持者”标识是我方粘贴的，大某公司无任何证据表明我方涉嫌虚假宣传，故我方不是本案的适格被告。2. 我方与吉尼斯公司签订授权合同，可在授权范围内合法使用吉尼斯纪录商标，大某公司于2013年12月2日取得吉尼斯纪录，我方在此前所销售的商品不涉及不正当竞争行为，属于合法经营。大某公司也没有举证证明我方在 2013 年 12 月 2 日后销售过涉案商品。3. 我方当庭提交的检测记录显示，经对大某公司的奥某产品进行检测，没有一项符合大某公司主张的 0. 036mm 的标准，故大某公司声称其商品最薄是虚假的。

冈某避孕套销售商的主要抗辩观点为：1. 我方销售的商品来源于案外人，大某公司没有举证证明被控侵权商品上“薄度纪录保持者”标识是我方粘贴的。2. 大某公司在其网站称其为中国 500 强企业、全国产品十佳品牌是虚假宣传，而且大某公司的商品上印制了“中国驰名商标”的字样，是一种违反商标法的行为。3. 我方一直合法经营，冈某株式会社的商品是世界知名商品，而大某公司的商品不知名，我方没有虚假宣传的故意，也没有虚假宣传的行为。

## 三、法院认定

大某公司与冈某株式会社均是销售避孕套的经营者，双方存在同行业竞争关系。吉尼斯世界纪录有限公司出具的《证明》证实，大某公司的奥某避孕套于 2013 年 12 月 2 日获得“最薄避孕套”吉尼斯世界纪录，平均厚度是 0. 036mm，打破了冈某株式会社的冈某避孕套于 2012 年 3 月 27 日获得的平均 0. 038mm 的“最薄避孕套”吉尼斯世界纪录。在大某公司商品获得新的吉尼斯世界纪录后，冈某株式会社应当停止在其生产、销售的冈某避孕套上继续使用吉尼斯世界纪录的认证标志，不得利用广告或其他方法作引人误认为其商品仍保持吉尼斯世界纪录的虚假宣传。

大某公司于 2014 年 5 月 14 日在某商店购买了含有“世界最薄吉尼斯世界纪录”贴纸的冈某避孕套，该避孕套注明生产商是冈某株式会社，在无相反证据的情况下，可以认定涉案避孕套由冈某株式会社生产。冈某株式会社抗辩称涉案避孕套上贴纸并非其粘贴，但从相关的吉尼斯商标使用许可合同内容来看，在商品上粘贴含有吉尼斯世界纪录贴纸是使用吉尼斯世界纪录的重要方式，冈某株式会社放弃该权利显然不符合常理，且贴纸上载明“由冈某株式会社（日本）生产的冈某 003 天然胶乳避孕套于 2012 年 1 月 31 日被吉尼斯世界纪录认证为薄度纪录保持者”等内容，因而可以认定涉案贴纸是由冈某株式会社在生产、销售过程中粘贴于商品外包装上，以体现其商品获得了吉尼斯世界纪录的认证。

大某公司于 2014 年 5 月 14 日通过公证机关保存的“淘宝官网专售店”网页显示“本店为冈某中国唯一总代深圳市万某堂实业有限公司直营店”，网址域名含有“wangshengtang”字样，据此，本院认定“淘宝官网专售店”系经销商深圳市万某堂实业有限公司在淘宝官网开设的直营店，网页上有“世界○薄吉尼斯世界纪录”内容的冈某避孕套商品图系深圳市万某堂实业有限公司发布的销售信息。

《联络票》显示，冈某株式会社于2013年12月3日已得知大某公司获得了最新吉尼斯纪录，于此情形下，冈某株式会社应采取措施收回正在市场上流通的含有“最薄避孕套”吉尼斯世界纪录标识的冈某避孕套。然而，大某公司于2014年5月14日仍然在市场上购买了涉案避孕套并在深圳市万某堂实业有限公司开设的淘宝网专售店上发现了含有“最薄避孕套”吉尼斯世界纪录标识的商品销售信息，冈某株式会社的不作为违背了经营者应当遵循的诚实信用原则，对大某公司商品的竞争力造成了负面影响，构成不正当竞争，应当承担停止不正当竞争行为及赔偿损失的民事责任。大某公司要求冈某株式会社停止不正当竞争、停止销售“薄度纪录保持者”标识的橡胶避孕套及赔偿损失的诉请，合理合法，本院予以支持。

大某公司未举证证明深圳市万某堂实业有限公司在涉案避孕套公证购买前及“淘宝官网专售店”网页公证保存前已知大某公司获得了新的吉尼斯世界纪录，因此，深圳市万某堂实业有限公司没有实施不正当竞争行为的主观过错，不应当承担赔偿损失的民事责任，但是为保护大某公司对吉尼斯世界纪录享有的权益，深圳市万某堂实业有限公司及销售商应停止销售含有“最薄避孕套”吉尼斯世界纪录标志的冈某避孕套。

大某公司还要求冈某株式会社刊登道歉声明，消除影响。本院认为，冈某株式会社曾是“最薄避孕套”吉尼斯世界纪录获得者，涉案冈某避孕套生产于大某公司取得新的吉尼斯世界纪录之前，使用吉尼斯世界纪录的贴纸也用小字写明冈某株式会社生产避孕套曾在2012年被吉尼斯世界纪录认证为薄度纪录保持者，这表明冈某株式会社在销售冈某避孕套过程中没有攀附或贬损大某公司商誉的意图，大某公司亦未证明冈某株式会社的销售行为对其商誉造成了损害，为此，责令停止销售前述商品已足以消除影响，无必要再判令冈某株式会社在网站或店铺显著位置刊登道歉声明。

因此，判决冈某株式会社立即停止不正当竞争，即停止销售带有“薄度纪录保持者”标识的冈某避孕套，并赔偿大某公司经济损失若干元。

## 四、法律分析

本案走的是民事诉讼程序，法院确定的案由是“虚假宣传纠纷”，适用的是《反不正当竞争法》。

**（一）原、被告存在竞争关系是反不正当竞争民事诉讼的基础**

本案中，受案法院以“大某公司与冈某株式会社均是销售避孕套的经营者，双方存在同行业竞争关系”一句话带过，简单地认定双方存在竞争关系。原因在于双方经营的是相同产品，竞争关系直接、明显。

实践中，反不正当竞争纠纷的原、被告是否存在竞争关系，往往存在争议。一般认为，竞争关系是指经营者因为其他行为人的行为而受到竞争上的损害所形成的关系。反不正当竞争法对竞争关系的判定，曾经历从严格到宽泛的过程。《反不正当竞争法》实施初期，往往要求不正当竞争者与受害人之间存在直接的竞争关系，但近年来，我国各地各级法院在司法实践中，对于竞争关系的理解已不仅仅局限于狭义的、直接的竞争关系，还包括了广义上的竞争关系。也就是说，现在的司法实践并不要求竞争者一定要从事相同的业务，竞争者从事不同的业务，其行为也可能构成不正当竞争行为。比如说，具有关联关系的上游市场（如原材料市场）、下游市场（产品的再销售市场、产品再加工后的销售市场等）以及非紧密替代关系的类似产品市场中，经营者之间都可能被认定为竞争关系。

**（二）遭遇虚假宣传不正当竞争，受害方的维权除了通过民事手段还可以通过行政手段**

反不正当竞争法具有公法属性，不正当竞争行为不但损害其他竞争者的利益，而且破坏、扰乱公平竞争的市场秩序。在虚假宣传不正当竞争方面，现行的《反不正当竞争法》规定，经营者不得对其商品的性能、功能、质量、销售状况、用户评价、曾获荣誉等作虚假或者引人误解的商业宣传，欺骗、误导消费者，违反者由监督检查部门责令停止违法行为，处二十万元以上一百万元以下的罚款；情节严重的，处一百万元以上二百万元以下的罚款，可以吊销营业执照。根据我国目前的政府部门架构，查处虚假宣传不正当竞争行为的职能部门是市场监督管理局。遭受他人虚假宣传不正当竞争损害的经营者，维权之道除了走民事诉讼之路，还可以申请行政处理，及时、积极、主动地向市场监督管理部门举报不正当竞争行为。行政手段往往比民事诉讼手段更迅速、便捷、省成本。

**（三）不知情者不担责，反不正当竞争法不惩罚无主观过错的虚假宣传人**

本案中，销售带有“薄度纪录保持者”标识冈某避孕套的销售商并没有被判令承担损失赔偿的法律责任，只是被要求在判决生效后停止相关销售行为。

销售商确实实施了虚假宣传的行为，带“薄度纪录保持者”标识的冈某避孕套正是从销售商店铺中被发现、购买和公证固定的。但不知情者不担责，反不正当竞争法不惩罚善意的虚假宣传人，冈某避孕套的销售商由此被豁免了责任。

受案法院认为，无证据显示销售商深圳市万某堂实业有限公司在涉案避孕套公证购买前及“淘宝官网专售店”网页公证保存前已知大某公司获得了新的吉尼斯世界纪录，深圳市万某堂实业有限公司没有实施不正当竞争行为的主观过错，不应当承担赔偿损失的民事责任，为保护大某公司对吉尼斯世界纪录享有的权益，销售商应停止销售含有“最薄避孕套”吉尼斯世界纪录标识的冈某避孕套。

法院之所以作出如此判决，是因为认定不正当竞争的民事责任，既要依据反不正当竞争法，也要依据侵权责任法。不正当竞争的民事责任，本质上是一种侵权责任。侵权责任的四个构成要件包括侵权行为、（主观）过错、损害事实和因果关系。虽然实施了虚假宣传，但因不知情而没有主观过错的，无须承担侵权赔偿责任。

法院认定大某公司打破了冈某株式会社创造的世界纪录后，作为诉讼主体的销售商深圳市万某堂实业有限公司已属知情，因此必须停止销售带有“薄度纪录保持者”标识的冈某避孕套。

## 五、法律建议

经营者在竞争对手实施虚假宣传不正当竞争的时候，应该利用法律武器奋起维权。

首先，要及时地收集证据、固定证据。虚假宣传的方式很多，常见的有打虚假广告、在商品或包装上作虚假的标注说明、散发虚假传单、在互联网上作虚假商业宣传等。这些虚假宣传行为往往具有无形性、隐蔽性和易逝性的特点。通过公证等方式，及时收集证据、固定证据，进入法律程序时才能凭证据说话。

其次，审时度势择优选取行政方式或民事起诉方式维权，情况严重时，甚至可以采取直接向公安机关刑事举报的方式维权。行政举报的受理机关一般是市场监督管理部门（原工商行政管理部门），民事起诉的受案机关是人民法院。违法行为特别严重，如涉及商业诋毁、虚假广告犯罪的，可以尝试向公安机关举报刑事犯罪。刑事犯罪一旦立案，办案力度最大，震慑最强。

再次，及时给虚假宣传行为人发送警告函，避免行为人以不知情、“善意”无主观过错为借口逃避法律责任。如前所述，虚假宣传不正当竞争的民事法律责任归根到底是侵权法律责任，行为人存在主观过错是构成要件之一。例如本案中，虚假宣传的载体——“薄度纪录保持者”标识并不来自终端销售者，终端销售者在不知情的情况下，即使客观上实施了虚假宣传的行为，但主观上没有过错，也无须承担相应的民事责任。如果行为人在收到受害者的警告函以及知悉真相后，依然我行我素，继续实施虚假宣传不正当竞争行为，将难辞其责。

最后，站在终端销售者的角度，则是建议销售者通过合法的供应商或厂家进货，并且妥善保管所有进货记录、凭证。发现供应商或厂家提供的产品宣传方式、产品本身的标注存在虚假宣传风险时，第一时间从证据上固定宣传方式、产品标注的来源。在民事诉讼中，“不知”属于消极事实，根据消极事实的证明规则，原告对被告“明知是虚假宣传”负举证责任，若原告不能举证证明，法院一般推定被告系“善意”的，无过错的，从而不要求被告赔偿损失，终端销售者由此可以免责。

# 侵害知名商品特有包装装潢不正当竞争纠纷

刘孟斌* 孟午君**

**摘要**：商标权和知名商品的包装、装潢权是两个不同的商品来源识别体系，各自发挥着对商品来源的识别作用。针对同一被告的同一批被控侵权产品，在已获得商标权保护的情况下，仍有必要再获得反不正当竞争法中的包装装潢权的保护，以杜绝侵权行为。同时，在商品销售主要为出口的情况下，认定其在中国境内的知名度时，“相关公众”的范围也包括相关行业的经营者（如贸易公司）。

**关键词**：不正当竞争　包装、装潢　知名商品　相关公众

## 一、案件双方当事人

原告：某电池工业有限公司（以下简称电池公司）。

被告：陈某某。

## 二、主要事实和证据

电池公司生产的“Vinnic”牌电池在业内具有一定知名度，同时也不断被攀附，深受各种侵权、假冒行为的困扰。2015年，电池公司公证购买到一批陈某某生产的“Vinlec”电池。针对该批电池，电池公司先提起商标侵权诉讼，在获得法院支持判赔30万元后，针对同批侵权产品，再提起侵犯包装装潢权的不正当竞争诉讼（本案）。在诉讼中，双方当事人对已经获得商标保护再另行提起本案的包装装潢权的不正当竞争诉求，其权利内容是否重复、应否支持，以及电池公司“Vinnic”电池出口销量远超国内能否认定其在中国境内属于知名商品等焦点问题产生了较大争议。在一审判决不利的情况下，代理律师凭借良好的专业素养和

* 刘孟斌，广东三环汇华律师事务所律师。

** 孟午君，广东三环汇华律师事务所律师。

独特的视角，对案件事实进行了充分说明、分析和阐述，使案件在二审阶段全面翻转。二审判决采信了电池公司律师的观点，撤销一审判决，并判陈某某立即停止使用并销毁与电池公司“Vinnic”电池及电池盒包装、装潢相近似的电池及包装盒，赔偿10万元。至此电池公司充分利用自身享有的不同法益，获得了全面的保护，律师的工作也得到了当事人的认可和好评。

## 三、争议焦点

本案争议的主要焦点为：电池公司的“Vinnic”电池出口销量远超国内销量，是否能够认定其在中国境内属于知名商品并予以保护？一审法院对此持否定态度，并作出了对原告不利的判决。二审阶段经过庭审过程的据理力争，合议庭接受了电池公司代理人的观点，撤销一审作出的错误判决，认定电池公司的“Vinnic”电池构成知名商品，应当依法保护。这也为出口型企业商品知名度的认定标准提供了参考依据，具有一定的现实指导意义。

## 四、法院认定

二审判决如下：撤销一审判决，并判陈某某立即停止使用并销毁与电池公司“Vinnic”电池及电池盒包装、装潢相近似的电池及包装盒，赔偿10万元。[①]

## 五、律师解析

本案原告电池公司生产的“Vinnic”牌电池已有30余年历史，具有一定知名度，同时，电池公司也不断受到侵权者的攀附。本案被告陈某某为使其“搭便车”行为“合法化”，甚至还注册了“Vinlec”等商标，申请了与电池公司商品近似的电池及包装盒的外观设计专利。由于其生产、销售行为较为隐蔽，取证难度较大，给原告维权带来重重阻碍。2015年，原告代理人通过“义乌购”网站公证购买到800只由被告陈某某生产、销售的“Vinlec”电池。针对得来不易的侵权证据，在代理律师的策划下，电池公司先是提起了商标侵权诉讼，在当时陈某某的“Vin-

① （2018）浙民终680号判决书、（2017）浙01民初1884号判决书、（2016）粤73民终1134号判决书。

lec”注册商标仍然有效存续的情况下，电池公司的诉求获得了法院的支持，两审均判决陈某某停止侵犯电池公司商标权并赔偿30万元；2017年，在商标诉讼案件胜诉以后，原告利用2015年公证取证到的陈某某的“Vinlec”电池，又以陈某某侵犯电池公司知名商品的包装装潢权为由提起诉讼，但一审法院没有支持原告的诉讼请求。在一审判决不利的情况下，原告代理律师没有气馁，他们凭借良好的专业素养和独特的视角，对案件事实进行了充分说明、分析和阐述，令二审法院合议庭印象深刻。合议庭最后接受了原告律师的观点，案件得以在二审阶段全面改判。至此，电池公司在代理律师的指引下，充分运用了自身享有的不同法益，获得了全面的保护。律师的工作得到了当事人的认可和好评。

**（一）本案具有一定的示范作用，对同类案件具有借鉴和指导意义；案例所涉及的法律问题具有一定的典型性和新颖性**

1. 针对同一被告的同一批被控侵权产品，原告在已获得商标权保护的情况下，能够再获得反不正当竞争法中的包装装潢权的保护。

商标和知名商品的特有包装、装潢是两个不同的商品来源识别体系，各自发挥着对商品来源的识别作用。尤其在本案中，虽然已获得商标权的保护，但若被告继续使用类似原告商品的包装，仍不能完全杜绝侵权行为带来的损害，可见本案侵权行为不仅限于商标本身，也扩张到产品的包装装潢，仅以一般商标保护不能有效制止侵权，因此再次以反不正当竞争法中规定的知名商品特有包装装潢进行补充保护是非常必要的。

2. 原告商品出口销量远超国内销量，能够认定其在中国境内属于知名商品，通过反不正当竞争法予以保护。

本案被告（二审被上诉人）陈某某主张电池公司的网站是英文网站，客户以外国客户为主，商品销售渠道主要为出口，不应认定其具有中国境内的知名度。一审判决认为电池公司在2012年至2014年有13033.74万美元的出口销售额，而扣减出口额之后国内销售额均在人民币1亿元左右，不足以认定具有较大的市场份额。对此，电池公司代理律师在二审中指出，一方面，该认定适用标准明显错误，反不正当竞争法要求的知名度本质在于，在商品具有一定知名度的情况下，商品特有的包装装潢在法律上会具有区别商品来源的作用，因此商品具有一定知名度即可，并不要求“广为知悉”甚至强加以“驰名商标”的认定标准，本案证据可以证明电池公司“Vinnic”电池经过宣传、销售，广为知晓，应认定具有反不正当竞争法要求的知名度；另一方面，“相关公众”的范围不仅指与商品有交易关系的终端消费者，还包括相关行业的经营者（如在国内代国外客户采购的贸易公司、进出口公司等)。此外，原告律师还指出，产品知名度的认定标准应该是统一的，产品在国外销量高，不应成为提高产品知名度认定标准的理由，因此一审对此认定存在明显错误。二审法院接受了原告律师的上述观点。

3. 本案判决对于出口型企业商品的知识产权保护提供了参考，具有一定典型性。

在国家大力推动“一带一路”与中国品牌“走出去”的政策环境下，很多中国品牌商品有更多机会销往世界各地，其中不乏与本案类似的“外销销量大于内销”的情况，而在当今多种对外贸易形式繁荣发展的情况下，早已不同于若干年前单纯地以“一般贸易”出口为主的情况，与本案类似，通过“义乌购”等跨境电商平台以“授权商→进出口公司（贸易公司）→国外客户”的销售环节，由中间商在国内采购后出口国外非常常见，这种情况下并不完全是商品品牌在国外具有知名度的表现，很可能是企业参加广交会等外贸展会，产品在业内具有较高影响力而使得国内贸易公司、进出口公司等从事外贸采购的群体对产品广为知晓的结果。对于这类企业给予相应的知识产权保护，是企业顺应国家外贸政策发展的根本保障。

**（二）本案代理律师发挥了较好的专业水平**

1. 本案原告拥有多个注册商标、外观设计专利以及商品包装装潢等多项权利，被告不仅涉嫌侵犯了上述多项权利，而且还以模仿、变造、复制等各种手段也申请、注册了多项相应权利，造成了一种以假乱真、似是而非的混乱局面。代理律师为原告进行了全面的策划，提出了整体的维权方案，在权利客体的选择、诉讼的先后顺序、各个程序的启动时机以及外围配合等方面作出了周密安排，为民事及行政各个程序全面获得支持奠定了良好的基础。

由于取证时被告陈某某在第9类电池等商品上已经取得注册商标“Vinlec”，并已经申请获得侵权“Vinlec”电池及包装盒的外观设计专利，若直接提起商标侵权及不正当竞争诉讼，很可能基于被告的权利对抗情况，案件将陷入中止或事实中止状态甚至面临败诉等更为被动的结果，而通过行政程序宣告“Vinlec”商标无效、电池及包装盒外观专利无效，又需要至少一年的时间。如果等待行政程序后再启动维权，由于“Vinlec”电池的低价恶性竞争，相关公众的混淆误认，电池公司的市场份额和利益将受到难以挽回的损失。在此情况下，代理律师果断建议当事人先选择“Vinnic”及图组合商标（包括“Vinnic”文字部分及背景地球图形）起诉陈某某的“Vinlec”电池侵害商标权，由于“Vinlec”电池商标也包含文字部分及椭圆形的背景底图，与“Vinnic”及图组合商标相比，视觉效果近似，判断相对容易。这样的选择避免了单纯地将“Vinnic”文字商标与陈某某已获准注册的“Vinlec”文字商标直接进行对比，从而降低了法院认定构成商标侵权的难度。果然，原告的诉讼请求很快获得了法院的支持，法院判决被控侵权产品构成商标侵权，须停止侵权并赔偿损失，这一判决及时阻止了侵权产品对原告市场进行的蚕食。随后，电池公司逐步在行政程序中将陈某某的“Vinlec”文字商标“Vinlec”电池及包装盒的外观设计专利一一提出了无效宣告请求并全部获得成功。此时，陈某某已不能使用“Vinlec”商标，但外观设计专利无效并不能限制外观设计的使用，据当事人反映，陈某某将包装装潢中的英文部分进行修改后，仍在使用与电池公司电池、电池盒包装装潢近似的包装装潢，由于该包装装潢本身已产生识别度，很多相关公众仍然可能将其混淆，将陈某某的产品误认为是电池公司的产品，在此情况下，代理律师建议电池公司提起本案侵犯包装装潢权的不正当竞争诉讼，以全面维护合法权益。

2. 在一审判决不利的情况下，代理律师针对一审判决存在的问题组织反驳证据、进行法理辨析，观点获得二审法院支持，予以改判。

一审判决认为电池公司的产品销售在扣减出口额之后国内销售额均在人民币1亿元左右，不足以认定具有较大的市场份额。对此，电池公司代理律师在二审中对“知名度”的要求进行了充分的法理分析，指出：一审判决的认定适用标准明显错误，反不正当竞争法要求的知名度本质在于，在商品具有一定知名度的情况下，商品特有的包装装潢在法律上会具有区别商品来源的作用，因此商品具有一定知名度即可，并不要求“广为知悉”，更不应强加以“驰名商标”的认定标准，本案证据可以证明电池公司“Vinnic”电池经过宣传、销售，广为知晓，应认定具有反不正当竞争法要求的知名度；此外，“相关公众”的范围不仅指与商品有交易关系的终端消费者，还包括相关行业的经营者（如在国内代国外客户采购的贸易公司、进出口公司等）。电池公司代理律师还指出，司法实践中对产品知名度的认定标准应该是统一的，不应该有双重标准。产品在国外销量高，不是对该产品的知名度认定采取更严苛标准的理由。二审法院接受了原告律师的上述观点。

针对一审判决认为陈某某与电池公司销售方式和消费群体不存在交叉的问题，电池公司代理律师在二审中补充提交了“义乌购”网站主页及介绍，证明义乌购并非单纯的网络销售平台，而是对应义乌国际商贸城实体店铺的网上店铺，其特色为“打造外贸网商货源高地”，是“跨境电商”平台；提交了电池公司授权的义乌购经销商的销售页面、授权书，通过义乌购途径销售给进出口公司的采购合同以及海关备案信息，证明义乌购的销售形式是“授权商→进出口公司（贸易公司）→国外客户”，虽然最终是出口，但交易发生在国内，一方面证明不能完全排除出口销售额中在国内的交易和产生的影响，另一方面也证明了陈某某与电池公司的销售方式和消费群体具有同一性。以上说理和证据在二审中予以认定，成为改判的重要支持。

最后，代理律师还从宏观、全局的角度，特别向法庭陈述了加强知识产权保护作为我国对外开放基本国策重大举措的重要意义，以及司法政策在“一带一路”国家级顶层合作倡议和“走出去”国家战略中的导向和支持作用。

**（三）本案维护了当事人的合法权益，更为当事人针对类似情况的后续维权行动提供了重要的支持，受到当事人的高度评价和认可**

本案的胜诉判决，尤其是对被控产品构成了侵犯电池公司知名商品特有包装装潢权利的定性，为电池公司“Vinnic”电池商品获得全面保护提供了重要的依据和支持，在此基础上，电池公司后续针对类似侵权行为进行的工商投诉、民事诉讼均有突破性进展。据当事人反馈，在向相关部门提供了本案判决后，2018 年 8 月在嘉兴工商局投诉立案的“Vilnuhe”电池包装、装潢不正当竞争案，近日已作出了处罚决定。本案为电池公司维护了合法权益、挽回了经济损失，受到当事人的高度赞扬，当事人特向代理律师及律师事务所发来感谢信。

# 知识产权与反垄断

吴秀荣*

**摘要：**与保护知识产权相对应的是限制知识产权的滥用。如何防止滥用？最主要的是反垄断法。本文以反垄断法为视角，从拒绝许可知识产权、拒绝交易知识产权产品行为、虚假获得独占性权利行为、搭售行为、掠夺性行为、经营者集中、行政处罚等几方面介绍了知识产权反垄断法违法行为的表现形式和行政处罚。

**关键词：**反垄断　拒绝许可　拒绝交易　虚假　搭售　掠夺性行为

市场经济的核心要素之一是竞争。市场竞争的结果可能是一小部分企业成为行业佼佼者，甚至拥有市场支配地位，这本身并无不当之处，但是，拥有支配地位的企业却不能像一般企业那样“为所欲为”，否则就容易扭曲市场运行规则，妨碍市场竞争，不利于市场的高效运转。反垄断法的主要价值取向就是通过市场主体之间的有序竞争来促进市场的高效运转，从而让消费者可以得到高质量、充足、廉价的产品。因此，对拥有市场支配地位企业的行为要用反垄断法进行规制，这赋予了反垄断法“经济宪法”的地位。知识产权具有相当的排他性，他人未经许可，一般情形下不得使用或实施，使权利人享有独占性权利，这也正是反垄断法所称的市场支配地位的一种表现形式。权利人在行使自己权利的过程中可能会滥用这一支配地位，从而损害市场竞争秩序。与技术有关（如专利、软件）的企业，特别是我国的技术型出口企业应该关注欧美反垄断法律对产品出口的影响。

在知识产权领域，从我国、欧盟以及美国的案例看，与知识产权有关的滥用市场支配地位主要分为排挤竞争对手的行为以及掠夺性的行为。这些行为主要表现为拒绝许可知识产权、拒绝交易知识产权产品、虚假获得独占性权利、搭售以及掠夺性行为等，下面将进行具体阐释。

---

* 吴秀荣，广州金鹏律师事务所律师。

## 一、拒绝许可知识产权

从总体上讲，知识产权是私权，权利人可以自由处分其权利，许可或不许可是权利人的私事，法律一般不会加以干涉，但在权利人拥有市场支配地位后，情况就不同了：权利人许可竞争对手使用其知识产权与否关系到整个行业的发展以及下游企业的生存。在此情形下反垄断法需要发挥积极作用。美国以及欧盟通过系列案件（包括微软案件）确定了“Essential Facilities”原则或类似原则。这项原则的核心是，如果某项知识产权为行业发展所必需的话，权利人就不能拒绝竞争者的许可请求，否则就排斥了竞争性产品进入市场，从而限制或排除了竞争。

在我国频发的标准必要专利案件其实就是这一类案件的缩影。在标准必要专利案件中，由于专利变成了标准的一项或多项技术要求，行业内众多企业采用了这一标准，因此专利就变成了行业的“Essential Facilities”。因为标准影响到了整个行业，专利权利人就不能再独占实施这一专利。与一般拒绝许可案件不同的是，标准必要案件中的专利许可涉及行业内的诸多企业，因此，一般采用FRAND许可原则（公平、合理、无歧视原则），而一般的专利许可多涉及许可人以及被许可人两方企业，没有了比较对象，就没有了无歧视这一要求。

“Essential Facilities”看似舶来品，但大家并不陌生。我国的民法通则其实早有类似的规定。不同的是，民法通则中的相关规定指的是有形的不动产（如道路），而非无形的财产。

## 二、拒绝交易知识产权产品

拒绝交易知识产权产品是常见的滥用市场支配地位的行为，这种行为之所以被认为违法，是因为具有市场支配地位的企业掌握了供方市场，其有义务通过提供足够的货品来满足市场的正常需要。拒绝交易知识产权产品的行为在允许平行进口的国家或地区（如欧盟）比较多见。货物在欧盟范围内自由流通是欧盟法律的基本原则之一，这一原则允许在欧盟范围内的知识产权产品平行进口。在希腊葛兰素史克（GSK）反垄断案件中，葛兰素史克（GSK）采用了价格区别策略（在不同的国家，相同产品的销售价格不同，刺激价格低的国家的经销商把产品出口到价格高的国家。虽然多了几个销售环节，但仍然有利可图）。葛兰素史克（GSK）的希腊经销商在购买真实的专利产品后，廉价地把产品卖回了葛兰素史克（GSK）的总部所在地英国，冲击了英国市场。为了控制这种平行进口的负面影响，希腊葛兰素史克（GSK）限制希腊经销商的购买数量，以控制产品从希腊平行进口到英国。经销商不满，向欧盟委员会投诉了希腊葛兰素史克（GSK）滥用市场支配地位行为。

我国是一个统一的市场，在我国内部自然不存在平行进口这一现象，但是，不少企业却被网络销售价格差所困扰。这几年网络销售红火，有的企业在通过传统经销商卖货时会发现，有的经销商会通过网络销售自己的产品，价格比传统零售商低很多，这冲击了传统的专卖店。如果企业贸然采取断货或限制供应等行为，有可能会触犯反垄断法。

## 三、虚假获得独占性权利

药品是高研发投入的行业，加上临床试验等申请药品入市需要时间，专利法所规定的 20 年的期限是不够的。为此，为鼓励药品研发，在药品专利到期后，专利权利人在欧盟可以获得为期 5 年的补充保护证书（Supplementary Protection Certificates）。在这期限内，仿制药是不能在市场上流通的。AstraZeneca 公司在某种药品市场上拥有支配地位，曾通过提供虚假信息获得了欧盟某国的补充保护证书，用来限制仿制药进入市场。被人投诉后，AstraZeneca 公司因滥用市场支配地位被欧盟委员会重罚。

## 四、搭售行为

买个苹果必须买梨，但收的不是苹果的价格，而是苹果加梨的总价格，这就是搭售。但从反垄断法的角度看，一般的搭售行为不违法，只有具有市场支配地位的企业的搭售行为才会违法。在知识产权领域，一件专利往往很难形成专利网，保护作用有限，多件专利搭配许可或买卖就成了一种很好的策略。然而，权利人如果不能自圆其说，给搭配行为提供一种合理的解释的话，这种搭配策略可能就会被认定为是滥用市场支配地位的违法行为。

## 五、掠夺性行为

掠夺性行为直接针对的是购买者，其表现形式为通过给购买者强加不合理的条款来达到利益最大化。生活中最常见的掠夺性行为表现为人人憎恨的“霸王条款”，而与知识产权有关的掠夺性行为则更多的是过高要价。在欧美，RAMBUS 专利伏击案是这类案件中的典型，也是较早的有关标准必要专利案件。在国内，华为与 IDC 之间的标准必要专利许可使用费纠纷也是这类案件的代表。在该案中，IDC 向华为索要的专利许可使用费是 IDC 给其他同类型通讯企业的 10 倍多。

除前述滥用市场支配地位的违法行为外，以知识产权无效、许可等为载体的最高限价或最低限价行为，分割市场、限制产品产量等行为均有可能涉及反垄断法规制的另一领域——卡特尔，也就是双方或多方通过合同、协同进行限制竞争的行为。在美国，以放弃专利无效为前提条件的“pay - for - delay”条款正在受到反垄断机构的关注。

另外，在知识产权交易有关的经营者集中申报方面我们也应当注意。按照欧盟的 Merging Regulation，经营者集中并非仅仅是企业间的股权收购，还包括了知识产权在内的重要资产收购。从理论上讲，如果知识产权买卖或许可可能会对某一行业的竞争产生结构性影响，在满足一定的条件下，交易的双方是需要向欧盟委员会或欧盟范围内的国家反垄断机构进行经营者集中申报的。如果没有申报，企业可能会受到无法承受的严厉经济制裁。

在欧盟，违反反垄断法的处罚很重，罚款一般会在几千万欧元到几亿欧元；在美国，处罚则更严重，除高额罚款外，滥用市场支配地位和卡特尔违法行为是重罪，企业的法定代表人将会面临牢狱之灾。有人或许会想，我们远在中国，欧盟和美国的法律难以触及，因此可以不理会欧美法律。对于一般的法律来说，这一想法是对的，但在反垄断法领域，包括欧盟、美国、中国在内的大多数国家采用了“Effect Doctrine”原则，即只要外国企业的垄断违法行为对本国产业产生竞争损害，外国的反垄断机构是可以根据本国的反垄断法进行反垄断调查和司法判决的。现在有不少企业正在走进欧美市场，出口企业要重视对反垄断法的学习和研究，以避免将来的无妄之灾。

# 互联网市场背景下对《反不正当竞争法》第二条规定的适用

## ——原告广州某享网络科技有限公司与被告广州某梦科技有限公司、广州某舞软件开发股份有限公司著作权与不正当竞争纠纷案

伍 健*

**摘要：**《反不正当竞争法》第二条规定的诚实信用原则是对不正当竞争行为的概括性的兜底条款，如何适用该条款判断互联网的侵权行为是否违反诚实信用原则及违反公认的商业道德比较抽象且具有不确定性。在本案例中，法院通过多角度分析被告的侵权行为，进而适用诚实信用原则保护原告的权利，同样起到了打击侵权和净化市场秩序的目的。

**关键词：**不正当竞争　诚实信用原则　互联网

近几年，互联网不正当竞争类案件大量涌现，由于互联网经济参与主体多样，技术背景复杂，且商业模式和竞争样态日趋多变，《反不正当竞争法》的具体条款根本无法涵盖。很多案件，法院都是适用《反不正当竞争法》第二条的原则性条款进行定性判断和调整。鉴于《反不正当竞争法》第二条规定的“经营者在市场交易中，应当遵循自愿、平等、公平、诚实信用的原则，遵守公认的商业道德”属于原则性规则的“一般条款”，是对不正当竞争行为的概括性的兜底法律规范，比较原则和相对抽象，对新类型互联网不正当竞争纠纷的法律适用往往针对性不强，较为模糊和不确定。

由于如何判断是否违反诚实信用原则、如何判断是否违反公认的商业道德比较抽象且具有不确定性，司法界、律师界对此一直争议颇多。早前，最高人民法院在

* 伍健，广东踔厉律师事务所律师，合伙人。

北京百某网讯科技有限公司等诉北京奇某科技有限公司等涉及安全软件的“插标”与“流量劫持”不正当竞争纠纷一案中适用该原则进行案件的认定并对此进行了详细的阐释，对案件适用诚实信用原则进行处理提供了一个很好的判例参考。笔者近期办理了一件涉及手游的互联网侵权案件，广州市天河区人民法院也同样适用《反不正当竞争法》第二条对案件进行了判定。

## 一、案情介绍

原告广州某享网络科技有限公司（以下简称广州某享公司）系一家专业从事互联网游戏开发及运营的创业型公司，2015 年 8 月，原告研发创作完成《夺宝捕鱼——手机游戏软件》（以下简称《夺宝捕鱼》）手机游戏，并对其办理了计算机软件著作权登记。该游戏通过大半年运营在手机游戏界内获得较高的知名度。被告广州某梦科技有限公司（以下简称广州某梦公司）系原告的合作伙伴，双方签订了《业务合同协议书》，约定广州某梦公司通过“地推”平台帮助推广原告《夺宝捕鱼》手机游戏。原告向被告广州某梦公司提供了上述手机游戏的游戏素材、源文件及游戏说明等完整材料。2016 年 3 月，原告发现被告广州某梦公司运营一款与原告《夺宝捕鱼》手机游戏同名的手机游戏，并通过深圳市腾某计算机系统有限公司经营的“应用宝”软件应用平台向公众广泛传播和提供下载。广州某舞软件开发股份有限公司（以下简称广州某舞公司）是被告广州某梦公司的股东之一，被告广州某梦公司运营的《夺宝捕鱼》手机游戏系由被告广州某舞公司研发，并授权广州某梦公司运营。原告认为两被告在开发、运营《夺宝捕鱼》手机游戏中不仅侵犯了原告对《夺宝捕鱼》手机游戏作为整体作品所享有的著作权，且主观上具有搭便车的目的，违背了平等、公平、诚实信用的商业道德，对原告构成不正当竞争。

广州市天河区人民法院一审审理后，作出了如下判决：1. 被告广州某梦公司、广州某舞公司在腾讯应用宝官网（android. app. qq. com）首页连续四十八小时发布声明以消除影响；2. 被告广州某梦公司、广州某舞公司赔偿原告人民币 100000 元。

被告广州某梦公司、广州某舞公司不服，向广州知识产权法院提出上诉。广州知识产权法院于 2018 年 5 月作出终审判决，维持一审判决，驳回了上诉。

## 二、案件的争议焦点及分析

本案件有两个争议焦点：一是两被告是否侵犯原告《夺宝捕鱼》游戏的著作

权；二是两被告的行为是否构成不正当竞争行为。

对于焦点一，广州市天河区人民法院认为原告广州某享公司《夺宝捕鱼》游戏不构成以类似摄制电影的方法创作的作品。其主要理由是《夺宝捕鱼》游戏虽然涉及美术、文字、音乐等不同的要素且包含不同的游戏模式，但并不具备特定的游戏角色或游戏故事情节，缺乏“类电作品”的核心要素，不构成著作权法规定的作品。原告主张保护的游戏独立界面、元素布局的美术作品著作权及原告游戏中的运行步骤、游戏规则、功能说明、文字介绍等文字说明，缺乏表现作者主观情感或意义的独创性表述，不符合著作权法中作品的法定条件。

对于焦点二，一审法院认为构成不正当竞争。其主要理由是，广州某享公司与被告广州某梦公司和广州某舞公司属于《反不正当竞争法》第二条第三款所规定的经营者，且竞争关系密切。被控侵权游戏《夺宝捕鱼》是广州某舞公司自主研发的手机网络游戏产品，广州某舞公司授权广州某梦公司非独家运营该游戏。被控侵权游戏名称与原告游戏名称完全一致，经比对两款游戏在整体与大部分细节方面均构成实质性相似。虽然两款游戏系同主题类型的游戏，游戏模式等方面内容难免相同或类似，但在游戏的整体及大部分细节均存在高度相似的情况与常理不符。被告的涉案游戏开发完成并推出运营在原告与广州某梦公司签订的《业务合同协议书》约定的合作期限内，可以认定在被告的涉案游戏开发完成前广州某梦公司已接触到原告游戏源文件。广州某舞公司、广州某梦公司应当明知原告所有的《夺宝捕鱼》游戏，其基于诚实信用原则在开发、运营同类游戏时应当注意尊重并合理避让在先权利人的合法权益，但广州某舞公司、广州某梦公司在对原告游戏源文件存在接触可能性的情况下，于原告与广州某梦公司签订合同并发送源文件的两个月后即开发完成并推出运营与原告游戏构成实质性相似的涉案游戏，两被告的行为有悖于诚实信用原则，违反商业道德，损害原告的合法权益，广州某舞公司开发、广州某舞公司与广州某梦公司合作运营涉案游戏的行为构成不正当竞争，依法应承担消除影响、赔偿损失的民事责任。由于涉案游戏与原告游戏名称完全一致，内容高度相似，容易使社会公众造成混淆，故两被告承担消除影响的民事责任具有正当性与必要性。关于赔偿损失的数额，法院在综合考虑原告游戏的类型、知名度、经济价值，两被告不正当竞争行为的性质、时间、影响范围、获得模式、主观过错，以及原告为制止不正当竞争行为所支出费用的合理性和必要性等因素，酌情确定两被告的赔偿数额为 100000 元。

## 三、律师解析

一直以来，游戏作为一种新类型的作品，到底归类于《著作权法》中的何种作品，一直存在争议。如果把游戏归类为计算机软件，则需要考虑其源代码及对于两者之间源代码的比对；如果把游戏归类为以类似摄制电影的方法创作的作品，则需要考虑游戏作品应当具有一定的剧情或者故事情节，并需要综合考虑游戏的角色、摄影、美术、音效、剪辑等游戏要素。因此，在判断以何种方式对于游戏作品进行保护时，需要根据作品本身的实际情况及侵权作品的具体情况综合考虑。在本案件中，原告的《夺宝捕鱼》游戏是一种比较简单的休闲类小游戏，缺乏“类电”作品的相关要素，因此，一审法院在审查了原告作品的内容后认定该作品不构成著作权法规定的作品。但是，基于原告与被告存在竞争关系且实际接触了原告的作品，因此，一审法院援引诚实信用原则对被告的侵权行为进行了多方面的论述，并依此作出认定和裁判，彰显了《反不正当竞争法》的张力。

## 四、案件启示

在互联网领域，对《反不正当竞争法》正确适用的关键在于透过五花八门的市场行为，看到相关行为的本质，创造性和创新性的适用《反不正当竞争法》的相关条款，从而达到保护市场经济经营者合法权利或者权益并维护市场竞争秩序和社会公共利益的目的。在本案中，广州某享公司的《夺宝捕鱼》无法被视为“类电”作品进行保护，因此，对于被告广州某舞公司、广州某梦公司明知广州某享公司所有的《夺宝捕鱼》游戏的情况下开发完成并推出运营与原告游戏构成实质性相似的涉案游戏，广州市天河区人民法院通过多角度的分析被告的侵权行为，进而适用诚实信用原则保护原告的权利，同样起到了打击侵权和净化市场秩序的目的。相对于企业而言，企业拥有自主知识产权并将知识产权高度转化，不但可以提升市场的竞争力，而且这种竞争力可以得到法律的有效保护，将支持企业更好、更高程度的创新。

# 第五篇

# 互 联 网

# "洗稿"类软件的相关法律问题探讨

张素勤*

**摘要**：随着"洗稿"行为的不断演化，"洗稿"类软件应运而生。本文探讨"洗稿"类软件的相关法律问题，包括"洗稿"类软件的侵权性质和违法性质的认定、"洗稿"类软件与人工智能写作的区分问题等，并认为"洗稿"类软件等侵权工具亟待各方合力整治。

**关键词**：洗稿　软件　版权

根据人民日报2018年7月17日报道，国家版权局、国家互联网信息办公室、工业和信息化部、公安部联合召开新闻通气会，通报启动打击网络侵权盗版"剑网2018"专项行动有关情况。网络传播中的"洗稿"现象首次被提及，此次行动将"坚决整治自媒体通过'洗稿'方式抄袭剽窃、篡改删减原创作品的侵权行为"。这意味着国家相关执法部门已经正式把"洗稿"侵权列入执法范围。

"洗稿"行为进入大众视野源自2018年年初"六神磊磊"在微信公众号与"周冲"的争议。2018年1月23日，拥有百万粉丝的微信大号"六神磊磊"发文直指多个自媒体大号"洗稿"，其中就有同样拥有百万粉丝的公众号"周冲的影像声色"。而"差评"的投资及退还事件进一步使"洗稿"行为引起人们的关注。5月23日，自媒体"差评"宣布完成3000万元A轮融资，由腾讯TOPIC基金领投，因"差评"被指存在"洗稿"行为，引起巨大争议，5月28日下午，"差评"发布声明，决定主动退还腾讯相关投资，并向腾讯表达这一意向，腾讯已接受其决定。

什么是"洗稿"呢？法律上并没有明确的概念。在百度百科中称，"洗稿"就是对别人的原创内容进行篡改、删减，使其好像面目全非，但其实最有价值的部分还是抄袭的。在互动百科中，洗稿指在别人文章的基础之上汲取大意改写一下，然后署名发表并申请原创的恶意剽窃行为。手法类似麻将洗牌，即把原文段落打乱，

---

* 张素勤，广东南国德赛律师事务所律师。

再按照自己的想法码放整齐。

随着“洗稿”行为的不断演化，通过机器进行“洗稿”的软件（包括在线运作“洗稿”类软件的网站）应运而生。“洗稿××”“××伪原创”等号称可以“一键伪原创”的“洗稿”类软件在各大搜索引擎均有大量点击量。据央视网消息，记者按照介绍打开专业洗稿网站，发现可以根据关键词搜索想要洗稿的素材，并且网页中还显示各个平台的实时爆文，选择好素材后，点击“一键伪原创”，几秒钟时间，一篇改头换面的稿件就生成了。记者将生成的稿件复制粘贴到可以进行原创检测的网页，稿件的原创度很快就可以检测出来，随后只需根据提示对重复部分进行修改，然后调整一下部分不通顺的语句，不到10分钟，一篇“洗过的稿件”就完成了，不仅不用自己辛苦找素材，而且已经成为爆文的文章，再爆的概率也大了许多。

软件开发者卖“洗稿”类软件——剽窃者洗稿避开原创审查——侵害内容原创者合法利益已经形成灰色产业链。“洗稿”类软件已经成为内容原创产业的公害，然而这样的软件迄今仍未有法律明确进行规范、处罚。

在此，本文探讨“洗稿”类软件的相关法律问题。包括“洗稿”类软件的侵权性质和违法性质的认定以及“洗稿”类软件与人工智能写作的区分问题等。

第一，我们认为“洗稿”类软件涉嫌共同侵权。“洗稿”类软件权属人和通过“洗稿”类软件取得收益的人，包括提供线上收费“洗稿”的网站及提供“洗稿”类软件收费下载的网站，均是与发表侵权“洗稿”内容方共同侵权责任主体。虽然现在国内尚未针对利用“洗稿”专业软件进行判决的法律和案例，但如果“洗稿”侵权内容发表方被认定其内容侵权，而又有证据证明其“洗稿”内容主要是通过该款“洗稿”类软件制作，则可认定“洗稿”类软件权益取得方为共同侵权主体，根据《侵权责任法》第八条规定的“二人以上共同实施侵权行为，造成他人损害的，应当承担连带责任”，“洗稿”类软件利益相关方应承担侵权连带责任。

第二，“洗稿”类软件为不正当竞争行为提供软件工具，是违反《中华人民共和国反不正当竞争法》（以下简称《反不正当竞争法》）的行为。“洗稿”类软件的使用者利用“洗稿”类软件仿冒“爆款”原创内容，“伪原创”实质上是《反不正当竞争法》第六条规定的“实施混淆行为”，应参照第十八条第一款规定的“经营者违反本法第六条规定实施混淆行为的，由监督检查部门责令停止违法行为，没收违法商品。违法经营额五万元以上的，可以并处违法经营额五倍以下的罚款；没有违法经营额或者违法经营额不足五万元的，可以并处二十五万元以下的罚款。情节严重的，吊销营业执照”进行处罚。

第三，“洗稿”类软件违背诚实信用、公序良俗的基本民法准则。由于技术发展迅速，计算机软件侵权行为多年以来一直是技术走在前，立法、执法走在后。在暂未有明确的法律对“洗稿”类软件进行规范的情况下，为维护内容产业中公平有序的竞争环境，建议参考早期的计算机互联网案件的判例，认定“洗稿”类软件没有遵守公认的商业道德，违反了诚实信用、公序良俗这一市场竞争的最基本准则，损人利己，应当承担相应的法律责任。

第四，“洗稿”类软件及网站亟须行业规范和治理。中国互联网协会对恶意软件的定义为：强制安装、难以卸载、浏览器劫持、广告弹出、恶意收集用户信息、恶意卸载、恶意捆绑及其他侵害用户软件安装、使用和卸载知情权、选择权的恶意行为。对于有明确声称侵权行为并实际沦为侵权工具的“洗稿”类软件及网站，甚至未列入“恶意”软件的范围。“洗稿”类软件对内容产业危害严重，灰色产业链利益巨大，其违法具有一定的隐匿性，而个体维权困难。单是就“洗稿”行为的维权及举证已经非常困难，更何况是“洗稿”行为的软件工具提供方，靠主要为个体或者小团队运作的原创内容生产方向“洗稿”类软件的利益相关方主张权利极为困难。“洗稿”类软件及网站亟须行业规范和治理，相关行业协会及政府部门应尽早采取必要的行动，否则将影响整个内容产业的发展。

第五，打击“洗稿”类软件，保护内容产业，平台应尽责。腾讯是内容产业的重要相关方，截至2017年年底，微信公众号数量已超过2500万个，日活跃账号数量超过350万个。据微信团队介绍，微信平台早在2015年就推出原创声明功能以保护原创作者权益，目前已建立用户快捷举报和线上侵权投诉系统两个渠道，对涉抄袭剽窃的文章进行删除、屏蔽或清空等处理，并将视行为情节对违规账号进行警告、限制或禁用功能、封禁、注销等处罚。据统计，2017年微信平台通过用户快速举报渠道处理的侵权文章超7万篇，通过公众平台线上侵权投诉系统审核涉及版权侵权的投诉2万余单。但是，随着“洗稿”等灰色产业的壮大，给了“洗稿”类软件及网站诱人的利益空间。能力越大，责任越大，腾讯应采取更为有力的措施维护内容产业的利益。与腾讯类似的平台必须加强监管和审核，如在微信、QQ的搜索引擎中屏蔽“洗稿”类软件的关键词。在公众号原创审核中使用更为先进和智能的审核软件，识别和删撤“伪原创”的“洗稿”内容，更进一步为打击“洗稿”类软件创造环境，也维护内容平台的声誉和利益。

第六，“洗稿”类软件与人工智能写作的区分。有人说“洗稿”类软件是人工智能写作，我们认为两者有明确的区别。人工智能写作的研究已经发展了十多年，也产生了不同的分支，其中的人工智能写作新闻报道主要是从互联网中抓取已有报道中的数据和信息，出处均为权威部门和媒体，穿插事件相关背景和资料，援引专家解读，其核心是云计算和大数据分析；而人工智能的文学创作则是通过人类设定场景，由通过网络挖掘学习了大量以及叙事、隐喻及幽默等词汇的人工智能机器进行，其核心是机器学习。人工智能写作的核心仍然是创作，与“洗稿”类软件是套用内容原创者的主要创意，抄袭剽窃、篡改删减原创作品的侵权行为可以明确区分。

《中国网络版权产业发展报告（2018）》显示，2017 年我国网络版权产业市场规模达 6365 亿元，同比增长 27.2%。市场规模日渐发展，但与内容产业相伴相生的“洗稿”类软件等侵权工具却制约了优质原创内容生产者的积极性，阻碍了行业的良性发展，亟待各方合力整治。“洗稿”类软件规范确实是个复杂的命题，但并非无解。重要的是，“洗稿”类软件的开发者和使用者不应永远肆无忌惮，也不应一直有利可图。

# 《数据安全管理办法（征求意见稿）》对企业合规的启示

彭明致[*] 张晓彤[**]

**摘要**：《数据安全管理办法》的征求意见稿在千呼万唤中出炉，该征求意见稿根据我国2017年6月1日生效的《网络安全法》的规定，吸收了欧盟《通用数据保护条例》中对用户选择权、隐私权、被遗忘权等制度的设计，又延续了我国特色的约谈制度、数据安全负责人制度，提出了明确收集使用规则、禁止歧视、要求标明推送合成信息等顺应我国互联网发展情况要求的新规定。互联网企业应严格根据征求意见稿的要求，对自身的数据活动进行规范。

**关键词**：数据安全 个人信息 重要数据 网络运营者

## 一、概述

2018年5月，欧盟出台了号称是“史上最严的数据隐私保护法案”的《通用数据保护条例》（GDPR），国内互联网企业不得不纷纷调整出海业务，同时国内舆论对于出台我国自己的数据保护法规的呼声也渐高。2019年5月28日，国家互联网信息办公室发布了《数据安全管理办法（征求意见稿）》（以下简称《征求意见稿》或本办法），公开征求社会意见，这意味着中国版的GDPR即将出台，国内互联网企业在境内的业务也将面临新一轮的合规挑战。

《征求意见稿》针对的主要是网络运营者。其中规定的“网络运营者”定义与《网络安全法》一致，是指网络的所有者、管理者和网络服务提供者。《征求意见稿》规范的对象是境内的数据活动，即利用网络开展数据收集、存储、传输、处理、使用等活动，纯粹家庭和个人的事务除外。也就是说，只要是在境内

---

* 彭明致，北京德恒（广州）律师事务所律师。

** 张晓彤，北京德恒（广州）律师事务所实习律师。

开展业务的互联网企业基本上都要受到本办法的规范。同时，《征求意见稿》还规定国家要采取措施，监测、防御、处置来自境内外的数据安全风险和威胁，严惩危害数据安全的违法犯罪活动，这意味着来源于境外的数据同样会受到本办法和《网络安全法》的规范。

《征求意见稿》保护的对象主要是个人信息和重要数据安全，附则中对于“个人信息”和“重要数据”作出了具体定义。个人信息包括以电子或者其他方式记录的自然人的姓名、出生日期、身份证件号码、个人生物识别信息、住址、电话号码等，指的是能够单独或者与其他信息结合来识别自然人个人身份的各种信息；重要数据包括未公开的政府信息，大面积人口、基因健康、地理、矿产资源等，是指一旦泄露可能会直接影响国家安全、经济安全、社会稳定、公共健康和安全的数据。比起《网络安全法》,《征求意见稿》的保护对象范围更细致、更有针对性。

《征求意见稿》要求网络运营者要参照国家制定的鼓励性网络安全标准，履行法律法规规定的数据安全保护义务，要求网络运营者建立数据安全管理责任和评价考核制度，制订企业数据安全计划，对企业的产品、平台等实施数据安全技术防护，要开展数据安全风险评估，针对企业内部制订网络安全事件应急预案，及时处置紧急发生的数据安全事件，在企业内组织数据安全教育培训，并对数据的收集、数据的处理使用和数据的安全监督管理作出了细致的规定，供网络运营者遵照执行。

## 二、企业合规新要求

待本办法正式出台后，互联网企业的业务势必面临着一波大调整。事先了解《征求意见稿》中提出的新要求，做好理论研究和合规准备，对互联网企业的持续稳定经营来说尤为必要。

### （一）明确收集使用规则

根据本办法的新要求，互联网企业在收集个人信息时应当制定并对用户公开收集使用规则。收集使用规则可以包含在产品的隐私政策中，但必须用户知悉且明确同意后才可以收集，同时网站或应用程序对于个人信息的收集使用功能实际要与隐私政策同步调整。收集使用规则应当明确具体、简单通俗、易于访问，《征求意见稿》还提出了九点必须突出显示的要求，包括网络运营者基本信息、联系方式、收集用途、删除途径、投诉渠道等。因此，互联网企业应该认真制定好产品的隐私政策，并时刻保证产品的功能与隐私政策保持一致。

本办法还进一步要求互联网企业不得以默认授权、功能捆绑等形式变相强制收集用户个人信息，包括改善服务质量、提升用户体验、定向推送信息、研发新产品等借口。只要用户同意了收集能保证产品核心业务功能运行的个人信息，互联网企业就应当提供核心业务功能服务，用户有权拒绝或撤销同意收集其他信息。也就是说，对于核心业务用不到的信息，互联网企业不得强行收集。

（二）禁止歧视

“大数据杀熟”成为2018年度的社会生活类十大流行语之一，引起网民广泛讨论。[①] 许多用户发现，同一酒店同一房型在不同账户中看到的服务价格不同，对于老用户和消费能力较高的用户定价较高，这就是“大数据杀熟”。2019年1月1日正式施行的《电子商务法》第十八条已经规定了电子商务经营者根据消费者的兴趣爱好、消费习惯等特征向其提供商品或服务搜索结果的，应当同时向该消费者提供不针对其个人特征的选项。而《征求意见稿》也对“大数据杀熟”进行了规范，要求互联网企业不得依据个人信息主体是否授权收集个人信息及授权范围，对用户进行服务质量、价格差异等歧视行为，不得以个人信息提供不充分为借口“杀熟”。

（三）设立数据安全负责人

与《网络安全法》要求设立“网络安全负责人”相类似，对于以经营为目的的收集重要数据或个人敏感信息的互联网企业，本办法要求设立专门的数据安全负责人，且必须由具有数据安全专业知识的人员担任。数据安全负责人要参与互联网企业有关数据活动的重要决策，直接向企业的主要负责人报告工作。数据安全负责人要负责组织制订数据保护计划并督促落实；组织开展企业数据安全风险评估，督促企业整改安全隐患；按要求向有关部门和网信部门报告本企业的数据安全保护和事件处置情况；受理并处理用户投诉和举报。互联网企业应保障数据安全负责人独立履行职责，不得受到企业其他部门的影响。

（四）保障用户的被遗忘权

被遗忘权是合法发布或正当处理的数据，脱离数据主体控制时权利人可以主张删除的权利。[②]《征求意见稿》首次确认了用户拥有个人信息的被遗忘权，是我国被遗忘权发展历程的重大突破。本办法要求互联网企业按照收集使用规则保存个人信息，不得超出收集使用规则中约定的保存期限。在用户注销账号后，互联网企业

---

① 数据源自“汉语盘点2018”，由国家语言资源监测与研究中心、腾讯公司、人民网、商务印书局联合举办。

② 薛丽：《GDPR生效背景下我国被遗忘权确立研究》，载《法学论坛》2019年第2期。

应当及时删除或者对该用户的信息作匿名化处理。在收到用户的个人信息查询、更正、删除、注销账号请求后，互联网企业要在合理时间和代价范围内执行。

### （五）要求标明推送、合成信息

为治理垃圾广告信息，《征求意见稿》对于互联网企业的信息推送提出了一系列的要求。对于利用用户数据和算法而进行推送的新闻信息和商业广告，互联网企业应当以明显方式标明“定推”字样。并且，互联网企业应该在其产品中设计停止接收定向推送信息的功能，由用户自行选择是否接受该类信息。当用户关闭该功能后，互联网企业应当立即停止推送该类信息，并将此前收集的设备识别码等用户数据和个人信息从系统中彻底删除。

同时，大数据、人工智能技术自动合成的信息也将受到规范。《征求意见稿》要求互联网企业以明显方式标明“合成”字样在自动合成的新闻、博文、帖子、评论等信息中。因此互联网企业应该注意对自动回复、自动评论等内容进行标明，不能与真实的信息混淆。

### （六）强制转发溯源

《征求意见稿》提出了一个新要求——强制转发溯源。目前在许多社交网站如新浪微博中，用户在转发时可以修改前一转发用户的转发内容，这就容易导致误会或侵权产生。因此，《征求意见稿》规定对用户通过社交网络转发他人制作的信息，该互联网平台应自动标注信息制作者在该平台上的账户或其他不可更改的用户标识。也就是说，互联网企业应注意在转发时增加完善标明“原文”的功能，防止原内容被篡改。对于用户上传的图片等内容，也应增加转发时自动增加“水印”的功能，保障用户的著作权。

### （七）备案境外数据

对于境外数据的监管，《征求意见稿》要求互联网企业发布、共享、交易或向境外提供重要数据前，应评估安全风险，并报经行业主管监管部门同意；企业不能明确其行业主管监管部门的，其境外数据的处理应经省级网信部门批准。另外，《征求意见稿》还要求境内用户访问境内互联网时，流量不得被路由到境外。

### （八）规范数据转移

《征求意见稿》对数据的转移进行了规范。对于接入其平台的第三方应用，要求互联网企业督促监管第三方应用运营者加强数据安全管理。如果第三方应用发生数据安全事件对用户造成损失，除非互联网企业能证明自己无过错，否则要承担部分或全部责任。这就要求互联网企业提高对第三方应用合作方的甄选要求。由于该规定所指的“发生数据安全事件对用户造成损失”，有可能包括第三方应用遭受到外来系统攻击的情况，如果互联网企业无法证明自己已经尽到了督促监管的义务，就可能需要承担相应的法律责任。

《征求意见稿》还规定，在互联网企业兼并、重组、破产的情况下，数据承接方应承接数据安全的责任和义务。如无数据承接方，则互联网企业应该对数据作删除处理，不得保留。

### （九）鼓励安全认证

《征求意见稿》不强制要求互联网企业通过安全认证，但鼓励搜索引擎、应用商店等明确安全认证的标识，并优先推荐通过认证的应用程序。因此互联网企业可以自愿通过由国家网信部门会同国务院市场监督管理部门组织的数据安全管理认证和应用程序安全认证，以获得更优先的推荐。

## 三、监管现状与风险警示

相比 GDPR 的高度强调遵从“用户意愿”，《征求意见稿》更明确互联网企业的责任和义务。然而，《征求意见稿》中很多规定都没有详细的实施细则，一些要求也未有示例，企业在实践中可能会面临着无法可依、无所适从的窘况。在规定不明确的地方，本办法仍然依赖网信部门约谈制度。而约谈是无法预测的，不仅深受政策风向变更的影响，而且有着极大的自由裁量余地，这大大增加了企业日常运营的风险。

### （一）个人信息未有分级、分类

《征求意见稿》对于个人信息和个人敏感信息提出了不同的安全要求，但并未详述哪些信息属于个人敏感信息，给互联网企业履行本办法增加了不确定性和难度。对于以经营目的收集个人敏感信息，《征求意见稿》特别要求向所在地网信部门备案、明确数据安全责任人。互联网企业可以参考按照《GBT 35273－2017 信息安全技术个人信息安全规范》附录 B 中对个人敏感信息的定义，包括个人财产信息、个人健康生理信息、个人生物识别信息、个人身份信息、网络身份标识信息等。该范围对个人敏感信息的定义较为广泛，互联网用户应认真熟悉该标准并严格规范自身的业务，做好备案和数据安全保护。

### （二）“用户同意”无明确标准

《征求意见稿》在多处提及了“个人信息主体同意”“用户知悉”“明确同意”“监护人同意”等要求，如收集使用规则就要求“用户知悉”“明确同意”；互联网企业收集 14 周岁以下未成年人的个人信息要征得其“监护人同意”。但这些要求在实践中非常难以界定是否已经满足。譬如“监护人同意”，网络运营者如何确认在另一端进行操作的用户为监护人本人？如何保证不是未成年人在冒用家长的身份信息点击了“同意”？网络运营者在确保“监护人同意”这方面的注意义务限度在哪里？这些都没有在本办法中详细规定，一旦出现问题，很有可能会出现监护人否认曾被征求过同意，并要求互联网企业承担责任的情况。因此，建议互联网企业设计好完善的身份验证机制，防止冒认的情况，并且着重加粗提示重要条款，以确保用户清楚地知悉并同意所有重要的条款。

### （三）“合理的时间和代价范围”和“及时响应”无标准

《征求意见稿》要求网络运营者在“合理的时间和代价范围”回应用户对个人信息的查询、更正、删除以及注销账户请求，还要求“及时响应”假冒、仿冒、盗用他人名义发布信息的举报投诉，但是本办法对于何为“合理的时间和代价范围”和“及时响应”并没有规定明确的标准，“24 小时”是否是合理、及时的时间？“三天内”甚至更长的“十个工作日内”是否是合理、及时的时间？根据互联网企业的体量的不同，需要处理的数据数量不同，所需要回应用户请求的时间和代价也不尽相同。没有具体的要求和标准，就会带来潜在的法律风险。对于体量较大的互联网企业，要满足该要求，就只能在这方面投入更多的人力，付出更多的合规成本。

### （四）责任划分不明确、违规处罚无标准

《征求意见稿》没有明确数据安全负责人与网络运营主要负责人的责任划分。数据安全负责人需要独立履行其职责，那么又是否要独立承担其责任呢？还是由接受了工作报告的网络运营主要负责人来承担责任呢？抑或两者共同承担连带责任呢？这点在本办法中没有明确划分，所以互联网企业的负责人在指定好数据安全负责人后仍要监督好其工作情况，以免还要承担数据安全负责人工作失职时所产生的法律责任。

另外，《征求意见稿》仅规定了违反本办法的法律后果，轻则公开曝光、没收违法所得、暂停相关业务，重则停业整顿、关闭网站、吊销相关业务许可证或吊销营业执照，但又没有对各种处罚所对应的违规情节进行划分。处罚形式的选择是根据违法所得数额，还是根据社会影响，或者是根据其他别的因素，本办法都没有作出具体的规定。因此，互联网企业难以预测到违规的后果及成本，大大增加了经营的不确定性。

## 四、结语

总的来说，待本办法正式出台后，互联网企业的合规成本会提高，对于企业的产品设计、管理水平和经营方式也有了更高的要求。互联网企业必须提高社会责任感，尽好保护公民个人信息和重要数据安全的义务，才能应对我国日趋完善的互联网立法挑战，紧跟我国互联网高速发展的潮流。

# P2P网贷平台的“爆雷”及涉罪分析

黄志勇*

**摘要：**伴随着互联网金融业的不断发展以及民间借贷市场的持续活跃，在国家鼓励金融创新的政策指引下，我国P2P网络贷款平台的数量在短时间内从无到有持续增长。P2P网络借贷作为一种新型的借贷模式，拥有“低门槛、高收益、简易快捷和覆盖面广”等特点，广受投资者欢迎。虽然我国P2P网络贷款的法规和行业标准已初步建立，但由于我国P2P网络贷款行业曾长期处于“无准入门槛、无行业标准、无监管机构”的三无状态，类似虚拟交易、集资诈骗等高风险事件仍时有发生，综观全局，目前国内P2P行业乱象丛生，严重影响了行业的健康发展。通过研究P2P网贷平台的“爆雷”现象及对“爆雷”现象进行涉罪分析，对于保护投资者的利益，促进P2P网络借贷平台规范健康发展，具有重要的意义。

**关键词：**P2P　网络借贷　爆雷　法律风险　风险防控

P2P网络借贷是通过互联网金融信息平台，为资金的投资方（出借人）与资金的需求方（借款人）建立直接借贷关系的互联网金融创新模式，这种新模式为投资者创造了更多的投资机会。[①] 但是投资者在通过P2P网贷平台赚取收益的同时，也面临着一不留神就会被P2P网贷平台的爆雷“炸伤”的风险。因此探究P2P网贷平台出现“爆雷”的原因以及对“爆雷”的涉罪分析就极为重要和紧迫，这也关系到该行业未来能否健康持续发展。

## 一、P2P网贷平台出现“爆雷”的原因

近几年P2P网络借贷行业在快速发展的同时也出现了许多“爆雷”，特别是

* 黄志勇，广东金桥百信律师事务所律师。

① 史正权：《我国P2P网络借贷平台发展研究》，载《生产力研究》2013年第12期。

2018 年以来比较集中，主要表现为卷款携逃、提现困难、经侦介入、停业、转型五种情况。如果出现了前三种情况，则表明网贷平台运营出现了问题，属于恶性退出网贷市场，甚至涉及刑事犯罪，投资人极有可能遭受严重的经济损失，而后两种转型和停业是网贷平台主动清盘，虽属于良性退出网贷市场，但也不排除背后隐藏的严重问题，对于投资人而言，也有可能造成巨大的损失。为什么 P2P 网贷平台会频繁地出现“爆雷”呢？笔者认为主要有以下四个原因。

**（一）没有明确的市场准入门槛或准入门槛过低**

我国 P2P 网贷平台的设立和一般公司一样，需要在工商管理部门进行注册，在通信管理部门进行备案，并无特殊的要求。P2P 网络借贷行业能如此迅速地从零发展起来，很大一个原因就是准入门槛低。在 P2P 网络借贷的人大多数都是不符合银行等金融机构借贷条件的个体，而出借方只要有十几元闲置资金就可以投资一个收益率高出银行存款利率几倍的项目。

因此，不仅 P2P 借贷平台的创建门槛低，而且几乎没有对投资人以及借贷人准入的要求。

**（二）缺乏完善的法律规范体系与行业标准**

P2P 网络借贷平台虽然出现的时间不长，但是发展非常迅猛，导致立法没有及时跟上，虽然各相关部门及地方零星地出台了一些政策，但都缺乏详尽的监管措施进行约束和管理。由于我国 P2P 网络贷款行业长期缺乏完善的法律及行业规范，给各个 P2P 网贷平台提供了过大的自由发挥空间，导致该行业极易出现“踩红线”的业务活动，且存在大量业务不明确、程序不规范的网络借贷公司，该类网络借贷公司既可以偏重线上业务，也可以偏重线下业务，可以为图利而游走在法律的边缘，甚至进行违法犯罪的活动。[①]

**（三）征信体系不健全**

大量的 P2P 网络借贷平台判断借款人信用程度的方式都只是受限于借款人自己提供的信息，并没有一个健全完善的征信制度，这对于贷款人的资金安全来说是一个极大的威胁。从另一角度而言，投资者也很难准确掌握借贷人的情况，这大大增加了投资者的投资风险。总体来看，P2P 网络借贷平台过于重视借贷成交，而忽视借贷人的风险，当然也不排除有些平台本身就是通过虚拟交易来达到集资诈骗的非法目的。

---

① 邓建鹏：《互联网金融法律风险的思考》，载《科技与法律》2014 年第 3 期。

## 二、P2P 网贷平台“爆雷”涉及的犯罪问题

### （一）涉及非法集资类犯罪

1. 理财—资金池模式导致的风险

目前存在很多 P2P 网络借贷平台通过将借款需求变成理财产品出售给放贷人，或者先聚集资金再寻找借款对象等方式，使放贷人资金进入平台的中间账户，生成资金池的现象。这种操作模式涉嫌非法吸收公众存款。

2. 不良借款人导致的风险

很多的 P2P 网络借贷平台因为欠缺管理而未能及时发现借款人在平台上以多个虚假借款人的名义发布大量虚假借款信息（又称借款标），向不特定多数人募集资金，用于股票、期货、房地产等市场投资，有的不良借款人甚至直接将非法募集的资金以高利贷的形式借出来赚取利差。由于缺乏法律规范，有的 P2P 网络借贷平台甚至默许借款人的这种不良行为，如此一来，平台也涉嫌非法吸收公众存款。

3. “庞氏骗局”导致的风险

有的 P2P 网络借贷平台经营者利用发布虚假的高利借款标的手段募集资金，并使用在前期借新贷还旧贷的典型“庞氏骗局”模式，在短期内募集大量资金用于自己的生产经营，有的经营者甚至事后卷款潜逃。这种模式涉嫌非法吸收公众存款和集资诈骗。

### （二）涉及洗钱罪

洗钱罪是 P2P 网络贷款资金来源未经核查导致的风险。P2P 网络贷款的资金来源于持有闲散资金的出借人，但由于大多数平台都欠缺对资金来源进行审查核对的手段，因此难以避免有些资金的来源是非法的。如果投资人通过 P2P 网络贷款平台借出的资金获得了洗钱犯罪范畴内的收益，就会使平台极易陷入被当作洗钱或者从事高利贷工具的风险中。

### （三）涉及盗窃罪

P2P 网络贷款平台是通过网络开展业务，在运营过程中必不可免会遭受到黑客的“袭击”，黑客利用病毒软件、木马程序等黑技术对注册用户资金进行盗取。随着网络信息技术的快速发展和互联网络的广泛普及，网络盗窃方式花样层出，P2P 网络贷款平台在运作的时候会产生大量的在途资金，而许多网贷平台又缺乏风险防控机制和有效的隐私保护机制，使资金处于保护空缺中，间接给那些虎视眈眈的犯罪分子实行盗窃行为提供了便捷。

## 三、投资者个人如何应对 P2P 网贷平台的“爆雷”

P2P 网贷平台的资金基本上都是来源于投资者，如果 P2P 网贷平台“爆雷”，最终遭受损失的必然是投资者，所谓看起来收益很高，但风险也同样很高，作为投资者一定要增强风险防范意识和自我权益保护意识，谨慎投资。

### （一）充分认识个人的风险承担能力

也就是说，投资者首先要区分哪些资金是资金日常需要用的，哪些是闲散资金，闲散的时间大概多久等，这些都需要做到心中有数。笔者认为投资者在区分了闲散资金后，还需要对闲散资金进行分散投资，且尽可能用少的部分的资金用以投资网络贷款，在投资网络平台的时候还需要适当地分散投资于不同的网络贷款平台。

### （二）选择合适的投资平台

投资者应该选择知名度高、运营比较规范、操作有序的平台进行投资。当然知名度高也并不一定就是可靠的，特别是不要盲目地以网络排名作为判断的标准，投资前要查询确认平台及其网站是否有相应的执照和得到过认证，同时还要查询平台背后的股东情况。另外，考虑到维权时的方便性，最好选择本地区的网络贷款平台。

### （三）审慎识别网络诈骗

借款人骗取贷款主要由平台进行防控，平台设的骗局主要靠投资者通过识别网页设计和链接内容、查询网站执照和认证等方式进行鉴别，因此，投资者要加强自身的识别网络诈骗的能力，多学习政府和正规网站上普及的防诈骗等相关知识。①

### （四）加强个人信息资料保护

尤其是账户密码的保护，投资者设置密码时，要注意不能过于简单，最好使用字母数字组合密码、不随意在网上下载无正版认证的软件、不随意打开来源不明的链接、不盲目按照指示安装不正规的杀毒软件等。

## 四、政府机构加强对 P2P 网贷平台“爆雷”的监管

现今 P2P 网络贷款发展极快，鉴于国家已明确网贷 P2P 行业由银保监会监管，

---

① 江育宁：《我国 P2P 网贷平台的风险管理对策研究》，载《现代商业》2017 年第 28 期。

且中央及地方陆续出台了关于 P2P 网络借贷风险专项整治整改的方案、制定了专门的法律法规：2015 年 7 月 18 日，中国人民银行、工业和信息化部、公安部、财政部、工商总局、法制办、银监会、证监会、保监会、国家互联网信息办公室联合发布《关于促进互联网金融健康发展的指导意见》；2016 年 4 月 12 日，国务院办公厅发布《国务院办公厅关于印发互联网金融风险专项整治工作实施方案的通知》，印发《互联网金融风险专项整治工作实施方案》；2016 年 4 月 13 日，中国银行业监督管理委员会、工业和信息化部、公安部、国家工商行政管理总局、国家互联网信息办公室、中共中央宣传部、国家发展和改革委员会、财政部、中国人民银行、国务院法制办公室、国家信访局、最高人民法院、最高人民检察院、住房和城乡建设部、中央维护稳定工作领导小组联合发布了关于印发《P2P 网络借贷风险专项整治工作实施方案》的通知；2016 年 8 月 17 日，中国银行业监督管理委员会、工业和信息化部、公安部、国家互联网信息办公室制定并颁布了《网络借贷信息中介机构业务活动管理暂行办法》；2017 年 2 月 13 日，广东省人民政府金融工作办公室发布《广东省〈网络借贷信息中介机构业务活动管理暂行办法〉实施细则（征求意见稿)》。

由此可见，我国 P2P 网络贷款的法规和行业标准已初步建立，P2P 网络贷款已被纳入政府监督管理范围。但我国关于 P2P 网络贷款的法规和行业标准仍未形成体系，还需进一步加强和完善。为进一步加强政府机构对 P2P 网贷平台“爆雷”的监管，政府机构应采取以下措施：

1. 适当提高对 P2P 网络贷款行业准入门槛，规范准入条件，增强 P2P 网络贷款行业的识别性，以更好地防控因准入门槛太低带来的风险。

2. 完善社会征信体系、创建黑名单制度、实行强制的实名制认证，将现有的金融机构征信系统与 P2P 网络贷款行业进行对接和共享，逐步建立起一个健全完善的征信制度体系。①

3. 加强对投资者的风险教育。通过政府官方网站和正规新闻机构对 P2P 网络贷款进行风险宣传，加强教育，以提高投资者的风险防范意识，同时规定网络平台进行强制性风险披露和提示。

4. 加强对信息技术的研发，采用技术手段对可疑交易进行监督控制和追踪，防范非法行为、非法交易的出现。

---

① 吴晓光：《论 P2P 网络借贷平台的客户权益保护》，载《金融理论与实践》2012 年第 2 期。

## 五、结语与展望

P2P 网络贷款具有强大的潜在市场需求与积极的社会作用，它的出现为解决广大投资者投资难的问题提供了一种新的解决途径。整个行业发展迅速，但在飞速发展的同时，由于准入门槛低也暴露出了很多问题，平台倒闭、卷款携逃给投资者造成了巨大的损失，也严重扰乱了市场秩序。因此，现今的当务之急是寻找解决的对策。国家要对该行业保持较高的关注度，进一步完善相关法律法规以强化 P2P 网络贷款行业运作的规范性，根据该行业实际情况适当提高行业标准，不断完善行业准入机制，以解决 P2P 网络贷款行业频繁出现“爆雷”问题，引导 P2P 行业向着正确的方向持续健康发展。另外，P2P 网络贷款平台也要加强自律和自我监管，建立起完善的风险防控机制，谨防触碰法律红线，并积极拓展、提升业务功能，以促进 P2P 网络贷款的正常有序发展。而作为投资者要谨记：“投资有风险，理财需谨慎。”

# P2P网贷平台监管法律问题初探

李伟斌* 王敏燕** 张家敏***

**摘要：**自《网络借贷信息中介机构业务活动管理暂行办法》于2016年8月17日正式发布后，中央及各级地方相继颁布针对监管、整治P2P网贷平台的相关规定。在严格监管的背后，是让P2P平台回归“信息中介服务”的本质、防范金融风险的“用心良苦”，但达到上述目的仍任重道远，完善相关监管法规是达成该目的的重中之重。因此，本文主要结合国家现行有效的法律法规（地方办法及相关政策以广东地区文件为主），对P2P网络借贷中涉及的线下宣传、开设线下店铺、借款余额设置等问题进行分析，并对完善相关监管法规提出浅显建议。

**关键词：**P2P网贷平台 监管 信息中介

P2P网贷，根据2016年8月17日发布的《网络借贷信息中介机构业务活动管理暂行办法》（以下简称《暂行办法》），即指个体和个体之间通过互联网平台实现的直接借贷。在经历前期的野蛮式发展后，自2015年年底《暂行办法》的征求意见稿发布以来，各地开始频繁出台监管政策，对P2P网贷进行严格规制监管。综观有关部门对P2P网贷出台的各项法规、政策内容，可知监管重点是要让P2P平台回归“信息中介服务”的本质，并突出“线上（互联网）交易”“借贷金额小额、分散”等特点。P2P网贷因此迎来新一轮加快洗牌、优胜劣汰的阶段。根据全球领先的新经济行业数据挖掘和分析机构艾媒咨询发布的《2018中国P2P网贷行业“爆雷”热点监测报告》数据显示，2018年中国P2P网贷停业及问题平台超过850多家，整体涉案金额超过8000亿元，波及用户规模超过1500万人。而上述P2P网贷平台出现“爆雷”，究其原因大部分正是因为该些平

---

* 李伟斌，广东卓信律师事务所律师。
** 王敏燕，广东卓信律师事务所律师。
*** 张家敏，广东卓信律师事务所律师助理。

台违背初心，脱离了“信息中介”的既定角色。

基于上述背景，本文依据《暂行办法》对 P2P 网贷监管中涉及的某些问题进行以下探讨。

## 一、关于网贷机构线下宣传、营销涉及的问题

### （一）线下对 P2P 网贷平台本身的宣传是否违规

《暂行办法》第十条第四项[①]限制了 P2P 网贷平台不得在物理场所宣传或推介融资项目（即寻求资金端），广东省人民政府金融工作办公室下发《关于进一步做好全省网络借贷信息中介机构整改验收有关事项的通知》中亦明确规定在物理场所“进行宣传或推介融资项目”需要在申请验收前化解完成。《暂行办法》第十六条[②]已直接将网贷平台在物理场所可进行的事项限定为信息采集、核实、贷后跟踪、抵质押管理等风险管理及网络借贷有关监管规定明确的部分必要经营环节，即后期风控，这也是给 P2P 网贷平台进行定位，明确其“信息中介”的角色。根据上述规定，线下对 P2P 网贷平台本身的宣传行为已经被禁止。

但是，笔者认为，从上述监管规定来看，其监管的精神应是在于规范 P2P 网贷平台的经营、避免其建立资金池、引导其回归作为信息中介、线上交易模式的本质，但聚焦“信息中介服务”的平台依然是商事主体，合法合理追逐利益是商事主体存在的目的，P2P 网贷平台对其本身品牌进行宣传仅是为了扩大了解该平台的受众人数，不推广具体融资项目且具体业务仍需要通过平台在线上操作进行，其实并不会导致出现违反以上监管精神的情形。因此，笔者认为对于 P2P 网贷平台线下对自身品牌的宣传应适用《广告法》等相关法律进行规范，避免出现虚假宣传等情形，但不应该为了加大对 P2P 网贷平台的管理力度，而无限度地对 P2P 网贷平台正常的宣传自身品牌等活动加以限制，否则将直接限制网贷平台的宣传渠道，打击网贷平台尤其是市场份额占比较小或新设立网贷平台的积极性，无法充分发挥互联网金融优势。

---

① 《暂行办法》第十条规定：“网络借贷信息中介机构不得从事或者接受委托从事下列活动：……（四）自行或委托、授权第三方在互联网、固定电话、移动电话等电子渠道以外的物理场所进行宣传或推介融资项目……”

② 《暂行办法》第十六条规定：“网络借贷信息中介机构在互联网、固定电话、移动电话等电子渠道以外的物理场所只能进行信用信息采集、核实、贷后跟踪、抵质押管理等风险管理及网络借贷有关监管规定明确的部分必要经营环节。”

### （二）网贷机构设立为资金端提供服务的线下门店是否违规

《关于规范整顿“现金贷”业务的通知》（整治办函〔2017〕141号）第一条第三款①明确各类机构应遵守“了解你的客户”原则，全面持续评估借款人的信用情况、偿付能力、贷款用途等。在P2P网贷业务中，借款人作为网络借贷关系中的一方，其信用情况、偿付能力、贷款用途等是对其所借贷款能否依约如期归还的重要信息，该等信息将作为投资人决定是否出借其资金的重要因素。

基于现实中P2P网贷平台线上对借款人信用信息采集的困难，《暂行办法》第十六条明确网贷平台在物理场所可进行信息采集、核实、贷后跟踪、抵质押管理等风险管理事项，而该等事项正是与调查借款人的信用信息密切相关，属于通过线下对借款项目的搜集、审核、管理，并且《暂行办法》第十条第四项中仅对P2P网贷平台在物理场所宣传或推介融资项目予以禁止。

结合对有关监管规定的理解，笔者认为，网贷平台设立为资金端提供服务的线下门店应不涉及违规，反而有利于保护投资人的利益，但网贷平台设立为资金端提供服务的线下门店时，应把服务范围严格限制在进行信息采集、核实、贷后跟踪、抵质押管理等风险管理事项及网贷有关监管规定明确的部分必要经营环节，让其成为有利于加强P2P网贷平台监管的手段。

## 二、关于网贷平台借款余额限额的问题及建议

### （一）借款余额限额在具体操作中存在的问题

《暂行办法》第十七条②及第二十六条第三款③的规定直接指出网贷金额应以小

---

① 《关于规范整顿“现金贷”业务的通知》（整治办函〔2017〕141号）第一条第三款规定：“各类机构应当遵守‘了解你的客户’原则，充分保护金融消费者权益，不得以任何方式诱致借款人过度举债，陷入债务陷阱。应全面持续评估借款人的信用情况、偿付能力、贷款用途等，审慎确定借款人适当性、综合资金成本、贷款金额上限、贷款期限、贷款展期限制、‘冷静期’要求、贷款用途限定、还款方式等。不得向无收入来源的借款人发放贷款，单笔贷款的本息费债务总负担应明确设定金额上限，贷款展期次数一般不超过2次。”

② 《暂行办法》第十七条规定：“网络借贷金额应当以小额为主。网络借贷信息中介机构应当根据本机构风险管理能力，控制同一借款人在同一网络借贷信息中介机构平台及不同网络借贷信息中介机构平台的借款余额上限，防范信贷集中风险。

同一自然人在同一网络借贷信息中介机构平台的借款余额上限不超过人民币20万元；同一法人或其他组织在同一网络借贷信息中介机构平台的借款余额上限不超过人民币100万元；同一自然人在不同网络借贷信息中介机构平台借款总余额不超过人民币100万元；同一法人或其他组织在不同网络借贷信息中介机构平台借款总余额不超过人民币500万元。”

③ 《暂行办法》第二十六条第三款规定：“网络借贷信息中介机构应当根据风险评估结果对出借人实行分级管理，设置可动态调整的出借限额和出借标的限制。”

额为主，对借款余额作出限制，将出借限额交由网贷平台根据其风险管理能力自行确定。该种设定是为了避免将贷款金额过多集中在一个主体上，减少因该主体偿债能力出现问题而导致较多投资人受到牵连损失的情况，达到了防范金融系统性风险、维护金融稳定目的。但该等规定同时可能会对很多 P2P 网贷平台尤其是大额网贷平台带来冲击。网络借贷金额限制在小范围内，缺乏弹性，有可能会限制金融创新，使得网贷平台特别是中小网贷平台的发展空间变得局限。

另外，在借款余额限额的实际操作中，对于同一平台的限额尚可由网贷平台自身系统监测控制，但对于在不同网贷平台中借款的余额限额，由于并未建立起借款人借款信息共享系统，仅能依靠借款人如实向网贷平台申报尚未偿还借款的信息，并且相关监管法规亦并未规定借款人未能如实申报在其他网贷平台尚未偿还借款的信息时应承担的法律责任，因此，该借款余额限额的实际操作仅能依赖于借款人的道德品格，该借款余额限额规定仍难以具备可执行性。即使目前有部分地方倡导甚至要求 P2P 网贷平台接入网贷机构非现场监管系统，但该等系统仍具有明显的地域限制。

**（二）针对上述存在问题提出的建议**

首先，根据现在的监管情况，体现出地域区分的特点，不同地方对同一项规定的具体要求存在不同。基于 P2P 网贷平台的互联网特点，很容易出现 P2P 网贷平台利用政策套利的情况，体现在：P2P 网贷平台不同于传统交易业务，没有地域性的限制，无论在哪里设立的网贷平台主体，均可面向全国开展借贷业务。若不同地域的监管政策的严格与宽松的程度明显不同，则大家必然会集中到监管政策宽松的地方设立网贷平台，将使得监管政策的地域区分失去其本来设想的效果，且会将网贷平台主体集中到监管政策宽松的地域。从另一层面上来说，更有可能引发个别地区为了吸引该等网贷平台主体而故意放宽监管政策，导致地域矛盾，最终将更不利于网贷平台的监管。因此，笔者建议应统一全国范围内的具体监管规定。但是，对于借款余额限额的规定，由于受经济水平与投资人风险承受能力的影响，不适宜采取全国一刀切的方式进行处理，应合理考虑我国不同地区之间经济水平差异以及网贷平台投资人的风险认知及风险承受能力。相关部门可适当放开该借款余额限额规定的修改权限，让地方相关部门在综合考虑本地经济水平差异及投资人风险承受能力等因素基础上，对借款余额限额予以适当调整。

其次，为了能让该借款余额限额的规定具备可执行性，当务之急便是尽快建立针对 P2P 网贷平台的信息共享系统。该系统应是全国性的且全部 P2P 网贷平台都必须加入，这其实又依托了 P2P 网贷平台的备案机制，只要确保 P2P 网贷平台必须备案方可进行合法经营，则届时该信息共享系统与备案信息对接便可清楚知悉借款人在全国的借款余额信息。

最后，应将借款余额限额与借款人征信结果相关联。现在的监管规定仅以自然人与法人主体进行区分设定具体额度，并不以任何条件作为限额的前提，这种一刀切的方式虽方便监管执法，但却不够灵活。如果 P2P 网贷平台对借款人的征信情况进行调查，具体可通过第三方征信机构提供的征信结果、借款人提供的财产证明、收入证明、涉诉情况等方式，对借款人的征信作出评级，并以“征信等级越高（即信用越好）的借款人，相应借款余额限额也越高”作为基本原则，将不同等级的借款人赋予不同的借款余额限额，则可以灵活完成《暂行办法》第二十六条第三款要求的网贷平台应当根据风险评估结果对出借人实行分级管理的任务。另外，相关监管部门可依据上述做法，相应地对征信评级标准作出明确规定，并对每一征信等级的借款余额限额设定相应区间额度。这在一定程度上也为网贷平台的信用调查内容作出指引，规范网贷平台的信用调查及资信评估工作，有利于根据征信情况对不同借款主体作出灵活限制，能够引导借款人避免作出导致自己征信情况出现不良记录的行为，最终有效降低不予偿还或逾期偿还贷款的风险。

任何新事物的出现都是社会进步的机会，P2P 网贷的出现使“普惠金融”又进一步，能够帮助众多中小企业解决融资难的问题，也有利于提供众多中低收入以及弱势群体的生活水平。但 P2P 网贷也存在不少风险及问题，归根究底，最重要的还是应清晰认识到作为“信息中介”所应承担的责任，吸取“爆雷”的 P2P 网贷平台的经验教训。相关监管层也应深入研究、不断总结经验教训及吸收广大群众意见，完善相关监管规定，引导 P2P 网贷平台朝着正确的方向健康发展。

# 关于社交电商经营模式是否涉嫌传销的探讨

吴伟波* 朱镜纯**

**摘要:** 在当今网络科技如此普及的时代，社交电商等电子商务的业态创新是无法阻挡的客观趋势，同时，网络传销等违法犯罪行为利用网络平台不断升级，更具隐蔽性和迷惑性。在这种新趋势下，当前既有我们在探索新规律过程中尚不能完全准确把握的未知空间，也有网络非法传销者的混人耳目，但无论如何，我们必须认定电子商务自身的升级换代是一个客观趋势，而非法传销扰乱社会经济秩序，影响社会稳定，必须坚决予以严厉打击惩罚。在认知过程中，首先要清楚地认识网络传销违法犯罪的本质，其次要加强和完善网络传销的立法和执法，将其与合法合规的社交电商经营活动行为区别开来，做到既能打击违法犯罪行为，又能鼓励科技带动经济发展，真正追求法治的价值所在。

**关键词:** 网络传销 社交电商 风险 建议

## 一、何为网络传销与社交电商

### (一) 网络传销概述

根据《禁止传销条例》第二条的规定，传销是指组织者或者经营者发展人员，通过对被发展人员以其直接或者间接发展的人员数量或者销售业绩为依据计算和给付报酬，或者要求被发展人员以交纳一定费用为条件取得加入资格等方式，其目的是牟取非法利益，扰乱经济秩序，影响社会稳定的行为。《禁止传销条例》第七条进一步规定传销行为的类型，包括“拉人头”“收取入门费”以及“团队计酬”。而刑法具有谦抑性，仅规定组织、领导以推销商品、提供服务等经营活动为名，要求参加者以缴纳费用或者购买商品、服务等方式获得加入资格，并按照一定顺序组

* 吴伟波，广东汇俊律师事务所律师。
** 朱镜纯，广东汇俊律师事务所实习律师。

成层级，直接或者间接以发展人员的数量作为计酬或者返利依据，引诱、胁迫参加者继续发展他人参加，骗取财物，扰乱经济社会秩序的传销活动，构成组织、领导传销活动罪，即没有将团队业绩计酬模式的传销活动作为犯罪行为进行规制①，只将“拉人头”“收取入门费”这两种具有以骗取财物为目的的传销行为认定为犯罪。据此，网络传销是指在不限制人身自由、不收身份证手机、不集中上课等情况下，传销网站的建设者或运营者以及网络传销的组织者或领导者，以短时间内获取暴利迷惑他人，以上线人员发展下线人员传播扩张，并按照一定顺序组成层级，以发展下线人员的数量或者销售业绩、下线人员交纳的入会费来支付上线人员的奖金，最终实现牟取非法利益的目的，并造成经济秩序混乱、危害社会稳定的后果②。

网络传销的表现形式主要有依靠商品型模式、资本运作型模式③。依靠商品型模式的网络传销，经营者获取非法利益的主要途径并非销售商品，其违法收入主要来源于发展下线人员交纳的“代理费”，商品实际流向市场的并不多，最后是末端代理者成为消费者，消费绝大部分商品；资本运作型模式的网络传销，可以在完全脱离商品的情况下，以高额返利引诱新加入成员，同时实现人员信息关系的组织以及资金的流转，以直接或间接发展下线会员的数量来获得相应的奖励，由下线会员交纳的费用作为奖励上线会员的来源。

### （二）社交电商概述

社交电商是指以具有共享功能的社交软件（如微信、抖音等）为主要平台开展推广、销售商品或者提供服务的经营主体。由于社交电商主要利用社交平台推广宣传，经营者通过设立符合自身经营需求的模式，利用社交平台的流量实现盈利。也就是说，对比传统商业模式，社交电商的特点在于经营者从单纯对产品的经营转向主要针对人际关系的经营，即社交电商圈内常提出的“吸粉”“圈粉”“洗粉”等，利用流量粉丝将有效营销最大化，正是社交电商经营的主要体现。规范的社交电商经营，实现的是将经营累积的“人气”变现，销售者、推广者均是通过自身的劳动获取利益，商品、服务均正常地流向社会消费者。

---

① 阎慧鸣：《组织、领导传销活动罪司法实务问题研析——基于对2014年判决的160个案例的考察》，载《北京警察学院学报》2017年第1期。

② 刘毅峰：《试论网络传销犯罪的现状、特点及侦防对策》，载《江西警察学院学报》2017年第3期。

③ 申纯：《非法传销的概念清理及刑法规制》，载《湖南行政学院学报》2016年第5期。

## 二、社交电商经营模式涉嫌传销的风险点

为抢占流量、强化市场竞争力，社交电商的经营模式往往和网络传销在层级关系上存在相似之处。由于多层次商业模式能往外销售出更多的商品，划分更大的市场蛋糕，给销售人员及企业创造单层次商业模式难以企及的财富，企业基本上都会采用多层次商业模式。而多层次商业模式中，团队计酬与下线人数、会员费门槛等相互依存，很难独立存在，即存在多层级问题。多层级使网络传销、社交电商难以泾渭分明，网络传销由上一级发展下一级，层级收取会费，而社交电商经营活动的环节从厂家到分销再到消费者，也有一个层级关系。

《最高人民法院、最高人民检察院、公安部关于办理组织领导传销活动刑事案件适用法律若干问题的意见》规定，组织、领导的传销组织必须是参与传销活动人员在三十人以上且层级在三级以上的组织。《禁止传销条例》并未对层级及人数作出规定，只要是属于该条例第七条规定的三种传销行为，工商行政管理部门就可以对该组织进行查处。根据上述规定的逻辑思维，并非低于三层级的就不存在传销行为，也并非层级在三级以上（含三级）的就属于传销组织。

在这个问题上，笔者认为，若企业本身不存在经营的基本要件——产品或服务，却以发展人员交纳的费用为获利来源，或者企业虽存在质低价高的产品或者服务，但上线人员不付出劳动即获取报酬，仅仅通过发展的人员数量或发展人员的销售业绩为依据计算报酬，在这种情况下，该企业的行为已是扰乱市场经济秩序的违法行为，即使组织层级因低于三级不构成组织、领导传销活动罪，也属于工商行政管理部门应予以行政处罚的违法行为，甚至涉嫌诈骗罪。相反地，若一家企业正常经营，以利用互联网社交平台的人际关系网，通过发展下线人员扩大范围加速推广产品或服务，企业支付上线人员推广、代理报酬等物质经济利益，或者收取下线人员获取加入资格的费用或培训费用等，该类多层次商业模式不依靠入驻新人缴纳费用维持经营，在这种情况下，不入驻新人也不会导致企业资金链的断裂，因此，即使该企业组织层级属于三级等多层级分销，不应认定为传销组织。

## 三、辨析社交电商经营模式是否涉嫌传销的要点

### （一）是否有非法牟取利益目的

是否牟取非法利益是网络传销与社交电商经营活动的本质区别。社交电商是正

常的经营活动，不具有非法牟利目的；而因传销活动的成立还要求谋取非法利益[①]，所以网络传销是以非法牟利为目的，进而实施的违法犯罪行为，诱惑消费者支付超出几倍、几十倍的价格获取价格与价值严重背离甚至根本没有实质性价值的商品或服务，或者不依靠商品或服务获利，以欺骗他人缴纳费用而获利。

### （二）是否清晰划分经营行为与消费行为

是否清晰划分经营行为与消费行为对于区别营销与传销具有重大作用。根据《消费者权益保护法》第二条及第三条的规定，消费者为生活消费需要购买、使用商品或者接受服务的行为为消费行为，而经营者为消费者提供其生产、销售的商品或者提供服务的行为为经营行为，据此，消费行为与经营行为是对等概念。社交电商企业销售的产品或提供的服务均可接受社会公众的监督、信息反馈，消费者支付的购买产品或接受服务的费用也符合客观市场行情，企业自始至终清晰界定投资经营行为与营销消费行为，秉承等价有偿及超值服务的原则运行企业业务。然而，目前的网络传销组织将消费行为与经营行为混为一谈，该类组织大多以收取所谓的会员费、加盟费、资格费、技术转让费、培训费、出售产品等项目为借口，宣传时给付费人员灌输的是投资经营行为，但之后，让投资经营人员不自觉地成为消费者，或者宣传的是消费行为，之后诱惑消费人员投入大量资金变成了投资经营者。

### （三）是否造成严重后果

法律规范行为的目的在于预防严重后果的发生，是否造成严重后果是划分传销与营销的实质目的。根据《禁止传销条例》第一条“为了防止欺诈，保护公民、法人和其他组织的合法权益，维护社会主义市场经济秩序，保持社会稳定，制定本条例”的规定，传销的本质是欺诈，而非多层级的形式，倡导的价值观是一夜暴富、一劳永逸，严重后果是造成社会主义市场经济秩序不稳定。相反地，正常的营销活动遵循的是井然有序的市场经济秩序，社交电商通过互联网技术快速大范围传播的特点，更快、更多地获得行业的风口资料及竞争者信息等，在节省时间的基础上为企业谋取合法利益，拉动经济发展。

## 四、关于打击网络传销、鼓励社交电商的建议

### （一）开展社交电商的企业应规范经营

社交电商随着科技的迅速发展，营销模式越来越多样化，基于社交群相对封闭

---

① 申纯：《非法传销的概念清理及刑法规制》，载《湖南行政学院学报》2016 年第 5 期。

性的特点，社交电商也属于多级分销，但这层级并非无限地划分，且上一层级只能分取下一层级的佣金和绩效，因而目前处于灰色地带。为避免社交电商因多层级分销被错误认定为网络传销行为，一方面，企业在开展经营活动时，应以真实的产品或服务为基础，不以虚假产品或服务欺骗消费者支付高额对价，企业依靠销售产品或提供服务盈利，而非通过发展的下线人数及收取的费用作为获利来源，同时，避免对所提供的产品或服务进行虚假宣传；另一方面，发展新会员时，应避免形成“金字塔”层级，企业可以对直接推广邀请新会员的会员进行奖励，但如果是间接邀请的新会员，因会员并未付出劳动，不应对其进行奖励。

**（二）对网络传销的立法、执法予以完善**

随着网络信息技术的不断更新，网络传销披着社交电商的外衣不断创新模式开展非法活动，如假借“代理”“专卖”“消费联盟”“网络倍增”“加盟连锁”“动力营销”“滚动促销”等名义，使有关管理机关一时难以识别传销活动的本质，具有受害人数多、资金量大等特点。目前我国关于规范传销的立法并不完善，导致某些司法和行政部门在查处传销时不能准确适用法律，一方面，对于该违法行为没能及时查处，导致损失扩大；另一方面，实践中因存在整体量刑标准不同，对该违法犯罪活动的惩处力度不一致，可能出现该从轻处罚的却给予从重处罚、该从重的却从轻的情况，严重破坏了国家法律的权威性。因此，要在正确认识两者区别的基础上，在传销的立法上和执法上给予完善，严厉打击网络传销，保护人民的人身财产不受无辜的损害，还要避免“错意扼杀”社交电商的发展。

# “大数据杀熟”的法律问题研究

黄 璇[*] 刘丝茗[**]

**摘要**：“大数据杀熟”在电子商务发展之初就存在，亚马逊、雅虎、谷歌等平台收集、累计、分析、挖掘用户的交易数据，创造出“利用强关联趋势判断个性化推送信息”的商业方法，大幅提升商业效率，其中就包括涉嫌“大数据杀熟”的价格优化策略。本文从法律的视角，通过说明“大数据杀熟”的基本技术机理和商业逻辑，分析“大数据杀熟”商业场景的法律关系，并就《电子商务法》的有关内容提出管窥之见和建议。

**关键词**：大数据 杀熟 交易数据所有权 用户隐私权 价格歧视

中国消费者的消费习惯已完全网络化，他们可通过PC终端、移动终端在各电商平台购买生活所需的各种商品和服务。可以说中国已经进入了“电子商务时代”，传统的消费市场已逐步向“网络消费市场”蜕变。最近网上开始热议部分网约车平台、在线旅游平台就同样的商品和服务对老客户、忠诚客户高价营销，很多网友认为这是一种互联网平台利用大数据工具损害消费者权益的违法行为，俗称“大数据杀熟”。

## 一、大数据的技术背景和大数据思维

大数据的英文表述为BIG DATA，而非LARGE DATA，LARGE的中文意思是“巨大的”，BIG的中文意思是“不小的，比小更大的”，大数据的“大”不是单指数量大，而是指具有完备性和多维性，如通话记录、人口信息等，虽然记录数是巨大的，但因不具备完备性、多维性，并非真正的大数据。大数据是一种非结构化数据，但包含的信息量远远大于结构化数据（指有统一字段如名字、性别、年龄等的

---

* 黄璇，上海锦天城（广州）律师事务所律师。

** 刘丝茗，上海锦天城（广州）律师事务所律师。

记录)。大数据技术的数学基础是统计学和概率论，最核心的数学公式是车比雪夫不等式（也称大数定理)，所有大数据应用系统的数学模型基础都是这个大数定理，包括在围棋领域战胜人类的 AlphaGo。计算机科学家根据不断优化的数学模型设计出算法，进而开发出各种应用系统。摩尔定律直至今日还有效，即计算机的计算能力还可以大幅提高。越来越强大的计算机集群处理越来越多的数据，不断优化数学模型（也称“机器学习”)，不断提升取得最优形态的最高概率的效率，也就越来越“智能”。可见，“人工智能问题”实质上是“处理大数据的问题”。

大数据的数学方法和大数据的计算机系统设计方法也改变了人们进行科学研究、文学历史研究、商业运作的思维模式。传统的思维模式系“寻找、推理事物之间的因果关系”，即“先因后果”；而大数据的思维方式则完全不同——“从大量的数据中的关联性发现答案，即便不知道原因”，即“先果后因”。大数据思维的判断结果是基于数据的关联性而来的，是模糊的趋势判断，即最优结果概率最高的选择。

从技术上看“大数据杀熟”的运行机制是用户通过电子商务平台或者平台上的商户（以下统称平台商）进行交易，包括浏览、收藏、磋商交易条件、下单、发货收货、确认收货、付款、评价等常规行为，也包括秒杀、抢优惠券、平台抢单、退货、投诉等非常规行为，以上一系列行为的记录在交易平台形成了交易数据。经过时间、用户数量的累积，加上交易平台的数据融合（不同交易平台的数据互通和共享)，平台上的数据便发展成为“大数据”。这时平台商开发大数据分析系统，对取得的交易大数据进行数据挖掘，按照效益最大化的商业目的，设计优化数学模型（或者叫机器学习)，大数据分析系统输出价格优化策略——对老客户、价格不敏感客户、忠诚客户（统称白名单客户）采取非优惠价格政策，而对新客户、价格敏感客户（统称灰名单客户）采取优惠价格政策，以促使其转变为白名单客户。

## 二、“大数据杀熟”法律关系的基础

大数据杀熟为电子商务平台交易的商业场景之一，在法律上属于买卖合同法律关系。区别于在交易过程中用户有无还价的机制，平台商在平台上出示商品和服务价格的行为分别为要约邀请或要约。判断平台商的要约或要约邀请有无违法、是否损害消费者权益，笔者认为应首先分析交易数据所有权及用户隐私权两大基础法律问题。

### （一）交易数据所有权的归属

交易数据包括两类：用户个人信息和交易行为记录。

用户个人信息是指用户的姓名、联系电话、地址、邮箱甚至性别、年龄、个人生物识别信息等与用户有强关联性的信息，属于用户人格信息，此类信息的所有权毫无疑问属于用户。依据《民法总则》第一百一十一条的规定，平台商在交易的过程中取得了用户的个人信息，有责任有义务确保此类信息的安全，不得非法使用。《网络安全法》也详细规定了泄露个人信息的法律后果。

区别于用户个人信息，交易行为记录的所有权并不属于用户。交易行为记录产生于交易过程，由买方（用户）、卖方（平台商）、中间方（包括信息服务提供商、第三方结算方）等多方的行为共同形成，并非为用户独占。交易行为记录由平台商依法依规予以保存和维护，其成本由平台商承担，并且交易行为记录的产生应符合平台商的平台规则和数据格式，因此笔者认为交易行为记录数据的所有权属于平台商。平台商利用大数据分析系统，使用、挖掘平台交易记录数据，发现各类数据之间的强关联性，进而输出价格优化结果，获取商业利益，具有法律上的正当性。

### （二）用户隐私权

《民法总则》第一百一十条明确规定了自然人享有隐私权，但没有进一步划定隐私权的范畴。在“大数据杀熟”的场景中，交易行为记录数据的所有权虽然属于平台商，但平台商使用交易行为记录是否侵犯用户的隐私权？交易行为记录是否包含用户的隐私信息从不同的角度看有不同的判断，在司法实践中往往以“损害名誉”为判定侵权的标准。另外，在实际的交易场景中，有些平台应用（如大众点评、导航 APP）必须取得用户的位置信息授权才能为用户提供服务，更多的时候在用户使用平台之初平台便“强迫”用户授权使用位置等涉及隐私的信息，用户为了方便，往往同意授权。因此，认为“大数据杀熟”有损用户的隐私权的观点颇为牵强。

## 三、“大数据杀熟”的法律红线

虽然大数据杀熟符合商业获利性的逻辑，也是新技术应用的产物，但是我国现有的法律对于“大数据杀熟”在一定的条件下还是有红线的，平台商一旦触及，应当依法承担责任。

### （一）《反垄断法》的法律红线

依据《反垄断法》第十七条的规定，在平台商具备市场支配地位和无正当利用两个要件的条件下，实施的大数据杀熟行为，构成反垄断法禁止的滥用市场支配地位的行为。从这个角度来看，用户保护自身权益的最优办法为“货比三家”，自由选择平台优化交易。

### （二）《消费者权益保护法》的红线

依据《消费者权益保护法》第八条规定的消费者知情权以及第十条规定的消费者公平交易权，平台商应明确告知消费者其实施的价格政策以及价格条件，否则有损消费者的相关权益。当然，从反向看，如果平台商根据大数据系统的输出，对不同类别的消费者在不同消费场景下（如不同的时段、区域、用户级别）实施不同的“优惠措施”，为商家的自主经营行为，难以将其认定为违法行为，而只能归为“杀鸡取卵”的商业道德问题。

### （三）《价格法》的红线

《价格法》第七条明确了公平定价的原则，第十四条进一步规定了不得实施价格歧视，但需要说明的是，第十四条中的“价格歧视”的主体适用范围为“其他经营者”，而消费者并没有纳入适用主体范围。

对上述三条法律红线综合来看，在用户遭遇大数据杀熟而权益受损时，救济权利的法律依据颇为尴尬，难以落在实处，主要的原因在于上述三部法律形成时间较远，有所滞后，对于近年新出现的“大数据杀熟”现象难免力不从心。

## 四、《电子商务法》中关于大数据杀熟规制的司法适用建议

针对“大数据杀熟”的法律规制困局，《电子商务法》第十八条第一款规定：“电子商务经营者根据消费者的兴趣爱好、消费习惯等特征向其提供商品或者服务的搜索结果的，应当同时向该消费者提供不针对其个人特征的选项，尊重和平等保护消费者合法权益。”笔者认为值得商榷。在市场经济的环境下，法律的最优选择是尽量袖手旁观。《电子商务法》中强制平台商提供无个性化选项，一方面，在计算机科学技术上并不可行，浏览器的展现早在 10 年前就过了静态页面 1.0 时代，现在的展现系 UGC（USER GENERATED CONTENT）3.0 时代，强制提供无个性化选项属于不尊重自然科学的“法律指挥科学”行为，若必须如此，就没有平台商愿意投入资源去研究大数据技术。另一方面，在法律适用上也不可行，用户更加难以举证其遭遇的“价格差异”，且无个性化选项的技术标准以确认无个性化选项的应有状态。

为有效规制不诚信的大数据杀熟行为，笔者建议：第一，明确保护消费者平等

交易的权利，扩大价格歧视的适用主体范围，纳入消费者，作原则性的规定；第二，在制定《电子商务法》相关司法解释时增加“消费者提供一定证据证明存在价格歧视的条件下，平台商抗辩不存在价格歧视的，应提供证据证明”。将举证责任倒置给平台商，这符合《民事诉讼法》中有关举证便利的举证原则，可更实在地保护消费者的权益，让准备实施不诚信的大数据杀熟行为的平台商望而却步。

我们正在迈入大数据时代。在摩尔定律失效之前，利用大数据的方法，可以发现更多的未知，创造更多的奇迹。我们的思维方式在变，研究方法在变，商业规则在变，法律也应在变。大数据杀熟不是洪水猛兽，法律有责任也有力量去伪存真，规制不诚信的行为，但也不能成为技术发展的障碍。

# 电商平台服务协议的合规性研究

## ——《电子商务法》视角下

詹朝霞[*] 康泳涛[**]

**摘要**：在电子商务交易领域，网络平台的规制、管理和监督是重中之重。如何规制、如何科学有效地管理，电子商务法作了一系列安排。从电子商务平台经营者的角度，如需要经营管理好平台，有效防范法律风险，和谐解决争端，可通过平台服务协议、交易规则、售后服务、隐私政策等诸多契约型文件。如何梳理该类文件，是本文研究的内容。

**关键词**：电商平台　服务协议　合规性研究

在网络购物和网络交易中，往往有多方主体共同参与，形成复杂的法律关系集合，在这个法律关系集合中，平台服务协议作为链接平台经营者与用户及各个服务商之间的纽带，具有重要意义。因此，2018 年 8 月 31 日正式颁布的《电子商务法》对此问题予以高度关注，并在第三十二条至第三十五条对平台服务协议作出了相关规定。

## 一、平台服务协议概述

### （一）平台服务协议的概念

所谓平台服务协议，是指在网络服务或交易中由电子商务平台经营者事先拟定并公布、确立其与平台内经营者或用户或其他服务商之间的权利义务关系的合同（具体可表现为用户服务协议、交易或物流配送规则、隐私政策等），根据电子商务交易特性，平台服务协议被事先格式化并被大批量重复地使用，属典型的格式合同

* 詹朝霞，广州金鹏律师事务所律师。
** 康泳涛，广州金鹏律师事务所律师。

(条款)，需受到我国合同法中关于格式条款的约束。同时，因平台服务协议依托网络信息技术，以电子方式呈现，形式上属于电子合同。

### (二) 平台服务协议的特征

1. 服务协议订立的便捷性

平台服务协议属格式条款范畴。所谓格式条款，指一方为了重复使用而预先拟定，并在订立合同时未与对方协商的条款。这意味着，平台内经营者与用户只需在平台服务协议上点击“同意”，就达成了与平台经营者之间的合约，省去了中间交流磋商的环节。

2. 服务协议具有持续性

平台内经营者、用户与平台经营者之间订立的服务协议，一般都是重复使用的，服务协议确立了平台为平台内经营者和用户提供持续性交易撮合服务的权利义务关系。

3. 缔约对象不明确

传统的合同一般需根据《合同法》或《民法》的有关规定，对缔约对象、缔约对象的缔约能力加以明确，而由于网络具有虚拟性、流动性、隐蔽性等特征，平台服务协议难以明确缔约对象。

4. 条款更新频繁

平台经营者频繁更新服务协议，主要有以下两方面原因：一方面，平台协议所依据的相关技术、市场、法律法规或政策等在其存续期间发生了变化，客观上要求平台经营者有必要及时对服务协议进行更新；另一方面，电子商务经营者及用户也希望平台经营者能不断优化服务内容及形式，以便获得更好的服务。

## 二、《电子商务法》实施后对平台服务协议的影响

《电子商务法》实施后，对平台服务协议有何影响呢？笔者将在下文逐一进行分析。

### (一) 保障平台内经营者和消费者的知情权

《电子商务法》第三十三条规定：“电子商务平台经营者应当在其首页显著位置持续公示平台服务协议和交易规则信息或者上述信息的链接标识，并保证经营者和消费者能够便利、完整地阅览和下载。”这说明平台服务协议在制定之后，必须以合理的方式让平台内经营者和消费者充分知悉、了解，这不仅可以约束和规范平台经营者在制定服务协议时单方面的决定权，更重要的是保障了平台内经营者和消

费者的知情权和选择权。

**（二）明确平台经营者的单方变更权**

《电子商务法》第三十四条第一款规定："电子商务平台经营者修改平台服务协议和交易规则，应当在其首页显著位置公开征求意见，采取合理措施确保有关各方能够及时充分表达意见。修改内容应当至少在实施前七日予以公示。"

从上述条款可以发现，《电子商务法》以法律的形式赋予了平台经营者单方变更服务协议条款的权利。可以说，这突破了"当事人协商一致，可以变更合同"的合同法法理，但是这种突破也是基于电子商务的现实考虑：实务中，随着网络技术的持续发展与革新，平台经营者需要通过不断修改平台服务协议来提高服务效率、改善服务质量，最终达到保持其自身市场竞争力的目的；同时，平台内经营者及消费者也希望平台经营者能通过不断优化平台服务协议，从而带来更好的服务体验。可以说这个突破契合交易多方的需求。

**（三）限制平台经营者单方修改服务协议的行为**

平台经营者在网络交易中处于优势地位，处于相对弱势地位的平台内经营者和消费者对平台单方面修改服务协议的行为往往无力抵抗。为此，《电子商务法》第三十四条第一款设置了意见征集和先期公示制度，限制平台经营者单方修改服务协议的行为。

但是，这种限制只是一种程序性限制，极有可能导致意见征集和先期公示制度在实务操作中流于表面，无法对平台经营者产生实质性的约束。原因在于平台经营者履行征集意见和公示义务之后，《电子商务法》并未进一步规定平台后续义务，如平台经营者是否需采纳各方提出的合理意见、是否应当进行回应等。

**（四）明确平台内经营者的单方解除权**

《电子商务法》第三十四条第二款规定："平台内经营者不接受修改内容，要求退出平台的，电子商务平台经营者不得阻止，并按照修改前的服务协议和交易规则承担相关责任。"

根据该款，当平台内经营者认为其在服务协议的变更中遭受到不平等对待时，可以自由退出平台，法律赋予了平台内经营者在不接受协议变更时单方解除合同的权利。

**（五）平台经营者不得利用服务协议进行不合理交易行为**

《电子商务法》第三十五条规定："电子商务平台经营者不得利用服务协议、交易规则以及技术等手段，对平台内经营者在平台内的交易、交易价格以及与其他经营者的交易等进行不合理限制或者附加不合理条件，或者向平台内经营者收取不合理费用。"

本条明确，平台经营者不得利用其优势地位，通过服务协议对平台内经营者就商品或服务的价格、销售对象、销售地区等进行不合理的限制，否则市场监督管理部门有权依法追究平台的法律责任。

## 三、平台经营者制定平台服务协议注意事项

结合相关法律法规的规定及电子商务发展实际需求，笔者建议平台服务协议可包含以下核心条款：

| 序号 | 条款 | 条款主要内容 | 建议 |
|---|---|---|---|
| 1 | 提示条款 | 提醒协议相对方服务协议中需特别注意的重点问题。例如，提示用户审慎阅读服务协议，尤其是免除或者限制责任条款、法律适用和争议解决等条款。 | 对于提示条款，平台经营者可以采取勾选同意或者弹出的方式进行特别提醒和通知，进一步向用户披露该些条款中的关键性内容。 |
| 2 | 协议的签署 | 该条款主要约定签约主体及签署方式，例如：阅读协议后进行注册即视为协议签署并生效。 | 因涉及服务协议的法律效力，建议完整清晰表达。 |
| 3 | 定义 | 对服务协议中有关术语进行解释说明。 | 解释需清楚透彻，避免因歧义引发纠纷。 |
| 4 | 平台服务内容 | 该条系服务协议中最核心部分，平台经营者需根据提供的实际服务需求拟定。 | 突出特色服务如食药品等应符合我国相关特别法的规定。 |
| 5 | 用户信息的保护和隐私权政策 | 明确告知平台获取用户信息的范围及途径，并制定相关的隐私权保护政策。 | 建议应包括以下部分：平台如何收集、使用、保护用户信息、如不慎泄露应如何处理？ |
| 6 | 签约双方违约及处理 | 平台经营者应当明确签约双方哪些行为将会被认定为违约，并明确违约责任。 | 应明确约定，作为追究违约责任的依据。 |
| 7 | 平台服务协议的变更 | 平台经营者应当在服务协议中以显著方式提醒用户，平台拥有单方变更服务协议的权利。 | 应严格按照《电子商务法》第三十四条的规定，在变更协议前落实意见征集和先期公示制度。 |
| 8 | 通知条款 | 约定通知方式及送达。 | 应明确约定，作为履行依据。 |
| 9 | 协议的终止 | 给予用户终止协议、退出平台的权利。 | 平台服务协议中应明确用户或平台终止协议的情形，并同步设置协议终止后的处理措施。 |
| 10 | 法律适用和管辖 | 约定法律适用和发生纠纷时的管辖地。 | 应符合《合同法》的规定。 |

平台服务协议不仅是平台经营者实现其经营活动和对平台进行管理的重要依据，同时也是电子商务活动得以开展的重要保障。平台经营者应当依法依规制定和完善平台服务协议，保障平台合法权益的同时，兼顾平台内经营者和消费者的合法权益，促进电子商务健康良性发展。

# 论平台内经营者权益的保护

## ——兼评《电子商务法》

胡仕波*

**摘要**：电子商务法的出台，主要目的是调整、平衡平台、商家和买家之间的权利义务关系。平台借助实质上的垄断地位，必然具有强势地位；买家借助消费者权益保护法可获得倾斜性保护，故作者认为，电商法应当以保护商家，即平台内经营者的权益为主要价值取向，否则，该法将失去其存在意义。

**关键词**：电商法　平台　商家　权益　弱势地位　倾斜性保护

期待已久的《中华人民共和国电子商务法》（以下简称《电商法》）于2018年8月31日颁发，2019年1月1日正式实施。作为一名多次参与该法立法研讨活动的法律工作者，总体上认为《电商法》既有进步，也存在不少缺憾，其中之一就是对平台内经营者考虑得不够全面，且保护力度过弱。

从《电商法》的立法初衷和相关条款可知，该法的主要功能在于调整电商平台经营者（可简称平台）、平台内经营者（可简称商家）和消费者（可简称买家）之间的关系，保护三者的合法权益，促进电商行业的良性发展。而在此三者之中，买家可依据消费者权益保护法获得倾斜性保护，而平台作为事实上的“甲方”，在各方面均占据优势地位，只有商家沦为名副其实的“弱势群体”。故本文试图从三个角度去考虑商家权益的保护问题。

## 一、从平台和商家的关系而言，《电商法》对商家权益的保护力度明显不足，在平台面前，商家弱势者的地位没能得到有效改善

《电商法》出台之前，在与平台的诉讼中，商家经常采取的措施是依据合同法

* 胡仕波，广东明思律师事务所律师。

关于格式条款的相关规定，否定部分合同条款的效力，以维护自身权益。《电商法》第三十三条就平台须公示其平台服务协议和交易规则做了规定，保证了协议的公开性，但如何保证协议的公平公正，《电商法》却未能作出具有可操作性的规定。

不过，《电商法》在服务协议条款的修改和商家退出等机制上有一定的进步，如规定了修改平台服务协议应公开征求意见，修改内容在实施前七日予以公示；商家不接受修改内容，要求退出平台的，电子商务平台经营者不得阻止，并按照修改前的服务协议和交易规则承担相关责任。

另外，为了避免平台通过暗箱操作，随意甚至恶意处罚商家，《电商法》第三十六条规定，平台依据服务协议和交易规则对平台内经营者违反法律、法规的行为实施警示、暂停或者终止服务等措施的，应当及时公示。这一规定要求平台将其对商家的处罚行为放在阳光下，对商家而言无疑具有一定的保护作用，让平台在对商家进行处罚时会谨慎一些。

众所周知，在目前的电商环境下，平台对商家作出暂停或者终止服务措施对商家的经济利益损害十分巨大，甚至可能导致商家陷入破产的困境。从平衡双方权益的角度出发，《电商法》本可规定：平台在处罚措施作出前，应设定一定的锁定期，并要求商家限期通过申诉、提起听证等程序进行申辩和维权。但非常遗憾的是，《电商法》并没有做出这样的规定。

事实上，立法者并非不了解在实际经营过程中，商家与平台之间所长期存在的显著不平等的关系。例如，《电商法》第三十五条规定，电子商务平台经营者不得利用服务协议、交易规则以及技术等手段，对平台内经营者在平台内的交易、交易价格以及与其他经营者的交易等进行不合理限制或者附加不合理条件，或者向平台内经营者收取不合理费用。然而，这样的规定，对于平台到底有多大的约束力，恐怕还有待实践检验。

## 二、在处理商家之间的关系上，《电商法》对以恶意投诉手段进行不正当竞争甚至商业敲诈等问题的考虑不足，有待进一步完善

《电商法》第四十二条规定，知识产权权利人认为其知识产权受到侵害的，有权通知电子商务平台经营者采取删除、屏蔽、断开链接、终止交易和服务等必要措施。通知应当包括构成侵权的初步证据。电子商务平台经营者接到通知后，应当及时采取必要措施，并将该通知转送平台内经营者。与之相对应的第四十三条则规定，平台内经营者接到转送的通知后，可以向电子商务平台经营者提交不存在侵权

行为的声明。声明应当包括不存在侵权行为的初步证据。电子商务平台经营者接到声明后，应当将该声明转送发出通知的知识产权权利人，并告知其可以向有关主管部门投诉或者向人民法院起诉。电子商务平台经营者在转送声明到达知识产权权利人后十五日内，未收到权利人已经投诉或者起诉通知的，应当及时终止所采取的措施。

与以前的部门规章、司法解释相比，《电商法》的上述两条规定终于明确了平台不具有判定商家是否侵权的地位和能力。这样的规定让平台重新回归到民事经营主体，而非准司法者或者仲裁者的角色上。这一规定，无疑是对平台的正确定位，但对有关主管部门而言却是一个巨大的挑战。

而《电商法》第四十二条第二款后半部分还规定，平台内经营者接到通知后，未及时采取必要措施的，对损害的扩大部分与平台内经营者承担连带责任。这样的规定看似合理，实际上仍值得商榷。因为从平台的角度出发，在是否侵权都尚未确定的情况下，这一规定的执行会遭遇许多问题：比如如何采取必要措施？以及何为必要措施？如果该措施造成了损害，平台是否承担责任等。

《电商法》第四十二条第三款规定，因通知错误造成平台内经营者损害的，依法承担民事责任。恶意发出错误通知，造成平台内经营者损失的，加倍承担赔偿责任。从这一规定中可以看出，立法者已了解了不少商家通过恶意投诉以及滥用投诉进行不正当竞争，甚至商业敲诈的现实。但是，如果上述条款的制定是出于遏制滥用和恶意投诉的目的，则相关规定仍显不足。因为该行为给被投诉者造成的损害很大，且损害造成后，被损害者的维权难度和维权成本都非常高，所谓的“依法承担民事责任”对于心怀不轨的商家根本不具有遏制力。至于“加倍承担赔偿责任”，须以“恶意”为前提。有过诉讼经验的人都知道，在司法实践中，主观心态的证明十分困难。因此，此条建议修改为“因通知错误造成平台内经营者损害的，加倍承担赔偿责任。但是，发出通知者能够证明其通知是善意行为，则可酌情减轻其赔偿责任。”

特别值得点赞的是，《电商法》第四十四条规定，电子商务平台经营者应当及时公示收到的本法第四十二条、第四十三条规定的通知、声明及处理结果。这样的规定之下，平台须将相关投诉及处理均摊在阳光下接受商家和相关部门的检验，此举既能敦促平台及时处理问题，也能集中曝光那些心怀不轨的商家，同时还能让商家对比自查，并及时纠正自己经营过程中的问题。

## 三、在商家和买家的关系处理上，《电商法》算是比较理性的，没有进一步偏向买家，相关规定有利于商家与卖家之间建立平等和谐的关系

在《电商法》的立法研讨活动中，是否要规定“无理由退货期”的问题一直是讨论的热点。从《电商法》的相关条款来看，“无理由退货期”的这一过分偏向消费者的条款最终未被采纳。事实上，在笔者看来，“无理由退货期”的设定，看似出于维护消费者权益的目的，实际上会助长非理性消费以及不良购物习惯的形成，造成社会资源的极大浪费。

《电商法》第十七条至第十九条原则性地规定了电商经营者应本着诚实信用的原则进行宣传和经营，要求商家不得欺骗和误导消费者，以保障消费者的知情权和选择权。

特别值得注意的是，《电商法》第十八条规定，电子商务经营者根据消费者的兴趣爱好、消费习惯等特征向其提供商品或者服务的搜索结果的，应当同时向该消费者提供不针对其个人特征的选项。从条文上看，虽然是基于尊重和平等保护消费者合法权益的考虑，但事实上，这样的规定是防止平台过度使用人工智能等技术，避免消费者陷于信息不完整的困境。

另外，《电商法》第五十八条规定，电子商务平台经营者与平台内经营者协议设立消费者权益保证金的，双方应当就消费者权益保证金的提取数额、管理、使用和退还办法等作出明确约定。消费者要求电子商务平台经营者承担先行赔偿责任以及电子商务平台经营者赔偿后向平台内经营者的追偿，适用《消费者权益保护法》的有关规定。这是关于“消费者权益保证金”的设立及相关事宜的规定，这一规定与其说是为了保护消费者的权益，不如说是为了保障平台的利益。

综上，正如作者在《电商法》立法研讨过程中多次呼吁的那样，如果《电商法》要成为一部真正有价值的法律，则其本质上应当成为一部平台内经营者，即商家的权益保护法。然而，令人遗憾的是，综合《电商法》来看，这一呼吁虽然得到了一定的响应，但成果并不能令人满意。我想，《电商法》所留下的缺憾，恐怕需要在以后的个案争议处理和司法实践中，在更多法律工作者的参与下，通过司法判例或司法解释方式来进行适当的填充。

# 浅谈社交电商法律服务要点

吴伟波*　朱镜纯**

**摘要：**随着网络科技的发展、商品及服务的多样化，电子商务的模式也在不断地创新。从早期的传统平台型电商（人找货，即消费者通过电商平台搜索商品进行购买），到如今的新型社交型电商（货找人，即推广者认为消费者需要某个商品而主动向其推荐），电商的经营模式已经发生了巨大的变化。同时，社交电商行业欣欣向荣，某研究机构在其发表的《2018中国社交电商行业发展报告》中称我国社交电商的规模已经超过一万三百多亿元，并保持迅猛的发展势头。但从事实情况不难发现，行业迅猛发展的背后还伴随着政府频繁对违法违规的社交电商公司开出罚单，其中不乏巨额罚款。社交电商相对于传统电商来说，其主要的风险点是有明显的区别的。笔者目前常年担任多家社交电商公司的法律顾问，在为社交电商公司提供法律服务过程中积累了一定的经验，现将法律服务要点进行归纳，供大家参考。

**关键词：**社交电商　社交电商法律服务　法律　法律服务

## 一、社交电商概述

### （一）社交电商定义

社交电商目前没有比较统一的定义。有人认为，只要通过微信传播产品或服务信息并完成交易的，就叫微商或社交电商。还有人认为，通过微信并以招代理为主的模式仅能称为微商，而通过微信以向消费者推广产品或提供服务为主的模式叫社交电商。笔者更赞同后者的观点，即社交电商是通过微信等社交软件推广、销售商品或者提供服务的经营活动。

---

* 吴伟波，广东汇俊律师事务所律师。

** 朱镜纯，广东汇俊律师事务所实习律师。

### （二）社交电商主要的模式

社交电商主要有四种模式：导购模式、拼团模式、内容模式和微商模式。

导购模式，是指通过社交软件为电商平台或电商经营者向消费者推销商品或者会员资格。该模式的代表有云集、花生日记等。

拼团模式，是以在购买商品时必须通过社交软件发送链接等方式与第三人一起购买才得到一定的优惠的模式。该模式的代表有拼多多、京东拼购等。

内容模式，是指通过发表高质量内容，打造意见领袖形象，吸引积攒粉丝的同时增加粉丝信任度和黏性，再以多样化的内容驱动成交。该模式的代表有小红书、抖音。

微商模式，是指通过设计多种代理级别，按高门槛的进货价低、低门槛的进货价高的方式，高门槛代理通过购买一定价值的货物后向低门槛代理销售赚取货物价格级差或介绍同级代理赚取介绍费用。

## 二、不同模式社交电商合规的法律服务要点

### （一）导购模式

导购模式社交电商的法律风险主要来自涉及传销。2017 年 5 月 12 日，浙江集商网络科技有限公司（即云集 APP 运营公司，以下简称云集）因组织策划传销被杭州市高新技术产业开发区（滨江）市场监督管理局处以没收违法所得 8084106.85 元，罚款 150 万元的处罚。2019 年 3 月 14 日，广州花生日记网络科技有限公司（即花生日记 APP 运营公司，以下简称花生日记）因组织策划传销被广州市市场监督管理局处以没收违法所得 7300 多万元，罚款 150 万元的处罚。不知名的公司因传销被处罚的更是不计其数。

导购模式社交电商涉及传销的主要原因在于收取“人头费”和团队计酬。像云集或花生日记这样在行业内具有代表性的公司，难道没有法律意识，没有专业的风控团队吗？显然不是。笔者认为，是他们所处的阶段和行业特性导致的。以导购模式经营的主要特点在于，将平台的商品推销给消费者，当消费者购买商品后，推广者获得推广佣金。由于每一笔推广佣金是非常低的，几块钱、几毛钱甚至几分钱的居多，且一个推广者可以直接推荐商品的用户数量也非常有限，几十个到几百个人居多，这种仅以直接推荐商品赚取佣金的收入很不乐观，收入低直接导致推广者的积极性很低，从而影响公司的发展。为了解决推广者收入低的问题，现在主流导购模式社交电商的做法是，只有购买“大礼包”（很多公司设计的“大礼包”都是

399 元）才能取得推广商品赚佣金的资格。而每推荐一名用户购买大礼包，推荐人将获得佣金，而且推荐人 A 推荐了 B，B 推荐了 C，A 仍能从 C 购买“大礼包”中得到间接推荐的佣金（社交电商行业内对这种间接推荐有佣金的行为称为“间推有佣”），除了“大礼包”，购买经营者销售的任何产品也是“间推有佣”。如某社交电商公司规定，每推荐并成交一个 399 元“大礼包”，直接推荐人可以获得 200 元的佣金，间接推荐人可以获得 100 元的佣金。而经营者为避免公司无法承受高额的推广佣金，“大礼包”里面一般都是价格虚高的产品。

《禁止传销条例》第七条规定：“下列行为，属于传销行为：（一）组织者或者经营者通过发展人员，要求被发展人员发展其他人员加入，对发展的人员以其直接或者间接滚动发展的人员数量为依据计算和给付报酬（包括物质奖励和其他经济利益，下同），牟取非法利益的；（二）组织者或者经营者通过发展人员，要求被发展人员交纳费用或者以认购商品等方式变相交纳费用，取得加入或者发展其他人员加入的资格，牟取非法利益的；（三）组织者或者经营者通过发展人员，要求被发展人员发展其他人员加入，形成上下线关系，并以下线的销售业绩为依据计算和给付上线报酬，牟取非法利益的。”通过该法律规定分析前述模式，我们可以清楚地看到，所谓的“大礼包”就是上述第二项规定的具体表现形式，推销“大礼包”及其他产品获取推广佣金时使用了“间推有佣”的模式，就是上述第三项规定的具体表现形式。

针对该两种违法行为，笔者认为应采取以下措施进行合规整改：

第一，取消只有购买“大礼包”才可以获得推荐有佣资格的制度，不收取“人头费”及“变相人头费”。

第二，将“间推有佣”改为仅“直推有佣”，因为直接有佣就不存在团队计酬的行为；使间推者能提供有价值的服务，取得应得的服务费而非仅因下线的销售业绩获得报酬。

**（二）拼团模式**

拼团模式社交电商的主要法律风险来自销售假冒注册商标的商品。由于拼团模式吸引消费者进行裂变的特点在于，拼团成功后可以以超低的价格买到名牌产品。而众所周知，多数名牌产品是不可能以超低价格售卖的，否则会影响产品的品牌定位。基于该种情况，有部分拼团模式公司就会默许商家压价，致使商家自愿冒险在其平台销售假冒注册商标的商品。为降低法律风险，笔者建议拼团模式公司应做好产品的质量控制，并且不要将产品价格压低至不可能的供应价格。

### （三）内容模式

内容模式社交电商的主要法律风险来自虚假宣传。依据《互联网广告管理暂行办法》的规定，商家或推广者所提供的内容一般被认定为广告。所以，如果发表的内容存在虚假的情况，则属于虚假宣传，严重者将会面临市场监督管理部门的处罚。为降低法律风险，内容模式的商家或推广者需要发表高质量的内容，通过内容吸引消费者并建立起信任，最终售卖商品。

### （四）微商模式

微商模式社交电商的主要法律风险来自未办理营业执照及涉及传销。2019 年 1 月 1 日开始施行的《电子商务法》第十条明确规定："电子商务经营者应当依法办理市场主体登记……"但微商群体对本条规定并未重视，微商招募代理的主要对象大部分仍然是个人，因此存在被处罚的风险。同时，微商模式中也同样存在收取"人头费和变相人头费"及团队计酬的情况，对此，在合规方面可以参考上述导购模式的解决方案。

由于不同模式的社交电商，有着其不同的商业逻辑，其法律风险自然也各不相同。即使现在仍然存在各种各样的发展问题，但随着相关商业主体法律意识的提升及执法部门的管理，笔者相信社交电商行业将会向越来越健康的方向发展。

# 浅议聚合支付公司的法律风险及合规控制

涂琳芳*

**摘要：**笔者旨在研究现行法律框架基础上，通过分析聚合支付公司的产生、业务营利模式的发展，深入探讨聚合支付公司易在经营服务范围、沉淀商户资金、管理交易信息、采留商户和消费者敏感信息四个方面发生拒不履行信息网络安全管理义务、侵犯公民个人信息、诈骗、洗钱、信用卡诈骗、虚假广告、非法集资、集资诈骗、非法经营等行为的民事、行政、刑事法律风险，意欲为聚合支付公司合规化经营提供规范化路径，供聚合支付公司在实践中有效运用。

**关键词：**聚合支付公司　法律监管　刑事法律风险　合规控制

自2015年前后，国内引入聚合支付业务方式以来，聚合支付公司在为商户和消费者带来便利、整合支付机构资源的同时，也面临着合规经营的巨大法律风险。2018年7月底，“安闪购”聚合支付公司经营十二天便出现无法兑付商户货款的情形，人去楼空。2018年8月初，全国金融标准化技术委员会发布关于征求《聚合支付安全技术规范（征求意见稿）》的通知，拟对聚合支付行业进一步实施规范化管理。可以说，这是一个最坏的时代，也是一个最好的时代，聚合支付公司的机遇和风险并存。

## 一、聚合支付公司的产生和业务营利模式的发展

### （一）聚合支付公司的产生

1. 聚合支付公司的定义及经营服务范围

聚合支付公司又称“融合支付公司”“第四方支付公司”，国内在2015年前后引入，在2016年呈现遍地开花的趋势，同时也凸显出聚合支付的各种法律风险①。

---

* 涂琳芳，国信信扬律师事务所律师。

① 江瀚：《聚合支付，未来支付的前哨站》，载《金融博览》2017年第8期。

2017年1月，中国人民银行支付结算司向各分支机构下发《关于开展违规“聚合支付”服务清理整治工作的通知》，这是首份针对聚合支付的规范性文件。该文件中将聚合技术服务商严格定位于收单外包机构，聚合支付公司是指利用技术和服务集成能力，聚合多种支付工具，为特约商户提供融合多个支付渠道，一站式资金结算和对账的技术解决方案的服务公司，没有支付业务许可证的限制，央行文件官方称其为聚合技术服务商。

2018年8月2日，全国金融标准化技术委员会发布《关于聚合支付安全技术规范（征求意见稿)》的通知（目前该规范正处于委员会投票阶段，或不久将对外公布)。在该规范中，聚合技术服务商被定义为经工商行政管理部门批准成立，接受支付服务机构、商户委托，利用自身的技术与服务集成能力，提供商户拓展、支付渠道整合、技术对接、系统运维、集合对账等服务的机构。

从上述监管部门的定义可知，聚合支付公司的经营范围宜在规范性文件设定的范围中进行，即聚合支付公司的业务经营服务范围，是为服务机构、商户提供商户拓展、支付渠道整合、技术对接、系统运维、集合对账等服务，超出此范围将面临无支付业务许可证经营的行政风险和刑事风险。

2. 聚合支付公司分类

（1）根据技术实现和资金处理方式的不同，目前的聚合支付公司可分为四类。

第一，技术集成类。这类公司不负责商户支付方式接入，由商户和各支付渠道单独签约，不触碰资金，只提供技术服务，资金由支付机构直接清算给商户。

第二，机构转接类。这类公司是在技术集成的基础上，为商户申请支付方式接入而不直接触碰资金。其和银行或第三方支付机构合作，为商户提供账户创建、审核、业务开展、交易处理等服务，资金由银行或第三方支付机构直接清算。

第三，机构直清类。这类聚合支付公司主要包括银行和拥有支付业务许可证的第三方支付机构，它们利用自身的优势直接或间接与各大支付公司建立合作，商户在这类聚合支付企业开户，就可以实现支付方式多家同时通用，既做信息清算也做资金清算，但是有支付业务许可证，属于合法“二清”。

第四，“二清”类。该类公司一般以大商户的模式接入，将商家的支付结算款项先统一收至自有账户中，然后再给小商户清算，既做信息清算也做资金清算，但是没有支付业务许可证，属于非法“二清”[①]。

（2）根据业务模式对支付通道进行整合的方式，目前的聚合支付公司可以分为

① 夏云安:《聚合支付风险分析与监管建议》，载《金融科技时代》2018年第2期。

两类。

第一，平台租用类。该类公司的特点是搭建一个平台，通过为商户提供支付软件实现对多种支付方式的聚合，而聚合支付公司通过提供平台软件进行收费，根据API（数据接口）调用量来向商户收取费用。

第二，流量分成类。该类公司的特点是通过为支付机构提供支付统一接口，根据商户交易的流水进行支付手续费分成，为商户提供支付平台系统，但是与资金流环节无关①。

### （二）聚合支付公司业务营利模式的发展

1. 美国

美国聚合支付公司主要为了解决创业企业客户的支付通道建设成本高的问题而发展起来的，因而美国的聚合支付公司的业务模式呈现出如下特点：

一是客户群体定位为创业公司。大多数创业公司建立时间不长、缺少资金和人力，但又急需在产品里添加一个支付功能，聚合支付公司通过提供支付代码并包办所有的支付交易过程，避免了创业公司独自开发面临陷入错综复杂的银行交易体系的困境。

二是功能和流程尽量简化。如 Braintree 在一个移动 APP 中做到一键结账，Sripe 公司通过集成多种支付通道，客户只需在其移动 APP 或者网站产品后台里复制粘贴一小段 Stripe 提供的代码和 API，就能拥有支付功能。

三是支持多元的转账方式，通常包括银行卡、ACH（联邦银行推出的自动结算所系统）转账 PayPal、银行转账、SEPA（欧盟关于欧元在线支持的协议）等支付方式，甚至部分聚合支付支持比特币②。

2. 欧洲

欧洲国家众多，由于地域语言文化多元性，欧洲聚合支付公司拥有宽阔的国际视野，其聚合支付公司服务也更多地走出国门，在发展国际化的同时也注重服务的本地化，表现出很强的生命力。

一是在全球化程度高，如总部位于伦敦的 WorldPay 是全球首家成功提供多币种跨境服务的收单机构，该公司业务遍布全球，在主要市场设立 25 家办事处，服务 146 个国家。

二是欧洲主要客户以 B 端的公司即大企业客户为主，GlobalCollect 公司只面向

① 李涛：《聚合支付发展的风险及监管对策研究》，载《金融科技时代》2017 年第 12 期。

② 李涛：《聚合支付发展的风险及监管对策研究》，载《金融科技时代》2017 年第 12 期。

大客户，申请门槛很高，需要提供百万美金的财务报表，各种审核过程也是极其烦琐，每月有数千美金的最低消费。

三是通过提供多样化增值服务来吸引客户。如 GlobalCollect 公司提供防欺诈、支付顾问等服务，并定期提供交易报告、财务报表、对账单和退单处理报告，能就如何通过简化后台流程来提高交易量、扩大分销渠道、降低成本等问题，为客户提供咨询服务。

四是提供多币种、多样化的支付解决方式，通常包括各种常见信用卡和借记卡、直接借记、银行转账、电子钱包、网点现金汇款、预付费、支票和发票等，GlobalCollect 为使用 126 种货币 400000 家商户提供超过 300 种付款方式①。

3. 中国

除与欧美聚合支付公司偏向企业端和以后台为主，主要赚取商户费用和收单机构分成相同的业务营利模式外，国内聚合支付公司的业务营利模式更加多样化②，国内聚合支付公司通过增值服务获得利润的比例或将越来越高，并且成为主要的盈利方向③，国内聚合支付的增值服务主要有以下三种方式。

一是根据移动设备和聚合支付的特性，可以在用户支付过程中投放品牌广告、促销优惠信息等，增加曝光度，转支付流量为广告流量。

二是提供场景消费，聚合支付可以作为构建消费金融生态的重要流量入口，不断渗透到大众生活中，通过分期消费、贷款等形式增加场景消费的形式。

三是通过商户获得客户真实的消费数据建立数据库。然后对数据进行趋势研究并画出需求图谱，通过舆情洞察，得到人群画像，为商户制定相应的经营策略④。

未来，国内聚合支付公司还可以引进欧洲的防欺诈、支付顾问等服务，为客户提供通过简化后台流程来提高交易量、扩大分销渠道、降低成本的咨询服务，并向客户提供多币种、多样化的支付解决方式。

另外，国内聚合支付公司在流量变现增值服务方面也极具发展潜力。然而，国内少数聚合支付公司打着“聚合支付”旗帜，从事资金“二清”，甚至卷款“跑路”，危害支付市场秩序⑤。

---

① 李涛：《聚合支付发展的风险及监管对策研究》，载《金融科技时代》2017 年第 12 期。
② 李涛：《聚合支付发展的风险及监管对策研究》，载《金融科技时代》2017 年第 12 期。
③ 倪兴明，潘镭：《银企协作共促聚合支付规范发展》，载《金融科技时代》2017 年第 10 期。
④ 倪兴明，潘镭：《银企协作共促聚合支付规范发展》，载《金融科技时代》2017 年第 10 期。
⑤ 李涛：《聚合支付发展的风险及监管对策研究》，载《金融科技时代》2017 年第 12 期。

## 二、我国聚合支付公司法律监管现状

自聚合支付这种支付模式出现后，央行在鼓励收单机构服务创新为商户提供“聚合支付”服务改善商户支付效率和消费者支付体验的同时，又严格要求规范银行、支付机构与聚合支付公司的合作。自2017年年初，央行下发了许多针对聚合支付监管的文件。央行将提供聚合支付业务的公司定位为收单外包机构，对其监管大部分是根据对收单外包机构相关规定执行。相比之前宽松的法律、政策环境，聚合支付公司现在的发展承担了更多义务、责任，更具风险。目前直接规范聚合支付公司的规章、规范性文件、政策文件主要有：《非金融机构支付服务管理办法》（中国人民银行令〔2010〕第2号发布）、《非金融机构支付服务管理办法实施细则》（中国人民银行公告〔2010〕第17号）、《银行卡收单业务管理办法》（中国人民银行公告〔2013〕第9号）、《中国人民银行关于加强银行卡收单业务外包管理的通知》（银发〔2015〕199号）、《非银行支付机构风险专项整治工作实施方案》（银发〔2016〕112号）、《互联网金融风险专项整治工作实施方案》（国办发〔2016〕21号）、《中国人民银行支付结算司关于开展违规“聚合支付”服务清理整治工作的通知》（银支付〔2017〕14号）、《中国人民银行关于持续提升收单服务水平规范和促进收单服务市场发展的指导意见》（银发〔2017〕45号）、《中国人民银行办公厅关于进一步加强无证经营支付业务整治工作的通知》（银办发〔2017〕217号）、《中国人民银行关于规范支付创新业务的通知》（银发〔2017〕281号）、《条码支付业务规范（试行）》（银发〔2017〕296号）等。

以上均为部门规章、规范性文件及政策性文件，法律效力层级相对较低，但明确了聚合支付公司“四不得”：一不得从事商户资质审核、受理协议签订、资金结算、收单业务交易处理、风险监测、受理终端（网络支付接口）主密钥生成和管理、差错和争议处理等核心业务；二不得以任何形式经手特约商户结算资金，从事或变相从事特约商户资金结算；三不得伪造、篡改或隐匿交易信息；四不得采集、留存特约商户和消费者的敏感信息。这“四不得”精准地给聚合支付公司划出了四道经营范围的红线，再结合《中国人民银行法》和《刑法》相关规定，让聚合支付公司的合规方向更明确。

## 三、聚合支付公司的法律风险

### （一）系统安全法律风险

部分聚合支付公司系统的技术标准以及系统的稳定性和安全性很难符合《非金融机构支付业务设施技术要求》的标准。在连接大量中小商户和众多支付机构之后，聚合支付公司汇集了大量的消费者信息、商户信息和支付机构信息，其中包含了交易数据、商户和消费者的敏感信息，如处理不慎，可能导致盗刷、信息泄露及伪造、篡改或隐匿交易信息风险。

对于盗刷，《非银行支付机构网络支付业务管理办法》第二十五条规定，支付机构网络支付业务相关系统设施和技术，未符合相关标准和要求，或者尚未形成国家、金融行业标准时，应无条件全额承担客户直接风险损失的先行赔付责任。因此，如发生盗刷事件，客户损失赔偿的第一责任应由收单主体即银行或支付机构承担，此处虽未规定聚合支付公司的责任，但收单主体在承担责任后可能会向其追偿。

对于信息泄露，《银行卡收单业务管理办法》第四十九条第五项规定，支付机构或其特约商户、外包服务机构发生账户信息泄露事件的，由中国人民银行分支机构按照《非金融机构支付服务管理办法》第四十三条的规定责令支付机构限期改正，并处三万元罚款；情节严重的，中国人民银行注销其《支付业务许可证》；涉嫌犯罪的，依法移送公安机关。尽管该规定中没有提到对于外包服务机构的处罚，但因聚合支付公司原因发生信息泄露事件的，仍可依据《消费者权益保护法》和《网络安全法》的规定承担相应的行政责任和民事责任。甚至会依据《刑法修正案九》及相关司法解释特别规定，如果网络服务提供者拒不履行法律、行政法规规定的信息网络安全管理义务，经监管部门责令采取改正措施而拒不改正，致使用户的个人信息泄露，造成严重后果的，应当依据《刑法》的规定以拒不履行信息网络安全管理义务罪追究法律责任。如聚合支付公司或其员工，对所获取的公民信息进行非法利用的，还应当依据《刑法》的规定以侵犯公民个人信息行为所涉及的罪名追究法律责任。

对于伪造、篡改或隐匿交易信息，消费者可依据《消费者权益保护法》和《网络安全法》的相关规定，要求聚合支付公司承担相应的行政责任和民事责任。另外，如聚合支付公司伪造、篡改或隐匿交易信息的行为达到《刑法》规定标准，还构成诈骗罪。

### （二）信用卡套现、洗钱链条的法律风险

使用支付宝和微信二维码支付时，在收款人是个人账户的情况下，是无法使用信用卡支付的，而聚合支付绕过了这个限制，使其在商户获取上取得了优势，但同时也产生了很大的套现隐患。银行卡持卡人在没有真实交易背景的情况下，扫描聚合支付二维码，并选择使用信用卡支付，收款人可以选择持卡人在其他银行的账户，经过简单的操作就能够方便地实现信用卡的套现[①]。更有甚者将这种经营套现作为洗钱手段，将大量诈骗、赌博、网络盗窃等非法所得变成合法银行存款。这类聚合支付变成了滋生信用卡诈骗、洗钱等违法犯罪的温床，严重扰乱金融秩序。

### （三）竞争手段的法律风险

部分聚合支付公司为了抢占市场，不仅对商户放低准入门槛，还违反相关规定推广业务，采用零扣率、低扣率、费率自由定义、商户滚动切换、一机多商户、T+0、D+0、即时到账、刷单、套现等涉嫌不正当竞争、虚假宣传、误导消费者或者违法违规行为的文字。消费者可依据《消费者权益保护法》和《网络安全法》的相关规定，要求聚合支付公司承担相应的假一赔三的民事责任。监管部门也将依据《广告法》和《反不正当竞争法》给予相应的行政处罚，情节严重的，还应当依据《刑法》的规定以虚假广告罪追究法律责任。

### （四）二次清算的法律风险

对于“二清”类聚合支付公司，具备挪用客户结算资金的能力，自行设立资金池，往往存在较大的资金欺诈风险，会造成大量虚假商户入网，为套现、诈骗等业务提供便利[②]。聚合支付公司也可能存在经手商户结算资金等违规使用资金的行为，有些公司甚至出现“跑路”情况，严重危害消费者、商户和支付机构的合法权益。央行多次在相关文件中强调聚合支付的底线是不触碰资金，支付监管的红线之一便是资金池。“二清”类聚合支付公司一旦形成资金池，便已违反行政法规，情节严重的则触及《刑法》，构成非法集资罪，如“跑路”的，还有可能构成集资诈骗罪。

### （五）超出营业范围的法律风险

为争取商户，部分聚合支付公司违规为商户提供代开户申请服务，申请人只需提供身份证件、银行卡信息、营业场所照片等即可注册成为收单商户，而这些信息

---

① 张志云：《聚合支付乱象分析及对策研究》，载《金融科技时代》2018年第7期。

② 李鹤，王胤文：《聚合支付的规范与发展》，载《金融时报》2017年12月25日。

或照片可能经过修改，商业银行或支付机构并未对商户真实性进行现场核实[①]，风险也就应运而生。

央行在《关于开展违规“聚合支付”服务清理整治工作的通知》（银支付〔2017〕14号）中提出聚合技术服务商不得从事商户资质审核、受理协议签订、资金结算、收单业务交易处理、风险监测、受理终端（网络支付接口）主密钥生成和管理、差错和争议处理等核心业务。也就是说，聚合支付公司如涉及核心业务，轻则受到相应的行政处罚，重则构成非法经营罪。

## 四、聚合支付公司的合规控制

### （一）厘清业务范围、明确行为边界

聚合支付公司应当认清其作为传统的第三方支付之外的所谓“第四方支付”，其本质是一种将各种类型的支付接口聚合在同一个平台的综合支付服务信息中介，所有的资金流转、清算、风控都应由持牌支付机构进行处理[②]。聚合支付公司宜将业务范围限定于利用自身的技术与服务集成能力，提供商户拓展、支付渠道整合、技术对接、系统运维、集合对账等服务。

聚合支付公司明确自身行为边界不跨越监管部门划定的四条红线：不得处理核心业务，不得伪造、篡改或隐匿交易信息，不得沉淀商户资金，不得采留敏感信息。同时针对盈利途径单一的问题，聚合支付应当在不跨越监管红线的其他不影响其定位的领域进行合理合规的发展，而不是在违法违规的边缘试探。

### （二）完善交易信息保护制度、杜绝敏感信息留存和使用

严格做好有关员工培训和宣传，增强上岗人员维护信息安全意识，限制内部员工接触个人信息的范围，对个人信息的读取、复制、转移做严格的权限控制及审批。避免内部员工非法买卖客户信息等违法案件发生[③]。

为杜绝敏感信息留存和使用，聚合支付公司应分别设立客户支付和交易数据两类通道，并对交易数据和敏感信息进行符合监管部门安全等级要求加密保护，同时要求系统在流转或处理客户交易信息后即时删除或存储至指定媒介，预防隐私数据泄露。

---

① 李涛：《聚合支付发展的风险及监管对策研究》，载《金融科技时代》2017年第12期。

② 江瀚：《聚合支付，未来支付的前哨站》，载《金融博览》2017年第8期。

③ 崔玉洁，李彦东，李健聪：《促进聚合支付业务规范发展》，载《金融时报》2017年11月27日。

另外，有条件的聚合支付公司可以研发相关检测软件，当交易数据及敏感信息遭受到外界黑客截获或篡改时，及时预警止损并抓取相关证据留存。

**（三）建立风险监控模型及系统，明确违约责任**

为防止商户、消费者套现、洗钱、欺诈，《中国人民银行关于规范支付创新业务的通知》和《条码支付业务规范（试行）》中均有规定收单机构应当结合小微商户的风险等级，动态调整其可受理的银行卡种类和交易限额，以同一个身份证件在同一家收单机构办理的全部小微商户受理信用卡的收款金额上限为日累计1000元、月累计1万元。

聚合支付公司可依据上述规定建立相应套现、洗钱、欺诈等方向的风险监控模型及系统，对接入商户及消费者进行信用评级细化其交易限额；对异常交易进行及时预警并通过预警及时反馈支付服务机构。并在与商户的合作协议中明确商户不得协助消费者套现，强化其违约责任，以约束商户的行为。一旦确定商户涉嫌经营套现、洗钱等违法行为，应立即停止接入并向支付机构报告。

**（四）进行真实、合理的广告宣传**

依据《中国人民银行关于规范支付创新业务的通知》（银发〔2017〕281号）规定，聚合支付公司不得通过任何传播媒体、宣传工具或者方式发布销售银行卡受理终端、条码支付受理终端或者收款码的广告；在推广业务时，应当围绕服务质量、安全保障等进行真实、合理的广告宣传；准确披露收单机构名称及联系方式，广告内容中不得使用或者变相使用“零扣率”“低扣率”“费率自由定义”“商户滚动切换”“一机多商户”“T+0”“D+0”“即时到账”“刷单”“套现”等涉嫌不正当竞争、误导消费者或者违法违规行为的文字。

## 五、结语

伴随着支付行业的迅猛发展，移动支付日臻成熟。将来随着国家监管层对于支付产业的全方面规范，聚合支付公司的发展将会迎来一个大的合规发展良机，聚合支付公司应提早做好自身风险防范设计和安排，为将来长足发展做好充分准备，面对监管部门的最新法令，也能及时修正合规控制，在发展中更加游刃有余。

# 区块链技术应用于版权保护的法律分析

彭明致[*] 张晓彤[**]

**摘要:** 区块链以其不可伪造、不可篡改、可追溯等特点在版权保护领域有着巨大优势。其中，时间戳存证技术、智能合约交易技术、联盟链等已经应用到了版权保护实践中。然而，这些技术仍存在着缺乏权威性、适用性低、监管难等问题。在未来，要使区块链技术更加适应于版权保护，可以引入官方机构的合作，让政府监督介入，并加强相应立法。

**关键词:** 区块链 版权保护 时间戳 智能合同 联盟链 BaaS DAPP

## 一、区块链技术的应用现状

2017年9月4日，七部委发布《关于防范代币发行融资风险的公告》否认了虚拟货币ICO（Initial Coin Offering，首次代币发行）在国内的合法地位，引起币圈哗然，区块链作为比特币基础技术的发展却没有因此受创，反而得到国家的大力支持。2018年5月20日，工业和信息化部信息中心发布《2018中国区块链产业发展白皮书》，开始探索和展望该技术在其他领域落地应用的可能性，并特别分析了区块链技术在版权保护与交易领域的发展动态。2018年8月10日，深圳率先开始运用区块链技术开具电子发票，拉开了区块链技术官方落地应用的序幕。

目前，区块链已经在金融、物流、跨境支付、医疗、版权保护等应用场景里开始了初步的发展。尤其是版权保护领域，由于长久以来都面临着举证难等许多问题亟待变革，有着不可伪造、不可篡改、可追溯等特点的区块链技术被寄予厚望。2017年8月18日，国内首个版权区块链联盟在北京成立，开始探索区块链技术应

---

* 彭明致，北京德恒（广州）律师事务所律师。

** 张晓彤，北京德恒（广州）律师事务所实习律师。

用于版权保护领域的实践。本文将就区块链技术应用于版权保护在法律上的适应性进行分析，探讨利用区块链技术对版权进行保护的发展趋势。

## 二、区块链技术存证的效力

要应用区块链技术于版权保护，首先要确认利用区块链技术存证的电子证据是否具有被法院承认的效力。2018 年 6 月 27 日，杭州互联网法院在（2018）浙 0192 民初 81 号网络传播侵权纠纷案的判决中首次确认了采用区块链技术存证的电子数据的法律效力，案件中，原告将侵权网页的 URL 通过 API 接口传输至保全网，由保全网对目标网页进行截图并产生操作日志，然后将截图、网页源码进行打包并计算其哈希值，同步上传至 FACTOM 区块链和比特币区块链中，抓取过程由司法鉴定中心予以确认。杭州互联网法院从存证平台的资质审查、侵权网页取证的技术手段可信度审查和区块链电子证据保存完整性审查三个方面进行分析，确认原告提交的电子数据可以作为本案认定侵权的依据，开启了区块链技术在司法中应用的先河。2018 年 9 月 6 日，最高人民法院发布《关于互联网法院审理案件若干问题的规定》，直接奠定了区块链技术往后在司法程序中的地位。该规定确认了经由电子签名、可信时间戳、哈希值校验、区块链等证据收集、固定和防篡改的技术手段认证的电子证据的效力，只要能够证明其真实性，互联网法院就应该承认此类电子证据。2018 年 9 月 18 日，杭州互联网法院上线全国首个电子证据平台，为区块链技术应用于版权保护提供了法律保障。可以预见，运用区块链技术对电子证据进行存证的实践将会越来越普遍，成为电子证据存证的主要方式之一。

## 三、区块链技术应用于版权保护的设想

将区块链技术应用到版权保护的设想提出是由区块链的各种核心技术的本质特征以及版权保护问题之特殊性所决定的。下面将介绍区块链可应用于版权保护的核心技术以及其应用于版权保护的积极意义。

### （一）区块链相关核心技术概述

区块链技术不是单一的一项技术，而是由包括共识机制、加密算法、分布式数据存储等多种计算机技术结合的一种新型综合性系统[①]。并且，在“区块链 + X 产

① 腾讯 Fit，腾讯研究院：《2017 腾讯区块链方案白皮书》。

业”的各产业革新过程中，为适应不同产业特点而创新或改进的技术不断出现，时间戳、智能合约、联盟链等就是在版权保护领域别具意义的区块链技术。

1. 时间戳

时间戳是指将待存数据的哈希值（Hash）绑定权威时间源，运用数字签名技术而生成的能证明数据完整性和产生时间的文件[①]。如果将时间戳和区块链结合起来，借助区块链分布式的存储方式，将时间戳文件挂载到区块链上，就能把区块链不可篡改等优势赋予时间戳，将数据信息产生的记录和时间永久地记录在链上。也就是说，时间戳能够有效地证明作品产生的时间。在区块链技术产生之前，时间戳就在司法实践中发挥了重要的时间证明作用，截至2018年8月31日，中国裁判文书网已收录与时间戳相关的案件2614个。在最高法院承认了时间戳作为电子证据效力的情形下，时间戳的作用更加不言而喻。

2. 智能合约

智能合约是一种公开透明的区块链计算机协议，是以信息化方式传播、验证或执行合同的计算机协议，能通过代码设定好的业务逻辑，按照触发条件执行而无须人为干预，具有合约制定的高时效性、合约维护的低成本性和合约执行的高准确性[②]。这些交易均可追踪且不可篡改。智能合约的履行无须法院、仲裁机构等权威的中间方监督，也不会出现合同双方不按合同条款履行的情况，使得在区块链上进行各种高效交易成为可能。目前智能合约已经在许多区块链项目中得到大量应用，如以太坊（Ethereum）[③] 的智能合约。据设想，任意的合约理论上能为任何交易类型和应用创建出来[④]，可适用的场景非常广泛，包括版权作品在互联网上的交易。

3. 联盟链

联盟链[⑤]是指若干个机构共同参与记账的区块链，即联盟成员之间通过对多中心的互信来达成共识。联盟链的数据的读写和发送交易都只允许系统内的成员节点进行，并且由各成员共同记录交易数据。[⑥] “去中心化”是公有链最重要的特征之

---

① 雷蕾：《从时间戳到区块链：网络著作权纠纷中电子存证的抗辩事由与司法审查》，载《出版广角》2018年第15期。

② 华为技术有限公司：《2018华为区块链白皮书》。

③ 以太坊由Vitalik Buterin创办，是一个开放的区块链平台，允许任何人在平台中建立和使用通过区块链技术运行的去中心化应用。

④ Buterin, V. Ethereum white paper［R］. Canada：2013.

⑤ 根据对分布式账本的控制和共享方式对区块链进行分类，目前的区块链部署模型可基本分为公有链、私有链两种，联盟链是一种私有链。

⑥ 工信部信息中心，起风财经区块链研究院：《2018中国区块链产业白皮书》。

一，然而在许多场景中完全去中心化并不现实。联盟链具有部分去中心化、可控性较强、数据不会默认公开、交易速度较公有链快等优点[①]。在联盟链中，联盟成员之间的私有链运用跨链技术[②]连接起来，既能在机构内部独立运行私有链，又能实现不同机构之间的数据信息分享交流，使得政府机构、社会组织、企业在不同产业达成合作成为可能。举个例子，音乐版权保护是现在最热门的话题之一，音乐平台之间如何共享版权是目前的一大难题，如果各音乐平台纷纷结成联盟，在链上共享版权，不仅为消费者带来便利，更为版权交易创造了畅通的交易环境。

### （二）区块链技术应用于版权保护的积极意义

1. 便于著作权人对作品进行确权

在著作权纠纷中，如何确权是最大的难题。著作权人往往会面临着无法证明自己的作品完成在先的问题。但如果将创作过程搬到区块链上，创作过程的证明问题就能迎刃而解。在区块链上，创作的每一步痕迹都会被记录，记录不可篡改、不可伪造，且每一步都有时间戳能证明其确切时间，当出现著作权纠纷时，存储在区块链中的信息就能作为电子证据以自证。

传统的版权登记一直存在手续烦琐、审批时间长、费用成本高等问题，后续维权取证的时间和金钱成本也高，特别是对于本身版权费较低的作品，著作权人甚至需要花费高于版权费的诉讼费用去维权，得不偿失。而目前我国原创作品的数量庞大、更新换代快，传统的版权登记已经难以满足版权保护的需要。在区块链上登记版权则有着效率高、成本低的优点，目标是做到“创作完成即确权”。区块链版权确权相当于为原创作品嵌入一个密码[③]，这个密码就是版权的认证，让版权人能凭着这个认证进行便捷的版权交易。

2. 促进版权交易市场发展

传统的知识产权交易受到时间、地域及行业限制，运营流程烦琐复杂，难以及时有效地对接供需双方[④]。在主流的设想中，引入区块链技术后进行版权交易时会自动生成一个智能合约，版权人与作品受众能直接达成价值交换，而不再需要出版商、中间商等牵头并从中赚取差价，减少了交易环节、降低了交易成本，使更多原

---

① 白茉司：《浅谈区块链（十八）：什么是联盟链》，https：//baijiahao. baidu. com/s? id = 1593514946010189611&wfr = spider&for = pc，最后访问于2018年8月31日。

② 跨链技术能够对不同区块链进行连接和扩展。参见高志豪：《连接不同区块链的跨链技术介绍》，https：//www. 8btc. com/article/110339，最后访问于2018年8月31日。

③ 马治国，刘慧：《区块链技术视角下的数字版权治理体系构建》，载《科技与法律》2018年第2期。

④ 孟奇勋，吴乙婕：《区块链视角下网络著作权交易的技术之道》，载《出版科学》2017年第6期。

创的作品获得平等的交易机会。只要有人需要使用这个作品，就必须通过智能合约支付版权费用，让版权人能毫无遗漏地实时收到应得的报酬，也让用户以最快速度获得该作品，极大地促进版权交易市场的活跃度。

3. 扩大盗版打击范围

现行数字版权保护机制中，各出版商通过自主研发的 DRM 技术实施版权保护[①]，不同出版商之间使用的 DRM 技术互不兼容，监测范围有限，无法彻底打击盗版，却为用户带来极大的不便。联盟链的出现解决了出版商标准不统一的问题。现在，国内首个由中国反侵权假冒创新战略联盟（CAASA）指导、13 家知名企业和行业人士联合发起的版权区块链联盟已经成立。联盟链的成员能够通过链上的版权信息互通，扩大盗版的监测打击范围，一旦发现盗版行为，就能通过联盟内的合作追究盗版者的责任，及时为版权人挽回损失。

## 四、区块链技术应用于版权保护待解决的法律问题

### （一）区块链不能判断作品是否具有“独创性”

即使能够根据时间戳所显示的创作时间判断作品完成的先后，区块链技术依然未能对作品是否具有“独创性”作出评价。区块链技术借助哈希算法，使每个作品对应一个确定的哈希值，对作品的任何轻微修改上传后将会得到一个新的哈希值。[②] 也就是说，并不是具有“独创性”的作品才能得到新的哈希值。只要上传的内容与先前链上储存的作品并不完全一致，系统就会自动给予一个新的认证。凭着认证，抄袭的作品就可以以打着“原创”的旗号在区块链上进行传播与交易，极大地损害了原著作权人的权利。而且，即便在区块链上的数据信息均为真实，在这些信息上链前的情况是无法了解到的，这就给了侵权人造假的空间。根据我国《著作权法》，中国公民、法人或者其他组织的作品不论是否发表，均享有著作权，版权登记是自愿的，不是著作权产生的条件，而更多是起到公示的作用。如果区块链无法判断作品是否具有“独创性”，其认证就缺乏公示效力，不能替代传统的版权登记。因此，以目前的技术权威的结果仍须由人力判断，版权的认定很难通过区块链技术快速解决。

### （二）智能合约不适用于复杂交易

智能合约是一种事先编好的代码，可以自动触发并操作，减少在实施中人为的

① 李晶晶，王志刚：《区块链技术推动下的数字版权保护》，载《青年记者》2018 年第 6 期。

② 贾引狮：《基于区块链技术的网络版权交易问题研究》，载《科技与出版》2018 年第 7 期。

差错和违约，然而预设的合同难免就会沦为格式合同。例如，用户下载一首付费音乐或一本付费小说，通过预设的智能合同，用户支付版权费用后系统就会自动执行使用户获得该音乐或小说，但这种交易模式就压缩了用户对合同提出异议的空间。理论上说智能合同很容易就能达成明码标价的等价交易，但现实中的版权交易和合作形式不可能是千篇一律的，很多合同条款并不能依靠区块链技术自动执行达成。如果仅依靠有限的智能合约完成版权交易，就会严重破坏版权交易的多样性，不利于版权市场交易的活力。

另外，智能合约一般为计算机语言，如果要方便交易主体了解交易内容，就必然需要将计算机语言翻译为自然语言。智能合约是可以根据交易主体的意愿进行修改的。要变更合约条款，就需要参与方共同签署新的合约，对旧合约进行升级或清理[①]。在修改合同的过程中，必然也有自然语言和计算机语言互相转化的一个步骤。可是自然语言都不可避免会产生歧义问题，即使代码的执行不会出现差错，代码在转换成自然语言时也会引起理解的误差，这就无法达到智能、自动、准确执行的目标。因此，智能合同并不适用于复杂的版权交易，只能解决零散、微小作品的简单交易。

**（三）区块链上的版权交易难以监管**

去中心化、数据公开化是区块链最具价值的特征，但也是区块链隐患之所在。

一方面，由于去中心化，区块链没有一个统筹、监管的中心机构，智能合约的自动执行避开了司法机关等第三方的监督，侵权人就能利用这一点实施侵权行为。而且，由于区块链上的信息是分布储存在不同节点上的，如果发生侵权，法律责任如何厘定，判决如何强制执行，都是需要讨论的问题。

另一方面，区块链的数据公开和版权保护、用户隐私保护存在着天然冲突。为了促进作品的传播及交易，作品通常会摘取部分主旨甚至展示整个作品以吸引版权买家。但在公开的过程中，愿意付费的用户就会减少，作品也很容易遭到剽窃。另外，在区块链网络上产生的所有交易都是公开和透明管理的。所有交易的发生时间、交易双方、交易结果，都是公开可查询、可追踪的。用户的消费偏好暴露无遗，这就对用户的隐私产生巨大的威胁。

---

① 华为技术有限公司：《2018 华为区块链白皮书》。

## 五、对区块链技术应用于版权保护的法律建议

### （一）与政府合作发展 BaaS 平台

虽然去中心化是区块链的核心意义，但唯有引入官方合作才能解决区块链版权登记权威性的问题。据此可以参考区块链电子发票的体系设计，由深圳市税务局主导、腾讯提供底层技术，一方面可以完善官方的监管流程，另一方面可以利用企业开发的区块链 BaaS 底层应用便利用户接入。BaaS（Blockchain as a Service，区块链即服务）通常是一个基于云服务的企业级的区块链开放平台①，不同企业有不同的架构设计方案及服务目标，如腾讯建立的 TBaaS（Tencent Blockchian as a Service）开放平台、华为建设的 BCS（Blockchain Service）区块链云技术平台，这些 BaaS 能够为版权登记提供区块链技术平台。国家版权局、中国版权保护中心可以与这些企业合作开发 BaaS 平台，将官方版权登记搬到区块链上，就能利用区块链上的记录大大缩短审核时间，降低官方版权登记成本。

### （二）引入权威机构合作加强公信力

引入官方版权登记虽能保证权威性，但并不能将区块链及时确权的优势发挥到最大，因为有些作品时效性更强，如新闻作品，则需要更及时的版权存证。因此，区块链平台可以引入权威机构合作，如公证处，在保证快速确权的同时增强证明力度。目前有不少区块链信息服务提供者，如版权家就已采取了这种做法，其版权存证时间取自国家授时中心的授时时间，缩略了审核的过程，做到了立即确权，并在版权区块链联盟网站上进行公示，并直接由公证处对该版权信息的存证结果进行公证。② 这样的版权保护设计，既能保证确权时效性，又提高了版权存证信息的公信力，具有极强的可操作性。

### （三）规制 DAPP 应用的开发

智能合约只是一种计算机代码，要提供普通人可触及的区块链应用，还要大力开发能够用于版权交易的 DAPP（Decentralized Application，去中心化应用程序）。DAPP 是底层区块链平台上衍生的各种分布式应用，也是区块链世界中的基础服务

---

① 工信部信息中心，起风财经区块链研究院：《2018 中国区块链产业白皮书》。

② 中国证券报：《安妮股份版权业务引进区块链技术》，http：//finance.eastmoney.com/news/1349，20171103798217035.html，最后访问于 2018 年 8 月 31 日。

提供方[1]。如果政府监管从 DAPP 应用开发阶段开始介入，将禁止性的法律规则直接转化为智能合约中的强制性代码，就有可能实现对智能合约的监管。

**（四）加快完善相关法律法规**

应加快相关的立法脚步，让区块链上的版权交易有法可依。国家互联网信息办公室于 2019 年 1 月 10 日发布了《区块链信息服务管理规定》，规定了区块链信息服务提供者即提供区块链信息服务的主体、节点和为区块链信息服务主体提供技术支持的机构、组织的相关责任。但是，该管理规定并没有明确划分平台管理人、节点管理人、DAPP 开发者、用户等活动主体各自的行为应承担的相应责任，应广泛收集社会建议，尽快细化该管理规定。并且，要强制要求区块链信息服务提供者为用户提供选择是否公开、公开多少个人信息的功能设计，保障用户的隐私，严格控制好用户隐私权与区块链公开性之间的平衡。

---

① 何玺：《DAPP（分布式应用），区块链新物种，程序员掘金新风口!》，https://baijiahao.baidu.com/s? id = 1593069693690800933&wfr = spider&for = pc，最后访问于 2018 年 8 月 31 日。

# 区块链之价值应用场景构想

谢小海*

**摘要**：区块链技术的出现和发展对社会的影响是深远的。比特币只是这种信息技术架构的最初载体，十多年来，区块链技术应用不断丰富。我国对区块链技术高度重视，随着更多的资源投入和创新实践，区块链极有可能在我国首先从工具型应用过渡到价值应用领域。

**关键词**：区块链　工具型应用　价值符号　智能资产　法律

区块链技术在近几年备受关注，伴随着比特币的交易价格一度达到2万美元，整个币圈也曾以星火燎原之势蔓延到了互联网的每个角落，各种以“链”为名的项目、币或通证让市场应接不暇。目前，区块链的应用主要还是停留在数字游戏或资金游戏层面，几乎没有与价值创造有关的应用产生。公众普遍的认识是，区块链技术应用前景广阔但尚未成熟。那么，成熟的区块链技术应该是什么样的？本文试图从价值层面构想区块链的应用场景，探索区块链的发展方向。

## 一、区块链概况

区块链，是一种“区块+链”的去中心化、分布式数据库记账技术，本质上是一种互联网共识协议，分布式记账、分布式传播、分布式存储、防篡改（可溯源）是其主要特征。这项技术最先应用于比特币，或者说比特币创建了区块链这种技术方式。

区块链的核心意义在于信任机制的创新，以数学方法重新定义了信用的生成方式：参与者无须了解其他人的背景资料，也不需要借助第三方机构的信用背书，直接对交易进行记录、传输、存储，而最后的结果一定是可信的。分布式同步记账、

* 谢小海，广东伯方律师事务所律师。

点对点传输、加密算法、时间戳等技术手段，目的都是解决一个可信任的问题，都是为建立信任机制服务的。所以，区块链的信任机制是对可信规则的共同信任，也是对客观信息技术的信任。

按区块链的开放程度，可分为公有链、联盟链和私有链三种。

### （一）公有链

公有链是完全开放的，全世界任何人都可读取、任何人都能发送交易且交易能获得有效确认、任何人都能参与其共识过程的区块链，比特币和以太坊是最早的区块链，也是目前应用最广泛的区块链。公有链通常被认为是“完全去中心化”的。

### （二）联盟链

联盟链将参与人限定在成员内部，联盟一般指定多个节点为记账人，每条交易记录生成由所有指定为记账人的节点共同决定，联盟内其他非记账人节点可以参与交易，也可以通过区块链内开放的 API 进行限定性查询，但不干涉记账过程。联盟链是“部分去中心化”的。

### （三）私有链

私有链是指其写入权限仅在一个组织或机构手里的区块链，读取权限或者对外开放，或者被任意程度地进行了限制。许多人认为私有链不是区块链，而是已经存在的分布式账本技术。

## 二、区块链在非虚拟币领域的应用

除了“红红火火”的币圈，区块链在传统金融领域开启了创新性应用探索。R3CEVCorda 平台是比较有代表性的联盟链项目。R3CEV 是一家总部位于纽约的区块链创业公司。2016 年 4 月，R3 联盟推出了 Corda 项目，这是一个专门为银行准备的分布式金融解决方案。Corda 是一个区块链平台，可以用来管理和同步各个组织机构之间的协议。R3 区块链联盟，至今已吸引了几十家巨头银行的参与，其中包括富国银行、美国银行、纽约梅隆银行、花旗银行、中国平安银行等。

2017 年年初，中国人民银行支持的基于区块链技术的数字票据交易平台测试成功，意味着区块链技术或许将为我国开启一种全新的货币和支付体系架构。

2015 年 12 月 31 日，纳斯达克启动了其区块链产品 Nasdaq Linq 平台，完成了面向个人投资者的股票发行。Nasdaq Linq 平台是一个典型的私有链，也是区块链在证券市场应用的范例。

在商业应用领域，深圳前海微众银行股份有限公司、上海万向区块链股份公司、矩阵元技术（深圳）有限公司三方共同开发的BCOS平台，聚焦于企业级商业服务，满足各行业的用户构建商用区块链的需求。

早在2016年12月，区块链技术就首次被列入我国信息化规划①，该规划指出："物联网、云计算、大数据、人工智能、机器深度学习、区块链、生物基因工程等新技术驱动网络空间从人人互联向万物互联演进，数字化、网络化、智能化服务将无处不在。"可见，区块链作为一种新兴技术，在国家战略层面得到重视，必将对社会发展产生重大影响。

## 三、区块链之价值应用场景

无论是作为虚拟价值符号的比特币应用，还是银行业务、证券发行、征信管理、产权交易、保险业务，以及电子发票应用，区块链目前仍停留在工具型应用层面，还没有进入价值本身。所谓工具型应用，是指把区块链作为一种技术性工具来实现某种交易或管理目的，其本身与社会价值的创造并不直接相关。但是，区块链天然的信用机制，完全有可能进入价值评价体系即区块链本身成为价值载体，创造一个全新的价值世界。

### （一）价值与货币

从传统经济学来看，货币是价值尺度。我们也可以理解为，货币是抽象价值的客观符号。无论作为价值尺度还是价值符号，货币与价值应该是等量的。既然货币不是价值本身，那价值究竟是什么呢？笔者认为，价值是以人的需求和认知为要素的一个概念。全社会所有人的需求，以及对需求的满足，构成整个价值。认知水平的提升刺激需求增长，同时也提升了满足需求的能力，因此与价值体密切相关。

按价值与货币的对等关系，价值体越大，货币总量也越大。从这个角度来说，比特币并不适合价值应用场景。因为比特币数量是恒定的（2100万个），而价值创造是不断增量的，比特币与价值之间无法进行动态匹配，意味着前期拥有比特币的人无须进行价值创造却可获得超额的价值尺度，不符合公平原则。

实际上，比特币本身作为代码并不包含价值（矿工挖矿仅代表区块链技术运作上的价值），其价格是炒作和法定货币添附的结果。如果不是比特币通过特定渠道可以兑换法定货币，"矿工"挖出的一串代码不知道对社会究竟有什么现实意义。但是，从技术层面来看，挖矿是有意义的，最起码是对区块链技术的一个验证过程。

---

① 国务院《"十三五"国家信息化规划》，于2016年12月15日发布。

### （二）智能资产

现行的法定货币理论上和价值是等量的，但因受各种客观因素（比如贸易关系、汇率等）、甚至人为控制的影响，往往会存在一定的扭曲现象，即所谓的资产泡沫。所以，很多时候商品的价格并不是其价值的反映。换言之，以货币计价的资产形式可能与价值本身并不相匹配。如果我们把以货币计价的资产形式叫作货币资产，那不妨把锚定在区块链上的价值叫作智能资产。

智能资产是如何形成的呢？原理和货币资产是一样的，都是人的创造性活动（可能超出了传统意义上的劳动范畴）的结果，这种结果能满足人的某种需求（满足社会的需求即满足人的需求）或者能提升人的认知，即为价值。智能资产和货币资产的区别表现在：记录方式不同，计量单位不同，存在方式也不同。

智能资产由区块链进行记录。每一个人都是智能资产区块链的一个节点，都可以参与记录。人创造价值是从出生开始的，出生时即满足了人类繁衍的需求，因此是有价值的。人生来平等，所有人“出生”的价值是一样的。除了这个价值点之外，其他所有的价值点所反映在区块链上的智能资产数量是不一样的，每一个人都不一样。比如婴儿消耗的生活用品不一样，他（她）为社会经济活动的贡献值也不一样。后来的成长，以及参与社会生产所创造的价值，都是因人而异的。对于不同人的不同价值，如何进行量化记录呢？记录方法和评价标准并不是由某个中心化的机构来决定，而是由所有节点的记账人通过某种算法达成共识，每个人的智能资产值都是按共识下的规则而进行的客观记录，不受记账人个体主观因素的影响。

为了使智能资产与货币资产相区别，计量单位不宜采用类似于货币的单位。由于个人价值对于社会的发展进步体现为一种能量，或者说是一种创造力，因此用一个表达力量元素的词比较合适。

智能资产并不存在于现实生活中，只存在于区块链虚拟世界，不会对现实中的法定货币体系造成冲击。

### （三）智能资产与货币资产的转化

智能资产虽然是在区块链虚拟世界记录的虚拟资产，但它反映的价值却是客观存在的，因此，智能资产应当对人的现实生活产生实际影响，否则便没有存在的意义。不但智能资产需要和现实发生关联，而且未来也有可能把物理世界跟人的关联关系纳入整个区块链生态体系里面来，从而形成现实与虚拟的完整镜像。

智能资产和现实发生关联最直接的方式就是进行货币资产的转化。这也是区块链价值应用的现实意义所在。智能资产是共识机制下社会价值体的表现形式，而货币资产是国家管理体系下的社会价值体的另外一种表现形式，二者的内涵一致，理论上应该可以互相转化。在转化的机制上，不会像汇率一样只是一个简单的比例，而是也会形成一套算法，这套算法也是在共识机制下产生的，根据不同的智能资产值在不同的转化条件下兑换不同的货币资产。

下面通过一个见义勇为的例子，看看在区块链智能资产模式下是如何对其进行奖励的，以此说明智能资产如何转化成货币资产。传统方式上，如果对一个见义勇为的人进行奖励，实际上是由某个人（最多几个人）决定的，奖励的额度要么靠个人的主观意志，要么靠某种明文规定。但是，无论如何，这个奖励都很有可能和见义勇为这个行为的社会价值是不相当的，而且相同的行为可能得到的奖励并不相同。

区块链智能资产却可以解决奖励与价值不相当的问题。对于一个见义勇为的行为，到底有多大的社会价值，区块链中的节点会根据算法得出一个结果，这个算法会参考类似的行为、类似的价值评价以及各个节点的独立判断，甚至社会的经济发展水平等综合因素，总之可以得出一个普遍认为合适的价值量。这个价值量是见义勇为者在区块链世界的智能资产，完全基于区块链信任机制产生，是社会共识下的价值当量，是不偏不倚的。

这个见义勇为的价值当量确定后，再根据另一套算法兑换成货币资产，也就是给到见义勇为者的奖金。这套算法考虑的因素可能包括现实的给付能力，如果当时给付能力不足，则会部分兑换，仍然保留一部分智能资产往后再进行兑换。总之，见义勇为者最后得到的奖励一定会符合全社会的价值判断标准。

## 四、区块链价值应用场景下的法律思考

区块链技术，由于其去中心化的天性以及毋庸置疑的信任机制，蕴含了无限的创新可能，社会生产很有可能在这种技术的支撑下得以真正实现社会化大协同，新的业态、新的组织将不断出现在我们的视野中。而法律，往往是滞后的。2017 年 2 月，阿尔斯特大学在推出其法律创新中心的发布会上，提到这样一个观点：律师的作用不是扼杀创新，而是加快创新，并确保新发明的道路不会陷入法律滞后之中。所以，本文虽然只是畅想一下区块链的价值应用场景，但也希望由此对走向数字化生活过程中的法律规制问题做些思考：

1. 对区块链下形成的价值确认结果——智能资产的财产属性如何认定？如果作为法律上的财产看待，是否予以与实体财产同等的保护？现行法律对游戏类虚拟财产采保护原则，这类财产往往是通过现金投入而获得的财产，法律予以保护有一

定的现实基础。而智能资产却可能没有任何现实财产性投入，只是社会大众对某种行为、能力或资质的评价。

2. 是否允许智能资产进行交易？智能资产在生成过程中具有明显的个人属性，即与身份有关，如上述举例的见义勇为者，他的智能资产是否只能由他专属，还是可以转让？假设所有的智能资产可以自由转让，法定货币可以在其中起到一个什么样的角色？

未来已来，新事物的变化更迭越来越快，如何让法律适应技术创新发展的新需求，是包括立法者在内的所有法律人所面临的重大挑战。

# 网贷平台存管银行的法定义务初探

朱青山*

**摘要：**银行存管是监管部门在2017年2月针对网贷平台提出的一项具体措施，银行存管实施后，在防范网贷平台设立资金池、挪用用户资金上起到了良好作用，并成为判断网贷平台是否合规的基本标准之一。但是，实践中对于存管银行的义务存在一定的模糊，本文试图通过对此进行一定的分析，并对银行存管未来的发展方向提出自己的建议。

**关键词：**存管银行　法定义务　建议

2017年2月，原中国银监会发布《关于印发网络借贷资金存管业务指引的通知》（以下简称《指引》），根据其规定，所谓“网贷机构资金银行存管”是指按照监管要求，网贷机构需对客户资金、网贷机构的自身资金分账管理，由银行业金融机构对客户资金实行第三方存管，防止网贷机构随意挪用客户资金。

2017年12月8日，中国互联网金融协会下发《互联网金融个体网络借贷资金存管业务规范》（以下简称《业务规范》）、《互联网金融个体网络借贷资金存管系统规范》（以下简称《系统规范》）团体公告，除对借款人、出借人、担保人、存管标准等进行了规范定义外，还要求独立开设子账户，实现了资金进出清晰明了。上述《指引》《业务规范》《系统规范》颁布后，银行存管成为P2P平台合规的重要指标之一，越来越多的平台上线银行存管系统。据网贷之家研究中心不完全统计，截至2018年5月18日，已有广东华兴银行、江西银行、上海银行和新网银行等58家银行布局P2P网贷平台资金直接存管业务，全国共有857家正常运营的网贷平台上线银行资金存管系统，占正常运营平台的56.27%。然而，上线银行存管的平台并不代表其安全性。2018年以后，多家已经上线银行存管的平台出现问题，其中不乏善林金融、牛板金等规模较大的平台，由此引发社会各界对存管银行作用

---

* 朱青山，广东瀛真律师事务所高级合伙人。

及其法定义务的深刻反思。

监管部门设置银行存管的初衷是为了避免平台进行资金池、自融等非法行为，保护投资人资金安全。为了厘清存管银行与网贷平台之间的法律责任，《业务规范》在“资金存管业务规则”部分规定：“商业银行作为存管人开展网贷资金存管业务，不视为对网贷交易行为提供的保证或担保，存管人不承担借贷违约责任。”又在“风险控制”部分规定：“存管人应建立委托人负面舆情信息监测机制，及时掌握委托人运营平台运行状况。当发现委托人运营平台出现超限额等违法违规的情况时，存管人应及时向监管部门报告。”在“监管报送”部分规定：“存管人应承诺，网贷资金存管系统预留与监管部门和中国互联网金融协会的各类系统对接的数据接口，并开放满足监管要求的数据字段，符合非现场监管标准。”由此可见，存管银行虽然不承担借贷违约责任，但是对于存管银行而言，与网贷平台的合作不但有“资金存储”的部分，而且还有“行为管理”的部分。如果存管银行对于网贷平台违规操作不尽职尽责予以管理，或者明知道网贷平台存在违约责任却不提前报送监管部门，依然需要承担相应的法律责任。

## 一、存管银行的法定义务

### （一）存管银行应当将网贷各方当事人的资金通过分别设立子账户的方式进行管理

鉴于网贷行为的复制性，网贷行为可能涉及借款人、出借人、担保人等多方主体。同时，网贷平台还有自己的自有资金。如果存管银行在为网贷平台办理存管时，虽然设立了资金存管汇总账户，但是在该账户下未设立子账户，不能区分借款人、出借人、担保人以及网贷平台各自的资金，则银行流水只能证明借款人出借资金进入资金汇总账号，至于资金汇总账号中划出给借款人的款项是否为出借人所为，由于没有出借人子账号的存在，缺少进一步的资金流水证明，对此行为存在证据缺失，一旦出现借款人违约的情况，借款人将面临举证不明的风险。对于借款人的还款、担保人代偿行为的证明存在同样的问题。此外，与网贷平台资金的混同还为网贷平台挪用出借人资金提供了便利，与设立存管的初衷相矛盾。

### （二）存管账户需要通过远程开户的方式实现，因此存管银行应当以身份验证的方式确保实名开户

鉴于网贷行为具有跨地域性、随时性的特点，出借人、借款人可能在 24 小时内随时在网贷平台上注册，实施网贷行为。由于用户分散在各地，存管银行面对的

实际上是随时提出的远程开户请求，存管银行有责任对提出开户请求的用户信息进行认证，确定其信息属实，以排除虚假信息，防止出借人资金被骗取。目前市场上任何首笔支付认证（first payment authentication）：包括两种方式，第一种是存管人告知客户一个小额的随机金额，客户将该随机金额从其拟绑定的银行卡或银行账户转入存管人指定的账户，存管人验证来账金额与指定的随机金额一致、来账银行卡户名和卡号与客户在存管系统登记的姓名和拟绑定的银行卡号一致，即为认证通过。其中，随机金额属于客户所有。第二种是存管人给客户拟绑定银行卡或银行账户转入随机金额，客户回填金额数值，存管人验证来账金额与制定随机金额一致，即为认证通过；三码认证（three factor authentication）：客户姓名 + 身份证号（或护照号等其他有效身份证件号码）+ 银行卡号。存管人将三码信息发送到发卡行，验证该信息与客户在发卡行开卡时预留的信息一致，即为三码认证通过；四码认证（four factor authentication）：三码 + 银行卡预留手机号。存管人将四码信息发送到发卡行，验证该信息与客户在发卡行开卡时预留的信息一致，同时存管人通过向客户银行卡预留手机号发送验证码等方式验证客户手机可用，即为四码认证通过；五码认证（five factor authentication）：四码 + 银行卡交易密码。存管人将五码信息发送到发卡行，验证该信息与客户在发卡行开卡时预留的信息一致，同时存管人通过向客户银行卡预留手机号发送验证码等方式验证客户手机可用，即为五码认证通过。存管银行应至少采取其中的一种方式保证对用户的身份信息的验证。

### （三）加强对网贷平台违规行为的日常监管

网贷平台实现资金存管后，所有资金流水都要求经过存管银行账户。存管银行可以知晓网贷平台对于收取利率是否超过国家规定标准，对于收取高额利率（年化利率超过36%）或者以手续费、服务费等名义实际收取的费用超过年化36%的行为，存管银行有责任将相关情况上报监管部门。

此外，2016年8月17日颁布实施的《网络借贷信息中介机构业务活动管理暂行办法》第十七条规定："……同一自然人在同一网络借贷信息中介机构平台的借款余额上限不超过人民币20万元；同一法人或其他组织在同一网络借贷信息中介机构平台的借款余额上限不超过人民币100万元；同一自然人在不同网络借贷信息中介机构平台借款总余额不超过人民币100万元；同一法人或其他组织在不同网络借贷信息中介机构平台借款总余额不超过人民币500万元。"存管银行应支持借款余额限制等监管要求，监控单笔、单个标的借款金额；同一借款人在同一网络借贷信息中介机构平台的借款余额不超过累计限额，或定期监控同一借款人在同一网络借贷信息中介机构平台的借款余额上限。如有超出，存管人应及时报送相应监管部门。

### （四）向监管部门提供资金交易数据，解决平台数据造假问题

银监会《网络借贷信息中介机构业务活动信息披露指引》要求网贷平台必须在中国互金协会官网、网贷平台、客户端、微信公众号等公布运营数据，但是，这个数据由网贷平台自己提供，完全可以造假。而存管银行掌握网贷平台的全部交易数据，如果存管银行在网贷资金存管系统预留与监管部门的各类系统对接的数据接口，并开放满足监管要求的数据字段，支持监管部门的非现场监管，将极大地避免平台数据造假的行为。监管部门一旦发现网贷平台出现违规行为，可以立即采取处罚措施，防止风险扩散。

## 二、对银行存管措施的几点建议

### （一）加强对网贷平台自融标的监管审查

从监管的角度来说，虽然资金存管的实施为实现平台与出借人、借款人的资金隔离创造了条件，且资金存管已经成为判断网贷平台是否合规的基本标准之一，但多宗涉嫌自融的网贷平台在上线银行存管后陆续“爆雷”的事实提醒我们，银行存管在防止自融、保护投资者资金安全方面尚待加强。

为此，笔者认为银行存管系统应当逐步向穿透式监管的方向发展。目前银行的存管查询功能，可以查询提现、充值和存管账户的余额情况，但大多数不支持投资去向查询。如果银行的存管系统增加资金去向查询功能，或许可以识别自融的假标的，增加存管资金的透明化。这样可以促进企业改进，加强信息披露，实现穿透式监管。

### （二）实现业务及资金全存管

目前银行存管强调更多的是对网贷平台资金的存管，对于网贷平台的借款业务较少干预。笔者认为，由于信息不对称的原因，网贷平台的出借人往往难以获得全面、有效的借款项目信息，为部分网贷平台发布虚假借款标提供了机会。因此，存管银行不但要强调网贷平台资金全存管，在开户、银行卡或银行账户操作、资金管理（充值、投资、提现、还款/代偿、缴费）、账务核对等环节加强全流程资金管控，保证分账管理，保护投资者资金安全，更要实现对网贷平台的业务全存管，要求网贷平台对借款项目的背景、借款用途、信用情况如实上报给存管银行，存管银行可予以核查，一旦发现不真实，可立即向监管部门报告，以控制、防范风险。

## 三、结语

银行存管的实施，使得用户所有资金均保存在存管银行系统的账户体系内，由存管银行对资金进行存管，真正做到资金和交易分开。用户需要单独设立交易密码保障账户安全，账户信息由存管银行管理，存管银行根据平台用户发出的指令进行资金划转。银行存管对于防止网贷平台设立资金池，直接接触平台用户的资金具有重大作用。未来，银行存管在直接监管网贷平台资金及流向的过程中，加强对项目信息、逾期率、坏账率等平台数据的掌控，及时向监管部门通报，有望扫除监管盲点，为网贷平台的健康发展保驾护航。

# 微信红包的诱惑

## ——网络开设赌场罪的法律分析

孙冰峰* 彭 礼**

**摘要：**以营利为目的，建立微信群，以微信红包作为赌博工具，据此制定相应规则来获利，已符合刑法规定的“开设赌场”行为。本文梳理了对网络开设赌场行为的相关规定的演变过程，并结合最高法公布的指导案例，对互联网背景下微信红包可能涉及的网络开设赌场行为进行分析。

**关键词：**微信红包 开设赌场罪 网络犯罪

“麻将”“扑克”“老虎机”“骰子”“牌九”“百家乐”……在文化发展与历史变迁的长河中，“赌”文化给人的印象尽管是消极的，但从来不曾消失，一直在角落中蓄势待发。随着互联网技术的迅速发展，在事事皆可“互联网+”的时代，依托于互联网的交互性以及信息交流的高速频率，赌博也有了新的风貌，赌场根植于新的土壤，并借助互联网成本低、扩张迅速、隐蔽性高的特点获得生命力，产生更大、更广的影响。

## 一、网络开设赌场罪的前世今生

在我国刑法的发展过程中，开设赌场行为的入罪时间相对而言较为短暂。1979年刑法并没有对开设赌场的犯罪进行具体的规定，而仅规定了赌博罪，其中也仅包含以赌博为业和聚众赌博的情形。1997 年刑法考虑到了司法实务中大量存在的开

* 孙冰峰，广州金鹏律师事务所律师。

** 彭礼，广州金鹏律师事务所律师。

设赌场难以定罪量刑的情况，明确将“开设赌场”行为纳入赌博罪中加以规制。

到20世纪末21世纪初，伴随着互联网开始进入我国并初步发展以来，网络赌场的犯罪行为开始出现，其社会危害性程度也开始显现。为了解决我国存在的各地对赌博罪定罪量刑标准不统一以及司法实践中新出现的网络赌博、非法博彩和假借赌博行贿受贿等问题，2005年5月，最高人民法院、最高人民检察院联合发布《关于办理赌博刑事案件具体应用法律若干问题的解释》，其中第二条对网络开设赌场的行为作出了明确的界定，即以营利为目的，在计算机网络上建立赌博网站，或者为赌博网站担任代理，接受投注的，属于《刑法》第三百零三条规定的“开设赌场”。2006年《刑法修正案（六）》考虑到开设赌场行为的社会危害性日益增大，且与一般的赌博犯罪行为相比具有更强的危害性，需要从重打击，立法者决定将开设赌场行为从赌博罪中脱离出来，设置独立的罪名，适用独立的法定刑。随着时间的推移，互联网发展的速度越发迅猛，网络上出现了各种各样的赌博形式，在网络开设赌场的方法也层出不穷，其造成的损失和对社会秩序的侵害越发引起重视。为了遏制这种危害趋势，2010年最高人民法院、最高人民检察院、公安部针对网络赌博犯罪的定性进行更进一步的刑法适用阐述，联合发布《关于办理网络赌博犯罪案件适用法律若干问题的意见》，首次全面、具体地为司法实践中办理网络赌博犯罪案件作出了指引。

## 二、目前我国对网络开设赌场罪的相关规定

### （一）《刑法》

第三百零三条：以营利为目的，聚众赌博或者以赌博为业的，处三年以下有期徒刑、拘役或者管制，并处罚金。

开设赌场的，处三年以下有期徒刑、拘役或者管制，并处罚金；情节严重的，处三年以上十年以下有期徒刑，并处罚金。

### （二）《关于办理网络赌博犯罪案件适用法律若干问题的意见》

第一条：利用互联网、移动通讯终端等传输赌博视频、数据，组织赌博活动，具有下列情形之一的，属于刑法第三百零三条第二款规定的“开设赌场”行为：1. 建立赌博网站并接受投注的；2. 建立赌博网站并提供给他人组织赌博的；3. 为赌博网站担任代理并接受投注的；4. 参与赌博网站利润分成的。

实施前款规定的行为，具有下列情形之一的，应当认定为刑法第三百零三条第二款规定的“情节严重”：1. 抽头渔利数额累计达到三万元以上的；2. 赌资数额累

计达到三十万元以上的；3. 参赌人数累计达到一百二十人以上的；4. 建立赌博网站后通过提供给他人组织赌博，违法所得数额在三万元以上的；5. 参与赌博网站利润分成，违法所得数额在三万元以上的；6. 为赌博网站招募下级代理，由下级代理接受投注的；7. 招揽未成年人参与网络赌博的；8. 其他情节严重的情形。

除此之外，该意见对于共同犯罪的认定和处罚、参赌人数、赌资数额和网站代理的认定均作了较为全面具体的规定。

## 三、“小赌怡情、大赌伤身”——开设赌场无小赌

2007 年 9 月，号称新中国以来最大的赌博案开庭审理，犯罪人通过设立赌博网站，招募各级代理，扩展会员和赌博规模，最终涉案金额高达 58 亿元。2009 年 6 月，湖北警方又破获了一起特大网络赌博案，该网络赌博案的涉赌人员近万人，总涉案赌资达 200 多亿元。2015 年，湖南省岳阳市公安机关在一场打击地下“六合彩”的治安行动中，循线追击，精准研判，摸出一起网络赌博大案。涉案人员依托香港“六合彩”和国内“时时彩”等彩票平台的开奖周期，先后开发建立了 500 多个赌博网站，国内发展参赌会员近 100 万人，仅查获的网站之一，从 2013 年至 2015 年 6 月，揽金就高达 5 亿元。

2010 年《关于办理网络赌博犯罪案件适用法律若干问题的意见》的出台，扩大了网络开设赌场犯罪行为和共犯行为的认定范围，但并未能阻止网络开设赌场犯罪危害的继续扩张。[①] 随着网络的使用频率和渗透至生活各方面的速度越发加快，不法分子为了规避法律，通过各种形式给开设赌场披上合法外衣，“微信”难以避免地成为新的网络赌场聚集地。

## 四、小心“微信红包”

### （一）最高人民法院 2018 年指导案例 105 号——洪某强、洪某沃、洪某泉、李某荣开设赌场案

被告人以一出租房为据点，运用智能手机、电脑等设备建立微信群拉拢赌客进行网络赌博。各自分工合作，或负责幕后管理，或负责财务、维护赌博软件或负责

① 于志刚：《网络开设赌场犯罪的规律分析与制裁思路——基于 100 个随机案例的分析和思索》，载《法学》2015 年第 3 期。

后勤、处理与赌客的纠纷。参赌人员加入微信群，通过微信或支付宝将赌资转至庄家后，根据竞猜游戏网站的开奖结果，以押大小、单双等方式在群内投注赌博。该赌博群24小时运转，每局参赌人员数十人，每日赌注累计达数十万元。截至案发时，该团伙共接受赌资累计达3237300元。

江西省赣州市章贡区人民法院于2017年3月27日判决被告人构成开设赌场罪。法院认为，被告人以营利为目的，通过邀请人员加入微信群的方式招揽赌客，根据竞猜游戏网站的开奖结果，以押大小、单双等方式进行赌博，并利用微信群进行控制管理，在一段时间内持续组织网络赌博活动的行为，属于刑法第三百零三条第二款规定的"开设赌场"。被告人开设和经营赌场，共接受赌资累计达3237300元，应认定为刑法第三百零三条第二款规定的"情节严重"，其行为均已构成开设赌场罪。

**（二）最高人民法院2018年指导案例106号——谢某军、高某、高某樵、杨某彬开设赌场案**

向某伙同被告人，以营利为目的，邀请他人加入其建立的微信群，组织他人在微信群里采用抢红包的方式进行赌博。期间，各被告人分别帮助向某在赌博红包群内代发红包，并根据发出赌博红包的个数，从抽头款中分得好处费。浙江省杭州市萧山区人民法院于2016年11月9日判决被告人构成开设赌场罪。法院认为，以营利为目的，通过邀请人员加入微信群，利用微信群进行控制管理，以抢红包方式进行赌博，设定赌博规则，在一段时间内持续组织赌博活动的行为，属于刑法第三百零三条第二款规定的"开设赌场"。谢某军、高某、高某樵、杨某彬伙同他人开设赌场，均已构成开设赌场罪，且系情节严重。

微信红包作为移动互联网发展的产物，越来越受到社交网络的青睐。然而，便捷的社交工具和移动支付方式在丰富人们生活的同时，也为违法犯罪提供了新的空间。[①] 以微信群为载体的网络赌场往往以抽头渔利的形式获利，群内邀请的并非仅限于他们本人原有的微信联系人，所有入群人员均可自由邀请他人入群参赌，由于网络的特性、支付的便捷，以赌博为目的建立的微信群一旦开启，赌资往来、抽头渔利数额往往达到情节严重的程度。

为了严格管控微信赌博群，2018年第二季度，微信官方对涉嫌网络赌博的用户，依据其违规情节的严重程度，分别进行了限制功能及限制登录的梯度处罚：对

---

① 罗开卷，赵拥军：《组织他人抢发微信红包并抽头营利的应以开设赌场罪论处》，载《中国检察官》2016年第18期。

相关参与赌博违规用户，限制进群功能；对组织赌博违规用户，进行个人帐号封号处理；对涉赌微信群，进行封群处理——共计对五万余个帐号进行阶梯式处罚，并对八千余个涉赌微信群进行封群处理。

亲友间红包往来可视作赠与，但面对具有明显赌博规则的微信群，要提高警惕，更不可投机取巧参与其中。违法犯罪的底线更不可触碰，否则不仅失了钱财，还可能涉嫌犯罪。

# NIOT 的建立与相关法律问题

詹朝霞*

**摘要**：NIOT 是"万物互联"物联网的应用和公共管理平台。在建立 NIOT 平台的过程中，其法律风险防范包括内部合规审查、外部行为的规制和"自然垄断"中法律问题的处理等几个方面。其中，"自然垄断"可能存在的法律问题尤为引人关注，笔者建议应该从监管主体、监管方法、监管制度入手。本文仅提出思考，后续问题有待实践，进一步加以研究和完善。

**关键词**：NIOT　自然垄断　公共服务　合规性研究

物联网作为新一代信息技术的重要组成部分，是"信息化"时代的重要发展阶段。物联网通过智能感知、识别技术与普适计算等通信感知技术，广泛应用于网络的融合中，因此被称为继计算机、互联网之后世界信息产业发展的第三次浪潮。2013 年 5 月，国家发改委正式批复物联网技术研发及产业化专项项目——国家物联网标识管理公共服务平台（China Internet of Things Name Service Platform，简称 NIOT）。该项目是由中国科学院计算机网络信息中心牵头，联合工业和信息化部电子科学技术情报研究所、工业和信息化部电信研究院、中国物品编码中心，基于域名系统（DNS，Domain Name System）建立的物联网标识统一管理和公共服务平台。

## 一、NIOT 的目标及意义

NIOT 的初步目标是建立物联网标识编码管理体系，包括注册系统、查询系统和搜索系统三大子系统。物联网标识编码管理体系是物联网标识的编码、分发、注册、查询以及搜索发现等贯穿物联网标识产生和应用全过程的管理系统，

---

* 詹朝霞，广州金鹏律师事务所律师。

以打造我国物联网发展的关键基础平台，解决物联网统一标识管理和公共服务等核心问题。

NIOT 以标识管理系统为基础面向物联网各个行业，其中期目标是为物联网产业链提供跨行业、跨平台、跨管理机构的标识管理公共服务，致力推动我国自主研发的物联网基础资源标识体系、服务体系和技术标准的建设，为物联网规模化发展提供有效的产业支撑。预计平台建成后，将同时实现 10 万个物联网域名注册，提供不低于日均 500 万个物联网标识解析/搜索服务，为自主关键技术研究和行业典型应用推广提供优质安全的基础资源服务支持，支撑我国物联网产业发展与应用。

NIOT 以“共建万物互联”的愿望，致力于实现人与人、人与物、物与物全连接的最终目标，通过标识数据的采集、监控及统一管理，基于物联网标识技术打通互相独立的信息平台关节，整合上下游关联标识，实现多渠道数据交换，从而形成真正的物联网标识大数据，为各行各业提供跨行业、跨平台、跨管理机构的数据信息标识服务，实现跨行业、跨平台、跨领域互联互通，实现基于标识管理的数据共享及应用，最终实现跨行业、跨平台、跨领域的规模化发展，打造万亿级物联网生态圈。

物联网作为新一代信息技术的核心，是我国发展战略性新兴产业的重要内容。NIOT 的设立，将有力推动我国物联网行业的蓬勃迅速发展，同时也标志着我国在知识产权及平台管理迈出重要的一步。在 NIOT 的发展过程中，必然存在许多法律问题，需要律师为其提供完善的法律服务，解除 NIOT 发展的后顾之忧，以促进整个物联网产业链的健康、稳定发展。

## 二、NIOT 的合法性问题及规范

如上所述，NIOT 的目标是建立物联网标识编码管理体系，解决物联网统一标识管理和公共服务等核心问题。若要实现这一目标，必须先确认其合法性问题。建立物联网统一标识、统一编码，所有物品都使用相关的标识或编码，NIOT 实际上处于垄断状态。

我国《反垄断法》第七条第一款规定，国有经济占控制地位的关系国民经济命脉和国家安全的行业以及依法实行专营专卖的行业，国家对其经营者的合法经营活动予以保护，并对经营者的经营行为及其商品和服务的价格依法实施监管和调控，维护消费者利益，促进技术进步。由此可知，我国的合法垄断行业是国民经济占控制地位即由国有或国有控股大型企业构成，囊括涉及经济、安全考虑与依法专营专卖两大类。其中，前者中的多种行业由于规模经济效应、自身天然优势等独特性质，经常被冠之以“自然垄断行业”进行研究。

“自然垄断”的概念最早出现于经济学，是指一个企业能够以低于两个或更多企业的成本向整个市场供给一种物品或劳务而产生的垄断，它经常与“规模经济效应”相联系，即产品平均成本随产量增加而降低，企业生产规模越大，产品平均生产成本就越小。从这个意义上讲，在这一行业存在单一或少数企业是最优状态，有利于该领域的良性发展。

NIOT 提供的是公共服务，只由一个企业为整个市场提供统一的标识，才能促进物联网的统一迅速发展，因此，NIOT 是由于发展需要而形成的垄断，属于自然垄断。自然垄断行业历来是风险频发的领域，如果没有健全的法律监督制度加以监督管理和规范，难以避免出现很多问题。为使 NIOT 进入良性的运转与发展状态，应建立涵盖以下基本内容的制度，对 NIOT 加以规范。

**（一）确立 NIOT 的合法垄断地位**

《反垄断法》第七条第二款规定，相关行业的经营者应当依法经营，诚实守信，严格自律，接受社会公众的监督，不得利用其控制地位或者专营专卖地位损害消费者利益。也就是说，即使是合法垄断行业也必须依照法律经营，因此，应制定针对 NIOT 的法律法规，确定其合法地位，保障其行为有法可依、有法可循。

**（二）健全管理主体的法律制度**

由于物联网标识编码管理体系涉及领域的广泛性和利益的多方面性，为更好地进行管理，必须通过立法授权，确定监管主体，健全相关的监管法律制度，明确监管机构的设置和职权划分，确定监管的内容、范围、目标、原则、方法、程序，以及对监管机构进行监督的方法和要求。

**（三）完善政府管理方式**

由于 NIOT 建立的物联网标识编码管理体系对人们的日常生产、生活具有举足轻重的影响，因此，管制手段应注重科学化。可参考国外的做法，结合我国国情，由政府合理地进行干预规制，加强产业政策的规范和导向。美国的自然垄断行业监管法律制度随着社会政治、经济形势等外在因素的不断变化与发展，监管政策、法律、内容、重心和手段也在不停地变换，在总体上呈现一个基本变化轨迹：建立监管——放松监管；限制垄断权力——保护消费者合法权益；监管竞争——鼓励竞争，体现出一种国家经济政策持续变换、法律行为重点和方式不断调整的动态过程。我国可参考其做法，根据 NIOT 的发展规模、社会经济的发展形势等，调节管理方法，促进 NIOT 的稳定健康发展。

### （四）完善监督法律制度

监督是社会管理系统的重要环节，对 NIOT 的监督管理应主要包含三个方面：一是法定的管理机关对 NIOT 经营者的监管；二是社会对 NIOT 经营者的监督；三是社会对法定管理机关的监督。法定管理机关已经在上文探讨过，此处不再赘述。社会对 NIOT 经营者及法定管理机关的监督，是为了保证 NIOT 的经营者及其法定管理机构的行为符合社会利益的发展需要。为社会设置有效的渠道、途径对其进行监督，有利于减少、消除 NIOT 发展过程中由于垄断产生的不良影响。比如，对 NIOT 相关产品价格的制定，可以由主管部门或行业协会或消费者协会提出定价或调整的建议方案，由相关部门进行价格和成本调查，并提出定价或调价方案，并经过社会论证或听证方式听取各方面的意见，再确定相关的价格。通过社会参与监督，消除 NIOT 发展过程中出现的消极影响，促进 NIOT 的良好发展。

## 三、NIOT 内部发展问题

在 NIOT 的发展过程中，技术变革创新是关键，需要有高智力的投入，包括高层次的研究队伍和高水平的管理队伍，这种高新技术产业智力密集型的特点是其特别要求知识产权法律保护的重要基础。知识产权法对高新技术的保护起着举足轻重的作用，因此，必须对 NIOT 的知识产权法律保护给予足够的重视，才能保障 NIOT 未来良好的发展趋势。

一方面，NIOT 各项技术的形成需要法律的保护。NIOT 的发展必然涉及众多高新技术，因此，必须加强对高新技术知识产权的有效管理，建立健全知识产权管理制度。

首先，NIOT 应设置专门的知识产权部门或配备知识产权专职人员，针对 NIOT 发展过程中所产生的高新技术采取有针对性的保护策略，以专业的措施，进行全方位的保护。专门的知识产权部门或专职人员的职责包括：制定 NIOT 的知识产权保护制度、研究制定知识产权发展战略、内部人员的教育培训等，通过科学的管理，有效保护并充分利用 NIOT 的知识产权，为 NIOT 的健康稳定发展保驾护航。

其次，NIOT 应当逐步建立和完善专利、商标、著作权和技术秘密等知识产权方面的管理制度和规范，加强自我保护措施，提高管理水平。NIOT 应建立健全的关于技术创新管理制度、知识产权评估制度、保密制度、产权归属制度、专利转化及奖励制度、商标及专利的管理及应用制度、知识产权归档管理制度等和知识产权保护与转化关系密切的相关制度，制定全面完善的知识产权管理保护规则，落实各方面人员的职责，通过规范的管理系统地保护 NIOT 的知识产权，并灵活运用知识产权战略促进 NIOT 的发展。

最后，高新技术开发有明显的阶段性，如何明确不同阶段各研究开发人员的权利义务关系、风险的责任和分担、保密责任，是 NIOT 发展的重要课题。NIOT 应与研发人员签署保密协议、成果归属协议等以明确责任，并对内部的管理人员和科技人员开展知识产权培训，培养并增强知识产权意识，为 NIOT 的健康稳定发展打下扎实的基础。

另一方面，NIOT 设立的物联网标识编码管理体系的普遍有效应用也存在极大的法律需求。当物联网标识编码普及应用后，难免出现种种问题，需要适用专利法、商标法、著作权法、反不正当竞争法等有关法律，以打击假冒、剽窃、复制等侵权行为，保障 NIOT 的有效应用。

## 四、NIOT 外部应用问题

NIOT 以标识管理系统为基础面向物联网各个行业，为物联网产业链提供跨行业、跨平台、跨管理机构的标识管理公共服务，因此，必然涉及各个行业产品制作标准等问题。目前，NIOT 服务体系已经涵盖食品的质量与安全、药品、农业、建筑等领域，以后将会涉及更多不同的领域，深入生活的方方面面。在每个领域制定相关标准并进行普及前，必须先明确以下问题：

1. 该领域是否已经建立了具体可操作的管理标准；

2. 若该领域已设立相关管理标准，NIOT 如何与该领域的管理标准进行对接，如何进行合作；

3. 若该领域没有相关管理标准，NIOT 是否具备制定相关标准的资格，以及要求所有该领域的经营者进行登记注册、使用该标准的权力，如果有，依据是什么，是否符合法律法规的相关规定；

4. 该领域是否有相关的政府部门进行管理，NIOT 与该政府部门该如何协调，彼此之间的关系该如何定位；

5. 如何保证 NIOT 在各个领域的行为的合法有效性。

在目前庞杂的法律体系中，NIOT 每拓展一个领域，都需要对以上问题进行仔细分析研究，以更好地与行业进行对接，确保操作的合法有效。

## 五、结语

NIOT 作为新生科技的核心，必将面临诸多法律问题和法律风险。因此，在 NIOT 迅速发展的过程中，律师不能缺席，必须紧跟时代的步伐，对 NIOT 中的诸多法律问题进行探讨研究，出谋划策，高瞻远瞩，充分发挥保驾护航的作用，为促进物联网的蓬勃健康发展提供有力的帮助。

# 深度链接的侵权责任构成及应对

李 琼*

**摘要：** 网络服务商在提供网络服务、传播作品时进行深度链接是否构成侵权？相关案例对深度链接的界定是："深度链接仍属于信息定位工具的性质，是为信息内容在网络上的传播提供技术、设备支持和中介，以方便、快捷地将网络用户指引到其要查找的信息所在的站点，而并非提供信息内容本身。"由此可见，深度链接属于提供网络技术服务，而非提供网络信息内容服务，是否构成侵权认定应从帮助侵权行为予以考虑。

**关键词：** 互联网 网络服务商 提供 链接 帮助侵权

互联网技术日益发展，各种类型的作品通过互联网进行传播已是常态，在传播的同时，各个网络主体对相关资源、内容进行链接和深度链接的情况非常普遍。虽然在互联网传播时很多网络服务商打着免费的旗号，但实际上却伴随着各种潜藏的利益以及对资源的获取，进行着一场没有硝烟的战争。在提供网络服务、传播作品的同时，网络服务商进行深度链接究竟是否构成侵权？在成为被告时又该如何进行应对？以下笔者将针对相关问题结合相关案例进行简要的分析。

笔者认为对于网络服务商进行深度链接是否构成侵权主要可以从以下几方面考虑：第一，分析确定是作品内容提供商还是网络服务提供商？第二，分析提供链接行为的具体构成要件，明确链接行为与内容提供商的不同之处；第三，深度链接属于直接侵权行为还是帮助侵权行为？在什么前提下才需要承担法律责任？

本文拟从两个案例的一审、二审的审判思路及案例一的二审改判理由来进行分析。

---

* 李琼，北京大成（广州）律师事务所律师。

## 一、北京XX公司诉上海YY公司侵害作品信息网络传播权纠纷上诉案[①]

### （一）案情介绍

原告经授权获得包括某国内知名综艺节目在内的综艺节目视频内容独家权利：授权性质包括了独家信息网络传播权及维权权利，授权使用领域仅限于互联网领域（PC电脑终端使用权）、移动无线领域（IPAD、手机等移动无线终端使用权），授权区域为中国大陆地区。原告于2014年10月11日进行公证保全：进入被告网站播放原告享有著作权的视频，在播放视频时，页面右上角标示了用户“情怀酱”字样及其头像，视频内容中未显示被链网站信息，亦无被链网站广告，在被告的播放器上方有被告公司发布的广告。原告以被告侵犯原告信息网络传播权为由提起诉讼。

### （二）一审法院观点摘录

分析上海YY公司实施的行为，实质上分为两步：第一步，注册用户将视频所在播放页面的网络地址复制或填写到上海YY公司网站的投稿页面，并填写标题、标签等信息，上海YY公司网站制作该内容目录，网站内部软件则根据该地址提取视频在其所在网站的代码；第二步，当上海YY公司用户通过搜索或其他方式取得该内容目录并点击播放视频时，上海YY公司网站根据该代码向视频所在网站服务器发送请求，并根据视频所在网站服务器的回复，提取视频文件数据在上海YY公司网站的播放器中进行播放。

在上述行为过程中，上海YY公司以积极的技术手段使用其注册用户提供的链接地址，确定所要获取信息所在的位置，并由用户填写相关信息，上海YY公司制作节目列表，因此上海YY公司在该定位服务中存在人工干预，即对其用户在本公司网站中的搜索结果进行了人工选择。当上海YY公司网站用户在节目列表中点击播放相关视频时，该公司就会通过技术手段定向抓取被链网站的视频文件数据在上海YY公司网站播放器中播放，此时不显示被链网站的任何信息以及广告。上海YY公司人为地使用了加框技术使用户认为该视频直接来源于本公司，对其用户而言，呈现出来的仅仅是其网站所提供的网络服务，在此上海YY公司亦实施了人工干预。

---

① （2015）沪知民终字第213号。

因此，上海 YY 公司所提供的服务，从其性质、目的分析，均已经远远超出了传统的类似搜索引擎的链接服务。其已经不再是或者说不仅仅是为了帮助用户定位信息，而是为了有选择性地使用户在上海 YY 公司网站上能够直接观看相关视频内容，但其在事实上却从未取得视频权利人的授权；从结果上来看，用户通过上海 YY 公司网站可以不经由被链网站的界面直接观看该视频，被链网站存储该视频的服务器在此阶段已形同上海 YY 公司所控制的远程服务器，且为其免费使用，上海 YY 公司网站已经在实质上替代了被链网站向公众传播作品。虽然上海 YY 公司未直接上传涉案作品视频到其服务器，但其对链接服务实施了人工干预，并使其用户具有了在个人选定的时间或地点获得涉案作品的可能性，故应当认定上海 YY 公司实施了提供作品的行为，已侵害权利人对作品所享有的信息网络传播权。

从网络服务提供者的利益考虑，作为网络服务提供者的上海 YY 公司，利用自己的技术手段无须支付任何版权许可费用、服务器及带宽费用等视频网站最大部分的成本，并以自己提供作品的形式向公众传播作品，以获得经济利益，这种经营模式不符合市场经济公平以及等价有偿的基本原则。该行为损及支付了大量成本的被链网站利益，因此不具有正当性，也不利于建立健康的互联网生态。

对社会公众而言，上海 YY 公司该行为实际替代了被链网站提供作品，使社会公众难以知晓作品真正的权利人。

**（三）二审法院观点摘录**

通过上传到网络服务器、设置共享文件或者利用文件分享软件等方式，将作品置于信息网络中，使公众能够在个人选定的时间和地点以下载、浏览或者其他方式获得的，应当认定实施提供行为。因此，构成信息网络传播权侵权需具备以下条件：1. 未经权利人许可；2. 被诉人将作品置于信息网络中；3. 公众能够在个人选定的时间和地点获得该作品。

本案原告北京 XX 公司、被告上海 YY 公司对于一审已经查明的涉案节目未存储在被告服务器上即被告未直接上传涉案节目到其服务器，涉案节目系由被告链接自乐视网之事实均无异议。本院认为，本案被告通过技术手段为涉案节目的传播提供搜索、链接服务，并不存在将作品置于网络中的行为，未直接提供作品，故不构成作品提供行为，亦不涉及直接侵权责任问题。现有法律规定信息网络传播权所控制的行为应具备向公众提供作品即将作品置于信息网络中之条件，并未规定社会公众感知标准，因此上海 XX 公司关于被告未直接上传涉案节目的链接行为属于作品提供行为，构成直接侵权的观点缺乏法律依据，本院不予采信。

一审法院认定被告网站已经在实质上替代了被链网站向公众传播作品，其对链接服务实施了人工干预，构成作品提供行为。本院认为，虽然被告网站未将公众指引到被链网站观看涉案节目，但这不能改变涉案节目来源于乐视网的事实，被告对涉案节目的传播受控于乐视网是否存在涉案节目，乐视网上存在涉案节目是被告得以链接的前提，因此被告的链接行为不能认定为其实施了将作品置于信息网络中从而构成作品提供行为。一审法院上述认定本院不予认同。本院注意到一审法院从权利人利益角度、网络服务提供者的利益角度以及社会公众角度充分阐述了被告涉案行为对权利人、互联网生态以及社会公众的损害和不正当性。本院认为，根据知识产权权利法定原则，在判定信息网络传播权侵权与否时应当审查判断被诉行为是否属于信息网络传播权所控制的行为，而被诉行为从权利人利益角度、网络服务提供者的利益角度以及社会公众角度是否具有不正当性并不在信息网络传播权侵权案件的审理范围之内。

被告对涉案节目的传播提供搜索、链接服务，属于网络服务提供者。被告对于所搜索、链接的涉案节目播放未进行网页跳转以指引用户在被链网站上观看，亦未向用户提示涉案节目源自其他网站，该种搜索、链接模式一方面为网络用户提供更有针对性的指引，使得搜索、链接网站具有更大的用户黏性，进而为其带来更多的经济利益；另一方面亦会在被链网站行为构成侵权的情况下，对权利人造成更大的损害。

故对该种网络服务提供者应当科以较高的注意义务。本院认为，被告在向被链网站服务器发送请求、提取视频文件数据内容过程中，应当负有对视频文件授权情况的注意义务。本案中，涉案节目系存在年限较长的国内知名综艺节目，上传时间是 2014 年 7 月 20 日，从被告涉案网站上的节目名称“XX 小时代之男神”即应当知道是在首播次日上传的，被告主观上应当知道该节目具有较大侵权可能性，客观上对于未经授权的涉案节目未采取任何预防或者避免侵权发生的措施，从而帮助了涉案节目侵权后果的扩大。

因此，上海 YY 公司的行为侵犯了北京 XX 公司的信息网络传播权，构成侵权，应承担赔偿责任。其关于不构成侵权的上诉理由，本院不予采信。

**（四）判决结果**

两审法院作出了相同的判决：1. 上海 YY 公司于判决生效之日起十日内赔偿北京 XX 公司经济损失 3000 元；2. 上海 YY 公司于判决生效之日起十日内赔偿北京 XX 公司因制止侵权所支出的合理费用 2500 元。

## 二、宁波XX公司与广州YY公司侵害作品信息网络传播权纠纷[①]

### （一）案情简介

电视剧《女人的战争》由上海亿邦投资发展有限公司（以下简称亿邦公司）、上海三湘（集团）有限公司（以下简称三湘公司）、上海云飞扬文化传播有限公司（以下简称云飞扬公司）联合摄制，云飞扬公司、南京广播电视集团公司联合出品。南京电视台签署授权书，将该剧的信息网络传播权及制止侵权的权利等授权云飞扬公司行使，授权期限为2009年12月18日至2014年12月31日，被许可方有权将上述权利许可任何第三方行使。2009年12月2日，云飞扬公司签署授权书，将该剧的信息网络传播权及制止侵权的权利等授权宁波XX公司行使，授权期限为2009年12月18日至2014年12月31日。宁波XX公司以广州YY公司在其主办的网站向公众提供宁波XX公司享有独家信息网络传播权的作品构成侵权为由提起诉讼，请求：1. 判令广州YY公司停止提供《女人的战争》的在线播放业务；2. 判令广州YY公司向宁波XX公司赔偿经济损失28000元、合理费用4000元，合计32000元；3. 判令本案诉讼费由广州YY公司负担。

### （二）一审法院观点摘录

1. 关于广州YY公司在其开办的涉案网站中使用的技术方式的问题

《民事诉讼法》第六十四条第一款规定："当事人对自己提出的主张，有责任提供证据。"《最高人民法院关于民事诉讼证据的若干规定》（2008年）第二条第一款规定："当事人对自己提出的诉讼请求所依据的事实或者反驳对方诉讼请求所依据的事实有责任提供证据加以证明。"宁波XX公司主张广州YY公司在其主办的网站向公众提供宁波XX公司享有独家信息网络传播权的作品，提供了公证书等作为证据。广州YY公司抗辩其主办的网站系提供搜索、链接服务，并未直接存储视频文件，提供了计算机截屏打印件作为证据。宁波XX公司提交的公证书所附打印件显示，广州YY公司主办的涉案网站播放涉案视频与域名为sohu.com的网站"搜狐视频"网页播放视频时使用的页面播放器外观高度一致，播放器下显示的广告内容相同，广州YY公司主办的涉案网站播放涉案视频时视频内容左上方均标有"搜狐视频"字样，以普通访问者的认知能力难以发现上述播放器之间存在差别，亦无证据显示广州YY公司对《女人的战争》视频内容进行过编辑、处理。故仅凭宁波

① （2014）穗中法知民终字第778号。

XX 公司提供的证据，并不足以直接认定广州 YY 公司在其主办的网站使用其自行设计、制作的播放器提供涉案剧目或在本地服务器存储了涉案剧目。广州 YY 公司在诉讼中提交的计算机截屏打印件显示有网页页面源代码，但其未能提供充分证据证明该页面源代码与其开办的网站页面具有关联，该截屏打印件并未办理证据保全公证且宁波 XX 公司不予认可。故仅凭广州 YY 公司提供的证据，并不足以直接认定广州 YY 公司主办的网站确系仅提供涉案剧目的搜索、链接服务而并未直接存储视频文件。宁波 XX 公司提交的公证书所附打印件显示，广州 YY 公司主办的涉案网站可搜索、播放“搜狐视频”“XX 视频”等网站的视频内容。运用经验常识及技术原理进行分析，提供多家大型主流视频网站的视频资源聚合服务并在本地服务器存储视频文件，对于硬件设备具有很高的要求，需要极大的存储空间，其操作成本及技术难度远大于采用设置链接等调用远程资源的方式。虽然广州 YY 公司未能提交充分证据证明其在涉案网页采用的具体技术，但其在诉讼中提交的计算机截屏打印件显示的网页页面源代码使用了“iframe”语句，系以框架方式实现网页窗体嵌套，从而实现对存储在外部服务器中的资源进行远程调用。从宁波 XX 公司提交的公证书反映的内容来看，广州 YY 公司主办的网站与“搜狐视频”网页播放视频时使用的页面播放器外观高度一致，播放器下显示的广告内容相同，播放视频时视频内容左上方均标有“搜狐视频”字样，使用“iframe”语句以网页窗体嵌套技术即可以实现，其成本远低于直接在本地服务器中存储视频文件。结合本案具体案情并审核全案证据，综合考虑实际操作的成本及可行性等因素，依据《最高人民法院关于民事诉讼证据的若干规定》（2008 年）第七十三条第一款的规定，原审法院运用优势证据规则对广州 YY 公司的部分主张予以采信，认定广州 YY 公司主办的涉案网站系以框架方式实现网页窗体嵌套，对存储在外部服务器中的视频资源进行远程调用，并未直接在本地服务器存储视频文件。

2. 关于广州 YY 公司的涉案行为是否构成侵权的问题

广州 YY 公司主办的涉案网站系以框架方式实现网页窗体嵌套，窗体中被嵌套的网页已成为 YY 公司主办涉案网站页面的组成部分而被其实际利用。在涉案视频播放的过程中，浏览器的地址栏仍显示广州 YY 公司主办涉案网站网址，并未离开该网站的网络环境而跳转至其他网站页面。广州 YY 公司主办涉案网站所采用的网页窗体嵌套与典型的设置链接的方式有所区别，网页窗体嵌套能够实现直接访问被嵌套网页的信息内容，而不仅限于对外部资源所在位置提供路径指引。但是，广州 YY 公司主办涉案网站并未直接存储涉案视频文件，通过使用“iframe”语句等以框架方式实现网页窗体嵌套，其实质仍然是对存储在外部服务器中的资源进行远程调用。故广州 YY 公司无法直接控制窗体中被嵌套的网页的具体内容。《著作权法》第十条第一款第十二项规定："信息网络传播权，即以有线或者无线方式向公众提供作品，使公众可以在其个人选定的时间和地点获得作品的权利。"《信息网络传播权保护条例》第二条规定："权利人享有的信息网络传播权受著作权法和本条例保护。除法律、行政法规另有规定的外，任何组织或者个人将他人的作品、表演、录音录像制品通过信息网络向公众提供，应当取得权利人许可，并支付报酬。"提供作品而构成侵害信息网络传播权，其提供行为应当与复制的程度相当，即将侵权作品存储在侵权人的服务器中。广州 YY 公司对存储在外部服务器中的视频资源进行远程调用而并未直接在本地服务器存储视频文件或对该视频文件作出编辑或修改，涉案行为的性质上与复制具有明显区别，不属于《著作权法》《信息网络传播权保护条例》所称的提供作品的行为。宁波 XX 公司关于广州 YY 公司的单独提供涉案作品的行为而构成侵权的主张并无事实及法律依据，不予支持。

3. 判决结果

驳回宁波 XX 公司的诉讼请求。案件受理费 600 元，由宁波 XX 公司负担。

**（三）二审法院观点摘录**

原审法院对于涉案视频文件在线播放所使用技术的认定，阐述充分、合理，本院予以认同，不再赘述。

此外，公证保全涉案视频文件播放证据的过程为，取证人员使用电脑进入互联网访问被上诉人广州 YY 公司主办网站的主页面，接着进入该网站的"影视"子页面，点击该子页面的"搜狐视频"按钮，在该子页面中显现"搜狐视频"页面，在"搜狐视频"页面内显示的各电视剧视频文件中，找到涉案视频文件并点击播放。在涉案视频文件播放过程中，播放页面一直显现在上述"影视"子页面的区域内，访问者的浏览器显示的网络地址仍然是被上诉人广州 YY 公司主办网站的地址。从上述取证过程及涉案视频文件在线播放时未脱离被上诉人 YY 公司主办网站的情况，亦可认定涉案视频文件的播放是通过被上诉人广州 YY 公司主办网站针对"搜狐 sohu. com"网站设置深度链接而实现。而深度链接仍属于信息定位工具的性质，是为信息内容在网络上的传播提供技术、设备支持和中介，以方便、快捷地将网络用户指引到其要查找的信息所在的站点，而并非提供信息内容本身。因此，被上诉人广州 YY 公司在其主办网站提供涉案视频文件在线播放服务，是将网站访问者的指令链接到存储在第三方网站的涉案视频文件的行为，其本质仍属于提供网络技术服务，而非提供网络信息内容服务。上诉人宁波 XX 公司称被上诉人广州 YY

公司提供的是作品内容服务，属于直接侵权的上诉理由，依据不足，本院不予采纳。

判决驳回上诉，维持原判。

## 三、分析与总结

上述两个案例中，第一个案例是上海知识产权法院2016年度二十个经典案例之一。该案中，二审法院改变了一审法院的审判观点，认为乐视网上存在涉案节目是上海YY公司得以链接的前提，因此，上海YY公司的链接行为不能认定为实施了将作品置于信息网络中从而构成作品提供行为，而应认定为实施了帮助侵权行为。

对于什么是深度链接，法律没有明确的界定，而案例二中对此有相关说明："深度链接仍属于信息定位工具的性质，是为信息内容在网络上的传播提供技术、设备支持和中介，以方便、快捷地将网络用户指引到其要查找的信息所在的站点，而并非提供信息内容本身。"

案例二的审判观点与案例一中的二审观点相同，均认为深度链接属于提供网络技术服务，而非提供网络信息内容服务，不属于直接侵权，而应属于帮助侵权行为。直接侵权行为与帮助侵权行为的认定要件不同，对侵权人要求的注意义务也不同。

综上，在涉及深度链接侵权的案件时，笔者认为可以从本文开篇时所列出的三点来进行应对：首先，要区分和确定是作品内容提供商还是网络服务提供商。深度链接一般情况下不属于内容提供方，而是服务提供方。其次，提供深度链接行为的具体构成要件，明确链接行为与内容提供商的不同之处，要从案件中如何提供链接行为来具体进行论证和分析。最后，如果通过具体论证和分析证明属于深度链接，那么应该属于帮助侵权行为，不是直接侵权行为，需符合帮助侵权行为应满足的条件才需要承担法律责任。

随着互联网技术的发展，深度链接的方式会不断地变化，因此在分析具体案情时要详细予以区分，但是从整体层面来说，无论是作为原告还是被告，上述三点均可作为主体框架予以参考。

# 第六篇
# 其　他

# 由合法来源抗辩引发的交易习惯适用问题的探讨

胡子骐*

**摘要：** 合法来源抗辩是专利侵权、商标侵权等知识产权侵权纠纷中的重要抗辩手段。实务中，若销售商经营不够规范、法律意识淡薄，其难以严格按照法律的规定将各种“合法来源”的证明文件全部备齐。若这些证明文件有缺失或不足时，这些待证事实如何适用“交易习惯”去判断此交易行为的真实合法，对于合法来源抗辩是否可以成立变得至关重要。

**关键词：** 专利法　合法来源　合同法　交易习惯　交易习惯的认定　交易习惯的适用规则

合法来源抗辩是专利侵权、商标侵权等知识产权侵权纠纷中的重要抗辩手段之一。一件产品从生产制造到最终使用消费的过程中，主要有生产商－销售商－消费者这几个环节，处于交易链中间位置的销售商既是产品的购买者，也是产品的销售者。专利侵权诉讼中，权利人往往会将生产商与销售商列为共同被告。而由于专利特有的专业性与隐蔽性，销售商在进货时往往无法察觉自己购买的是侵权产品。销售者为免除自己的侵权赔偿责任，通常会主张不知情且所销售的产品有“合法来源”。

## 一、合法来源抗辩的法律规定

《专利法》第七十条规定：“为生产经营目的的使用、许诺销售或者销售不知道是未经专利权人许可而制造并售出的专利侵权产品，能证明该产品合法来源的，不

* 胡子骐，广东三环汇华律师事务所律师。

承担赔偿责任。”《专利法实施细则》第八十四条第三款规定：“销售不知道是假冒专利的产品，并且能够证明该产品合法来源的，由管理专利工作的部门责令停止销售，但免除罚款的处罚。”《商标法》第六十四条第二款规定：“销售不知道是侵犯注册商标专用权的商品，能证明该商品是自己合法取得并说明提供者的，不承担赔偿责任。”无一例外，要排除自身的侵权赔偿责任，销售商必须提供“合法来源”的相关证据。

## 二、合法来源的举证规则

要证明合法来源，应同时证明产品的来源和产品来源合法两个方面的内容，前者涉及产品来源证据是否真实的问题，后者涉及产品的交易行为是否合法合规的问题。

《最高人民法院关于审理侵犯专利权纠纷案件应用法律若干问题的解释（二）》规定：“对于合法来源，使用者、许诺销售者或者销售者应当提供符合交易习惯的相关证据。”除此以外，法规中关于“合法来源”的举证规则并无统一标准。笔者认为总体上可以从以下四个方面把握：

第一，要加强主张合法来源抗辩者的举证责任，对证据的审查从严把握；

第二，要注重审查交易的合法性，包括审查交易过程是否合法、是否存在规避法律或有意逃避侵权责任的情形；

第三，要尊重交易习惯，如通常情况下当事人不可能对交易中的货物技术特征进行约定，诉讼中要求当事人提交证明合同项下的货物（被控侵权产品）的证据就有违商业习惯；

第四，要注意考虑交易双方的经营规模，对于一些在交易过程中对合同等文件存档并不太规范的中小型销售商，还应根据实际相关行业内的交易习惯进行审查，区分其是否需承担相应的侵权赔偿责任。

## 三、合法来源与交易习惯

实务中，销售商通常提供采购合同、发票、发货单、送货单、付款凭证、产品提供商资质证明等来证明“合法来源”。但是，某些被起诉的销售商尤其是一些个体工商户，由于其经营不够规范、法律意识淡薄，通常在进货过程中不可能严格按照法律的规定将各种“合法来源”的证明文件全部备齐。若这些证明文件有缺失或不足时，权利人往往会对产品交易行为是否真实合法提出质疑。此时，对于其中证据缺失或不足的待证事实部分，如何适用“交易习惯”去判断交易行为是否真实合法，对于合法来源抗辩的成立至关重要。

接下来笔者重点围绕交易习惯的认定和法律适用问题分别从理论和实务的角度进行深入探讨。

## 四、交易习惯的法律地位和定义

交易习惯已为世界各国法律所重视，并上升至制定法甚至优先法规的地位。我国关于交易习惯的法律规定最早出现在1999年10月1日施行的《合同法》中，其中共有九条规定涉及交易习惯这一概念，而2017年颁布的《民法总则》第十条也规定：“处理民事纠纷，应当依照法律；法律没有规定的，可以适用习惯，但是不得违背公序良俗”，再次重申了交易习惯的重要法律地位。

交易习惯，顾名思义是交易相对人自发形成并共同信服和遵守，长期反复适用，且不违反法律强制性规定、社会公序良俗的惯常行为模式或交易经验法则。

我国的《民法总则》《合同法》并未给出交易习惯的具体定义，《最高人民法院关于适用〈中华人民共和国合同法〉若干问题的解释（二）》（以下简称《合同法解释二》）中第七条对交易习惯进行了规定，即“交易习惯”是指在交易行为当地或者某一领域、某一行业通常采用并为交易对方订立合同时所知道或者应当知道的做法；当事人双方经常使用的习惯做法。该规定为司法实践提供了具体指导。

## 五、我国交易习惯法律问题的司法现状

通过在中国裁判文书网上以“交易习惯”为关键词在民事案件中进行检索，笔者发现，按关键词筛选，合同案件涉及的最多为192721件，而合同案件中以合同约定、违约金、买卖合同案件涉及较多；按裁判年份筛选，2009年以前相关案件数量在三位数以内，2010年至2012年是四位数，2013年至2015年为五位数，2016年为122757件，已然达到六位数；按地域及法院筛选，江苏省、安徽省和湖南省最多，皆在36000件以上；按法院层级筛选，基层法院相关案件的数量最多，最高人民法院也多达392件。由此可见，“交易习惯”在民事司法实务中适用较普遍。只是不同层级法院及具体承办法官对于交易习惯的法律性质及认定、适用规则存在理解及适用差异，使得司法实务中常出现关于交易习惯的法律适用争议。

## 六、交易习惯的适用范围及法律效力

《民法总则》第十条规定：“处理民事纠纷，应当依照法律；法律没有规定的，可以适用习惯，但是不得违背公序良俗”，该规定明确了适用习惯的前提基础应当是法律没有规定且不违背公序良俗。而在《合同法》中，通过九条法律规定分别具体指出了交易习惯的适用范围。其中，第二十二条和第二十六条规定了承诺的方式和承诺的生效可以适用交易习惯进行判断；第六十条和第九十二条规定了合同履行中的附随义务和合同权利义务终止后的后合同义务可以适用交易习惯进行判断；第六十一条和第一百二十五条规定了补充协议的确定和合同解释适用交易习惯进行判断；第一百三十六条、第二百九十三条和第三百六十八条分别规定了买卖合同、客运合同和保管合同中的一些附随义务适用交易习惯进行判断。

此外，《合同法》也以法律形式确定了交易习惯的法律效力，如第六十条第二款规定，当事人应当遵循诚实信用原则，根据合同性质、目的和交易习惯履行通知、协助、保密等义务。第一百三十六条规定，出卖人应当按照约定或者交易习惯向买受人交付提取标的物单证以外的有关单证和资料。根据《合同法》中有关交易习惯的规定，可以将交易习惯的法律效力总结为以下三点：

### （一）补充合同法的效力

合同法大部分关于交易习惯的条文规定，赋予交易习惯具有补充合同法的效力，如第二十六条第一款规定：“承诺通知到达要约人时生效。承诺不需要通知的，根据交易习惯或者要约的要求作出承诺的行为时生效。”在承诺不需要通知时，承诺生效时间的确定，由交易习惯补充规范。

### （二）优先于合同法的效力

合同法中对交易习惯具有的法的优先效力也有规定，如第二十二条规定：“承诺应当以通知的方式作出，但根据交易习惯或者要约表明可以通过行为作出承诺的除外。”依交易习惯作出承诺的方式优先于法律规定的“通知”方式而适用，《合同法》第二百九十三条、第三百六十八条均有类似规定，交易习惯的优先效力必须有法的明文规定才能产生。

### （三）解释合同的效力

合同法第一次明确规定了合同解释的准则与方法，该法第一百二十五条规定了解释合同应首先依合同所使用的词句、合同有关条款、合同目的等法律的直接规定作出解释，如按法律规定的这三种办法还不能确定争议条款的真实意思，则适用法律的补充规范即交易习惯进行解释。该条内容中既有解释合同的效力，也有补充合同法的效力。

## 七、交易习惯的适用规则

《合同法》虽然确立了交易习惯的法律地位，但其对交易习惯的法律性质及对如何适用交易习惯没有原则性规定，最高人民法院对此问题进行了补充。《合同法解释二》第七条第二款规定："对于交易习惯，由提出主张的一方当事人承担举证责任。"该举证责任的内容应按照本条规定中两个规则的具体要求来确定。如果当事人主张依据该条第一款确定的交易习惯，则其不仅需要证明地方习惯或行业习惯的存在，还需要证明对方当事人在订立合同时知道或者应当知道该习惯。如果当事人主张依据该条第二款确定的交易习惯，则其应证明在争议案件前双方已经通过经常使用建立了所主张的习惯做法。另外，因为本条解释已经明确规定了对交易习惯的举证责任承担，根据《最高人民法院关于民事诉讼证据的若干规定》的有关规定，法院在案件审理过程中应严格依照本条规定分配举证责任。

## 八、如何确认是否构成"交易习惯"

结合《民法总则》《合同法》及其司法解释的规定，交易习惯的确定要件为：

1. 交易习惯确定的前提是当事人在合同中存在约定不明或对条款的解释产生歧义的情况。

2. 当事人之间的交易行为具有长期性、行为内容具有惯常性，判断交易行为的长期性和惯常性应以交易行为的多次发生为前提，而且发生的次数，除非当事人自己确认，一般要具有相当的倍数，宜以不少于三次为认定多次的前提。

3. 交易行为必须适法，适法是指该交易行为不违反法律、行政法规的强制性规定。值得注意的是，关于如何界定强制性规定的问题，在理论界和实务界曾一度引起广泛的争议，从而在法律适用上产生了一定混乱。《合同法解释二》第十四条澄清了"强制性规定"的理解及适用的法律分歧，进一步明确了"强制性规定"的范畴，特指效力性强制性规定，而非管理性强制性规定，这可以在最大程度上尊重当事人的意思自治，避免交易链条的断裂，促进经济的活跃。

4. 当事人之间在惯常的交易过程中所形成的一种双方均认可的方式，即当事人对以往交易行为多次、始终按照一个相对固定的方式运作且无争议。

5. 交易习惯的确定，应由主张交易习惯的当事人负举证责任。否则法官无法事先了解当事人在案件争议之前发生的惯常交易行为及其真实意思表示。

如果一个交易行为符合上述要件则仅可以认定其为合同法所称的交易习惯，但是交易习惯的确认并不等于在具体的案件处理中就能被适用，因为根据《合同法》第六十一条及第一百二十五条的规定，交易习惯是被用于解释合同，且只有当合同中对某些事项没有约定、约定不明或对条款的解释产生歧义，当事人在事后又无法达成补充协议时，才能适用该交易习惯。

## 九、结语

近年来，我国上市活动越来越活跃，对交易习惯的运用向着更深、更广的程度发展。交易习惯产生于市场交易的进程中，其体现了市场道德与商业伦理，也展现了诚实信用原则，使交易双方产生确信力。在我国，司法实践中时常援引交易习惯。民商事司法裁判中，法院的裁判规则是合同有约定从约定，无约定依法律，没有法律依交易习惯，无习惯依法理。同时，交易习惯也可提供补充说明作用。

另外，司法实践对于交易习惯的证明和认定，是一个事实认定的过程，同时也体现了法官对交易习惯的价值判断，这也就充分肯定了交易习惯的法源地位。民俗习惯是无论何种法律文化背景下都存在的一种法的渊源。作为上层建筑范畴之一，民俗习惯是一切制定法之外最重要的法律。由于法律只是用以调整社会关系的重要方法之一，且作用范围仅涉及人们的行为；受其自身局限性制约，法律难免滞后于千姿百态、日新月异的社会生活，并且在实施法律所需人员、精神、物质等条件不具备的情况下，不能充分发挥其规范作用和社会作用。故而，法律不是万能的。民俗习惯则是随着历史发展，逐代传承积累，符合人们的直觉正义和道义伦理标准，人们通常自发信仰和甘愿遵守。民俗习惯根植于人们内心深处，不仅约束人们的思想，而且规范人们的行为。因此，民俗习惯在发挥社会调节作用中极具顽强的生命力和群众基础，其鲜活、善良成分是对法律规则的情理融合和有益补充。交易习惯作为民俗习惯的重要内容，是人们长期进行商贸交易实践而产生的具有时间性、地域性、行业性，并在特定人群范围内约定俗成、广泛知悉信赖的普遍交易准则，在现代社会经济生活中亦具有重要的事实属性和规范属性。

# 知识产权民事诉讼“逾期举证”辨析

闵 磊*

**摘要**：知识产权民事诉讼中容易发生多次举证的情形，而相关法条和司法解释之间存在不协调，本文详细分析了按期举证的法律规则，显示司法更加偏重“实体正义”。另外，法律注重逾期举证的事由，区分当事人的主观过错及其程度以及客观原因，并基于此赋予法官自由裁量权。

**关键词**：逾期举证 证据失权 新的证据

知识产权民事诉讼中容易发生多次举证的情形。我国在 2002 年 4 月 1 日施行的《最高人民法院关于民事诉讼证据的若干规定》（法释〔2001〕33 号，以下简称《证据若干规定》）中，第一次确立了“证据失权”制度（详见该规定第四十一条至第四十三条），即当事人逾期提交的证据，不被法庭采纳，当事人因而失去举证权和证明权的一项制度，意图强化民事诉讼参加人的程序意识，体现了程序正义的要求。

而 2012 年及以后修正的《民事诉讼法》（以下简称《民诉法》）和 2015 年颁布的《最高人民法院关于适用〈中华人民共和国民事诉讼法〉的解释》（法释〔2015〕5 号，以下简称《民诉司法解释》）一方面基本上否定了上述“证据失权”制度，更强调与案件基本事实有关的证据（即“关键证据”）的作用，显示出司法更加偏重实体正义的倾向，导致程序正义开始退位；另一方面更加注重逾期举证的事由，区分当事人逾期的主观过错及其程度以及客观原因，并同时规定了相应的训诫、罚款等民事制裁措施。

## 一、相关法律对举证的原则性规定

从细节来说，《民诉法》及其司法解释对举证作出的原则性规定如下：

---

* 闵磊，立方律师事务所律师。

1.《民诉法》第六十五条概括性地规定证据应在举证期限内提交，如果当事人逾期提交则需要说明理由，然后由法庭作出是否采纳的决定，以及相应的制裁措施。

2. 与上述《民诉法》第六十五条相配套，《民诉司法解释》第一百零一条、第一百零二条更加细化，并明确区分了逾期事由的三种情况：

（1）因客观原因逾期，后果是“视为未逾期”；

（2）因故意或重大过失，后果是不予采纳，但如果“与案件基本事实有关”，则采纳，并训诫、罚款；

（3）非因故意或重大过失，后果是法院采纳，但予以训诫。

3.《民诉法》第一百三十九条在“第一审普通程序”中首次出现关于“新的证据”的规定：“当事人在法庭上可以提出新的证据。”结合《民诉法》第六十五条进行理解，此处的“新的证据”仅仅是一种客观描述，即“在开庭前的举证期限未交的证据”，换句话说，就是“新提交的证据”，不涉及对证据本身的法律评价。

4. 与上述《民诉法》第一百三十九条相配套，《民诉司法解释》第二百三十一条明确了其规定的“新的证据”就是第六十五条规定的“逾期提交的证据”（因为没有在规定的举证期限内提交），当然也按照《民诉司法解释》第一百零一条、第一百零二条的规定分三种情况处理。

5.《民诉法》在关于第二审程序的规定中没有直接出现“新的证据”的表述，只是在第一百六十九条间接模糊涉及，原文为“对没有提出新的事实、证据或者理由，合议庭认为不需要开庭审理的，可以不开庭审理”。

6.《民诉司法解释》第九十九条第二款规定：“人民法院确定举证期限，第一审普通程序案件不得少于十五日，当事人提供新的证据的第二审案件不得少于十日。”这里出现的“新的证据”，参照该解释第二百三十一条以及上述第3、4点的分析，仍应按照“新提交的证据”来理解，并依据《民诉法》第六十五条、《民诉司法解释》第一百零一条、第一百零二条的有关规定来处理。

综合上述六点分析，我们可以得出以下结论：

第一，《民诉法》及其司法解释将一、二审普通程序作为一体的诉讼程序来对待，回归了一、二审安排的本意，纠正了之前《证据若干规定》第四十一条至第四十二条分别就所谓“一审新证据”“二审新证据”做出法律评价的不当做法；

第二，《民诉法》及其司法解释虽然出现了“新的证据”的表述，但仅仅是客观描述，即在诉讼程序（包括一、二审的连贯程序）的某个阶段相对于之前的阶段

“新提交的证据”，不再是对证据本身的法律评价；

第三，《民诉法》及其司法解释重在对“逾期提交证据”的理由认定及处理上，此处所谓的“逾期”指所有在一审举证期限届满后的阶段；

第四，在“逾期提交证据”的处理上更注重实体正义，不再适用强调程序正义的“证据失权”制度，只在采纳逾期证据的同时相应地给予训诫或罚款。

## 二、相关法律对再审“新的证据”的规定

《民诉法》及其司法解释对于再审“新的证据”的规定具体如下：

1. 《民诉法》第二百条规定的再审理由其中之一是“有新的证据，足以推翻原判决、裁定的”。

2. 配套的《民诉司法解释》第三百八十七规定，此处的“新的证据”仍然属于逾期提交的证据，按照《民诉法》第六十五条、《民诉司法解释》第一百零一条、第一百零二条的有关规定来处理。

3. 《民诉司法解释》第三百八十八条规定了三种再审申请人逾期提交证据的理由成立的情形：

（1）在原审庭审结束前已经存在，因客观原因于庭审结束后才发现的；

（2）在原审庭审结束前已经发现，但因客观原因无法取得或者在规定的期限内不能提供的；

（3）在原审庭审结束后形成，无法据此另行提起诉讼的。

而该解释第一百零一条第二款也规定：“当事人因客观原因逾期提供证据……视为未逾期。”通过对比可见，两者不谋而合，并且第三百八十八条还进一步解释了第一百零一条规定的“客观原因”。

综合上述规定可以看出，不管是何种“新的证据”均为逾期提交的证据，只是在处理方式上，再审明确认可三种“因客观原因逾期”的证据，当然，前提是这种证据达到“足以推翻原生效判决”的证明力程度。

另外，上述2002年施行的《证据若干规定》中对所谓“一审新证据”“二审新证据”分别做出规定的第四十一条本身即存在体系性错误，该第四十一条开头写明是对《民诉法》第一百二十五条“当事人在法庭上可以提出新的证据”中“新的证据”的解释，而当时的《民诉法》第一百二十五条归属于“第二编审判程序第十二章第一审普通程序第三节开庭审理”，清清楚楚是对一审程序而言，然而该第四十一条里却出现有关“二审新证据”的规定，岂不谬哉？

综上，笔者认为，在民事诉讼举证的问题上，旧的所谓“新证据”观念已被《民诉法》及其司法解释抛弃，取而代之的是“逾期提供证据的理由”，其中，“因客观原因”逾期是当然的正当理由，“非因故意或重大过失的主观原因”逾期为一般可接受的理由，而“因故意或重大过失的主观原因”逾期则原则上不接受，除非是不得不接受的案件关键证据，因主观原因逾期的当事人则承担相应的民事制裁后果。从中可以看出，在所有这些关键节点的判断上，法官的自由裁量权空前加大。

# 如何提高知识产权案件侵权赔偿数额

蒋剑明*

**摘要**：想要提高知识产权侵权案件的赔偿数额，权利人应尽量避免案件适用法定赔偿，当竭尽一切可能证明自己因为侵权遭受的损失或者侵权人因为侵权而获得的利益。权利人除自行收集一切与此关联的证据外，可以通过申请法院证据保全、调查取证、审计等手段取得证据，也可以通过刑事、行政案件的先行处理以固定证据。

**关键词**：知识产权　侵权　赔偿　数额

在知识产权保护越来越被重视的今天，知识产权案件的侵权赔偿数额却处于较低的水平，专利侵权赔偿案件赔偿额一般为 5 万至 20 万元、商标侵权赔偿案件赔偿额一般为 5000～5 万元、著作权侵权赔偿案件赔偿额则更少，一般只赔偿几千元，甚至只有一两千元。

在存在大量小标的案件的同时，大标的的知识产权案件正不断涌现，个案判赔几百万元以上也并非偶然。在政策层面上，2016 年 11 月 4 日中共中央、国务院发布了《关于完善产权保护制度依法保护产权的意见》，其中，第九条明确提出“加大知识产权侵权行为惩治力度，提高知识产权侵权法定赔偿上限，探索建立对专利权、著作权等知识产权侵权惩罚性赔偿制度”。可见，知识产权侵权赔偿数额不论是在理论上还是在实践中都有提高的可能。

那么，为什么知识产权侵权赔偿额度差别这么大呢？除了知识产权本身的价值千差万别、权利人和侵权人本身的市场地位不同之外，权利人的代理人在证明了侵权事实之后，应如何提高知识产权案件的侵权赔偿数额呢？通过对人民法院审判案例的研究，我们发现关键在于对赔偿数额的举证。

---

* 蒋剑明，广东环球经纬律师事务所律师。

## 一、知识产权侵权赔偿数额的确定

知识产权侵权赔偿数额除维权费用外，通常按权利人因被侵权而遭受的实际损失或者按侵权人因侵权所获得的利益确定。此外，商标侵权案件可以参照该商标许可使用费的倍数合理确定，专利侵权案件还可以按许可使用费的倍数合理确定，如果按上述方式均无法确定的，则由人民法院根据侵权情节按法定赔偿处理。

## 二、法定赔偿数额较低

通过研究法院的知识产权审判案例，我们可以看到，大量判决低额赔偿（指10万元以下赔偿）的案件均为法定赔偿案件。这些案件缺乏证明侵权赔偿数额的有效证据，即缺乏权利人因被侵权而遭受的实际损失或者侵权人因侵权所获得实际利益的有效证据。

虽然在赔偿依据中，法定赔偿是第三顺位，但由于在这种情况下，权利人无须提交证明赔偿数额的证据（多数情况下，该证据实际上也难以取得），法院在法定最高赔偿额之下享有充分的自由裁量权，而且判决法定赔偿更为安全、便捷，因此使得法定赔偿成为主要的赔偿计算方式。同时，由于大量的商业维权案件的存在，致使法院在适用法定赔偿时，倾向于判决较少的赔偿额。

## 三、通过提供有效证据获得高额赔偿

获得大额赔偿的知识产权案件无一例外，均围绕着“权利人因被侵权而遭受的实际损失或者侵权人因侵权所获得实际利益”提供了有效的证据，尽到了权利人对赔偿数额的举证责任，下面我们结合一些典型案例来探讨这个问题。

### （一）通过申请司法鉴定获得被告侵权获利证据

在某泰集团股份有限公司（以下简称某泰集团）诉某德电气低压（天津）有限公司（以下简称天津某德公司）、宁波保税区某电气设备有限公司乐清分公司（以下简称某电气公司）侵犯实用新型专利权纠纷一案①中，某泰集团通过申请司法鉴定获得被告侵权获利证据，然后，依据该证据变更诉讼请求，一审判赔3.35

① （2007）浙民三终字第276号。

亿元，二审和解获得 1.575 亿元的调解赔偿款。

1. 某泰集团于 1999 年 3 月 11 日获得“一种高分断小型断路器”实用新型专利。某泰集团认为天津某德公司及某电气公司于 2004 年 8 月 2 日至 2006 年 7 月 31 日生产、销售的 C65A、C65H、C65L、C65N、EA9AN 小型断路器装置侵犯原告涉案专利（ZL97248479.5）的权利要求 1.2，诉至浙江省温州市中级人民法院，要求被告立即停止侵权，赔偿损失 50 万元。2006 年 8 月，某泰集团在起诉时因无法证明自己因侵权遭受的损失，也没有天津某德公司侵权获利的证据，其要求的赔偿金额仅为 50 万元。同时某泰集团申请温州中院对天津某德公司侵权获利进行司法鉴定。

2. 2007 年 1 月，温州市中级人民法院根据某泰集团的申请，指定温州东瓯会计师事务所对天津某德公司涉案产品的销售额和利润进行审计，该审计报告核定其销售额共计 8.8 亿元。除此之外，在工商、税务资料中，天津某德公司自己申报的涉案产品利润率在 30% 以上。某泰集团发现侵权人获利情况远远超过其请求赔偿的 50 万元，遂申请变更诉讼请求，增加索赔数额至 334869872 元。

3. 一审法院认为，由于天津某德公司未提供成本账，则以天津某德公司的工商资料作为计算利润率的依据，以天津某德公司于 2004 年 8 月 2 日至 2006 年 7 月 31 日销售侵权产品所获得的营业利润计算出的赔偿数额为 355939206.25 元，因高于某泰集团请求数额，故确定天津某德公司的赔偿金额为 334869872 元。

4. 一审判决作出后，天津某德公司上诉至浙江省高级人民法院。2009 年 4 月 15 日浙江省高院主持调解，天津某德公司在尊重涉案第 CN97248479.5 号专利的基础上，与某泰集团达成如下协议：一是天津某德公司在调解书生效之日起 15 天内，向某泰集团支付补偿金人民币 15750 万元，如天津某德公司未能按照前述期限和金额付款，某泰集团有权申请执行温州中院（2006）温民三初字第 135 号民事判决；二是本案一审案件受理费 1716149 元，由天津某德公司负担，二审案件受理费 1716149 元，减半收取 858074.50 元，由天津某德公司、某泰集团各负担 429037.25 元；三是本协议签署并履行后，双方对本案不再存在任何争议。在法院的调解书外，法国某德电气公司与某泰集团还达成了全球和解，天津某德公司在签订和解协议后第 9 天支付了和解款项。

综观全案，可见，该案最终获得 1.575 亿元赔偿的关键是被控侵权人天津某德公司财务资料清晰，权利人某泰集团通过申请证据保全和司法鉴定，获得了天津某德公司侵权获利的有效证据，从而使案件赔偿额的计算有依据，从而获得巨额赔偿。

**（二）通过证据保全确定侵权销售数额，通过第三方审计并参考同生产类似产品的企业公布的数据确定单件产品合理利润，从而按侵权销售数量×合理利润计算出权利人的损失**

在北京某奇数据系统有限公司（以下简称某奇公司）诉某宝股份有限公司（以下简称某宝公司）侵害发明专利权纠纷一案[①]中，法院判决某宝公司赔偿某奇公司经济损失及合理支出5000万元。

1. 案件起因。

某奇公司是“一种物理认证方法及一种电子装置”发明专利的专利权人。某奇公司发现，被告某宝公司制造、销售的多款USBKEY产品落入了其专利权利要求16的保护范围，构成侵权产品，同时，某宝公司使用该侵权产品进行网上银行转账交易涉及的物理认证方法还落入了专利权利要求1的保护范围，又构成方法侵权。某奇公司认为，某宝公司的上述行为已构成对本公司专利权的侵犯，且给本公司造成了巨大经济损失，故而提起诉讼。

2. 通过申请证据保全和调查取证确定被诉侵权产品实际销售数量。

立案后某奇公司向法院申请财产保全和证据保全。之后，又申请法院向中国银行、中国人民解放军61046部队、中金金融认证中心有限公司进行调查取证。法院依申请实施了证据保全及调查取证，通过中国银行等三家单位证明函统计认定某宝公司向中国银行等12家银行销售被诉侵权产品的数量为481.42万个。

3. 通过提交利润审计报告并参照生产同类产品第三方企业的利润数据确定权利人专利产品的合理利润。

为证明专利产品的合理利润，某奇公司提供了其关联公司制造、销售专利产品利润的证据：《专项审计报告书》《（中国建设银行）网上银行第二代USBKEY采购框架合同》和《辽宁省农村信用社联合社网银系统USBKEY采购合同书》，证明某奇公司每个产品利润为10.68元和9.82元。为了补强该证据，某奇公司还以案外人某诚信科技股份有限公司（以下简称某诚信公司）制造、销售相同产品获利的证据《某诚信科技股份有限公司2014年度报告摘要》及某诚信公司《首次公开发行股票并在创业板上市招股说明书》（节选）进行辅助说明，得出某诚信公司2011年、2012年、2013年的产品利润分别为15元、12.6元、11.6元，均高于《专项审计报告书》确定的数额的结论。据此，某奇公司主张专利产品的合理利润为10元，得到了法院的支持。

---

① （2015）京知民初字第441号。

4. 法院确认持有证据一方，拒绝提供证据、妨碍举证，推定另一方的主张成立。

某宝公司一方面承认在证明函统计的12家银行之外，其还向渤海银行、浙江农村信用社（合作银行）、湖北银行等销售了被诉侵权产品，但拒不提交其向渤海银行、浙江农村信用社（合作银行）、湖北银行销售被诉侵权产品相关财务账册、资料。在此前提下，某奇公司主张某宝公司销售获利为85.8万元，并与之前计算出的4814.2万元损失合并主张经济损失4900万元，得到了法院的支持。

可见，在证明侵权成立并获得某宝公司销售数额之后，该案获得高额赔偿的关键是充分举证其专利产品的合理利润。

**（三）以生效刑事判决书确定违法所得为依据，确定被控侵权人侵权获利数额**

在广东某网络科技有限公司（以下简称某公司）诉谢某、周杨某某、刘某某、俞某侵害计算机软件著作权纠纷案①中，法院依据生效的刑事判决书确定的违法所得数额，一审判决谢某等人赔偿某公司经济损失441万元，二审维持原判。

1. 某公司向广州市中级人民法院提起民事诉讼时，相关刑事案件的判决已经生效。

广东省广州市越秀区人民法院查明，2010年5月7日，日本DigiparkInc. 授权某公司在中国大陆地区独家运营并销售使用“石器时代”服务的收费产品。被告人谢某、周杨某某在未获得“石器时代”网络游戏著作权人日本DigiparkInc. 及在中国大陆地区独家运营商某公司授权的情况下，从网络上获取“石器时代”网络游戏程序，并对该程序进行改编后，在温州市、杭州市等地租用的服务器上私自设置运营名为“螺丝石器”和“一起玩石器”的网络游戏，提供给客户使用，由被告人谢某通过第三方支付平台向客户销售虚拟货币，并将其个人银行账户捆绑于上述支付网站账户，自2010年5月7日至2012年2月9日共收取游戏客户的款项5116588.2元。被告人谢某先后雇请被告人俞某、刘某某负责“螺丝石器”和“一起玩石器”网络游戏的客服工作。判决书指出，被告人谢某因此非法获利约250万元，被告人周杨某某非法获利约170万元，被告人俞某、刘某某分别获取收入约8万元、13万元，合计441万元。②

2.《最高人民法院关于民事诉讼证据的若干规定》第十条规定，已为人民法院发生法律效力的裁判所确认的基本事实，当事人无须举证证明，但有相反证据足以

① （2014）粤高法民三终字第555号。
② （2012）穗越法刑初字第1037号。

推翻的除外。广州中院据此认定谢某等人应赔偿某公司经济损失人民币 441 万元。广东省高级人民法院二审维持原判。

可见，某公司获得巨额赔偿的关键是已有生效刑事判决确定了侵权人因为侵权而获得的利益。

总之，想要提高知识产权侵权案件的赔偿数额，权利人要尽量避免案件适用法定赔偿，应竭尽一切可能证明自己因为侵权遭受的损失或者侵权人因为侵权而获得的利益。权利人除自行收集一切与此关联的证据外，还可以通过申请法院证据保全、调查取证、审计等手段取得证据，也可以通过刑事、行政案件的先行处理固定证据。

# 电商平台恶意投诉的规制问题

## ——从我国首例恶意投诉诉前禁令谈起

曾旻辉[*] 戴晓萌[**]

**摘要:** 在知识产权侵权案件中，一方当事人通过新闻媒体、电子商务平台进行侵权公告或产品下架投诉的行为，在特定情况下能够起到阻碍相对方产品正常销售，甚至损其商誉的强烈影响，这种简单粗暴的维权方式在今天看来是显失公平的。本文结合法规与案例浅析恶意投诉诉前禁令的适用基础，并对如何规制提出薄见，以期对平衡知识产权权利人、经营者和电商平台之间的关系、促进互联网产业和电子商务的有序发展有所裨益。

**关键词:** 电商平台　知识产权　恶意投诉　诉前禁令

近日，康某赫公司通过新闻媒体和官方网站剑指苏某尔公司，声称苏某尔生产的一系列不粘锅产品侵犯其“蜂窝不粘专利技术”，并于10月23日在广州举办维权新闻发布会，预提起专利侵权诉讼索赔百亿元损失，声势十足。新闻发布会召开前夕，苏某尔公司以康某赫公司涉嫌诋毁商誉为由向杭州市中级人民法院提出诉前行为保全申请，并提供300万元现金人民币作为担保。法院经审查，认定本案未经专业比对侵权事实难以定夺，并作出康某赫公司立即停止可能影响苏某尔公司商誉的不当宣传行为，删除海报及报纸照片，立即停止在其官网、新浪微博、微信公众号上的不当宣传并不得通过新闻发布会或其他方式作上述宣传的诉前禁令。杭州市中院的一纸裁定，也折射出我国当前对于平衡知识产权纠纷双方当事人诉前权利的倾向。一方当事人通过新闻媒体渠道、电子商务平台进行侵权公告或产品下架投诉的行为，在特定情况下能够起到阻碍相对方产品正常销售，甚至损其商誉的强烈影响，这种简单粗暴的维权方式在今天看来是显失公平的。

---

* 曾旻辉，广东华进律师事务所律师。

** 戴晓萌，广东华进律师事务所律师。

入世以来，我国根据《与贸易有关的知识产权协定》（TRIPs）逐步建立并完善由程序法—知识产权单行法—司法解释等法律法规构成的知识产权诉前行为保全法律体系。2019 年 1 月 1 日，《最高人民法院关于审查知识产权纠纷行为保全案件适用法律若干问题的规定》以及《电子商务法》正式生效，标志着国家日益加强对知识产权的保护力度，同时也为知识产权维权开创了新的局面。

随着互联网时代的不断发展，电子商务平台异军突起并逐渐占领普罗大众的消费市场，成为当下备受瞩目的网络交易方式。这种新型的交易方式在带来快捷与便利的同时，也不可避免地产生了一系列的问题，其中恶意侵犯知识产权的现象最为频发。网络服务提供者往往会为权利人建立知识产权投诉机制，即权利人可在发现电子商务平台的侵权内容后，向平台投诉，要求平台采取删除、断开侵权链接等措施。然而，这一投诉机制在成为权利人和网络服务提供者保护伞的同时，也成为恶意竞争者打压、排挤竞争对手的不正当手段，被投诉的平台内合法经营者往往因为举证困难，处理不及时而处于不利地位，造成极大损失。因此，如何规制电商平台内的恶意投诉，最大限度地维护知识产权权利人的合法利益，也成为网络交易模式下备受关注的问题。

2019 年 9 月 16 日，杭州市余杭区人民法院（以下简称余杭法院）就一起恶意投诉引发的纠纷发出首例“反向行为保全申请”的诉前行为保全裁定，责令恶意投诉者立即停止知识产权侵权投诉行为。余杭法院此举也开创了我国司法实践中禁止恶意投诉的诉前禁令裁定之先河，开启了被投诉侵权人以投诉人涉嫌恶意投诉构成不正当竞争为由，请求法院责令投诉人停止投诉的全新维权模式。该案申请人徐某在淘宝网上经营一家名为“某包装盒礼品盒”的店铺，主营阿胶糕包装盒。自 2017 年 12 月起，田某、刘某和某文化公司分别以阿胶糕包装盒设计标签构成著作权侵权为由针对徐某的店铺共发起了 23 次投诉，导致店内 12 条热销产品链接被删除，给徐某造成了严重的损失。在淘宝平台知识产权维权机构的支持下，徐某于 9 月 4 日向余杭法院申请了诉前行为保全。余杭法院受理申请后，对被控侵权包装盒设计标签与涉案著作权进行比对分析、对投诉材料以及版权登记信息进行仔细审核，依照《最高人民法院关于审查知识产权纠纷行为保全案件适用法律若干问题的规定》进行了审慎裁判。

首先，徐某的请求具有事实基础和法律依据。被申请人之一的田某，同样在淘宝网上开设网店，销售阿胶糕包装盒，与徐某存在同业竞争关系。而另外两名被申请人刘某和某文化公司在登录 IP 地址、账号绑定邮箱认证都与田某有着密切关联。被申请人使用部分变造、伪造的版权发表证明、版权登记信息等虚假内容作为投诉材料，持续多次针对申请人徐某店内的热销产品进行著作权侵权投诉，致使申请人的 12 件产品链接被淘宝公司删除，从而达到清除竞争对手、抢占市场份额的目的。该行为涉嫌共同构成不正当竞争。

其次，也是做出诉前禁令裁定时需考量的最为重要的一点，即不采取行为保全措施会使申请人徐某的合法权益受到难以弥补的损害。诉前行为保全，是法院在案件审判之前即责令被申请人禁止实施某行为的强制措施，要求被申保全行为具有很强的紧迫性和必要性。在上述案件中，即将到来的秋冬季节为阿胶糕的销售旺季，对阿胶糕包装盒的需求也将相继提高，同时秋冬季节伴随着国庆、“双十一”“双十二”、圣诞节以及元旦、春节等具有商机的节日，消费者的购物欲望增长，若此时店铺产品链接被下架删除，将给申请人造成极大的经济损失。此外，因投诉而被下架删除产品链接的店铺，其诚信信誉以及多年经营凝结而成的商誉也将受到影响，即使日后发现系恶意投诉所致，其店铺形象也会在消费者心中大打折扣，失去优势市场份额。同时，根据某宝公司设立的知识产权维权机制的规则，一旦侵权投诉成立，除被控侵权产品链接下架删除外，店铺还将受到扣分、临时监管、限制宣传等处罚，这将对店铺产品的销量造成直接影响。综合考量以上因素，若不及时采取诉前行为保全，暂时制止被申请人的投诉行为，即使徐某在最终的不正当竞争诉讼中胜诉，恶意投诉所致的产品链接下架也将对徐某造成不可逆的巨大损失。

与此同时，不采取行为保全措施对申请人徐某造成的损害会超过采取行为保全措施对三个被申请人造成的损害。由于阿胶糕产品的特殊时令性，田某、刘某以及某文化公司只要保证徐某在产品旺季无法销售，即可变相占有市场份额，获得利益。而且该案中，徐某已经就诉前行为保全的申请提供担保，被申请人因保全错误可能带来的损害可得到相应救济，同时被申请人提供的相关权属证明及投诉材料也可作为证据，日后通过诉讼方式继续维护自身合法权益。而对于徐某来说，一旦产品链接被下架删除，将面临错失旺季、销量骤降以及商誉受损等难以弥补的损失。

知识产权法领域的诉前禁令制度为制止电商平台内恶意投诉行为维护知识产权权利人的合法权益提供了强有力的司法保障，除此之外，2019 年正式生效的《电子商务法》也对因恶意投诉造成损失的问题进行了明确规定，“因通知错误造成平台内经营者损害的，依法承担民事责任。恶意发出错误通知，造成平台内经营者损失的，加倍承担赔偿责任”。我国法律中有关电商平台“通知 - 删除”规则的规定起源于美国 1998 年颁布的《千禧年数字版权法》（DMCA），法典中明确规定了网络服务提供者必须遵守“避风港规则”，当网络服务提供者接到版权所有权人或其他代理人发出的侵权通知时，必须迅速阻止被控侵权网络链接的访问或从系统中删除此类链接。

但是，从电子商务平台的运营实践中可看出，大量虚假权利人变造、伪造知识产权权属证明，滥用“通知 – 删除”规则对平台内经营者进行恶意投诉，导致该规则无法发挥出旨在的效用。

同时，随着电商平台知识产权保护的范围不断向纵深发展，大量的专利侵权投诉涌现，不同于著作权侵权投诉可通过初步证据和直观比对得出较为准确的侵权与否结论，专利侵权判定需对被控侵权技术方案进行技术特征的分解，并与被控侵权产品进行相应技术特征的比对，具有一定的专业性和复杂性，对网络服务提供者提出了较高的能力要求。这也就使得“通知 – 删除”规则以及《电子商务法》规定的“错误通知赔偿”规则在电商平台知识产权保护层面难以发挥实效。

针对这一问题，我国在《信息网络传播权保护条例》中提出了“通知 – 删除 – 反通知 – 恢复”规则，即电商平台在收到权利人发出通知之后，立即采取断开、删除链接等措施，然后转通知给在平台销售侵权产品的经营者，如果收到经营者合理有效的反通知，则电商平台需要恢复原状。之后权利人可申请“诉前禁令”或通过诉讼的方式解决纠纷。这一规则使电商平台能够保持中立，更好地平衡双方利益，同时也能尽量减轻因错误通知而造成的损失。除此之外，该规则降低了电商平台的注意义务程度，避免了平台对通知真实性的实质性审查。针对电商领域专利侵权专业复杂的特点，电商平台可建立与第三方专业机构的合作机制，在无法做出侵权与否判断的情况下，委托专业机构做出判定意见，根据判定意见采取进一步的行动。例如，阿里巴巴与浙江省知识产权局达成合作，通过电商平台内设置的知识产权局处理链接获得专业的处理意见，避免错误删除带来的不利影响，降低电商平台自身的风险，更重要的是能够真正维护知识产权权利人的合法权益。

无论是“诉前禁令”制度还是“通知 – 删除”规则、“错误通知赔偿”规则以及我国法律法规、司法实践中其他有关互联网交易时代下知识产权法领域的规定和实例，均旨在规制电商平台的恶意投诉问题，促进互联网产业和电子商务的有序发展，平衡好知识产权权利人、经营者和电商平台之间的关系。

# 网络购物收货地不宜作为知识产权和不正当竞争案件的侵权行为地

## ——上诉人广东马×尔服饰有限公司、周×伦与被上诉人新×伦贸易（中国）有限公司、一审被告南京东×商城有限责任公司不正当竞争纠纷管辖权异议案案例分析①

杨　河*　　李　华**

**摘要：**网络购物收货地是否可以作为确定侵犯商标权或专利权案件以及不正当竞争案件管辖法院的连接点，司法实践中有很大的争议，各地法院对这一问题未形成统一的认识，导致各地法院对待相同或类似问题时往往会做出不同的裁判。最高人民法院通过本案确定了“网络购物收货地不宜作为知识产权和不正当竞争案件的侵权行为地的管辖连接点”的规则，统一了裁判标准。

**关键词：**网络购物收货地　管辖连接点

## 一、当事人基本情况及案由

### （一）上诉人及其代理人基本情况

上诉人（一审被告）：广东马×尔服饰有限公司。住所地：广东省广州市天河区华穗路××××。

法定代表人：周×伦，该公司董事长。

委托诉讼代理人：杨河，广东格林律师事务所律师。

---

① 本案入选最高人民法院知识产权案例年度报告（2017），并成为最高人民法院2017年审判指导案例。

* 杨河，广东格林律师事务所律师。

** 李华，广东太平洋联合律师事务所律师。

委托诉讼代理人：董宜东，广东太平洋联合律师事务所律师。

上诉人（一审被告）：周×伦，男，汉族，1968年5月22日出生，住广东省广州市天河区。

委托诉讼代理人：杨河，广东格林律师事务所律师。

委托诉讼代理人：董宜东，广东太平洋联合律师事务所律师。

**（二）被上诉人及其代理人基本情况**

被上诉人（一审原告）：新×伦贸易（中国）有限公司。住所地：上海市长宁区长宁路××××。

法定代表人：张×文，该公司董事长。

委托诉讼代理人：杨璞，上海市方达律师事务所律师。

委托诉讼代理人：周整，上海市方达（北京）律师事务所律师。

**（三）一审被告及其代理人基本情况**

一审被告：南京东×商城有限责任公司。住所地：江苏省南京市秦淮区中山南路××××。

法定代表人：王×健，该公司董事长。

委托诉讼代理人：邵燕，江苏永衡昭辉律师事务所律师。

委托诉讼代理人：朱芳雄，江苏永衡昭辉律师事务所实习律师。

**（四）案由**

不正当竞争纠纷。

## 二、案情介绍

2015年年初，一审原告新×伦贸易（中国）有限公司（以下简称新×伦公司）通过网购方式向被告广东马×尔服饰有限公司（以下简称马×尔公司）公证购买涉嫌侵权的产品，并指定南京作为收货地。2015年7月9日新×伦公司以不正当竞争为由向江苏省高级人民法院提起诉讼，要求被告马×尔公司、周×伦停止侵权并赔偿损失。一审被告马×尔公司、周×伦在答辩期内提出管辖权异议，认为："南京虽然是网络交易收货地，但不宜认定为侵权结果发生地。"江苏省高院作出的（2015）苏知民初字第00001号民事裁定书主要依据《最高人民法院关于〈中华人民共和国民事诉讼法〉的解释》（以下简称《民事诉讼法司法解释》）第二十条、第二十五条的规定，先将网购收货地确定为合同履行地，然后进一步认定网购收货地为侵权行为地，因此将网络购物收货地作为确定此类案件管辖法院的连接点，认定江苏省高院对案件有管辖权，驳回了当事人的管辖权异议申请。后马×尔公司、周×伦不服一审裁定，向最高人民法院提起上诉。

## 三、本案争议焦点

1. 在侵犯知识产权和不正当竞争案件中，原告通过网络购物取得被诉侵权产品，能否以网络购物收货地作为侵权行为地确定管辖。

2. 本案应当如何确定管辖法院。

## 四、双方意见

### （一）上诉人意见

1. 尽管南京地区是南京东×商城有限责任公司（以下简称南京东×商城）的住所地，但由于马×尔公司的被诉侵权行为与南京东×商城的被诉侵权行为不属于共同侵权行为，不应成为本案的共同被告，一审法院对上诉人的被诉侵权行为不具有管辖权。南京东×商城在本案中的被诉侵权行为是其提供场地给广州×珈公司，与广州×珈公司共同销售被诉侵权产品，该行为发生在 2013 年 4 月 1 日至 2014 年 3 月 31 日；而马×尔公司被诉侵权行为则是在网络上销售被诉侵权产品，时间发生于 2015 年，该行为是上诉人单独实施的。

可见，二者的被诉侵权行为既不相同，也不具有关联。马×尔公司与南京东×商城不存在任何合作关系，因此不存在共同实施被诉共同侵权行为的事实基础，不能成为本案的共同被告。南京东×商城仅仅与广州×珈公司之间存在过合作关系，新×伦公司如果要追究南京东×商城与广州×珈公司的共同侵权行为，共同被告应当是南京东×商城与广州×珈公司。因广州×珈公司现已注销，只能起诉南京东×商城一家。而对于马×尔公司和南京东×商城的被诉侵权行为，新×伦公司只能分别起诉，不能在一个案件中起诉，法院也不能将两个不相关联的行为和不相关联的主体强行置于一个案件中进行审理。

2. 南京地区不是马×尔公司通过网络销售被诉侵权产品的被诉侵权行为地，一审法院认定"网络购物收货地"是侵权行为地没有法律依据。（1）一审法院对《民事诉讼法司法解释》第二十条的规定进行扩大化解释，违背了立法意图，不能将"网络买卖合同纠纷"的管辖规定随意移植到侵权案件的管辖上。（2）"销售地"和"网络交易收货地"具有不同含义，将"网络交易收货地"视为"网络环境下的销售地”并作为知识产权侵权案件的管辖连接点没有任何法律依据。（3）一审法院“以收货地为管辖连结地方便权利人诉讼维权”的理由是不能成立的。（4）以“收货地”作为管辖连接点违背了“收敛稳定”的管辖原则，同时也违背了知识产权案件集中管辖的原则。

综上，请求最高人民法院依法撤销一审裁定，将案件移送上诉人住所地广州市天河区人民法院管辖。

**（二）被上诉人意见**

1. 一审法院作为南京东×商城的住所地法院，对本案具有管辖权。本案中，周×伦、马×尔公司和南京东×商城以分工协作的方式，共同实施了涉案不正当竞争行为。其中，周×伦恶意注册了涉案侵权标识，继而将侵权标识许可给马×尔公司，或者通过其控制的关联企业与南京东×商城签订销售合同，合作实施了共同侵权行为。马×尔公司与南京东×商城都是基于周×伦的授权，以网络销售和商场柜台销售相结合的方式，有计划地在南京市推广标有涉案侵权标识的侵权产品。同时，南京东×商城也在互联网上宣传其销售的侵权产品品牌。因此，周×伦、马×尔公司和南京东×商城的被诉侵权行为具有高度关联性，应当在同一案件中进行审理。

2. 一审法院作为侵权行为地法院，对本案具有管辖权。首先，南京市是南京东×商城实施被诉侵权行为的侵权行为地。其次，南京市是马×尔公司实施被诉侵权行为的侵权行为地。网络购物收货地是履行相关合同的地方，在本案中，合同履行地就是马×尔公司侵权行为地。周×伦授权马×尔公司使用涉案侵权标识，并通过“×伦 BOLUNE”微信公众账号向南京市的消费者销售侵权产品。其本质就是履行与南京市消费者之间以侵权产品为标的的买卖合同。当马×尔公司将侵权产品寄到消费者手中时，既履行了合同，也随即发生《反不正当竞争法》第二条以及第五条的行为和结果。因此，本案合同履行地就是侵权行为结果的发生地。

综上，一审法院作为南京东×商城住所地和本案侵权行为地的法院，对本案具有管辖权。请求最高人民法院依法驳回马×尔公司的管辖权异议。

**（三）一审被告南京东×商城意见**

1. 南京东×商城不存在不正当竞争行为，不是本案适格被告。（2015）粤高法民三终字第444号民事判决已认定周×伦合法拥有“×伦”和“新×伦”商标，故南京东×商城销售有关“×伦”和“新×伦”商标的商品都是合法行为，不存在不正当竞争行为，南京东×商城的住所地也不是侵权行为地，故一审法院依据南京东×商城的工商注册地确定其具有管辖权，认定事实和适用法律均系错误。即便广州×珈公司和南京东×商城具有共同被诉侵权行为，但新×伦公司已经撤销了对广州×珈公司的起诉，因此本案已失去了主张共同侵权之诉的基础。

2. 新×伦公司未经周×伦许可，在相同商品上使用与周×伦注册商标“×伦”和“新×伦”相同的标识，系侵害周×伦注册商标专用权的侵权行为。

3. 本案网络销售被诉侵权行为是新×伦公司特意到南京市购买被诉侵权产品，属于钓鱼式的选择诉讼地，证明其诉讼目的具有不正当性。

综上，一审法院对本案不具有管辖权，请求最高人民法院依法撤销一审裁定。

## 五、法院裁决

### （一）关于第一个焦点问题

侵犯知识产权案件和不正当竞争案件均属于侵权类案件，《中华人民共和国民事诉讼法》（以下简称《民事诉讼法》）第二十八条规定，因侵权行为提起的诉讼，由侵权行为地或者被告住所地人民法院管辖。《民事诉讼法司法解释》第二十四条规定，民事诉讼法第二十八条规定的侵权行为地，包括侵权行为实施地、侵权结果发生地。侵犯知识产权的案件中，由于附着了商标或者其他权利的商品具有大范围的可流通性，如何确定侵权行为地有不同于一般民事纠纷案件的特殊性。《最高人民法院关于审理商标民事纠纷案件适用法律若干问题的解释》第六条规定，因侵犯注册商标专用权行为提起的民事诉讼，由商标法（指 2001 年修正的商标法）第十三条、第五十二条所规定侵权行为的实施地、侵权商品的储藏地或者查封扣押地、被告住所地人民法院管辖。根据该条规定，在侵犯商标权案件中，除大量侵权商品的储藏地以及海关、工商等行政机关依法查封、扣押侵权商品的所在地外，仅侵权行为的实施地或者被告住所地可以作为管辖依据，而不再依据侵权结果发生地确定管辖。

本案中，新×伦公司认为马×尔公司的侵权行为是基于周×伦的授权，通过“×伦 BOLUNE”微信公众账号销售被诉侵权产品，参照前述司法解释规定，新×伦公司可以在马×尔公司被诉侵权行为的实施地以及该公司住所地的人民法院提起诉讼。马×尔公司住所地位于广东省广州市天河区，新×伦公司亦无其他证据证明其在公司住所地之外的其他地区实施了侵权行为，故应以该住所地作为对马×尔公司相应行为确定管辖的依据。

《民事诉讼法司法解释》第二十条规定：“以信息网络方式订立的买卖合同，通过信息网络交付标的的，以买受人住所地为合同履行地；通过其他方式交付标的的的，收货地为合同履行地。合同对履行地有约定的，从其约定。”该条规定是对《民事诉讼法》第二十三条、第三十四条关于合同履行地的补充规定。对于以信息网络方式订立的买卖合同，确定被告住所地或者合同履行地存在一定的困难，故该条进行了明确。由于合同案件与侵犯知识产权及不正当竞争案件存在较大的不同，合同案件一般发生在合同当事人之间，且其影响基本仅限于特定的行为和特定的当事人，而在侵犯知识产权和不正当竞争案件中，当事人通过网络购物方式取得被诉侵权产品，虽然形式上与“以信息网络方式订立买卖合同”并无区别，但其所提出的侵权主张并非仅针对这一特定的产品，而是包含了特定权利的所有产品；其主张也并非仅针对合同的另一方主体，而可能是与此产品相关的、根据法律规定可能构成侵权的其他各方主体。考虑到上述区别，并考虑到侵犯知识产权案件和不正当竞争案件中对侵权行为地的确定有专门的规定，在此类案件中，如果原告通过网络购物方式购买被诉侵权产品，不宜适用《民事诉讼法司法解释》第二十条的规定来确定案件的地域管辖。

一审法院援引《民事诉讼法司法解释》第二十条的规定，认定南京市既是马×尔公司的侵权行为实施地，也是侵权结果发生地，适用法律不当，最高人民法院予以纠正。

**（二）关于第二个焦点问题**

新×伦公司起诉的侵权行为包括：南京东×商城与广州×珈公司签订联合销售专柜合同销售带有“新×伦”标识的被诉侵权产品；马×尔公司基于周×伦的授权，通过“×伦 BOLUNE”微信公众账号销售被诉侵权产品。南京东×商城的行为发生在2013年4月1日至2014年3月31日，马×尔公司的销售行为发生于2015年。可见，二者的被诉侵权行为既不相同，也不具有关联性。《民事诉讼法》第五十二条规定，当事人一方或者双方为二人以上，其诉讼标的是共同的，或者诉讼标的是同一种类、人民法院认为可以合并审理并经当事人同意的，为共同诉讼。根据该条规定，共同诉讼分为必要共同诉讼和普通的共同诉讼。必要的共同诉讼的特点在于共同诉讼的一方当事人对诉讼标的有不可分的共同的权利义务。普通共同诉讼的特点在于共同诉讼的一方当事人对诉讼标的没有共同的权利义务，是一种可分之诉，只是因为他们的诉讼标的属于同一种类，在当事人同意的情况下，人民法院可以作为共同诉讼审理。

本案既不是必要的共同诉讼，马×尔公司亦明确表示不同意在一案中进行审理，故本案应分案审理。南京地区法院对南京东×商城的被诉侵权行为享有管辖权，马×尔公司或者周×伦所在地法院对周×伦和马×尔公司的被诉侵权行为享有管辖权，具体管辖法院需待分案后新×伦公司分别明确两案的诉讼请求后再行确定。

## 六、裁定结果

最高人民法院经过对案件的审理，充分地听取了双方的代理意见，最终采纳了上诉人一方的观点，作出了撤销江苏省高级人民法院（2015）苏知民初字第00001号民事裁定的终审裁定①。该案待分案后重新确定管辖。

## 七、办案总结、意义

在此案发生前，针对网络购物收货地是否可以作为确定侵犯商标权或专利权案件以及不正当竞争案件管辖法院的连接点，司法实践中有很大的争议，各地法院对这一问题也未形成统一的认识，导致各地法院对相同或类似问题往往会作出不同的裁判。例如：

北京知识产权法院认为，根据《民事诉讼法》第二十八条、《民事诉讼法司法解释》第二十四条的规定，因侵权行为提起的诉讼，由侵权行为地或者被告住所地人民法院管辖，侵权行为地包括侵权行为实施地、侵权结果发生地。对于侵权结果发生地，通常应理解为侵权行为直接产生的结果发生地。

关于《民事诉讼法司法解释》第二十五条，北京知识产权法院认为，首先，该条所称信息网络侵权行为，是指侵权人利用互联网发布直接侵害他人合法权益的信息的行为，如侵权人在互联网上发布的信息直接侵害权利人对作品享有的信息网络传播权等。可见，信息网络侵权行为具有特定含义和范围，而非凡是案件事实与网络有关的侵权行为均属于信息网络侵权行为。本案系专利侵权纠纷，是以被控侵权产品是否落入专利权的保护范围为判定基础，并不涉及网络上的信息本身与专利权项进行比对的问题。故被诉侵权行为并非信息网络侵权行为，本案不属于《民事诉讼法司法解释》第二十五条规制的范畴。其次，管辖权的确定对当事人而言至少应当具有确定性和可预期性。确定管辖权，主要依据“两便原则”以及为防止原告滥用诉权而规定的“原告就被告”原则。对专利侵权纠纷而言，无论是由生产地、实际销售地还是被告住所地确定管辖，都相较于起诉人住所地更有利于法院对侵权事

---

① （2016）最高法民辖终107号。

实进行查明、对被控侵权产品进行比对以及相应判决的执行。倘若商家将其产品置于电商平台进行销售，就意味着其可能面临全国各地法院应诉的局面，这显然不符合管辖权确定的基本原则，也可能使以“被告住所地”确定管辖的制度设计落空。①

在该系列案件中，广州知识产权法院认为，“原告委托他人通过网购邮寄方式向被起诉人购买了被诉侵权产品，收货地址为广东省广州市×公证处，但该地址并非侵权行为的实施地。而且在知识产权侵权纠纷案件中，侵权结果发生地应当理解为侵权行为直接产生的结果发生地，而不能以起诉人指定的产品收取地作为侵权结果发生地，若非如此，起诉人将能以中国大陆内任一具有专利管辖权的法院作为诉讼法院，致使管辖制度形同虚设，失去其应有之意”。②

从上述两例中可以看出，北京、广州知识产权法院对于将网购收货地作为侵权行为地确定管辖的观点是持否定态度的。上述两院认为，应遵循“原告就被告”基本管辖原则，以及《民事诉讼法司法解释》起草的原义，不得让管辖制度被随意创设，任意设定管辖权，会使管辖制度名存实亡。

而江苏高院、上海知识产权法院、上海高院、广东高院、浙江高院在相关案件中的观点与北京、广州知产法院的观点正好相反，认为网络购物收货地作为销售侵权商品这一侵权行为的结果发生地亦应属于侵权行为地，进而可以作为确定管辖法院的连接点。

此次最高院的裁定，对《民事诉讼法司法解释》第二十条、第二十五条以及涉及信息网络相关管辖问题的理解及适用进行了解释与纠正，明确了网络购物收货地不宜作为知识产权案件及不正当竞争纠纷案件管辖法院的连接点，网络购物收货地不宜作为侵权行为地并以此来确定案件管辖法院。该案将使得今后相同或相似情况的管辖异议案件在不同法院得到迥异裁决结果的情况有所改变，在一定程度上为当事人选择管辖法院确定了统一的标准，也为全国各法院审理相同或近似案件提供了参考，有利于统一法律适用，提高审判质量，维护司法公正，具有重大的现实意义。

---

① （2015）京知民立初字第2454号。

② （2015）粤知法立民初字第8、9、10号。

# 我国知识产权融资业务的现状与发展

魏　国*

**摘要：**知识产权质押融资是目前我国政府推行的化解中小型高新技术企业融资难题的重要举措，然而实践中能够获得该项融资的企业非常少。本文从知识产权价值评估、知识产权交易市场、质押物处置变现以及相关法律制度等方面探讨了我国目前中小型高新技术企业知识产权质押融资的困境及其产生的原因，并提出相应的对策。

**关键词：**知识产权　质押融资　困境与对策

## 一、知识产权融资业务的现状

在国际金融危机等因素的影响下，我国有些企业资金链出现问题，却拿不出足够的有形资产进行抵押，以获得银行贷款，只能苦苦支撑。虽然政府部门通过各种方式帮助中小企业解决融资难问题，但是仍有不少企业，虽拥有自主创新的知识产权，却无法融资，即所谓的“捧着金饭碗要饭吃”。目前我国一些中小企业发展到一定程度，其固定资产价值远远比不上无形资产，银行虽然知道企业知识产权有价值，但是本身难以对其进行准确的资产评估，同时又不知道如何变现，往往不敢轻易放贷。

企业知识产权质押融资是近些年来国家大力推广的新型融资方式，它不同于以往的以实物抵押贷款的融资方式，而是以企业知识产权为抵押物，向银行申请贷款，从而实现知识产权价值变现的一种新的融资方式，为中小型高新技术企业解决融资难问题提供了新的渠道。最近几年来，尽管我国企业知识产权质押融资工作成绩显著，但仍然处于起步的阶段。与发达国家相比依然有很大的差距，无论是在企业知识产权融资的规模还是在融资力度方面都明显落后，融资难成为制约我国中小

---

* 魏国，北京市盈科（广州）律师事务所律师。

型高新技术企业发展的关键“瓶颈”。本文主要对知识产权质押融资的现状及对策进行探讨，希望能够更好地把知识产权质押融资运用到企业中，以扩宽企业融资的渠道，推动我国经济更加长远健康的发展。

## 二、知识产权融资业务面临的主要问题

### （一）相关法律制度不完善

我国已经出台了不少关于知识产权质押贷款融资的法律，主要有《物权法》《担保法》及相关的司法解释。此外，《国家中长期科学和技术发展规划纲要（2006－2020年）》《科技进步法》以及《关于进一步加大对科技型中小企业信贷支持的指导意见》的颁布实施，也都显示出了国家在科教兴国和知识产权战略的大背景下，对中小企业通过自主创新走出资金短缺困境的重视。但遗憾的是，由于实施的时间不同，不同的规定在司法和行政保护的范围和力度上的针对性存在差异。比如，《专利法》第十二条允许专利所有人通过合同方式授予他人专利许可使用权，但是又规定了被许可人无权进行二次许可。这就从侧面否定了许可使用权的可转让性，也使得现实中大量存在的独占性、排他性和非排他性许可中许可使用权丧失了作为融资担保物的可能。再如，发明专利从公开日到授权日期间临时财产保护权能否作为质押的标的等的规定也不明确。正是由于知识产权质押融资的相关法律法规的不健全，使得质押融资在实践中面对复杂问题更加无所适从。

### （二）知识产权评估体系不健全

专利、版权和商标，值多少钱，谁说了算？这是在我国开展知识产权质押融资过程中，必须面对的一个技术难题。准确评估质押物的价值，是知识产权质押融资业务顺利开展的前提条件。知识产权价值评估的难点在于：第一，知识产权价值具有不稳定性。这是由知识产权的内在属性决定的，无形的知识产权与有形的不动产和动产相比，其价值更易受到技术、政策和市场等因素的影响，波动性较大，因而难以准确估值。第二，知识产权价值因评估方法的不同而有较大的差异。第三，知识产权价值评估涉及面非常广，包括会计、统计、财务管理等学科知识。其本身的复杂性和专业性、知识产权客体的非物质性和产品生产的独特性、唯一性以及价值的不确定性等，需要评估人员具备全面的学科知识。然而，评估人员学科知识不全、实践操作能力不强、职业道德修养不高制约了价值评估的质量①。

① 周训胜：《专利权质押融资的现状研究及对策建议》，载《科技与管理》2012年第6期。

### （三）知识产权融资业务交易费用高，贷款额低

知识产权融资业务中由于知识产权价值波动性大、流通性差、价值难以评估等风险的存在，使银行在开展业务时，为了降低提供知识产权质押融资的风险，必然要求企业提供更详细的知识产权法律评估和价值评估报告，实行严格的知识产权许可使用控制以及更复杂的权利保证机制和更高的风险定价利率。例如，广州的银行多要求企业用于质押的专利权须已取得国家知识产权局依法授予的专利证书，且处于法定有效期内，已实施2年（含2年）以上，且从借款申请日起计，发明专利剩余有效期不少于8年、实用新型及外观设计专利剩余有效期不少于4年。在质押率方面，发明专利权、实用新型专利权、驰名商标专用权、普通商标专用权的授信额分别不超过评估值的25%、15%、30%和20%；在贷款额度方面，原则上单笔贷款金额不超过1000万元。这些为了降低风险的措施导致企业通过知识产权质押进行融资的成本大增，占核发贷款额度的10%以上，远高于银行基准利率。

### （四）知识产权质押物处置变现困难

知识产权无法独自带来收益，必须与特定的生产设备、生产工艺和销售渠道等生产条件相结合，才能产生稳定、持续的现金流。这一特点在很大程度上限制了知识产权的流转范围，从而增加了知识产权处置变现的成本。要提高知识产权的流动性，必须从培育统一、规范、高效的知识产权交易市场着手。然而，目前我国各地建立的知识产权交易市场相互分割，交易规模普遍较小，市场发展空间狭窄，难以满足知识产权质押物转让和变现的需求。而设定知识产权质押的目的，主要是质权人在债务人不能履行债务时，用知识产权变现来满足债权的实现①。然而，万一企业不还款，银行虽然得到了质押的知识产权，但是由于缺乏交易市场，银行自身也无法运用这些知识产权创造价值，加上知识产权的价值难以评估，银行承担的风险就会变得更大。与其他资产不同，知识产权资产对于企业来说，是关系企业兴衰的关键因素，能够给企业带来附加的利润，但这些附加值都是在不断地使用中产生的。有些知识产权，仅仅可以为权利人提供担保，对于其他人来说，甚至是竞争者来说，都不一定适用。这类知识产权虽然具有很高的价值，但是在市场上的流通性很差，很难达成交易。因此知识产权质押物处置变现很困难。

---

① 匡国建：《知识产权质押融资试点面临的问题及对策》，2012年《广东调查》。

## 三、解决知识产权融资业务困境的主要对策

### （一）完善相关法律制度

政府要尽快完善相关法律法规，使知识产权质押融资有法可依，也为银行开展知识产权质押贷款提供安全的法律通道。在相关立法中，应当合理界定知识产权的界限，防止知识产权滥用，维护公平竞争的市场秩序和权利人的合法权益；在修订惩处知识产权侵权及质押贷款违约行为的法律法规时，要加大司法惩处力度，降低维权成本，提高侵权代价。另外，还要完善审判体制，设置专门的知识产权法庭，简化执行程序，一旦出质人违约不能如期归还借款，质押权利人就可以方便快捷地通过诉讼程序获得司法裁决，同时对质押物或有选择地行使各种权利或救济措施以实现知识产权质押及法律保护问题。

### （二）完善知识产权价值评估体系

一是完善知识产权评估规则。在现行无形资产评估规则框架下，分别制定专利、商标、著作权价值评估指南和操作规范，细化知识产权评估准则和标准，增强知识产权价值评估的科学性和可操作性。二是规范发展知识产权评估机构。以引进和培育相结合，引导和鼓励专业水平较高的境内外评估公司设立分支机构，带动评估行业的发展，培育一批市场公信力高、评估价值市场认可度强的专业评估机构。三是推动银行机构建立和完善知识产权内部评估体系。银行机构要加大专业人才的引进和培训力度，加强对新兴战略性产业的跟踪研究，提高识别和评价高新技术、自主知识产权及其发展方向和市场前景的能力，为开展知识产权质押融资业务创新提供人力和技术储备。

### （三）完善知识产权交易市场

目前我国在知识产权变现交易方面比较落后，缺乏完善的交易市场对知识产权交易进行统一管理。除此之外，能否迅速实现知识产权的价值是银行办理相关贷款时需要重点考虑的信贷风险问题，也是影响银行办理知识产权质押贷款积极性的重要方面。途径之一是整合目前各地分散的知识和技术产权交易所，搭建统一的区域性知识产权交易平台，交易品种涵盖专利权、商标权、著作权等各类知识产权，形成畅通的知识产权交易渠道①。通过完善和发展知识产权无形资产交易市场，降低

---

① 鲍海静，孟书霞：《关于进一步拓展知识产权质押融资范围的探讨》，载《内蒙古金融研究》2010年第12期。

交易费用，提高贷款额度。

**（四）探索知识产权质押物处置变现的多种渠道**

由于知识产权保值、变现难等风险因素的存在，加之实物抵押融资市场红火、银行业绩普遍较好，因此，银行为规避风险，对知识产权质押贷款业务普遍持消极或观望的态度。针对知识产权质押物很难处置变现的问题，我们可以探索参照对有形资产的处理方式，通过对知识产权质押物进行许可、拍卖、出资入股等，拓宽知识产权质押物变现的渠道，引导企业特别是高新技术企业参与，并将其纳入当地中小企业成长工程中。

**（五）构建多样化的风险防范机制**

作为知识产权质押融资服务的提供者，银行一方面要积极响应和落实国家有关政策，转变传统放贷观念，积极推出适当的知识产权质押融资产品，简化知识产权质押融资的流程和手续，尽可能地为企业提供便利。另一方面也要积极构建风险防范机制。为此，银行应同资产评估事务所、律师事务所合作，让他们以专业的知识技能参与知识产权质押贷款模式的策划、贷前审查、贷后管理及处置的全过程，防范风险的发生。如果条件允许，最好能够建立有资产评估事务所、律师事务所、保险公司、担保公司等中介机构参与的全方位金融服务平台，各机构各司其职，相互监督，以共同防范风险。

## 四、结语

我国的知识产权质押融资业务还处于起始阶段，相关法规政策也不够完善，在实际操作中还存在一些问题。因此加强对中小型高新技术企业知识产权质押融资问题的研究，分析企业在知识产权质押融资中存在的问题并解决建议，可以促进中小型高新技术企业的发展，最终促进国民经济总体水平的提高。

# 知识产权制度供给，粤港澳大湾区创新保障设想

王　燕[*]

**摘要：**粤港澳大湾区的建设，离不开知识产权的创新、保护和引领。然而，在“一国两制三法域”的背景下，目前三地知识产权制度各自独立而不同，执法各行其是，并不利于粤港澳大湾区对知识产权的创造、运用与保护。本文拟尝试探索粤港澳大湾区的知识产权制度从协同到融合的可能性和可行性，即通过三地协同保护知识产权的行动协议，发展到三地协作制度框架的安排，进一步制定统一的区域性法律，以此解决区际法律冲突。此方案符合事物发展的客观规律，且有既成的做法和经验可供借鉴和参考，应是较为可行的制度设计。

**关键词：**粤港澳大湾区　知识产权　制度供给　法律冲突与协调

## 一、定位：粤港澳大湾区建设的核心为“创新”，知识产权引领与保护是关键

党的十九大报告指出，以粤港澳大湾区建设、粤港澳合作、泛珠三角区域合作为重点，全面推进内地与香港和澳门的合作。当前政策已经明确，粤港澳大湾区建成国家级经济湾区已成为国家战略举措，是国家建设世界城市群、参与全球竞争的重要空间载体。在过去的一年里，粤港澳大湾区的建设如火如荼，已成为继美国旧金山湾区、美国纽约湾区、日本东京湾区之后的第四大世界级经济湾区。

### （一）如何令粤港澳大湾区的发展更迅猛？

综观前述三大湾区，尤其是美国旧金山湾区，是世界上最重要的高科技研发中心之一，著名的硅谷即位于该湾区；同时，引领社会技术进步与变革的谷歌、苹果、Facebook 等互联网巨头和特斯拉等企业的全球总部也均位于此。他山之石，可

---

＊ 王燕，广东固法律师事务所律师。

以攻玉，粤港澳大湾区的蓬勃发展也将离不开创新与科技研发定位。目前，大湾区已经启动了180公里长的广深科技创新走廊规划建设，若坚持以创新为撬动点，相信未来粤港澳大湾区将有望成为亚太地区最具活力的经济区。

### （二）如何在粤港澳大湾区引领和保护创新?

知识产权的引领和保护是关键！但同时笔者发现，与本文前述的世界三大湾区均分别处于单一的法域之下不同，粤港澳大湾区处于“一国两制三法域”的状态，各法域之间法律规定各不相同，在此情形下，知识产权法律冲突问题的解决，保护措施的相互认可与协同尤为重要。

## 二、现状：粤港澳各行其是的知识产权制度与保护措施

创新与高科技研发既然是粤港澳大湾区蓬勃发展的关键，则其发展不可能离开知识产权的保护与运用，但综观三地区的知识产权保护制度与保护措施，存在相当程度上的差别。

### （一）获得知识产权需要分别申请

粤港澳大湾区处于“一国两制三法域”[①]，由于知识产权的权利获取方式以法域为界，因此除因三地均参加了《伯尔尼公约》而令著作权在三地任何一区域获得后在其余地区均被承认外，专利权和商标权的获得必须分别向三地的主管机关进行申请，也就是说，同一项专利或商标要获得粤港澳三地的保护，必须分三次进行申请，耗时费力，获权十分不易。

### （二）执行知识产权保护的机构各有不同

内地法律以《专利法》《著作权法》以及《商标法》等规定为依据，对专利权、著作权和商标权的保护均实行司法保护和行政保护“双轨制”。当知识产权权利人受到侵害时，既可以向法院提起民事侵权诉讼，也可以请求相关行政部门，如管理专利权的知识产权局、管理著作权的版权局和管理商标权的商标局制止侵权行为，并由相关部门对侵权者进行行政处罚；相较而言，澳门特区的规范制度与内地较为相似，同样实行行政和司法保护双轨制。不同之处在于，澳门特区负责知识产权保护的行政机关为经济局；然而，香港特区主要向权利人提供司法保护，即在知识产权遭受侵害后，权利人需要就侵权向法院提起诉讼，制止侵权行为并获得赔偿。

---

① 因内地实行统一的法律制度，故下文论及广东时使用“内地法律”的相关表述。

### （三）知识产权侵权责任的规定各有不同

1. 民事赔偿责任的规定不同

以专利侵权的民事赔偿为例，三地在赔偿金的判定标准和判赔数额方面有较大差异：

内地《专利法》规定，权利人可以请求停止侵权和赔偿损失，停止侵权包括销毁侵权产品、半成品以及专用于生产侵权产品的模具；赔偿损失则按照侵权人侵权获利或权利人实际损失计算，在两者均无法确认时，法院可根据具体侵权情形最高可以作出100万元人民币的处罚。①

香港特区《专利条例》规定，权利人可请求法院制止侵权行为、要求被告交出或销毁侵权产品、要求被告支付损害赔偿并交出侵权所得的利润，但未明确提及若被告不配合，则法院可自由裁量作出最高多少的处罚。

而澳门特区颁布的《工业产权法律制度》中，侵犯专利权的民事赔偿责任需参照其他民事损害赔偿的准则来确定侵权责任。②

2. 刑事责任的认定与惩罚不同

以专利为例，内地法律规定，假冒专利情节严重的，将构成犯罪，有可能被判处3年以下有期徒刑，但侵犯专利权的行为则不构成犯罪；在香港特区，假冒专利同样需要承担刑事责任。比内地法律规定更为严格的是，在未申请专利、专利申请被撤回或已当作被撤回的情形下，仍然声称已申请专利的行为，也构成假冒专利犯罪，一经循简易程序定罪，可处第3级罚款；在澳门特区，根据《工业产权法律制度》的规定，侵犯专利权的行为构成犯罪，最高可处2年有期徒刑，或60日至120日罚金；而假冒专利的，却不被视为犯罪行为，仅需承担相关行政责任。

以商标侵权的刑事责任为例，内地法律规定，特定的侵权行为，如假冒注册商标、销售假冒注册商标的商品、非法制造以及销售非法制造的注册商标标识等，只要满足一定的数额要求，如非法经营数额在5万元以上或者违法所得数额在3万元以上，即可能被判处3年以下有期徒刑或者拘役、并处或者单处罚金，情节严重的，甚至可能被判处3年以上7年以下有期徒刑，并处罚金；香港特区较为严格，任何人具有欺骗意图作出应用伪造商标的行为、与商标直接侵权行为相关的准备行为、继续行为等，均属刑事犯罪，一经定罪，均有可能处以罚款及监禁，同时其特

---

① 在权利人有证据证明其损失或被告的侵权获利超过法律规定的上限的情况下，赔偿数额不受上限的限制。

② 何金明：《澳门知识产权侵权行为赔偿制度的分析及评论》，载游劝荣主编《知识产权保护法律制度比较研究》，人民法院出版社2012年版，第38－39页。

别之处在于，负责执行刑罚的机关是海关。①

在澳门特区，侵犯商标权的，可能被科处最高3年徒刑或90日至180日罚金。

3. 侵犯著作权的民事、刑事责任规定迥异

在内地，侵害著作人格权的民事责任，不仅需侵权人停止侵权并赔偿损失，还须侵权人通过报纸、网络平台等途径公开声明其侵权行为，以消除不良影响并向权利人赔礼道歉。

香港特区的《版权条例》虽然并未规定侵害著作人格权的消除影响、赔礼道歉等责任，但在刑事责任方面的规定却较内地更加详尽。其中所涉罪名主要包括制作侵权复制品罪、进口侵权复制品罪、出口侵权复制品罪、管有（持有）侵权复制品罪、制作用以侵权物品罪、进出口用以侵权物品罪、占有用以侵权物品罪、出售用以侵权物品罪，而罪名一经成立，针对侵权复制品的犯罪，可处监禁4年并可处第5级罚款，针对用以侵权的物品的犯罪，可处罚款50万美元及监禁8年。

在澳门特区，侵害著作权的刑事责任相关规定也十分繁多。其中，澳门法律特别规定了，向公众推广或提供取消或删除保护性技术措施的服务，以及为实现该等服务的制造、进口、出口、销售、发行或租赁的行为，更改用于管理权利的电子信息的行为均属犯罪行为，一经定罪，即可处最高1年至2年徒刑或最高120日至240日罚金。

## 三、未来：循序渐进的制度设计与设想

### （一）粤港澳大湾区知识产权制度协同的可行性背景

虽然三地的法域历史状况、经济发展不同，相应地法律规定尤其是知识产权规定亦存在诸多方面的差异。但在《巴黎公约》《伯尔尼公约》《TRIPS协议》等条款较为完备的知识产权国际条约的影响下，世界各法域知识产权法律制度在总体上已呈现出趋同的态势，实现三地知识产权的协同保护，为粤港澳大湾区打造创新高地提供制度保障，是顺应国际法律发展潮流之举。

同时，粤港澳三地在司法方面早已有了协同合作的先行经验，并一直不断发展完善。比如现有的《关于内地与香港特别行政区法院相互认可和执行当事人协议管辖的民商事案件判决的安排》《关于内地与香港特别行政区法院相互认可和执行婚姻家庭民事案件判决的安排》和《关于内地与澳门特别行政区相互认可和执行民

① 彭辉：《知识产权制度比较研究》，法律出版社2015年版，第175-176页。

商事判决的安排》等。

最高人民法院与香港特区、澳门特区签订的这些关于相互认可和执行民商事判决的相关安排，极大地便利了内地和港澳之间民商事判决的认可和执行，接下来在知识产权方面的相关安排应当是呼之欲出了。

### （二）粤港澳大湾区知识产权制度协同的方案设想

1. 通过三地的协议安排解决知识产权权利认可的法律冲突

参考过去在其他法律方面的合作经验，三地之间也可根据各自的需求和实际情况，互相签订相关协议或安排，相互认可或通过简易程序注册或登记各自地区法律主体已取得的知识产权，最大限度地解决知识产权权利认可的法律冲突。

2. 通过统一修改各自法律规定解决法律冲突

随着大湾区建设的推进及三地合作的深入发展，在三地经济不断协同发展、社会文化进一步融合的基础上，可探索更高层次的制度合作。在确保“一国两制”的实践不动摇的基础上，考虑大湾区经济发展的实际与需要，各地知识产权制度可以相互借鉴、取长补短，通过修订知识产权保护措施达到协同目的。

3. 通过制定统一的区域性法律彻底解决法律冲突

在“制定统一的区际法律并建立统一的行政、司法机构”方面，欧盟已做了有益的探索，欧盟统一知识产权立法及相关司法、行政机构的建立，在推动其技术创新与经济改革方面发挥了不可忽视的重要作用。

在大湾区经济发展与合作实现全面一体化的条件下，若有需要，还可探索在粤港澳大湾区的区际层面建立统一使用的知识产权法律制度，并可建立统一的权利审查和授予机构、统一的纠纷处理法院。

## 四、结语：知识产权协同保护，大湾区创新腾飞的翅膀

粤港澳大湾区的创新发展，离不开统一和完善的法律制度对知识产权的创造、保护和运用及其对大湾区创新高地建设的支撑和引领作用。但目前三地知识产权法律制度各行其是的情况，严重阻碍知识产权的引领发展。通过合理的制度设计，协调既存的区域知识产权法律冲突，实现大湾区知识产权协同保护，将为助力粤港澳大湾区成为一流湾区和世界级城市群插上腾飞的翅膀。

# 广州市某计算机网络服务有限公司与广州某计算机科技有限公司侵犯商业秘密纠纷案例评析

何倩丽*

**摘要：**本文以案为例，针对互联网领域的商业秘密等知识产权保护问题进行评析。本案所涉纠纷发生时，对于互联网领域的知识产权保护仍属于新类型案件。法院在案涉行为是否属于商业秘密的保护范围，是否构成侵权等争议焦点问题进行了详尽的分析、论述，具有一定的指引作用。同时，笔者结合《反不正当竞争法》的修订及《电信和互联网用户个人信息保护规定》等法律法规，论述了当前互联网领域商业秘密等知识产权、用户个人信息保护等焦点问题。

**关键字：**互联网　商业秘密　案例

## 一、当事人基本情况及案由

### （一）当事人

原告：广州市某计算机网络服务有限公司，广州市黄埔区。

法定代表人：郭某某，总经理。

被告：广州某计算机科技有限公司，广州市白云区。

法定代表人：杨某某，总经理。

### （二）案由

侵犯商业秘密纠纷。

* 何倩丽，广东蕴德律师事务所律师。

## 二、案情介绍

原告于2002年8月登记成立，经营范围包括计算机网络设计、安装，计算机信息咨询，信息服务业务等。2004年4月30日，原告经广东省通信管理局的许可，取得《中华人民共和国增值电信业务经营许可证》，获得经营增值电信业务的资格，业务种类为信息服务业务（含因特网信息服务，不含电话信息服务业务）。其后，原告开办###网站（网址为http：//www. ＊＊＊. com），该网站主要向客户提供贸易平台服务。

2006年5月29日，原告的法定代表人郭某某申请广州市公证处对相关网站及网页中的有关内容进行保全证据公证，拟证实其网站资料及会员资料被盗。广州市公证处于同年6月6日出具《公证书》，证实其根据原告提供的网站及网页地址，进入相关页面并进行实时打印，共打印网页31页，具体情况如下：1. 进入万网网站（网址为http：//www. net. cn）进行域名查询，查询结果是：联合商贸网站（网址为http：//www. $ $ $. net. cn及http：//www. %%%. cn）的注册者均是被告。2. 进入联合商贸网站（网址为http：//www. $ $ $. net. cn）的主页，在主页的右上侧有一“会员登录”窗口，该窗口中的可选操作包括“注册会员、登记公司、供求信息发布查询、用商务通谈生意、及时处理反馈、申请商务通、申请标准、会员服务、抢夺关键字”，此外还包括以下文字内容“（1）进入市场；（2）轻松贸易；（3）成交率提高”；在主页的最后，注明“粤ICP证B2－2004＊＊＊＊联合商贸版权所有”。3. 进入联合商贸网站的“网络办公室”页面（网址为http：//www. $ $ $. net/myoffice/login. jsp），在左侧的“注册登录”窗口输入登录名“szsmgsam”和相应密码，即可进入“会员首页”页面（网址为http：//www. $ $ $. net/myoffice/index. jsp）。在“会员首页”页面中，主要内容包括“紧急通知、活动介绍、汇款方式”三部分，在左侧的导航栏中包括会员首页、信息统计、供应信息、采购信息、产品展示、诚信档案、积分广告、成功案例、询价信息、网站管理、我的收藏夹、联合商贸邮箱、系统管理、招商展会管理、购买关键字排名等选项。4. 通过上述页面，进入付款方式的页面，其中载明了银行电汇的方式：“公司开户名：广州市某计算机网络服务有限公司，公司开户行：交通银行广州分行丰乐支行，账号：……交费后，用E－Mail或传真将你的账号（银行）户名、用户名和汇款底单告知我们……”商务会员服务汇款方式：“银行：招商银行，城市：广州，户名：杨某某，卡号：……”该页面最后载明：“《中华人民共和国电信与信息服务业务经营许可证》粤 ICP 证 B2－2004＊＊＊＊”。5. 进入###网站（网址：http：//www.＊＊＊.com）的主页，该网面提供的是“供求关系、产品库、公司库、行业资讯”方面的搜索引擎，在该页面的下侧有“企业采购网”的链接，点击该链接后，可进入企业采购网站（网址为 http：//www.☆☆☆.com）的主页，该页面的右上侧同样有一个“会员登录”窗口，经过与前述网站的“会员登录”窗口比对，两者的设计风格与文字内容、可选操作基本一致。在该页面的最后同样载明：“《中华人民共和国电信与信息服务业务经营许可证》粤 ICP 证 B2－2004＊＊＊＊。”6. 点击“会员登录”窗口，进入网址为 http：//www.☆☆☆.com/members/login.asp 的页面，在左侧的“注册登录”窗口同样输入登录名“szsmgsam”和相应密码，即可进入“会员首页”页面（网址为 http：//www.☆☆☆.com/AL－MyOffice/），经过与前述网站的“会员首页”页面进行比对，两者的主要内容以及在导航栏中的内容大致相同，页面设计风格也基本一致。

据此，原告认为，被告在其注册的域名为 http：//www.$$$.net.cn 及 http：//www.%%%.cn 的两个网站，通过黑客手段入侵原告的服务器，非法下载原告服务器中不为外人所知悉的能为原告带来经济利益的商业资料，非法盗用了原告企业的商业秘密。被告的侵权行为已经致使原告网站遭受重大损失，故请求法院依法判令：1. 被告立即停止侵犯原告网站客户资料的行为，并销毁侵权商业秘密资料；2. 被告赔偿原告损失 50000 元；3. 被告支付原告用于制止其侵权所支出的费用 4250 元（其中公证费 1750 元，律师费 2500 元）；4. 本案的诉讼费用由被告承担。

## 三、本案争议焦点

1. 原告网站中的会员登录系统与相应网页是否属于 1993 年《反不正当竞争法》中所保护的商业秘密？

2. 原告网站中的相关客户资料是否属于《反不正当竞争法》中所保护的商业秘密？

3. 被告是否构成侵犯原告商业秘密的行为？

## 四、双方意见

### （一）原告意见

原告拥有###网站（网址为 http：//www.＊＊＊.com），向客户提供贸易平台服

务。被告在其注册的域名为 http：//www. $ $ $. net. cn 及 http：//www. %%%. cn 的两个网站，通过黑客手段入侵原告的服务器，非法下载原告服务器中不为外人所知悉的能为原告带来经济利益的商业资料，非法盗用了原告企业的商业秘密。被告的侵权行为已经致使原告网站遭受重大损失。

**（二）被告意见**

被告认为，首先，被告从未通过黑客手段入侵原告的服务器，原告也未对被告通过黑客手段入侵其服务器进行举证。其次，原告混淆计算机软件与网页设计布局的概念，事实上，“联合商贸”首页的会员登录框，并非著作权法所指的“计算机软件”作品。而且，原告网站的页面布局与被告网站的页面布局也是有区别的：1. 顶部图片与内容不同；2. 左侧导航栏背景图片不同，原告亦未举证证实其网页是受著作权法保护的作品。最后，原告通过输入同样的用户名为“szsmgsam”及密码可以登录 http：//www. $ $ $. net. cn 及 http：//www. %%%. cn，并不能证实被告盗用了原告的客户资料，因为任何人均可以在两个网站以“szsmgsam”为用户名及密码来注册成为网站的会员，并登录网站。因此，请求法院驳回原告的诉讼请求。

## 五、法院判决

法院认为，本案系侵犯商业秘密纠纷，认定侵权与否应以商业秘密的存在为前提。根据 1993 年《反不正当竞争法》第十条第三款规定，商业秘密是指不为公众所知悉，能为权利人带来经济利益，具有实用性并经权利人采取保密措施的技术信息和经营信息。该条文规定了商业秘密构成的四要件，即秘密性、保密性、价值性和实用性。

本案中，原告认为被告侵犯的商业秘密，既包括原告网站中的会员登录系统及相应网页，又包括原告网站中相关的客户资料，两者是否属于商业秘密应分别予以认定。首先，对于网站中的会员登录系统及相应网页，其可归类于技术信息范畴，但由于该系统是通过互联网向公众开放使用，而相关网页也是供互联网用户浏览，因此，其并不符合“不为公众知悉”即秘密性，这一商业秘密的首要构成要件，更谈不上为此而采取保密措施了。因此，其并非 1993 年《反不正当竞争法》中所保护的商业秘密。其次，对于网站中相关的客户资料，其可归类于经营信息范畴。在现代市场经济条件下，客户资源的取得要靠经营者不断地挖掘和培养。经营者付出经营成本形成的客户资料，构成经营者市场竞争的潜在优势和利益，应当依法予以保护。而本案中，原告并没有证据证实其客户资料的具体情况，法院无法认定原告所指的客户资料的具体数量与所包含的经营信息，以及原告为此所采取的保密措施，因此，亦无法认定原告网站中所谓的客户资料是否符合商业秘密的构成要件。最后，根据原告的表述，其经营的网站中所谓的客户资料，只是互联网用户利用其贸易服务平台进行供求双方互动的信息平台。任何互联网用户都可以按自己的需要，选择是否在相关的网站中注册，而作为网站经营者只能被动地接受互联网用户的注册请求，这明显区别于普通经营者主动在市场中挖掘和培养的客户资源。

此外，原告为了证实被告的侵权事实，对原告与被告的网站内的相关网页进行了保全证据公证。但公证书的内容仅涉及如下事实：一是原、被告经营的网站中的会员登录系统及相应网页相似；二是用同一个用户名及相应密码可以登录原、被告经营的网站中的会员登录系统。对于第一种情况，原告网站的相关系统及网页的保护，属于著作权法的保护范畴，不属于本案调处的范围，原告可另案起诉。对于第二种情况，原告仅凭一个用户名及相应密码可以登录原、被告经营的网站中的会员系统，并不能证实被告盗取了其网站的客户资料，因为每一个互联网用户都可以使用同样的用户名及相应密码在不同的网站注册登记成为会员，并以此用户名及相应密码进行系统登录，且原告并无证据证实被告如何通过黑客的手段入侵其服务器盗取其客户资料。因此，原告认为被告侵犯其商业秘密的主张，并据此要求被告停止侵害、赔偿损失及支付为制止侵权而支出的费用的诉讼请求，缺乏理据，法院不予支持，予以驳回。

## 六、办案总结

笔者是本案例的原经办法官，由于本案涉及互联网领域的侵犯商业秘密纠纷，属于新类型的商业秘密保护案件，而商业秘密作为企业的核心知识产权，在法律保护方面一直是实践中的难点，因此在办理本案过程中对商业秘密的认定问题是结合了互联网领域的性质、特点，以互联网作为背景的情况下进行研究和探讨。《反不正当竞争法》先后经历了 2017 年及 2019 年两次修订，对互联网领域的商业秘密保护不断完善，结合本案例的情况，也对当前互联网领域的侵犯商业秘密纠纷具有一定的指引作用。

### （一）关于商业秘密的认定问题

在本案的审理过程中，案件的焦点问题就是关于原告主张的相关网站中的会员登录系统及相应网页，又包括原告网站中相关的客户资料是否属于 1993 年《反不正当竞争法》中规定的商业秘密保护范围。1993 年《反不正当竞争法》第十条规定：经营者不得采用下列手段侵犯商业秘密：（一）以盗窃、利诱、胁迫或者其他不正当手段获取权利人的商业秘密；（二）披露、使用或者允许他人使用以前项手段获取的权利人的商业秘密；（三）违反约定或者违反权利人有关保守商业秘密的要求，披露、使用或者允许他人使用其所掌握的商业秘密。第三人明知或者应知前款所列违法行为，获取、使用或者披露他人的商业秘密，视为侵犯商业秘密。本条所称的商业秘密，是指不为公众所知悉、能为权利人带来经济利益、具有实用性并经权利人采取保密措施的技术信息和经营信息。

按照1993年《反不正当竞争法》第十条第三款的规定，商业秘密构成的四要件，即秘密性、保密性、价值性和实用性。本案中，原告认为被告侵犯的商业秘密，既包括原告网站中的会员登录系统及相应网页，又包括原告网站中相关的客户资料，两者是否属于商业秘密应分别予以认定。

首先，对于网站中的会员登录系统及相应网页，其可归类于技术信息范畴，但由于该系统是通过互联网向公众开放使用，而相关网页也是供互联网用户浏览，因此，其并不符合“不为公众知悉”即秘密性，这一商业秘密的首要构成要件，更谈不上为此而采取保密措施了。因此，其并非1993年《反不正当竞争法》中所保护的商业秘密。

其次，对于网站中相关的客户资料，其可归类于经营信息范畴。在现代市场经济条件下，客户资源的取得要靠经营者不断地挖掘和培养。经营者付出经营成本形成的客户资料，构成经营者市场竞争的潜在优势和利益，应当依法予以保护。而本案中，原告并没有证据证实其客户资料的具体情况，法院无法认定原告所指的客户资料的具体数量与所包含的经营信息，以及原告为此所采取的保密措施，因此，亦无法认定原告网站中所谓的客户资料是否符合商业秘密的构成要件。

最后，根据原告的表述，其经营的网站中所谓的客户资料，只是互联网用户利用其贸易服务平台进行供求双方互动的信息平台。任何互联网用户都可以按自己的需要，选择是否在相关的网站中注册，而作为网站经营者只能被动地接受互联网用户的注册请求，这明显区别于普通经营者主动在市场中挖掘和培养的客户资源。

**（二）关于被告是否构成侵权的问题**

本案中，原告为了证实被告的侵权事实，对原告与被告的网站内的相关网页进行了保全证据公证。但根据公证书的内容，如前文所述，原告并不能据此证实被告如何通过黑客的手段入侵其服务器盗取其客户资料，法院对于该公证书原告拟证明的事实不予采信。因此，原告认为被告侵犯其商业秘密的主张，并据此要求被告停止侵害、赔偿损失及支付为制止侵权而支出的费用的诉讼请求，缺乏理据，被依法驳回。

**（三）关于互联网用户个人信息保护的问题**

为了加强对互联网用户的合法权益的保护，维护网络信息安全，2013 年 6 月 28 日，中华人民共和国工业和信息化部出台了《电信和互联网用户个人信息保护规定》。其中第九条和第十条规定："未经用户同意，电信业务经营者、互联网信息服务提供者不得收集、使用用户个人信息。电信业务经营者、互联网信息服务提供者收集、使用用户个人信息的，应当明确告知用户收集、使用信息的目的、方式和范围，查询、更正信息的渠道以及拒绝提供信息的后果等事项。电信业务经营者、互联网信息服务提供者不得收集其提供服务所必需以外的用户个人信息或者将信息用于提供服务之外的目的，不得以欺骗、误导或者强迫等方式或者违反法律、行政法规以及双方的约定收集、使用信息。电信业务经营者、互联网信息服务提供者在用户终止使用电信服务或者互联网信息服务后，应当停止对用户个人信息的收集和使用，并为用户提供注销号码或者账号的服务。法律、行政法规对本条第一款至第四款规定的情形另有规定的，从其规定。""电信业务经营者、互联网信息服务提供者及其工作人员对在提供服务过程中收集、使用的用户个人信息应当严格保密，不得泄露、篡改或者毁损，不得出售或者非法向他人提供。"这使得互联网用户信息保护终于处在有法可依的状态。

根据上述规定，对互联网用户信息的收集、使用作了明确的约束性规定，在未经用户许可的情况下，不得收集、使用；若用户终止使用互联网服务的则应当停止对用户个人信息的收集和使用。互联网信息服务提供者对于互联网用户的个人信息具有保密的义务，但不得出售或者非法向他人提供。由于互联网服务提供者不享有擅自收集、使用用户信息的权利，也不具有出售或者非法他人提供互联网用户信息的权利，相当于不具有对用户信息的价值性和实用性这 2 个商业秘密的构成要件，因此，若互联网服务提供者以此作为其商业秘密的保护范围主张权利，法院在审查时也应结合上述规定进行认定。

**（四）2017 年及 2019 年《反不正当竞争法》对互联网领域侵犯商业秘密等不正当竞争行为的修订**

首先，是对侵权手段的修订。

2019 年《反不正当竞争法》第九条规定：经营者不得实施下列侵犯商业秘密的行为：（一）以盗窃、贿赂、欺诈、胁迫、电子侵入或者其他不正当手段获取权利人的商业秘密；（二）披露、使用或者允许他人使用以前项手段获取的权利人的商业秘密；（三）违反保密义务或者违反权利人有关保守商业秘密的要求，披露、使用或者允许他人使用其所掌握的商业秘密；（四）教唆、引诱、帮助他人违反保密义务或者违反权利人有关保守商业秘密的要求，获取、披露、使用或者允许他人使用权利人的商业秘密。经营者以外的其他自然人、法人和非法人组织实施前款所列违法行为的，视为侵犯商业秘密。第三人明知或者应知商业秘密权利人的员工、前员工或者其他单位、个人实施本条第一款所列违法行为，仍获取、披露、使用或者允许他人使用该商业秘密的，视为侵犯商业秘密。本法所称的商业秘密，是指不为公众所知悉、具有商业价值并经权利人采取相应保密措施的技术信息、经营信息等商业信息。2019 年《反不正当竞争法》对于侵犯商业秘密的行为方式进行了修订，除了以往的“盗窃、利诱、胁迫或者其他不正当手段”的侵权手段以外，还针对计算机设备、互联网领域增加了“电子侵入”的侵权手段，以加强对电子数据形式保存的商业秘密进行保护。

其次，是对在互联网领域采取技术手段进行不正当竞争的相关修订。

2017 年《反不正当竞争法》新增了第十二条规定：经营者利用网络从事生产经营活动，应当遵守本法的各项规定。经营者不得利用技术手段，通过影响用户选择或者其他方式，实施下列妨碍、破坏其他经营者合法提供的网络产品或者服务正常运行的行为：（一）未经其他经营者同意，在其合法提供的网络产品或者服务中，插入链接、强制进行目标跳转；（二）误导、欺骗、强迫用户修改、关闭、卸载其他经营者合法提供的网络产品或者服务；（三）恶意对其他经营者合法提供的网络产品或者服务实施不兼容；（四）其他妨碍、破坏其他经营者合法提供的网络产品或者服务正常运行的行为。2019 年的《反不正当竞争法》也保留了这一条款。上述 2017 年及 2019 年《反不正当竞争法》新增的内容，明确规定了利用互联网及技术手段，实施破坏其他经营者合法提供网络产品或者服务的行为的几种形式，修补了旧法中对打击互联网领域不正当竞争行为的不足。而本案例被告所涉的行为同样不符合上述不正当竞争行为的构成，仍然不属于《反不正当竞争法》保护的范围。综上所述，进入 21 世纪以来，由于信息技术手段不断革新，知识产权领域的侵权方式、手段也陷入越来越隐蔽及难以取证的困境。互联网领域知识产权保护日益受到重视，国家在互联网领域的立法进程和步伐不断加快。《反不正当竞争法》就是在这样的环境下应运而生并不断完善，期待在执法、司法实践等环节也同步加强对互联网领域商业秘密等知识产权的保护力度，为合法经营者提供更健康的互联网法治环境。

# 某石油天然气管道有限公司诉宋某侵害商业秘密纠纷案例分析

刘培新*

**摘要：** 本案是一个非常典型的关于“侵害商业秘密”的案例，三级法院对案件的认定情况均有所不同。一审法院认为涉案生产日报表属于商业秘密，且宋某有侵害公司商业秘密的行为。而二审法院则认为，涉案的生产日报表并不符合商业秘密的构成要件，不是商业秘密；而且公司也没有举证证明宋某有侵害其商业秘密的行为，故撤销了一审法院的判决。到了再审，法院则认定涉案生产日报表符合法律规定的商业秘密构成要件，属于商业秘密。但宋某离职后持有且在劳动争议仲裁和诉讼过程中提交涉案生产日报表的行为不构成侵犯商业秘密。故此驳回了公司的再审申请。

在本案审理时，业界已有讨论认为应当把商业秘密的四要件修改为三要件，即将实用性合并入价值性中。在《反不正当竞争法》修法后，商业秘密由四要件向三要件变化，原来的实用性被删除了，而是以商业价值来容纳了经济利益、实用性。本案的审理正值《反不正当竞争法》修改之际，且本案的案情变化及不同法院对于案件的认定是非常具有典型性的，特别是对于理解和适用《反不正当竞争法》修改后对于“侵犯商业秘密的认定”方面，具有重要的参考价值。掌握这些微妙的细节，对于法律从业人员深入了解《反不正当竞争法》关于“商业秘密”认定的修改具有重要的价值，也可作为在未来的法律实践过程中相关案件的指导。

**关键词：** 商业秘密　侵害行为　四要件　三要件

* 刘培新，广东尚辰律师事务所律师。

## 一、当事人基本情况及案由

**（一）当事人**

原告：某石油天然气管道有限公司。

被告：宋某，系原告人前员工，现已离职。

**（二）案由**

侵害商业秘密纠纷。

## 二、案情介绍

某石油天然气管道有限公司于1991年12月14日成立，经营范围包括组织管理天然气进京管道及配套工程的规划、设计、施工的实施工作及协调安排管理油田向北京供气工作等。宋某于2003年7月11日到某石油天然气管道有限公司大港储气库分公司工作，自2007年起先后任大港储气库分公司大张坨储气库工程师、副站长。2010年1月25日，某石油天然气管道有限公司与宋某签订五年的固定期限《劳动合同》，有效期自2010年1月25日起至2015年1月24日止，合同约定宋某负有保密义务。合同到期后，双方并未继续签订劳动合同，但是于2015年6月1日签订《保密责任书》，约定宋某作为责任人负有保密义务，其在岗期间要对业务范围内的保密事项积极采取保密措施，同时自觉接受本部门保密管理人员或保密办公室的监督和检查。后来，宋某于2015年11月16日辞职。2016年1月，某石油天然气管道有限公司与宋某因劳动争议进行劳动仲裁期间，发现宋某持有该公司大张坨储气库2007年10月至2011年11月的生产日报表。

另查，中油办（2013）286号文件将专项业务月度、季度和年度生产运行计划、报表及综合统计报表规定为秘密事项。

## 三、争议焦点

1. 某石油天然气管道有限公司的生产日报表是否构成商业秘密。
2. 宋某是否侵害了某石油天然气管道有限公司的商业秘密。

## 四、双方意见

### （一）原告意见

某石油天然气管道有限公司认为，宋某自2007年任工程师起，可以接触到生产日报表等商业秘密。宋某在离职时，违反劳动合同及保密协议的约定，将本公司的生产日报表带走，持有至今。

首先，生产日报表属于商业秘密。本案所涉生产日报表系技术信息和经营信息的综合载体，内容含规划、计划、生产布局、技术参数、产量等信息，知悉范围仅限于主管领导、主管部门领导、相关部门领导、主管部门管理人员、参与人员，“不为公众所知悉”。生产日报表具有实用性和商业价值，能为权利人带来经济利益和竞争优势，而且本公司为防止信息泄露就生产日报表采取了保密措施。因此，本案所涉生产日报表符合商业秘密的构成要件，属于法律规定的“商业秘密”。

其次，宋某实施了侵害商业秘密的行为。宋某离职后持有涉案生产日报表且在劳动争议仲裁和诉讼过程中作为证据使用，属于实施侵害本公司商业秘密的行为，严重侵害了本公司的生产经营管理秩序。

### （二）被告意见

首先，生产日报表不符合商业秘密的构成要件，不属于商业秘密。其次，虽然宋某持有电子版生产日报表属实，但作为该公司大港储气库分公司大张坨储气库工程师、副站长，该持有系合法持有，并没有实施侵害商业秘密的行为，而仅仅将其作为加班费证据向法庭提供，并且被告在劳动争议案件中已经否认了生产日报表的真实性。

## 五、法院判决

### （一）一审法院意见

一审法院认为，商业秘密指不为公众所知悉、能为权利人带来经济利益、具有实用性，并经权利人采取保密措施的技术和经营信息。具备秘密性、价值性、保密性的经营信息。该信息是权利人通过从事生产经营活动中以知识发展、技术革新、经验积累等方式获取，体现权利人的劳动成果，理应受到法律保护。

本案中，某石油天然气管道有限公司认为生产日报表属商业秘密，宋某予以否认，故本案焦点为，某石油天然气管道有限公司的生产日报表是否构成商业秘密。

本案中，某石油天然气管道有限公司的生产日报表不为其所属领域的相关人员普遍知悉和容易获得，具有现实的和潜在的商业价值，能为权利人带来竞争优势，且权利人为防止信息泄露采取了相应的保密措施，符合商业秘密的构成要件，应认定为商业秘密。宋某离职后，违反《劳动合同》及《保密责任书》的相关规定，非法持有某石油天然气管道有限公司的生产日报表，侵害了某石油天然气管道有限公司的商业秘密，就此某石油天然气管道有限公司的主张，一审法院予以支持。就某石油天然气管道有限公司请求宋某赔偿损失20000元的诉求，一审法院认为，某石油天然气管道有限公司并未提出证据证实因宋某持有生产日报表造成的经济损失，且通过法庭调查，宋某仅持有而并未使用生产日报表，故对某石油天然气管道有限公司的意见，一审法院不予采纳。

综上，依照《侵权责任法》第十五条，《反不正当竞争法》第十条之规定，判决："一、被告宋某立即停止侵犯原告某石油天然气管道有限公司商业秘密的侵权行为，即将持有的某石油天然气管道有限公司大港储气库分公司大张坨储气库生产日报表于本判决生效之日起十日内全部返还原告某石油天然气管道有限公司；二、驳回原告某石油天然气管道有限公司的其他诉讼请求。案件受理费300元，由原告某石油天然气管道有限公司负担100元，由被告宋某负担200元（于本判决生效之日起十日内交纳）。"①

**（二）二审法院意见**

宋某因不服一审法院判决，提起上诉。二审法院认为，《反不正当竞争法》第十条规定："经营者不得采用下列手段侵犯商业秘密：（一）以盗窃、利诱、胁迫或者其他不正当手段获取权利人的商业秘密；（二）披露、使用或者允许他人使用以前项手段获取的权利人的商业秘密；（三）违反约定或者违反权利人有关保守商业秘密的要求，披露、使用或者允许他人使用其所掌握的商业秘密。第三人明知或者应知前款所列违法行为，获取、使用或者披露他人的商业秘密，视为侵犯商业秘密。本条所称的商业秘密，是指不为公众所知悉、能为权利人带来经济利益、具有实用性并经权利人采取保密措施的技术信息和经营信息。"商业秘密必须具备秘密性、实用性、价值性，并采取相应保密措施的技术信息和经营信息。涉案生产日报表并不符合上述商业秘密的构成要件，且被上诉人某石油天然气管道有限公司并未举证证明上诉人宋某有实施上述违反法律规定的行为，一审法院认定构成侵权适用法律有误。

---

① （2016）津0116民初1497号。

综上，宋某的上诉请求成立，予以支持，判决撤销（2016）津 0116 民初 1497 号判决；驳回被上诉人某石油天然气管道有限公司的诉讼请求。

**（三）再审法院意见**

二审判决后，某石油天然气管道有限公司申请再审，再审法院驳回了某石油天然气管道有限公司的再审申请，但其对于本案的分析却与二审法院不同。

再审法院认定涉案生产日报表符合法律规定的商业秘密构成要件，属于商业秘密，但因宋某离职后持有且在劳动争议仲裁和诉讼过程中提交涉案生产日报表的行为不构成侵犯商业秘密，因此原审法院的判决结果并无不当，故驳回当事人的再审申请。

## 六、案件总结

本案是一个非常典型的关于“侵害商业秘密”的案例，三级法院对案件的认定情况均有所不同。一审法院认为涉案生产日报表属于商业秘密，且宋某有侵害某石油天然气管道有限公司商业秘密的行为，故判令宋某立刻停止侵权行为，并返还其储存的某石油天然气管道有限公司的生产日报表。而二审法院则认为，涉案的生产日报表并不符合商业秘密的构成要件，不是商业秘密；而且某石油天然气管道有限公司也没有举证证明宋某有侵害其商业秘密的行为，故撤销了一审法院的判决，并驳回了某石油天然气管道有限公司的其他诉讼请求。再审法院则认为涉案生产日报表符合法律规定的商业秘密构成要件，属于商业秘密，但因宋某离职后持有且在劳动争议仲裁和诉讼过程中提交涉案生产日报表的行为不构成侵犯商业秘密，因此驳回了某石油天然气管道有限公司的再审申请。

由此我们可以发现，三级法院对“商业秘密”的构成要件均有不同的认定，可见这一概念的复杂性。按照当时《反不正当竞争法》（1993 年）的规定，商业秘密的构成要件有四个：秘密性、价值性、实用性、保密性。关于秘密性和保密性，无论是理论界还是实务界，均无太大争议，也比较好认定，难点和分歧在于价值性、实用性的判定标准。

所谓价值性，不仅是可以带来直接的经济利益，还有潜在的经济利益和竞争优势，还要考虑到商业信息被侵害之后对持有人可能造成的损失。所谓实用性，一般来说是在专利法领域的术语，根据《专利法》第二十二条的规定，是指该发明或者实用新型能够制造或者使用，并且能够产生积极效果。但是在商业秘密的领域，实用性意味着法律不保护抽象的商业想法、经营理念，而是保护可以具体实施的商业方案或者形式。

在本案审理时，业界已有讨论认为应当把商业秘密的四要件修改为三要件，即将实用性合并入价值性中。[①] 最高人民法院适用了商业价值和竞争优势来概括经济利益和实用性，王闯认为受法律保护的商业秘密的具体要件为秘密性、价值性、保密性。[②]

在《反不正当竞争法》修改前，对商业秘密的认定是："本条所称的商业秘密，是指不为公众所知悉、能为权利人带来经济利益、具有实用性并经权利人采取保密措施的技术信息和经营信息。"修法后，该认定有极为细微的差别："本法所称的商业秘密，是指不为公众所知悉、具有商业价值并经权利人采取相应保密措施的技术信息、经营信息等商业信息。"而这细微的差别，正是商业秘密由四要件向三要件变化的体现，原来的实用性被删除了，而是以商业价值来容纳了经济利益、实用性。这体现了《反不正当竞争法》迈向更成熟、更完备、更细致的方向。

具体到本案而言，结合上述梳理，便不难分析涉案生产日报表是否属于商业秘密，以及宋某是否侵害了商业秘密：第一，涉案生产日报表无疑是具有保密性和秘密性的；第二，涉案生产日报表虽然没有直接的经济效益，却具有潜在的商业价值，包括积极价值和消极价值；第三，宋某在离职后持有且在劳动争议仲裁和诉讼过程中作为证据使用而提交了涉案生产日报表的行为，并没有构成对该商业秘密的侵犯。

## 七、案例意义

由于本案的审理正值《反不正当竞争法》修改之际，且本案的案情变化及不同法院对于案件的认定是非常具有典型性的，特别是在理解和适用《反不正当竞争法》修改后对于"侵犯商业秘密的认定"方面，具有重要的参考价值。

在《反不正当竞争法》修改后，所谓的商业价值，其内涵自然更加丰富，具体而言，可以将其进行如下总结：相关秘密信息是否具有资产性；是否对于持有人的生产、经营起到商业上的促进作用；被侵害后是否会造成持有人的损失；是否具有

---

① 陈丽苹：《与知识产权有关的不正当竞争行为类型研究》，载《法学杂志》2016 年第 8 期。

② 王闯：《中国的商业秘密司法保护——以司法解释和典型案例为中心》，载《工商行政管理》2014 年第 13 期。

潜在的价值或是历史的价值；是否属于技术信息或经营信息；是否属于积极信息或消极信息。[①]

掌握这些微妙的细节，对于法律从业人员深入了解《反不正当竞争法》关于“商业秘密”认定的修改具有重要的价值，也可作为在未来的法律实践过程中相关案件的指导。具体到作为律师处理案件来说，及时了解和学习新的法律规定、司法解释及指导性案例，精准把握案件的性质，本案亦有独特的参考价值。

---

① 最高人民法院中国应用法学研究所编：《人民法院案例选》（2018 年第 1 辑），人民法院出版社 2018 年版，第 147－158 页。

# 浅析股权转让合同中转让方隐瞒债务的处理技巧及救济途径

魏 国*

**摘要**：在股权转让中，转让双方通常会确定一个基准日，并以该基准日目标公司的净资产作为计算股权转让价格的依据；实际操作中，若股权转让方故意隐瞒债务，导致受让方做出了错误的判断，在股权转让之后发现转让方隐瞒债务，此时，转让双方应如何应对？换言之，股权转让合同中的上述条款应如何现实履行呢？

**关键词**：股权转让　基准日　隐瞒债务

## 一、案情

2005 年 3 月，徐某与济南某工贸有限公司分别出资 40 万元、60 万元发起设立了日照市某矿业有限公司。该公司曾在 2008 年 1 月至 9 月数次从郭某经营的钢材店赊购钢材，共欠钢材款 259080 元。

2009 年 12 月 24 日，济南某工贸有限公司经济南市工商行政管理局核准，名称变更为济南某置业有限公司。2010 年 1 月，济南某置业有限公司将其持有的日照市某矿业有限公司股份以 60 万元的价格转让给青岛某投资发展有限公司。2010 年 2 月，徐某将其持有的日照市某矿业有限公司的股份以 40 万元的价格转让给卢某。济南某置业有限公司与徐某在股权转让过程中，均隐瞒了日照市某矿业有限公司欠郭某钢材款 259080 元的事实。

2012 年 5 月，郭某将徐某、济南某置业有限公司、日照市某矿业有限公司起诉至山东省莒县人民法院，要求付还钢材款 259080 元。

---

* 魏国，北京市盈科（广州）律师事务所律师。

## 二、审判

山东省莒县法院审理认为，日照市某矿业有限公司在经营期间赊购郭某的钢材，应当向郭某承担付款义务，其公司内部股权的转让，并不影响公司责任的承担。郭某要求徐某、济南某置业有限公司承担付款责任，因有限责任公司的股东以其认缴的出资额为限对公司承担责任，公司以其全部财产对公司的债务承担责任，在徐某、济南某置业有限公司足额向日照市某矿业有限公司出资后，不应对日照市某矿业有限公司的债务承担责任。但如果徐某、济南某置业有限公司在转让股权时向受让方隐瞒债务，使转让价格脱离公司股权的实际价格，侵害受让方利益，可由受让方向徐某、济南某置业有限公司另行主张，徐某、济南某置业有限公司在本案中不应承担责任。

2012 年 7 月 10 日，莒县人民法院作出一审判决：1. 日照市某矿业有限公司于判决生效后十日内付给郭某钢材款 259080 元；2. 驳回郭某对徐某、济南某置业有限公司的诉讼请求。案件受理费 5186 元，由日照市某矿业有限公司负担。

一审审判后，日照市某矿业有限公司不服一审判决，向日照市中级人民法院提起上诉，2013 年 3 月 21 日申请撤回上诉，日照市中级人民法院裁定准许撤回上诉。

## 三、评析

本案是一起因股东转让股权时隐瞒公司债务而引起的纠纷，其核心问题是隐瞒公司债务而转让股权的原股东对股权转让前的公司债务是否承担法律责任以及承担何种责任。

在股权转让过程中，转让双方通常会确定一个基准日，并以目标公司在该基准日的净资产作为计算股权转让价格的依据；同时，一般都会以基准日为分界线确定既有之债的承担主体，如股权变更登记日前目标公司的债权债务由转让方承担，股权转移登记日后目标公司的债权债务由受让方承担。

然而，在实际操作中，若股权转让方故意隐瞒债务，导致受让方做出了错误的判断，在股权转让之后发现转让方隐瞒债务，此时，转让双方应如何应对？换言之，股权转让合同中的上述条款应如何现实履行呢？

### （一）隐瞒债务对转让价格的影响

由于双方在股权转让合同中约定的价格是以不存在隐瞒债务为前提的，若在股权转让之后，发现基准日之前存在未披露的债权债务，则会直接影响受让方的利益。因为如果基准日之前的债权债务被发现并计入目标公司财务，公司的净资产就会发生变化，股权转让价格也会因此有所变化。

例如，A 将其持有的目标公司 60% 的股权以 600 万元的价格转让给 B，股权转让完成后发现目标公司在基准日前还有 200 万元的债务未披露和清偿。对于 B 而言，其当初支付 600 万元转让对价的条件发生了变化，则应当相应地调整转让对价。

**（二）隐瞒债务条款的落地困境**

如前所述，股权转让合同中，一般都会对隐瞒债务约定如下：股权变更登记日前目标公司的债权债务由转让方承担，股权转移登记日后由受让方承担。但是要想将前述条款中的约定落到实处，还需回答以下问题：1. 债权人是否有权以目标公司已向转让方转让债务为由要求转让方承担债务？2. 目标公司是否有权以遭受损失为由直接向转让方要求承担浮出之债？3. 目标公司是否有权以不当得利为由向转让方请求返还？4. 受让方是否有权以不当得利为由向转让方主张返还？在实践中，转让债务必须征得债权人同意，但债权人并未明确同意该等债务转让，并且由于转让方和受让方与目标公司并无直接的合同关系，因此前三种处理方式并不能得到法院的支持。受让方的所有者权益的损失与转让方隐瞒或未申报的债务之间存在直接的因果联系。正是因为转让方的隐瞒或未申报，导致受让方基于错误信息而多支出了股权转让款从而导致其遭受损失。因此，受让方可以以不当得利为由向转让方主张返还，但返还的数额应当是转让方因此多获得的相应股权比例对应的转让款，而非债务全额。

**（三）受让方的救济途径选择**

1. 提起撤销之诉

对于上述问题，《合同法》第五十四条第二款规定，一方以欺诈、胁迫的手段或者乘人之危，使对方在违背真实意思的情况下订立的合同，受损害方有权请求人民法院或者仲裁机构变更或者撤销。以公司净资产或审计评估结果作为股权转让价款依据的，转让人应充分披露公司资产、负债等相关信息，以便受让人更应充分了解、审核公司资产及财务状况等，从而确定相应的股权转让价款，但若转让人存在故意隐瞒公司债务的行为，依据《合同法》第五十四条的规定，受让人可以申请法院或仲裁机构变更股权转让价款，或撤销股权转让协议。

2. 提起不当得利之诉

如前所述，当交割后发现目标公司在交割日前存在未披露的债务时，转让方实际上构成不当得利。受让方的所有者权益的损失与转让方隐瞒或未申报的债务之间存在直接的因果联系。正是因为转让方的隐瞒或未申报，导致受让方基于错误信息多支出了股权转让款从而遭受了损失。根据法律规定，受让方可以以不当得利为由提起诉讼，要求转让方返还不当得利。

3. 提起损害赔偿之诉

股权转让前的债务由转让后的目标公司承担，必然给受让股权的股东带来经济上的损失。股权转让合同是以目标公司股东所持有的股权为标的的买卖合同。因此应当适用合同法关于买卖合同的规定。《合同法》第一百五十三条规定，出卖人应当按照约定的质量要求交付标的物。出卖人提供有关标的物质量说明的，交付的标的物应当符合该说明的质量要求。这就是法律规定的出卖人对标的物的品质应承担的瑕疵担保义务。就股权转让合同而言，转让方（原股东）对受让方（新股东）同样负有瑕疵担保义务，目标公司股权转让时，尤其是向股东以外的人转让时，受让方通常需对公司现有资产价值进行评估，以确定转让价格。转让方需如实告知目标公司的现有资产及负债情况。如果转让方隐瞒公司债务，则必然虚增公司现有资产价值，使转让价格脱离公司股权的实际价格，侵害受让方利益。因此转让方负有向受让方保证目标公司不存在未披露债务的义务，此项义务无论股权转让合同是否约定都是存在的，属法定义务。因此，受让方可以要求转让方承担瑕疵担保义务，提起损害赔偿之诉①。

## 四、对隐瞒债务的处理技巧

如前所述，一般合同中约定的交割日前后债务处理的原则（即股权变更登记日前目标公司的债权债务由转让方承担，股权转移登记日后目标公司的债权债务由受让方承担），存在因粗略而易生混淆和争议、不便操作和落实的瑕疵。根据前文的分析，笔者拟对普遍存在的隐瞒债务条款作出如下优化：

为了优化这种股权交易中的重要条款，建议可将债务承担条款变为价格调整条款，并陈述如下：股权变更登记日后，当且仅当发现目标公司在该日期前发生了未披露在本合同中的债务时，转让方应当相应调整并向受让方返还因该等未披露的债务面多收取的股权转让价数，具体应返还金额按下列公式计算为：债务数额×股权比例（股权份额比例）。

---

① 郑绪华：《精进股权》，法律出版社2017年版，第130页。

同理，当出现未披露的债权时，受让方应比照上述方法向转让方补偿其因遗漏债权而少收取的股权转让款，计算公式同上。

## 五、结语

隐瞒债务的处理条款虽为投融资和并购中非常普通也不太引人注意的条款，但在落地环节确实存在如前文所述的诸多问题，这些问题将直接导致隐瞒债务出现时诉讼主体确定困难（如原告是受让方还是目标公司）以及案由（合同纠纷还是侵权或不当得利）等混淆，影响了解决交易纠纷的效率。而本文所述的条款优化方案，将赋予受让方更清晰明确的合同权利，有助于简洁有效地处理隐瞒债务所产生的纠纷。

# 民事诉讼中电子数据审查规则探析

朱青山*

**摘要**：2012年民事诉讼法修订后，电子数据已经取得法定证据的地位，但是由于我国尚未对电子证据的审查、认证规则作出统一规定，因此在司法实践中对于电子数据的法律效力如何认定，尚存在着诸多争议。笔者试图从电子数据的性质、特点出发，结合司法实践的问题，提出电子数据审查、认证的规则和相应的建议，以期对我国未来的电子数据证据法律规范的构建有所裨益。

**关键词**：电子数据　审查　认证

进入21世纪后，人们正迎来一个全新的互联网和自媒体时代。民众的生活、社交及工作越来越离不开网络的支持，大量的信息实际上是通过短信、微信、QQ消息和电子邮件或者其他网络方式所呈现。电子数据越来越多地出现在司法诉讼中，并在认定法律事实的过程中扮演着越来越重要的角色。正如中国人民大学法学院教授何家弘所说，"就司法证明方式的历史而言，人类曾从'神证'时代走入'人证'时代，又从'人证'时代走入'物证'时代。也许，我们即将走入另一个新的司法证明时代，即电子证据时代"。①

我国现行《刑事诉讼法》《民事诉讼法》以及《行政诉讼法》分别在第六十三条、第五十条和第三十三条将电子数据作为一种新的证据种类纳入立法，使其获得了法定的证据地位。电子数据作为客观事实的载体，在司法实践中的可采性已无异议，但相对于传统证据，电子数据具有无形性、易篡改、易复制等特性，对于电子数据的法律效力如何认定，学界及司法实践存在着诸多争议。如何准确审查和认定电子数据的效力成为司法实践中无法回避的问题之一。在相当一部分案件中，法院是否认定、采纳一方当事人提交的电子数据甚至成为影响案件判决结果的重要因

* 朱青山，广东瀛真律师事务所高级合伙人。

① 何家弘：《电子证据法研究》，法律出版社2002年版，第4页。

素。有鉴于此，本文拟结合电子证据的特性，对电子数据的认定规则进行一定的探讨。

## 一、电子数据的概念及性质

### （一）概念

《民事诉讼法》第六十三条规定，证据包括：当事人的陈述；书证；物证；视听资料；电子数据；证人证言；鉴定意见；勘验笔录。学界中对于电子数据的术语表达有“计算机证据”“数字证据”“网络证据”“电子证据”等争论①。但对于“电子数据”的内涵，《民事诉讼法》并未予以界定，学界也尚未形成共识。有学者认为：“电子数据也称计算机数据。其本质是以‘0’和‘1’两个数字组成的一系列二进制代码储存在各种介质上的声音、图像、符号。”② 还有学者认为：“电子数据是以数字化形式存在于磁盘、光盘、计算机等载体，用以证明案件事实的磁性记录物。”③

笔者认为，上述观点对电子数据的解释实际上是一种狭义的解释。电子数据的存储载体固然包括磁盘、光盘、计算机等载体，电子数据的生成、储存或传递可以是数字化的方式，亦可以通过光学、电磁学等模拟技术完成，随着科学技术的发展，将来必然会出现通过新的技术方式生成、储存或传递的电子数据。若按狭义解释论，必然导致一部分电子数据丧失合法的证据地位，不利于人民法院在审判案件的过程中查明相关事实。因此，对于电子证据应采用广义的解释，凡是由介质、磁性物、光学设备、计算机内存或类似设备生成、发送、接收、存储的信息，都应理解为电子数据的表现形式，这也是国际上通行的做法。联合国国际贸易法委员会1996年12月16日通过的《电子商务示范法》第二条规定：“数据电文系指经由电子手段、光学手段或类似手段生成、储存或传递的信息，这些手段包括但不限于电子数据交换（EDI）、电子邮件、电报、电传或传真。”我国《电子签名法》亦采用此观点，该法第二条第二款规定：“本法所称数据电文，是指以电子、光学、磁或者类似手段生成、发送、接收或者储存的信息。”

由此可见，电子数据的狭义解释论已不能适应时代的发展，在司法实践中，对

---

① 崔净齐：《“电子数据”初探》，载《商品与质量》2012年第5期。

② 陈志敏：《电子数据证据问题探析》，载《河南公安高等专科学校学报》2001年第4期。

③ 汪振林：《电子数据分类研究》，载《重庆邮电大学学报》2013年第3期。

电子数据的运用应持更开放的态度。同时，由于电子数据本身的特性，与传统证据不同的是，在对其认定过程中，除对载体所存储的信息内容应予以高度重视外，还需载体本身生成、发送、接收、存储过程，并且应当在法庭上予以呈现。

**（二）电子数据的法律性质**

1. 电子数据与视听资料的区别。

在“电子数据”入法之前，学界一般认为电子数据可显示为可以阅读的形式，因此电子证据属于视听资料。但是在我国三大诉讼法中，法律明确规定了视听资料这一证据形式，从证据学上讲，视听资料是指采用现代技术手段，将可以重现案件原始声响、形象的录音、录像资料和储存电子计算机的有关资料及其他科技设备提供的信息，用来作为证明案件真实情况的资料。

2012 年“电子数据”概念入法，但并未完全解决电子数据证据属于何种证据的问题。现行《民事诉讼法》和《行政诉讼法》将视听资料和电子数据分别进行规定，实际上支持了视听资料与电子数据相互独立的观点，但《刑事诉讼法》却将视听资料和电子数据共同列为第八种证据，又容易导致将电子数据与视听资料作为一类证据看待。

笔者认为，视听资料与电子数据存在一定的共性，如视听资料与电子数据都存在存储的问题，需要借助一定的载体才得以呈现，均有易编辑的特点。但两者亦有较大的区别：视听资料具有“直接性、形象性”① 的特征，属于可视或可听能被人感知的证据种类。而电子数据的外延要更加广泛，除了网页、短信、电子邮件等可以直接展示的电子数据，还有相当部分的电子数据属于无法直接观察，需要借助技术手段予以恢复。因此，对于电子数据审查标准必然涉及电子数据生成、收集、存储、传输的全过程，不仅要关注电子数据形成的硬件、软件环境，还需要关注电子数据的提取方法，在确定电子数据的完整性、真实性的前提下，法院可以直接依据电子数据对案件作出裁判。2018 年 6 月 28 日，全国首例区块链存证案在杭州互联网法院一审宣判，法院认为“既不能因为区块链等技术本身属于当前新型复杂技术手段而排斥或者提高其认定标准，也不能因该技术具有难以篡改、删除的特点而降低认定标准，应根据电子数据的相关法律规定综合判断其证据效力”，最终支持了原告采用区块链作为存证方式并认定了对应的侵权事实。此与传统视听资料主要审查内容和制作过程是否真实、有无剪辑、增加、制改，视听资料是否与案件中的其

---

① 马小花：《电子证据在民事诉讼中的运用问题探析》，载《陕西理工学院学报（社会科学版）》2005 年第 4 期。

他证据相印证存在区别（《民事诉讼法》第七十一条规定："人民法院对视听资料，应当辨别真伪，并结合本案的其他证据，审查确定能否作为认定事实的根据"）。因此，不宜将电子证据等同于视听资料。

2. 电子数据与书证的区别。

我国《合同法》第十一条规定："书面形式是指合同书、信件和数据电文（包括电报、电传、传真、电子数据交换和电子邮件）等可以有形地表现所载内容的形式。"部分学者认为："据此也可以推断出电子证据系书证的一种。"[①] 受此观念的影响，律师在代理案件时，通常需要经过公证将电子数据"固定"下来，作为书证提交法院或仲裁机构，才能取得法定证据的效力[②]。

笔者认为，同法所规定的数据电文记载内容是认定案件事实的重要依据之一，但若以此就判定电子数据属于书证，采取与书证同样的审定标准，则有失偏颇。一方面，两者在于性质、内容和保存方式上存在非常明显差异。比如书证一旦被销毁，几乎无法恢复，而电子数据则不同，即使将电脑上的一篇文章删除，在电脑操作系统上也会留有删除记录，通过数据恢复技术也可以重现。另一方面，我国《民事诉讼法》规定，书证应当提交原件。书证自始产生，以纸质形式存在，对于什么样的纸质文件具有原件身份，司法实践中不存在争议。但是对于电子数据来说，对于什么样的电子数据具有"原件"身份，一直存有争议。有鉴于此，笔者认为电子数据与书证虽有类似之处，但不属于同一类证据，在司法实践中，应当结合电子数据的特点，采用不同于书证的审查方法。

## 二、电子数据审查的特殊性

2016 年颁布的《最高人民法院、最高人民检察院、公安部关于办理刑事案件收集提取和审查判断电子数据若干问题的规定》对刑事案件中如何规范电子数据的收集提取和审查判断做出了规定，但与刑事案件主要通过公权力处理不同，民事案件需要通过私权力处理，刑事诉讼与民事诉讼的证据证明标准存在明显区别，不能简单地将《最高人民法院、最高人民检察院、公安部关于办理刑事案件收集提取和审查判断电子数据若干问题的规定》套用在民事案件中。

---

① 常怡，王健：《论电子证据的独立性》，载《法学》2004 年第 3 期。

② 王逸吟，殷泓，路倩雯：《证据制度新突破》，载《光明日报》2012 年 2 月 23 日。

民事诉讼中，与传统证据形式相比，电子证据的审查判断在两个方面具有较强的特殊性：

### （一）对电子证据原件的认定

传统证据法则要求证据应当出示原件或原物。但对于电子数据来说，原件的认定不能离开生成该电子数据的特定电子系统，脱离开该电子系统，原件也无法保存，对于接收到该电子数据的系统而言，从本质上讲，该接收到的信息属于“原件”的“电子记录件”或“复制件”。比如说，甲通过电脑以微信方式向乙发出一条微信信息，乙在手机上登录查看到此微信信息，实际上是在乙方手机上形成的转换信息，甲的电脑上存储的原始发送的微信信息才是“原件”。如果固守传统的原始证据或原件的概念，将导致相当数量的通过设备转换形成的电子证据排除在案件事实证明之外，这势必削弱电子证据的应有功能。对电子数据原件的认定标准与传统证据法则关于原件认定标准存在着天然的矛盾。

为解决这一问题，联合国国际贸易法委员会在《电子商务示范法》给出了解决方案，在该法第八条对原件的规定是：1. 如法律要求信息须以其原件形式展现或留存，倘若情况如下，则一项数据电文即满足了该项要求：（1）有办法可靠地保证自信息首次以其最终形式生成，作为一项数据电文或充当其他用途之时起，该信息保持了完整性；（2）如要求将信息展现，可将该信息显示给观看信息的人。2. 无论本条第一款所述要求是否采取一项义务的形式，也无论法律是不是仅仅规定了不以原件形式展现或留存信息的后果，该款均将适用。3. 为本条第一款第一项的目的：（1）评定完整性的标准应当是，除加上背书及在通常传递、储存和显示中所发生的任何变动外，有关信息是否保持完整，未经改变；（2）应根据生成信息的目的并参照所有相关情况来评定所要求的可靠性标准。4. 本条的规定不适用于下述情况……

依照此规定，只要电子数据具有完整性且可显示，便可视为一种合法有效的原件，从而满足证据法对原件的要求。

对电子文书的原件认定问题，我国《电子签名法》采取了与《电子商务示范法》类似的观点。《电子签名法》第五条规定，符合下列条件的数据电文，视为满足法律、法规规定的原件形式要求：1. 能够有效地表现所载内容并可供随时调取查用；2. 能够可靠地保证自最终形成时起，内容保持完整、未被更改。但是，在数据电文上增加背书以及数据交换、储存和显示过程中发生的形式变化不影响数据电文的完整性。

由此可见，对于数据电文原件的认定，不应再拘泥于传统证据法则中对原件的认定标准，而是应赋予能体现内容完整、未被更改、有效表现的一切电子数据以原件的效力。

2020 年 5 月 1 日起施行的《最高人民法院关于民事诉讼证据的若干规定》第十五条对电子证据的原件作了原则的规定，即“当事人以电子数据作为证据的，应当提供原件。电子数据的制作者制作的与原件一致的副本，或者直接来源于电子数据的打印件或其他可以显示、识别的输出介质，视为电子数据的原件”。司法实践中对于电子证据原件的不同见解有望统一。

### （二）对电子数据完整性的认定

电子数据本身记录的内容必须完整，否则即为瑕疵证据。由于此种证据无法客观全面地反映事物的本来面目，故不再具有法律上的证据意义。此与传统证据的要求并无二致。但由于电子证据本身的特点，谈到电子数据的完整性时，绝不仅仅指其内容的完整性，还应包括记录系统的完整性，具体说至少包括以下内容：1. 电子数据的格式与其生成、发送或者接收时的格式相同，或者格式不相同但是能够准确表现原来生成、发送或者接收的内容，证明电子数据未遭到不必要的添加或删除。不必要的添加或删除是指对电子证据进行了关键性的更改，仅对进行格式调整、加入页眉、页脚、注明来源等非关键性的更改，并不影响电子证据的完整性。2. 能够识别电子数据的发件人、收件人以及发送、接收的时间。3. 电子数据本身的附属参数信息完整。比如数码照片，可以快速复制，但原始的数码照片的属性参数包括拍照时间、设备制造商、摄影机型号、快门速度、曝光程序、焦距等大量信息，而数码相片转存后往往属性参数会发生变化，“原始数码照片属性参数的证明力大于已转存过的数码照片属性参数”①，显而易见，原始数码照片属性参数才是完整的电子数据。

由于电子数据本身完整性的认定往往依赖专业知识和经验，因此电子数据在完整性的判断上，往往需要借助鉴定。比如，通过软件可以实现对数码照片的属性修改，要判断何为原始数码相片，就需要通过鉴定方式对数码相片进行原始性检验。

## 三、电子数据认证中存在的问题

证据的认证从根本上来说是解决证据是否真实、是否合法，是否与案件事实存在关联性，能否被法院采信，成为法院认定事实、依法裁判的根据。

由于目前我国尚未对电子数据的认证指定统一的规则，经过多年的争论，学界

① 毛明强，邓梦甜：《数码摄影作品著作权的归属》，载《人民法院报》2014 年 5 月 22 日。

提出“对电子数据在审查时应从电子证据的生成环节、存储环节、传送环节、收集环节、已经是否被修改过等环节着重把握”①。笔者同意上述观点，但笔者认为，在电子证据的认证过程中，仅关注上述内容，尚显不足。实际上，在对电子数据的认证过程中，尚有以下问题亟待厘清。

### （一）认为经过公证的电子数据具有当然的证据效力

《最高人民法院关于民事诉讼证据的若干规定》第九十四规定，电子数据的内容经公证机关公证的，人民法院应当确认其真实性，但有相反证据足以推翻的除外。该规定本意上是指基于公证机关的特殊性质与中立地位，我国法律对公证取得的证据承认其预决的真实性，除有相反证据外不得推翻。然而，目前我国公证机关在电子数据公证保全时往往是对证据表面上公证，即只对可见的内容进行公证，并没有对内在的数据信息进行技术审查。如果当事人先将电子数据信息人为篡改，随后将篡改的电子数据请求进行公证，公证机关很有可能会对篡改后的电子数据出具公证报告。这使得即便经过公证后电子数据的保全似乎也难以保障真实性。

鉴于上述情况，笔者认为，即便电子数据经过公证，当事人亦有权要求提供公证书的一方当事人在法庭上出示电子数据的原始载体。即便一方当事人提交了公证书，若公证书未能记录电子数据原始数据信息，亦应允许对方当事人对该电子数据真实性提出司法鉴定，以保证人民法院最终采纳的电子数据的可靠性和可信性。

### （二）否认通过第三方存取证平台收集的证据效力

随着电子证据使用越来越频繁，国内出现了众多第三方电子数据平台，它们对外开展电子证据收集、固定等服务。在司法实践中，出于对第三方电子存证服务商“要么是原告出钱请的，要么是被告出钱请的，它们相当于是原告或被告的律师”②以及第三方电子存证服务商不具备存证、取证的主体资格的顾虑，部分法院并不采纳第三方存取证平台提供的电子证据。例如，在（2016）闽民终 1485 号一案中，福建高院认为华盖公司未提供证据证明联合信任时间戳服务中心属于合法有资质的机构，且华盖公司的取证操作完全是在自身电脑上进行，在这一过程中缺乏第三方有效监督，因此无法确保光盘内容的客观性、公正性和合法性。因此，并未采纳华盖公司提供的时间戳证据。

笔者认为，首先，目前我国的法律中，仅《电子签名法》规定，对电子签名的

---

① 徐延坤，王斌：《民事诉讼中电子证据的效力认定》，http：//xqqfy. chinacourt. gov. cn/public/detail. php？ id =6030，最后访问于 2020 年 4 月 23 日。

② 刘品新：《电子证据的第三方存取证》，http：//www. cicjc. com. cn/zh/node/9450，最后访问于 2020 年 4 月 23 日。

电子认证服务需要事先获得行政许可，使用电子签名的电子数据平台需要具备相应国家机关颁发的《商用密码产品生产定点单位证书》《商用密码产品型号证书》及《商用密码产品销售许可证》。但第三方存取证平台所提供的是固定电子证据的服务而不是对电子签名的认证服务，现行的法律中并没有对此类存证行为要求事先获得相关资质、取得行政许可的规定，只要第三方存取证平台系合法注册的商业主体便可。因此，司法实践中不宜仅以第三方存取证平台未有相关资质为由否定相关电子数据的证据效力。

其次，第三方存取证平台在存取证的过程中并不产生电子证据，而是将本已存在的电子证据进行固定、保存，并以一定的技术手段防止电子证据损毁、被篡改。只要第三方存取证平台采取的可信时间戳、哈希值校验、区块链或者其他证据收集、固定和防篡改的技术手段，能够保证电子数据真实性的，就不能因为当事人一方的委托而否定其证据效力。

在承认电子证据的可采性的同时，对于电子存证证据审查的司法标准，杭州互联网法院常务副院长王江桥提出了以下四点考虑：第一，由于目前没有相关法律法规对电子存证平台资质进行审查，当事人应选择资信度更高的存证平台。第二，对技术应采取开放和包容的态度，保证数据在提取、保存、传输三个环节中不存在任何篡改或者不安全的因素存在的情况下，无论用何种技术实现，均可对电子数据真实性进行认定。第三，第三方电子存证平台采取技术手段所提供的电子数据应当作一个完整的技术说明，使法官在司法裁量中对电子数据的真实合法性作出合理客观的评价。第四，由于第三方电子存证机构相较于公证处而言，中立性容易受到质疑，基于安全可靠的技术手段，取证设备的完整性以及取证步骤及操作标准也至关重要，因此原告举证责任完成，被告应该提供相反证据①。

**（三）电子数据的司法鉴定机制亟待完善**

由于电子数据证据具有的高技术性、易破坏性等特点，对存在疑点、认定困难的电子数据证据，往往需要委托专业机构进行鉴定。现行的《司法鉴定机构登记管理办法》和《关于司法鉴定管理问题的决定》对法医类鉴定、物证类鉴定、声像资料鉴定要求实施登记管理制度，但是对于从事电子数据证据司法鉴定活动的鉴定机构的资质和条件未作特别规定。由于电子数据证据鉴定法律依据的缺失，直接影响到电子数据鉴定意见在诉讼中的法律效力。

---

① 张维：《新型电子存证方式应用亟需司法实践探索——专家建议建立电子证据审查司法标准》，载《法制日报—法制网》，最后访问于2020年4月23日。

## 四、完善我国电子数据证据认定的建议

### （一）建立电子数据证据举证、认证规则

目前我国暂无对电子数据证据的举证、认证的规定，有必要结合电子数据的生成、存储、发送的特点，建立一套完备的电子数据证据举证、认证规则，对电子数据证据的真实性、完整性的认定标准形成统一的观点。2018 年，广州市南沙区人民法院出台了《互联网电子数据证据举证、认证规程（试行）》，对此作出了有益的探索。

### （二）完善电子数据证据司法鉴定制度

根据上文所述，电子数据证据的司法鉴定制度尚未建立。笔者认为，电子数据证据司法鉴定制度除应解决困扰司法届多年的电子数据证据司法鉴定人准入条件外，还应当规定鉴定机构对电子数据证据的取证、鉴定程序，这个程序应在鉴定报告中公开，接受各方当事人的监督，以保证电子数据取证、鉴定活动的公正性和客观性。

### （三）在电子数据证据的审查中引入技术调查官制度

2014 年 12 月 31 日，最高人民法院发布了《关于知识产权法院技术调查官参与诉讼活动若干问题的暂行规定》，在我国大陆地区正式建立了技术调查官制度。实践证明，技术调查官制度为增强技术事实认定的中立性、客观性和科学性，提升技术类案件的审判质效发挥了积极作用。因此，2019 年 1 月 28 日，最高人民法院审判委员会第 1760 次会议通过了《最高人民法院关于技术调查官参与知识产权案件诉讼活动的若干规定》，将技术调查官制度适用范围扩大到审理技术类案件的其他人民法院。笔者认为，在电子数据的认定过程中，同样存在大量的技术问题，如果参照知识产权案件中的做法，在条件成熟时在此类案件中引入调查官制度，将有利于解决电子数据认证过程中的技术争议。

## 五、结语

三大诉讼法的修订，标志着立法上确立了电子数据证据的法定证据地位。随着网络科技的迅速发展，中国已经成为当今世界互联网高度发达的国家之一，司法实践中迫切需求完整系统的、有利于实务操作的电子数据证据规范，制定和完善我国电子数据证据规范。随着对电子数据证据的司法运用问题研究的不断深入，电子证据搜集和取证制度必然开辟一个证据制度的新时代。

# 粤港澳大湾区技术经纪法律服务现状分析及未来发展空间探索

胡少波*

**摘要**：技术经纪法律服务无疑是科研领域与制造业领域之间良性互动的关键和基础，传统制造业没有高科技就很难避免被淘汰的命运，科研成果没有充分地应用在制造业领域，也很难继续良性向前发展。提供技术经纪法律服务是律师新的发展方向之一。粤港澳大湾区可以发挥其在第三产业服务业的传统优势和良好基础，大力发展技术经纪法律服务产业，故撰写本文探讨相关问题，不妥之处，欢迎同行斧正。

**关键词**：技术经纪　法律服务　第三产业　服务业　大众创业　万众创新　科技成果转化

## 一、政策、法律法规依据

国务院于2016年2月发布了《关于印发实施〈中华人民共和国促进科技成果转化法〉若干规定的通知》，该规定对于促进大众创业、万众创新，鼓励科技成果转化，推进经济提质增速升级等起到了规范和指导的作用。《促进科技成果转化法》第三条第二款规定："科技成果转化活动应当尊重市场规律，发挥企业的主体作用，遵循自愿、互利、公平、诚实信用的原则，依照法律法规规定和合同约定，享有权益，承担风险。科技成果转化活动中的知识产权受法律保护。"第三十条第一款规定："国家培育和发展技术市场，鼓励创办科技中介服务机构，为技术交易提供交易场所、信息平台以及信息检索、加工与分析、评估、经纪等服务。"

---

* 胡少波，广东三环汇华律师事务所律师。

2018 年 6 月，国家科技部印发了《关于技术市场发展的若干意见》，对加快发展技术市场，健全技术转移机制，促进科技成果资本化和产业化作出部署。提出要发挥专业化众创空间等创新创业服务载体的作用，提供专业化技术转移服务。大力发展一批社会化的技术市场服务机构，采取市场化运营机制，吸引集聚高端专业人才，提供专业化服务，整合知识产权披露、保护、转让、许可、作价投资入股和无形资产管理等相关职能，建立专业化运营团队，加快培养一批技术经理人、技术经纪人，纳入国家、地方专业人才培养体系。

广东省人民政府也在 2019 年 1 月印发了《关于进一步促进科技创新的若干政策措施》，提出了十二项科技创新促进政策，分为“单独制定出台配套政策”“统一制定出台实施指引”“结合工作贯彻落实”“有条件的地市组织实施”四种类型，而其中，在“推进粤港澳大湾区国际科技创新中心建设”部分，明确表示“协同落实国家战略布局和支持政策，建设世界一流重大科技基础设施集群，省市在建设规划、用地审批、资金安排、人才政策等方面给予重点支持。”这无疑是对参与建设的人才的一种鼓励。

国家政策为粤港澳大湾区技术经纪法律服务提供平台，打造更具吸引力的创新人才环境，加大对企业创新普惠性支持力度，打通科技成果转化“最后一公里”，对于技术经纪法律服务项目发展有着很好的推动作用。

## 二、技术经纪法律服务的内容及其市场分析

技术经纪法律服务的主要内容是协助界定技术供需双方的权利义务并协助技术供需双方充分履行双方所约定的权利义务，技术经纪法律服务是律师传统法律服务在技术交易领域的延伸。

技术问题的特殊性与具体技术方案的唯一性，导致技术交易市场行为中的货比三家需要专业的服务人员参与。技术问题的特殊性与具体技术方案具有唯一性，但是由于技术研发机构与研发人员专注科研，对市场和与法律相关的风险了解与把握十分有限，所以在技术交易市场行为的交接过程中（协议的履行过程）需要专业的服务人员参与。

国家科技部《关于技术市场发展的若干意见》中规定，到 2020 年，培养一万名技术经理人、技术经纪人，粤港澳大湾区至少要占有三分之一的比例，即超过三千名；换言之，目前粤港澳大湾区技术经理人、技术经纪人缺口超过三千名。粤港澳大湾区的科研机构、高校和研发型企业近一千个，科研团队近万个；争取在三年

之内，上述近万个科研团队中至少三分之一的团队配备技术经纪人、技术经理人。

截至2018年12月31日，全国登记技术合同411985项，成交金额17697.42亿元，同比增长12.08%和31.83%；截至2018年12月31日，广东省登记技术合同23930项，成交金额1387亿元，争取在2020年，全国技术合同成交金额达到2万亿元。

上海现有技术经纪人八千名；浙江截至2017年全省累计培养技术经纪人五千名以上；笔者所在的团队粤智高新技术投融资服务中心分别于2016年与2017年承办了广东省科学技术协会直属办事机构主办的广东省首届和第二届技术经纪人培训班，培训的技术经纪人不超过一百名。

可以看出，技术经纪法律服务市场目前还是一片荒地，等待各位律师去开垦，技术经纪法律服务市场是一片蓝海，等待各位律师去探索发展。

## 三、技术经济法律服务与技术研发、应用之间的关系

### （一）技术将成为中国最重要的生产要素

现代西方经济学认为生产要素包括土地资源、劳动力及其他资本以及企业家才能，随着科技的发展和知识产权制度的建立，技术、信息也作为相对独立的要素投入生产。

### （二）中美贸易战是高科技产业的争夺战

高科技产业的核心是高新技术的研发与应用。

改革开放四十多年来，中美关系一直比较平和的原因是，美国以其科技、金融、资本等优势主导产业链的中高端，中国以其地大物博、人口众多等优势负责产业链的中低端，中美各取所需，互补性很强。但是，在改革开放四十多年以后的今天，中国人口老龄化的问题已经十分突出，中国的自然资源也基本消耗殆尽，中国以其地大物博、人口众多等优势负责产业链的中低端的状况不可持续，《中国制造2025》提出，坚持“创新驱动、质量为先、绿色发展、结构优化、人才为本”的基本方针，围绕实现制造强国的战略目标，力争通过三个十年的努力，到新中国成立一百年时，把我国建设成为引领世界制造业发展的制造强国。

如果中国不想继续负责产业链的中低端，而想进入产业链的中高端就会面临两个问题：中国现在和将来是否具备主导产业链中高端所必须具备的科技、金融和资本优势？美国是否会自愿将产业链中高端的主导权交给中国？中美有关5G标准的主导权之争，就是中国所面临的上述两个问题的实证。

如果中国希望获得相对于美国的科技优势，中国就必须十分重视高新技术的研发与应用推广，高新技术的应用推广与高新技术的研发相辅相成，技术经纪是高新技术应用推广的具体实现路径。

### （三）技术经纪不仅仅是技术研发与应用之间的桥梁

没有应用或者无法应用的技术研发是无的放矢，缺乏持续性，缺乏有效的技术研发，技术应用也会变成无本之木、无源之水。作为市场行为的技术研发，投入风险大，如果没有足够的技术应用市场经济效益回报，也会打击参与人员的积极性。

技术经纪不仅要发挥好技术研发与技术应用之间的沟通桥梁作用，还要协助技术研发以更好地满足技术应用的需要，也可以引导技术应用（即技术消费），并通过技术应用定制技术研发。

以往新技术的研发与应用主要依赖政府，过去四十年的新技术研发主要靠财政支持，而且过去的技术应用侧重模仿，技术的模仿是拿来主义，大多是无偿使用，而且民间机构提供服务的机会少，在将来遵循市场规律与规则下，我国将科研机构和科研人员推向市场的同时，第三方配套服务也是必不可少的，但新技术的应用无先例可循，意味着高风险、高投入，因此配套的服务至关重要。

## 四、律师在技术经纪中的作用

近年来，随着我国技术市场交易规模的不断扩大和市场服务功能的逐步完善，技术经纪有了较快的发展。技术经纪工作在粤港澳大湾区中也将起到举足轻重的作用，那么在技术经纪中，律师应起什么作用?

首先，律师熟悉法律法规，包括与科技以及与权利义务相关的法律法规，具有很强的制定规则和执行规则的意识和能力；其次，高新技术的研发与应用推广，对于中国大多数政府官员、科研机构、高校、企业以及相关科研人员和工作人员来说还是一个相对比较不熟悉的领域，相关的权利义务关系比较模糊。高新技术的研发与应用推广相对于传统制造和生产来说，具有高风险性和不确定性，其中权利义务的界定和履行相对传统领域更加专业、更加复杂。

律师在其中的具体作用可能包括下列内容：

1. 协助科研机构明确科研人员的权利。这是科研正常进行和达到预期目标的保障。

2. 协助技术应用单位明确技术投入与产出。对技术投入与产出的明确预判以及及时协调是技术应用成功的保证。

3. 有效解决信任缺失。技术不可退货的性质导致技术交易双方不仅很难完成交易，甚至交易价格都很难确定。

4. 预判与防范风险是技术经纪成功的关键。技术研发与应用都是高风险工作，而防范风险是律师的本职工作。

## 五、结语

技术经纪法律服务无疑是科研领域与制造业领域之间良性互动的关键和基础，传统制造业没有高科技就很难避免被淘汰的命运，科研成果没有充分地应用在制造业领域，也很难继续良性地向前发展。广州在粤港澳大湾区的发展大潮中，可以发挥广州在第三产业服务业的传统优势和良好基础，大力发展技术经纪法律服务产业。

做好技术经纪法律服务，需要有长远的眼光，敬业精神、专业知识和平衡好各方利益的能力，相信在不久的将来，粤港澳大湾区会涌现更多优秀的技术经纪法律服务律师和其他配套专业人员。

# 以快播案为例谈电子数据的审查

伍　健*

**摘要：**《最高人民法院、最高人民检察院、公安部关于办理刑事案件收集提取和审查判断电子数据若干问题的规定》第一次就电子数据这一特殊证据种类的收集提取和审查判断等方面做出了系统的规定。本文结合具体案件中涉及的电子数据证据问题及相关规定，对电子数据的审查进行了论述。

**关键词：**电子数据　收集　提取　审查

目前，尽管各个相关司法解释、规范性文件在关于电子数据的具体内容上存在一定出入，但根据2016年9月出台的《最高人民法院、最高人民检察院、公安部关于办理刑事案件收集提取和审查判断电子数据若干问题的规定》（以下简称《电子数据规定》）第三十条的规定："本规定自2016年10月1日起施行。之前发布的规范性文件与本规定不一致的，以本规定为准。"而在此之前，备受关注的深圳快播公司涉黄案中涉及的电子数据的认定问题，更成为法律界热议的问题。本文将结合快播案件中对于电子数据证据涉及的问题及《电子数据规定》，谈谈对于电子数据的审查认识。

## 一、电子数据的概念和范围

根据《电子数据规定》第一条之规定，电子数据是案件发生过程中形成的，以数字化形式存储、处理、传输的，能够证明案件事实的数据。但不包括以数字化形式记载的证人证言、被害人陈述以及犯罪嫌疑人、被告人供述和辩解等证据，即不包括我们平常所说的同步录音、录像。但是，对同步录音、录像的审查，可以参照适用电子数据审查的规定。

---

* 伍健，广东踔厉律师事务所律师，合伙人。

对于视听资料、电子数据的概念、范围，一种观点认为，电子数据是强调数字化的电子文件，视听资料是以模拟信号存储的磁带、录像带等音频视频；另一种观点认为，所有的录音录像，无论是以数字化还是以模拟信号形式保存的，都是视听资料。

## 二、电子数据收集和提取的主要方式

### （一）扣押、封存原始存储介质

《电子数据规定》第七条规定，收集、提取电子数据，应当由二名以上侦查人员进行。取证方法应当符合相关技术标准。第八条第一款和第二款规定，收集、提取电子数据，能够扣押电子数据原始存储介质的，应当扣押、封存原始存储介质，并制作笔录，记录原始存储介质的封存状态。封存电子数据原始存储介质，应当保证在不解除封存状态的情况下，无法增加、删除、修改电子数据。封存前后应当拍摄被封存原始存储介质的照片，清晰反映封口或者张贴封条处的状况。

扣押、封存电子数据原始存储介质可以通过搜查、现场勘验、检查扣押的本地设备进行。第一步，在确保环境安全的条件下，扣押涉案电子设备；第二步，利用专业的分析软件，查看该电脑（服务器）的数据，识别与涉案相关的电子数据；第三步，用复制、拍照、录像等方式固定易失证据；第四步，关闭设备，并对设备、存储介质封存包装，制作相关笔录。

### （二）在线提取、远程勘验

《电子数据规定》第九条规定，因有原始存储介质不便封存的、提取计算机内存数据、网络传输数据等不是存储在存储介质上的电子数据的、原始存储介质位于境外的以及其他无法扣押原始存储介质的情形，导致无法扣押原始存储介质的，可以提取电子数据，但应当在笔录中注明不能扣押原始存储介质的原因、原始存储介质的存放地点或者电子数据的来源等情况，并计算电子数据的完整性校验值。该条规定是指网络在线提取电子数据，包括特殊情况下采取的技术侦查措施。

第一步，通过技术手段截获相关网站的 IP 地址、服务器端口、代理账号、登录密码等基本数据；第二步，在见证人的见证下（可以录像方式）登录相关网站服务器，查看并复制服务器数据（复制方式有在本地设备制作副本及抓取全部数据制作镜像服务器两种）；第三步，对所复制数据制作副本，对副本进行检验并制作勘验记录。

### （三）打印、拍照、录像

《电子数据规定》第十条规定，由于客观原因无法或者不宜依据第八条、第九条的规定收集、提取电子数据的，可以采取打印、拍照或者录像等方式固定相关证据，并在笔录中说明原因。

**（四）冻结电子数据**

《电子数据规定》第十一条规定，具有下列情形之一的，经县级以上公安机关负责人或者检察长批准，可以对电子数据进行冻结：1. 数据量大，无法或者不便提取的；2. 提取时间长，可能造成电子数据被篡改或者灭失的；3. 通过网络应用可以更为直观地展示电子数据的；4. 其他需要冻结的情形。

**（五）检查、司法鉴定**

包括数据恢复、数据关联性分析。鉴定对象通常是计算机硬盘或其他电子设备及存储介质（如手机）。鉴定操作须先以无损复制方式制作硬盘或其他介质的副本。鉴定的技术操作原则上均对副本进行。对不同设备、介质须采用与之相对应的专业工具、软件。检查电子数据的操作类似于司法鉴定。

**（六）线下证据**

例如，传统的书证、物证、证人证言等。

## 三、快播案中对电子数据证据审查可能存在的问题

《电子数据规定》第二十二条、第二十三条、第二十四条分别规定了对作为证据的电子数据的真实性、完整性、合法性进行审查的要求。

以快播案为例，2013 年 11 月 18 日，北京市海淀区文化委员会（以下简称海淀文委）在行政执法检查中，在北京文创动力信息技术有限公司（以下简称文创公司）的协助下，从北京网联光通技术有限公司（以下简称光通公司）查获了快播公司托管的四台服务器，并对服务器的 IP 地址采取了登记保存的措施。当日，海淀文委将涉案服务器移交至北京市版权局进行著作权鉴定。因涉及专业技术问题，北京市版权局委托文创公司提供技术服务，由后者对服务器进行数据提取。2014 年 4 月 10 日，因涉嫌刑事犯罪，公安机关前往北京市版权局调取四台服务器，并于同日将服务器存放至淫秽物品审验室。2014 年 4 月 11 日至 2015 年 11 月 6 日，公安机关对四台服务器先后进行了三次审验，出具了淫秽物品鉴定意见。总的来看，这四台服务器的查扣、保管和移交程序牵涉到行政执法机关、社会公司、侦查机关和鉴定机构，跨越的时间长而且手续很不规范。

就这四台服务器的查扣、保管和移交程序提出的质疑主要包括：

1. 海淀文委查扣服务器时“未对物证特征进行固定”，只记录了服务器的 IP

地址，没有记载内置硬盘的型号、编号（S/N）、数量、容量，也没有对扣押物品拍照。IP 地址是互联网上电脑间通信的协议地址，用于证明上网服务器的唯一性，同时也可表示服务器的线下权属关系。但是，一般服务器包括系统盘和数据盘，网络通信功能及 IP 地址储存均依附于系统，同数据盘无关。也就是说，IP 地址仅可以证明服务器的系统硬盘归属哪个 IP 地址使用，而存在于数据盘上的其他数据，并不能直接建立关联关系，因此需要硬盘的唯一标示作为证明手段，如 S/N 号码。

2. 服务器被扣押期间的保管状况不明。自被海淀文委扣押到被公安机关调取的近五个月内，服务器硬盘历经文创公司→海淀文委→北京市版权局→文创公司→公安机关多次移转。且服务器由文创公司保管的期间，行政执法机关没有也不可能进行全程监督，服务器及其硬盘存在被更换的可能性。且文创公司的证人李建华证言证实，在他的保管之下，团体经过四天的研发解析快播的软件。四台服务器作为重要的证据，应当由具有相应资质的人员在无损害的前提下开启，而文创公司没有任何鉴定资质，并在其处长时间保管。

后北京市版权局、文创公司、北京市公安局治安管理部门分别出具了工作说明。（这涉及情况说明的效力和作用问题，《最高人民法院关于全面推进以审判为中心的刑事诉讼制度改革的实施意见》第二十五条第一款规定："现有证据材料不能证明证据收集合法性的，人民法院可以通知有关侦查人员出庭说明情况。不得以侦查人员签名并加盖公章的说明材料替代侦查人员出庭。"如果现在审理快播案，上述单位的工作说明效力能否被认可还有很大的疑问。）

3. 移交服务器及硬盘的手续可能违法。海淀公安分局照抄了文委的一份证据清单，《接受证据材料清单》日期从"2014 年 4 月 10 日"被改为"2014 年 4 月 11 日"，办案系统打印的《调取证据通知书》编号中"2014"的"4"字是由"5"字涂改而来（且该文书没有文号）。这些极有可能是事后补充的，收集证据程序的合法性、证据的真实性被质疑。（《最高人民法院关于全面推进以审判为中心的刑事诉讼制度改革的实施意见》第二十八条规定："收集证据的程序、方式存在瑕疵，严重影响证据真实性，不能补正或者作出合理解释的，有关证据不得作为定案的根据。"）

4. 公安机关调取服务器后，只记录了 IP 地址，依然没有登记服务器的特征、型号与内置的型号、数量、容量，也没有对扣押物品拍照。

5. 在公诉机关出示的不同鉴定意见中，关于服务器内硬盘的数量及容量的表述存在不一致，表现为：第一次公安淫秽物品鉴定意见书，记载的服务器内置硬盘数量为三台服务器内置硬盘 7 块、一台服务器内置 6 块硬盘，每块硬盘容量均为

2T；第三次信诺鉴定所鉴定意见书，记载的服务器内置硬盘数量为三台服务器内置硬盘6块、一台服务器内置5块硬盘，且有1台服务器硬盘容量为1T。据介绍，此问题，公诉人和审判人员在庭审前均未发现。

6. 服务器与快播公司的关联性不明。公诉机关出具的行政执法物品清单、检查记录只记录了涉案服务器的入网IP地址，而该地址不能作为识别服务器身份的证据。

因此，快播案提交法庭审判的证据，在真实性、完整性、合法性上被质疑。

真实性问题是是否移送原始介质，对检材真实性存疑，即被海淀文委扣押后到移交公安机关的服务器及其硬盘，是否属于快播公司使用的硬盘；如果该服务器是快播公司所使用的，硬盘是否被调包；完整性问题是硬盘内容有无被污染，海淀文委在文创公司的协助下扣押四台服务器，在移送给公安机关之前，四台服务器曾被文创公司在没有司法鉴定人员在场的情况下直接打开；合法性问题是服务器移交和提交程序可能违法，服务器硬盘历经文创公司→海淀文委→北京市版权局→文创公司→公安机关几次移转，公安机关调取证据的手续存在疑问。

## 四、结语

网络犯罪随着科技的发展而变化，司法实践适应这些变化需要相当的时间，这要求律师必须跟上科技发展的步伐。

**图书在版编目（CIP）数据**

岭南知识产权律师：知行集／广州市律师协会编．—北京：中国法制出版社，2020.7
（广州律师业务研究丛书）
ISBN 978-7-5216-1040-6

Ⅰ.①岭…　Ⅱ.①广…　Ⅲ.①知识产权-中国-文集
Ⅳ.①D923.404-53

中国版本图书馆 CIP 数据核字（2020）第 075071 号

责任编辑：戴蕊（dora6322@sina.com）　朱自文　　封面设计：杨泽江

**岭南知识产权律师：知行集**
LINGNAN ZHISHI CHANQUAN LÜSHI：ZHIXINGJI

编者/广州市律师协会
经销/新华书店
印刷/三河市紫恒印装有限公司
开本/710 毫米×1000 毫米　16 开　　印张/29.5　字数/393 千
版次/2020 年 7 月第 1 版　　2020 年 7 月第 1 次印刷

中国法制出版社出版
书号 ISBN 978-7-5216-1040-6　　定价：108.00 元

北京西单横二条 2 号
邮政编码 100031　　传真：010-66031119
**网址：http：//www.zgfzs.com**　　**编辑部电话：010-66010406**
**市场营销部电话：010-66033393**　　**邮购部电话：010-66033288**